Welte

ABC des Asylrechts

Hans-Peter Welte

ABC des Asylrechts

Internationaler Schutz

Leitfaden für die Praxis

Luchterhand Verlag 2017

Zitiervorschlag: Welte, ABC des Asylrechts, S. ...

Bibliografische Information der Deutschen Nationalbibliothek

Die Deutsche Nationalbibliothek verzeichnet diese Publikation in der Deutschen Nationalbibliografie; detaillierte bibliografische Daten sind im Internet über http://dnb.d-nb.de abrufbar.

ISBN: 978-3-472-08696-3

www.wolterskluwer.de
www.luchterhand-fachverlag.de

Umschlagkonzeption: Martina Busch, Grafikdesign, Homburg Kirrberg
Satz: MainTypo, Reutlingen
Druck und Weiterverarbeitung: Williams Lea & Tag, GmbH, München

Gedruckt auf säurefreiem, alterungsbeständigem und chlorfreiem Papier.

Vorwort

Seit 1953 stellten rd. 4,6 Millionen Menschen in Deutschland einen Asylantrag, davon rd. 3,7 Millionen seit 1990. Im Jahr 2015 kamen nach neuesten Erhebungen etwa 890.000 Ausländer auf dem Fluchtwege nach Deutschland und suchten um Asyl nach. Allein 162.510 Asylbewerber kamen aus Syrien; das waren 34 Prozent aller Asylanträge. Im ersten Halbjahr 2016 wurden beim Bundesamt für Migration und Flüchtlinge insgesamt 396.947 Asylanträge gestellt. Dies bedeutet einen Anstieg um 121,7 Prozent gegenüber dem ersten Halbjahr 2015. Dies stellt auch die im Migrationsbereich zuständigen Behörden vor große Herausforderungen (z. B. Integrationsproblematik). So hat das Integrationsgesetz zum Ziel, die Integration der schutzbedürftigen Menschen in die Gesellschaft und in den Arbeitsmarkt durch staatliche Angebote gezielt zu fördern.

Das Asylrecht bietet für sich allein keine ausreichende Plattform für weitreichende gesellschaftspolitische Veränderungen zur Bewältigung globaler Probleme (z. B. Welthungersnot). Diese können nur durch eine internationale Zusammenarbeit mit dem Ziel, die durch Krieg und Bürgerkrieg, Spannungen zwischen verschiedenen Bevölkerungsgruppen, Unterdrückung und politischer Verfolgung sowie wirtschaftlicher Not ausgelösten Fluchtbewegungen notleidender Menschen auf ein im Interesse der Menschlichkeit erträgliches Maß zu reduzieren, in Angriff genommen und im Rahmen einer globalen Gesamtstrategie gemildert werden. Die internationalen politischen Veränderungen werden auch am Asylrecht nicht spurlos vorübergehen können.

Die vom Grundsatz der Zuwanderungsbegrenzung geprägte Ausländerpolitik legt zwar keine Zuwanderungsquoten für Ausländer fest, sie eröffnet jedoch Ausländern in den verfassungsrechtlichen Grenzen, orientiert am Gemeinwohl, eine Zuwanderungsmöglichkeit und legt die Rahmenbedingungen für eine erfolgreiche Integration fest.

Im Hinblick auf die immensen Zuwanderungsbewegungen von Ausländern auf den europäischen Raum befinden sich nicht nur das in der politischen Diskussion stehende Asylrecht im Fluss, sondern steht auch das Aufenthaltsgesetz unter einem bislang nie gekannten Anpassungsdruck, der sich im „Asylpaket I und II" sowie im Integrationsgesetz bemerkbar gemacht hat. Diese auf eine Verbesserung der Integration von Schutzberechtigten in die Gesellschaft und auf eine Verfahrensbeschleunigung gerichteten gesetzgeberischen Maßnahmen wurden im „ABC des Asylrechts" berücksichtigt.

Das neu aufgelegte Buch hat seinen Schwerpunkt in der praxisorientierten Behandlung von asylrechtlichen Problemkreisen. Als Wegweiser und Ratgeber soll es der Entscheidungsfindung sowie der individuellen Beratung in Fragen des Asylrechts dienen. Das „ABC des Asylrechts" eignet sich auch für die Ausbildung in der öffentlichen Verwaltung. Es versteht sich von selbst, dass auf die Einarbeitung von Rechtsprechung zum Asylrecht besonderer Wert gelegt wurde. Weiterführende Verweisungen auf Anknüpfungspunkte zum Problemkreis ergeben sich auch aus Literaturhinweisen und dem Stichwortverzeichnis.

Der Verfasser konnte dank seiner Kontaktmöglichkeiten in zahlreichen Seminaren zu Bediensteten, die mit Aufgaben im Migrationsbereich betraut sind, Anregungen und Hinweise zu bereichsspezifischen asylrechtlichen Problemen im „ABC des Asylrechts" verwerten.

Das neue Buch hat auch zum Ziel, die schwierigen und verantwortungsvollen Aufgaben der Ausländerbehörden und Sozialdienste in der Praxis ein wenig zu erleichtern.

Im August 2016

Dr. Hans-Peter Welte

Bitte beachten Sie: Dieses Handbuch behandelt selbstverständlich Themen und Fallkonstellationen im Bereich des Asylrechts sowohl von Ausländerinnen wie auch von Ausländern. Die im Buch verwendeten männlichen Bezeichnungen sind nur zur besseren Lesbarkeit des Textes gewählt worden und lassen nicht auf eine Begrenzung des personellen Anwendungsbereichs oder Adressatenkreises schließen.

Inhaltsverzeichnis

Abschiebungsverbot – Folter

Rechtsnormen: § 60 Abs. 2 AufenthG; § 4 Abs. 1 Satz 2 Nr. 2 AsylG; Art. 15 Buchst. b RL 2011/95/EU

1. Schutz vor Folter

Nach Art. 4 GRCh darf niemand der Folter oder unmenschlicher oder erniedrigender Strafe oder Behandlung unterworfen werden. Dieses Recht ist auch durch den gleichlautenden Art. 3 EMRK garantiert. Nach Art. 52 Abs. 3 GRCh hat Art. 4 GRCh die gleiche Bedeutung und Tragweite wie Art. 3 EMRK.

Die Schutzwirkung dieser unions- und völkerrechtlichen Regelungen kommt in dem Abschiebungsverbot des § 60 Abs. 5 AufenthG zum Tragen, wenn der Ausländer im Herkunftsland der ernsthaften Gefahr der Folter im Falle der Rückkehr ausgesetzt ist.

2. Begriff der Folter

Nach Art. 1 Abs. 1 UN-Folterkonvention ist **Folter** jede Handlung, durch die einer Person vorsätzlich große körperliche oder seelische Schmerzen oder Leiden zugefügt werden, zum Beispiel um von ihr oder einem Dritten eine Aussage oder ein Geständnis zu erlangen, um sie für eine tatsächlich oder mutmaßlich von ihr oder einem Dritten begangene Tat zu bestrafen oder um sie oder einen Dritten einzuschüchtern oder zu nötigen, oder aus einem anderen, auf irgendeiner Art von Diskriminierung beruhenden Grund, wenn diese Schmerzen oder Leiden von einem Angehörigen des öffentlichen Dienstes oder einer anderen in amtlicher Eigenschaft handelnden Person, auf deren Veranlassung oder mit deren ausdrücklichem oder stillschweigendem Einverständnis verursacht werden.

Ob diese Definition uneingeschränkt auch dem Folterbegriff des § 4 Abs. 1 Satz 2 Nr. 2 AsylG zu Grunde zu legen ist, wird streitig beurteilt. Teilweise wird auf das Tatbestandsmerkmal verzichtet, demzufolge die beschriebene Behandlung von einem öffentlich Bediensteten oder einer anderen in amtlicher Eigenschaft handelnden Person oder auf deren Veranlassung erfolgen muss.

3. Abschiebungsverbot

Bei der Folter handelt es sich um die schärfste Form der Ausgrenzung aus der staatlichen Friedensordnung. Ein Verbot der Abschiebung in das Herkunftsland im Falle einer konkreten Foltergefahr ergibt sich bereits unmittelbar aus Art. 1 GG und Art. 3 EMRK. Sie kann auch ein Indiz für eine asylerhebliche Zielrichtung der staatlichen Maßnahme darstellen (vgl. BVerfG, 27.04.2004 – 2 BvR 1318/03, NVwZ 2004, 613).

§ 60 Abs. 2 AufenthG normiert unter verweis auf § 4 Abs. 1 AsylG auch unter Bezug auf die Gefahr der Folter einAbschiebungsverbot in Anlehnung an die UN-Folterkonvention (BGBl. 1990 II S. 247 [in Kraft für die Bundesrepublik Deutschland seit 01.06.1990, BGBl. II S. 491]) nochmals ausdrücklich im AufenthG.Durch Folter tritt nach § 4

Abs. 1 Satz 2 Nr. 2 AsylG ein ernsthafter Schaden ein. In diesem Fall hat das BAMF dem Ausländer im Asylverfahren subsidiären Schutz zuzuerkennen.

Eine politisch motivierte **Foltergefahr** kann zur Asylanerkennung nach Art. 16a Abs. 1 GG oder zur Flüchtlingsanerkennung gemäß § 60 Abs. 1 AufenthG bzw. § 3 Abs. 1 AsylG führen.

4. Entscheidung des BAMF im Asylverfahren

§ 60 Abs. 2 AufenthG normiert unter Verweis auf § 4 Abs. 1 AsylG auch unter Bezug auf die Gefahr der Folter ein Abschiebungsverbot in Anlehnung an die UN-Folterkonvention (BGBl. 1990 II S. 247 [in Kraft für die Bundesrepublik Deutschland seit 01.06.1990, BGBl. II S. 491]) ausdrücklich im AufenthG. Durch Folter tritt nach § 4 Abs. 1 Satz 2 Nr. 2 AsylG ein ernsthafter Schaden ein. In diesem Fall hat das BAMF dem Ausländer im Asylverfahren subsidiären Schutz zuzuerkennen.

5. Erteilung einer Aufenthaltserlaubnis

Stellt das BAMF im Asylverfahren nach § 31 Abs. 2 AsylG unanfechtbar fest, dass ein Abschiebungsverbot nach § 60 Abs. 2 AufenthG (subsidiärer Schutz) vorliegt, hat die Ausländerbehörde auf Antrag (§ 81 Abs. 1 AufenthG) über die Erteilung einer Aufenthaltserlaubnis nach § 25 Abs. 2 Satz 1 Alt. 2 AufenthG zu entscheiden. Die Aufenthaltserlaubnis nach § 25 Abs. 2 Satz 1 Alt. 2 AufenthG enthält die Berechtigung zur Ausübung einer **Erwerbstätigkeit**.

Wurde der Ausländer ausgewiesen, kann die Aufenthaltserlaubnis nur dann erteilt werden, wenn das Einreise- und Aufenthaltsverbot nach § 11 Abs. 1 AufenthG gemäß Absatz 4 Satz 2 aufgehoben wird. Dies ist dann nicht erforderlich, wenn es die Ausweisung nicht aus schwerwiegenden Gründen der öffentlichen Sicherheit und Ordnung verfügt wurde (§ 25 Abs. 2 Satz 2 AufenthG).

Siehe auch

Fachbeiträge:

Abschiebungsverbot – polit. Verfolgungsgründe / Abschiebungsverbot – Todesstrafe / International Schutzberechtigte / Subsidiär Schutzberechtigte

Rechtsprechung:

BVerwG, 12.07.2001 – 1 C 5/01, DVBl. 2001, 1772 – Zu § 53 Abs. 6 AuslG 1990

BVerwG, 08.12.1998 – 9 C 4/98, BVerwGE 108, 77, 80

OVG Sachsen, 19.06.2001 – 3 BS 336/00, EZAR 043 Nr. 53 – Zur Wiederaufnahme nach unanfechtbarer Feststellung des Bundesamts, dass keine Abschiebungshindernisse vorliegen

Internet-Links:

www.asyl.net: Hoffmann, Wer? Wann? Worüber? Zu den formellen und materiellen Voraussetzungen bei Abschiebungs- und Vollstreckungshindernissen, Asylmagazin 7-8/2001

Weiterführende Literatur:

Bank, Schutz gegen Abschiebung nach Deutschland unter der EMRK bei nicht-staatlicher Gefährdung im Heimatland, NVwZ 2002, 430

Hasse/Müller/Schneider, Menschenrechte, 1. Auflage, Baden-Baden 2002

Abschiebungsverbot – Todesstrafe

Rechtsnormen: § 60 Abs. 3 AufenthG; § 4 Abs. 1 Satz 1 Nr. 1 AsylG; § 31 Abs. 2 AsylG

1. Schutz vor Verhängung und Vollstreckung der Todesstrafe

Nach § 60 Abs. 3 Satz 1 AufenthG darf ein Ausländer auch dann nicht in einen Staat abgeschoben werden, wenn dieser Staat den Ausländer wegen einer Straftat sucht und die Gefahr der Verhängung oder Vollstreckung der Todesstrafe besteht. Ob eine entsprechende Gefahr besteht, hat die Ausländerbehörde gemäß § 79 Abs. 1 AufenthG zu prüfen; in der Regel wird auch eine Anfrage an Interpol über das Landeskriminalamt gerichtet.

§ 60 Abs. 3 Satz 2 AufenthG verweist für diese Fälle auf das Auslieferungsrecht, so dass insbesondere § 8 IRG zu berücksichtigen ist.

Nach Art. 2 Abs. 2 GRCh darf niemand zur Todesstrafe verurteilt oder hingereichtet werden. Nach Art. 1 des Protokolls Nr. 13 zur EMRK (vgl. Gesetz vom 05.07.2004, BGBl. II S. 982) ist die Todesstrafe abgeschafft. Niemand darf zu dieser Strafe verurteilt oder hingerichtet werden. Diese vertragliche Verpflichtung ist Bestandteil der EMRK (Art. 5 ZP Nr. 13). Wird der Ausländer mit beachtlicher Wahrscheinlichkeit zur Todesstrafe verurteilt oder hingerichtet, liegt ein zielstaatsbezogenes Abschiebungsverbot nach § 60 Abs. 3 AufenthG vor.

Die **Türkei** hat am 04.10.2001 ihre Verfassung geändert. Nach Art. 15 dieser Verfassungsänderung kann die Todesstrafe nur in Kriegszeiten, bei einer unmittelbaren Kriegsbedrohung und für terroristische Straftaten verhängt werden. Die entsprechenden Änderungen im türkischen Strafgesetzbuch sind vom Parlament in die Wege geleitet. Das Bundesministerium der Justiz geht im Einvernehmen mit dem Auswärtigen Amt davon aus, dass die Verhängung der Todesstrafe bei Tötungsdelikten ohne politischen Hintergrund ausgeschlossen ist. Bis zur Änderung des türkischen Strafgesetzbuches wurde bei der Bewilligung der Auslieferung ein entsprechender Vorbehalt aufgenommen.

2. Entscheidung des BAMF im Asylverfahren

§ 60 Abs. 3 AufenthG normiert zur effektiven **Abwehr der Todesstrafe** ein rechtliches Abschiebungsverbot. Die Entscheidung, ob dem Ausländer ein entsprechend ernsthafter Schaden gemäß § 4 Abs. 1 Satz 1 Nr. 1 AsylG im Herkunftsland droht, trifft das BAMF im AsylVerfahren (§ 31 Abs. 2 AsylG). Durch die Verhängung oder vollstreckung der Todesstrafe tritt nach § 4 Abs. 1 Satz 2 Nr. 1 AsylG ein ernsthafter Schaden ein. In diesem Fall hat das BAMF dem Ausländer im Asylverfahren subsidiären Schutz zuzuerkennen.

3. Erteilung einer Aufenthaltserlaubnis

Stellt das BAMF im Asylverfahren nach § 31 Abs. 2 AsylG unanfechtbar fest, dass der Ausländer internationalen subsidiären Schutz nach § 4 Abs. 1 AsylG genießt und daher ein Abschiebungsverbot nach § 60 Abs. 3 AufenthG vorliegt, hat die Ausländerbehörde auf Antrag (§ 81 Abs. 1 AufenthG) über die Erteilung einer Aufenthaltserlaubnis nach

§ 25 Abs. 2 Satz 1 Alt. 2 AufenthG zu entscheiden. Die Aufenthaltserlaubnis nach § 25 Abs. 2 Satz 1 Alt. 2 AufenthG enthält die Berechtigung zur Ausübung einer **Erwerbstätigkeit**. Einer Zustimmung der Arbeitsverwaltung nach § 39 AufenthG bedarf es nicht.

Wurde der Ausländer ausgewiesen, kann die Aufenthaltserlaubnis nur dann erteilt werden, wenn das Einreise- und Aufenthaltsverbot nach § 11 Abs. 1 AufenthG gemäß Absatz 4 Satz 2 aufgehoben wird. Dies ist dann nicht erforderlich, wenn es die Ausweisung nicht aus schwerwiegenden Gründen der öffentlichen Sicherheit und Ordnung verfügt wurde (§ 25 Abs. 2 Satz 2 AufenthG).

Siehe auch

Fachbeiträge:

Abschiebungsverbot – Folter / Abschiebungsverbot – polit. Verfolgungsgründe / International Schutzberechtigte / Subsidiär Schutzberechtigte

Rechtsprechung:

BVerwG, 12.07.2001 – 1 C 5/01, DVBl. 2001, 1772 – Zu § 53 Abs. 6 AuslG 1990

BVerwG, 08.12.1998 – 9 C 4/98, BVerwGE 108, 77, 80

OVG Berlin, 16.01.2002 – 8 N 55/01

OVG Sachsen, 19.06.2001 – 3 BS 336/00, EZAR 043 Nr. 53 – Zur Wiederaufnahme nach unanfechtbarer Feststellung des Bundesamts, dass keine Abschiebungshindernisse vorliegen

Internet-Links:

www.asyl.net: Hoffmann, Wer? Wann? Worüber? Zu den formellen und materiellen Voraussetzungen bei Abschiebungs- und Vollstreckungshindernissen, Asylmagazin 7-8/2001

Weiterführende Literatur:

Bank, Schutz gegen Abschiebung nach Deutschland unter der EMRK bei nicht-staatlicher Gefährdung im Heimatland, NVwZ 2002, 430

Hasse/Müller/Schneider, Menschenrechte, 1. Auflage, Baden-Baden 2002

Abschiebungsverbot – politische Verfolgungsgründe

Rechtsnormen: § 60 Abs. 1 AufenthG; § 3 Abs. 1 AsylG; FlüMaßnG; EMRK; Art. 13 RL 2011/95/EU (Qualifikationsrichtlinie)

1. Allgemeines

§ 60 Abs. 1 AufenthG begründet ein rechtliches Abschiebungsverbot zu Gunsten von Ausländern, wenn politische Verfolgungsgründe vorliegen und kein vorrangiges Zufluchtsland, das zu einer Rücknahme des verfolgten Ausländers bereit ist (sicherer Drittstaat), auf Grund der Subsidiarität des Flüchtlingsschutzes in Betracht kommt (BVerwG, 08.02.2005 – 1 C 29/03, InfAuslR 2005, 339). Hinreichende Verfolgungssicherheit im Sinn des § 60 Abs. 1 AufenthG, der Genfer Konvention und der RL 2011/95/EU ist gegeben, wenn sich eine Wiederholungsgefahr ohne ernsthafte Zweifel an der Sicherheit des Verfolgten für den Fall einer Rückkehr in sein Heimatland ausschließen lässt.

Über den Abschiebungsschutz für Konventionsflüchtlinge kann – anders als über asylunabhängige Abschiebungsverbote nach § 60 Abs. 5 oder 7 AufenthG – grundsätzlich nur einheitlich entschieden werden. Hierbei sind sämtliche Staaten, deren Staatsangehörigkeit der Ausländer möglicherweise besitzt oder in denen er als Staatenloser seinen gewöhnlichen Aufenthalt hatte, in die Prüfung einzubeziehen. Die **Anerkennung durch den UNHCR als Mandatsflüchtling** führt nicht zu Abschiebungsschutz nach § 60 Abs. 1 AufenthG (OVG Niedersachsen, 07.12.2005 – 11 LB 193/04, InfAuslR 2006, 157).

Der Flüchtlingsschutz i. S. v. § 3 Abs. 1 AsylG, der sich mit dem Schutz für Konventionsflüchtlinge nach den Genfer Flüchtlingskonvention deckt, ist dem Oberbegriff des „internationalen Schutzes" nach § 2 Abs. 13 AufenthG zuzuordnen. Sowohl dieser Schutz als auch der subsidiäre Schutz i. S. v. § 4 Abs. 1 AsylG wird auf einen Asylantrag nach § 14 AsylG hin im Asylverfahren durch das BAMF zuerkannt (§ 1 Nr. 2, § 31 Abs. 2 AsylG). Die Zuerkennung der Flüchtlingseigenschaft oder der subsidiären Schutzberechtigung bewirken rechtliche zielstaatsbezogene Abschiebungsverbote nach § 60 Abs. 1 bzw. § 60 Abs. 2 und 3 AufenthG.

Der Abschiebungsschutz nach § 60 Abs. 1 AufenthG ist gemäß § 3 Abs. 1 AsylG mit der Zuerkennung der Flüchtlingseigenschaft nach der Genfer Flüchtlingskonvention gemäß Art. 13 RL 2011/95/EU verbunden und kann daher grundsätzlich nur bei einer Verfolgung durch den Staat der Staatsangehörigkeit oder – bei Staatenlosen – durch den Staat des gewöhnlichen Aufenthalts zugesprochen werden.

Staatenlose

Handelt es sich um Staatenlose, bedeutet dies nicht, dass politische Verfolgung in einem solchen Fall von vornherein ausscheidet. Es kommt darauf an, ob ein Staat einem Staatenlosen, der im Staatsgebiet seinen gewöhnlichen Aufenthalt hatte, die Wiedereinreise „*aus nichtpolitischen Gründen*" verweigert, ob die Verweigerung also auf Rasse, Religion, Nationalität, Zugehörigkeit zu einer bestimmten sozialen Gruppe oder auf die politische Überzeugung zielt. Dabei ist nicht auf die subjektiven Motive des Verfolgenden abzustellen, sondern auf die objektive Gerichtetheit der Maßnahme. Im

Asylverfahren ist neben einer politischen Verfolgung daher auch die Staatsangehörigkeit festzustellen (BVerwG, 12.04.2005 – 1 C 3/04, InfAuslR 2005, 439). Dies stellt das BAMF im Asylverfahren fest.

Nach § 25 Abs. 2 Satz 1 Alt. 1 AufenthG ist dem Ausländer eine Aufenthaltserlaubnis (Aufenthaltserlaubnis – Kleines Asyl) zu erteilen, wenn das BAMF das Vorliegen der Voraussetzungen des § 60 Abs. 1 AufenthG festgestellt hat (sog. Kleines Asyl – Verbot der Abschiebung politisch Verfolgter).

Demgegenüber normiert § 60 Abs. 2, 3, 5 und 7 AufenthG rechtliche und humanitäre Abschiebungsverbote, die nicht im engen Zusammenhang mit politischer Verfolgung stehen, aber auch zielstaatsbezogen sind.

Nach § 30 RVG beträgt seit Inkrafttreten des Zuwanderungsgesetzes der **Gegenstandswert für die Klage auf Feststellung der Eigenschaft als Konventionsflüchtling** nach § 60 Abs. 1 AufenthG 3.000 EUR (vgl. BVerwG, 21.12.2006 – 1 C 29/03, AuAS 2007, 94).

2. Begriff der politischen Verfolgung

Der Begriff der politischen Verfolgung wurde durch §§ 3 bis 3e AsylG gemäß der so genannten **Qualifikationsrichtlinie-EU**, der Richtlinie 2011/95/EU des Europäischen Parlaments und des Rates vom 13.12.2011 über Normen für die Anerkennung von Drittstaatsangehörigen oder Staatenlosen als Personen mit Anspruch auf internationalen Schutz, für einen einheitlichen Status für Flüchtlinge oder für Personen mit Anrecht auf subsidiären Schutz und für den Inhalt des zu gewährenden Schutzes, den internationalen Standards angepasst und in den EU-Mitgliedstaaten vereinheitlicht.

Nach § 60 Abs. 1 AufenthG darf in Anwendung der Genfer Konvention (GK) ein Ausländer nicht in einen Staat abgeschoben werden, in dem sein Leben oder seine Freiheit (hochrangige schützenswerte Rechtsgüter) wegen seiner Rasse, Religion, Staatsangehörigkeit, Zugehörigkeit zu einer bestimmten sozialen Gruppe oder wegen seiner politischen Überzeugung (Gründe der politischen Verfolgung) bedroht ist. Ob eine solche Verfolgungsgefahr im Einzelfall besteht, die ein rechtliches Abschiebungsverbot nach § 60 Abs. 1 AufenthG auslöst, entscheidet das BAMF im Asylverfahren nach § 31 Abs. 2 AsylG. Dabei hat es die Entscheidungskriterien nach §§ 3a bis 3c AsylG, die mit der Qualifikationsrichtlinie 2011/95/EU konform sind, zu beachten.

Eine **begründete Furcht vor Verfolgung** besteht nach Maßgabe des § 3a AsylG dann, wenn im Fall der Rückkehr in den Heimatstaat bei verständiger Würdigung der gesamten Umstände eine an die in § 3b AsylG genannten Merkmale anknüpfende Verfolgung **mit beachtlicher Wahrscheinlichkeit** droht (vgl. BVerfG, 10.07.1989 – 2 BvR 502/86 und 961/86, BVerfGE 80, 315, 344; BVerwG, 31.03.1981 – 9 C 237/80 – Buchholz 402.24 § 28 AuslG Nr. 27; BVerwG, 02.08.1983 – 9 C 599/81, BVerwGE 67, 314).

Zugehörigkeit zu einer bestimmten sozialen Gruppe

Eine Verfolgung wegen Zugehörigkeit zu einer bestimmten sozialen Gruppe (§ 3 Abs. 1 Nr. 1 AsylG) kann auch dann vorliegen, wenn die Bedrohung der geschützten Rechtsgüter allein an das Geschlecht anknüpft (sog. geschlechtsspezifische Verfolgung;

vgl. Marx, Furcht vor Verfolgung wegen Zugehörigkeit zu einer bestimmten sozialen Gruppe, ZAR 2005, 177). Der Gesetzgeber hat den **Begriff der *„sozialen Gruppe"*** insoweit weiter gefasst als der EU-Richtliniengeber (vgl. RL 2004/83/EG, wonach eine entsprechende Verfolgung auch dann vorliegen kann, wenn sie allein an das **Geschlecht** anknüpft (VGH Hessen, 23.03.2005 – 3 UE 3457/04.A, EZAR NF 62 Nr. 2 – Zur drohenden Genitalverstümmelung in Sierra Leone).

Politische Verfolgung kann auch auf Grund der Zugehörigkeit zu einer bestimmten sozialen Gruppe vorliegen, wenn die Bedrohung des Lebens, der körperlichen Unversehrtheit oder der Freiheit allein an das Geschlecht anknüpft (vgl. VGH Hessen, 09.02.2006 – 2 UZ 3768/04.A, AuAS 2006, 200, zum Schutzanspruch für Angehörige der Ahmadiyya-Glaubensgemeinschaft). Diese Auslegung der politischen Verfolgung führt zu einer Angleichung des deutschen Rechts an internationale Standards. Diese Richtlinie legt Mindeststandards des Flüchtlingsschutzes fest, die nicht zu einer restriktiven Auslegung des § 60 Abs. 1 Satz 3 AufenthG herangezogen werden können (VGH Hessen, 23.03.2005 – 3 UE 3457/04.A, EZAR NF 62 Nr. 2).

Das Abschiebungsverbot nach § 60 Abs. 1 AufenthG setzt nach seinem Wortlaut die Genfer Flüchtlingskonvention – GK – um (vgl. § 3 Abs. 1AsylG). Gemäß Art. 1 A Nr. 2 Satz 3 GFK fehlt es dann an der Flüchtlingseigenschaft, wenn eine Person den Schutz eines der Länder, deren Staatsangehörigkeit sie besitzt, nicht in Anspruch genommen hat, ohne einen stichhaltigen, auf eine begründete Befürchtung gestützten Grund zu haben (vgl. BVerwG, 21.01.1992 – 1 C 21/87, BVerwGE 89, 296).

Politische Verfolgung ist nicht nur staatliche Verfolgung (vgl. BVerwG, 22.03.1994 – 9 C 443/93, InfAuslR 1994, 329 = DVBl. 1994, 930 = DÖV 1994, 740). Das gilt für § 60 Abs. 1 AufenthG ebenso wie für Art. 16a Abs. 1 GG (vgl. BVerwG, 18.01.1994 – 9 C 48/92, InfAuslR 1994, 196 = DVBl. 1994, 531 L = DÖV 1994, 479). Von welchen **Akteuren** politische Verfolgung ausgehen kann, macht § 3c AsylG deutlich.

Eine politische Verfolgung i.S.v. Art. 16a Abs. 1 GG, § 60 Abs. 1 AufenthG liegt auch vor, wenn die Verfolgung von einer quasi-staatlichen Gebietsgewalt ausgeht. Quasi-staatlich ist eine Gebietsgewalt nur, wenn sie auf einer staatsähnlich organisierten, effektiven und stabilisierten Herrschaftsmacht beruht (vgl. BVerwG, 06.08.1996 – 9 C 172/95, InfAuslR 1997, 37).

3. Verfolgungsgründe

Die Verfolgungsgründe sind in § 3 Abs. 1 Nr. 1 AsyxlVfG enthalten. Sie sind nach Maßgabe des § 3b AsylG bei der asylrechtlichen Entscheidung zu berücksichtigen.

Beispiele

Der Verfolgungsschutz umfasst auch die **Verfolgung auf Grund der sexuellen Orientierung** in Übereinstimmung mit Art. 10 Abs. 1 Buchst. d der Qualifikationsrichtlinie. Die Schutzwirkung bezieht sich auch auf Vergewaltigungen und sonstige Formen sexueller Gewalt und vor den daraus resultierenden erheblichen gesellschaftlichen Folgen. Zu diesen frauenspezifischen Verfolgungen gehören auch staatlich oder gesellschaftlich sanktionierte Verhaltensvorschriften, die das Leben als Frau so genau festlegen, dass ein selbstbestimmtes Leben i.S.v. Art. 2 GG nicht möglich ist.

Die **Versagung der staatlichen Anerkennung einer Heirat** durch iranische Behörden geht über eine bloße Diskriminierung hinaus und überschreitet die Schwelle des Verfolgungseingriffs. Obwohl das Genehmigungserfordernis nur für Frauen gilt, wäre eine politische Verfolgung in einer solchen Maßnahme nur zu sehen, wenn diese darauf gerichtet wäre, die betroffene Frau in ihrer Geschlechtszugehörigkeit oder in einem sonstigen asylrechtlich bedeutsamen Merkmal zu treffen (VGH Hessen, 02.05.2006 – 11 UZ 795/06.A, hier verneint). Die Versagung der staatlichen Anerkennung einer Heirat stellt ebenso wie die Verhängung eines ausdrücklichen Eheschließungsverbotes oder die Sanktionierung einer im Ausland geschlossenen Ehe, eine staatliche Maßnahme dar, die über eine bloße Diskriminierung hinaus wegen der Schwere der hiermit einhergehenden Beeinträchtigung elementarer Menschenrechte die Schwelle des Verfolgungseingriffs überschreitet (vgl. BVerwG, 06.04.1992 – 9 C 143/90, BVerwGE 90, 127). Das potentielle Verbot einer zivilen Eheschließung betrifft nicht die Gesamtheit der weiblichen Bevölkerung im Iran, sondern nur diejenigen Frauen, die einen Ausländer heiraten wollen. Hierdurch sind die Frauen, denen nach § 1060 iranisches ZGB die zivile Eheschließung untersagt wird, als soziale Gruppe hinreichend bestimmt (vgl. Marx, ZAR 2005, 177, 185). Die Tatsache, dass eine Iranerin von der Weigerung der iranischen Behörden, ihr eine Sondergenehmigung für die Eheschließung mit einem Ausländer zu erteilen, in ihren unverfügbaren Menschenrechten verletzt und zudem als Frau benachteiligt wird, weil diese Genehmigungserfordernis nur für Frauen, nicht aber für Männer gilt, reicht als solche für die Annahme einer politischen Verfolgung i.S.v. § 3 Abs. 1 AsylG nicht aus (VGH Hessen, 02.05.2006 – 11 UZ 795/06.A, AuAS 2006, 163).

Droht dem (hier: wegen des subjektiven **Nachfluchtgrunds der Asylantragstellung** in Deutschland) anerkannten Flüchtling im Falle des Widerrufs bei der Rückkehr in seinen Heimatstaat keine Verfolgungswiederholung, sondern eine gänzlich neue und andersartige Verfolgung (hier: wegen der Religionszugehörigkeit durch Private), ist der allgemeine Maßstab der beachtlichen Wahrscheinlichkeit anzuwenden (BVerwG, 18.07.2006 – 1 C 15/05).

Bei **dauerhafter Einreiseverweigerung durch den Heimatstaat** unter dem Gesichtspunkt einer *„Aussperrung"* oder *„Ausgrenzung"* kann politische Verfolgung vorliegen (vgl. BVerwG, 22.02.2005 – 1 C 17/03 – NVwZ 2005, 1191).

Das Internet wirkt – hinsichtlich bestimmter arabischer oder kurdischer Webseiten – nach Syrien hinein und wird staatlich überwacht. Eine beachtlich wahrscheinliche Verfolgungsgefahr ergibt sich für den Einzelnen aber nur, wenn er als **Verfasser von (Internet-)Artikeln** einen Bekanntheitsgrad als **Regimegegner** erlangt hat und mit regimefeindlichen oder „antisyrischen" Artikeln explizit hervortritt (OVG Schleswig-Holstein, 02.06.2006 – 1 LA 69/06).

Bei einer in **Eritrea** bereits verfolgten **Zeugin Jehovas** oder bei einem Äthiopier halberitreischer Abstammung kann im Falle der Rückführung nach Eritrea nicht mit hinreichender Sicherheit religiöse bzw. politische Verfolgung ausgeschlossen werden

(VGH Bayern, 24.06.2005 – 9 B 04.30824, EZAR NF 62 Nr. 3; VGH Bayern, 04.07.2005 – 9 B 03.30328, EZAR NF 62 Nr. 4).

Ein **Einsatz in einer bewaffneten Einheit der PKK** oder ihren Nachfolgeorganistionen führt zum Ausschluss vom Asylgrundrecht nach Art. 16a Abs. 1 GG und nicht zu einer Feststellung nach § 60 Abs. 1 AufenthG. Unter Berücksichtigung von Art. 12 Abs. 2c EG RL 2004/83 dürfte es auf eine spätere Abkehr von der Organisation nicht ankommen (vgl. VG Stuttgart, 30.05.2005 – A 12 K 10786/05).

4. Gegenstandswert

Der Gegenstandswert ist auch dann auf 3.000 Euro festzusetzen, wenn der Streitgegenstand allein die Verpflichtung zur Feststellung der Voraussetzungen des § 60 Abs. 1 AufenthG ist (vgl. BVerwG, 21.12.2006 – 1 C 29.03, NVwZ 2007, 469). Daran wird auch nach der Änderung des § 30 RVG durch das 2. Justizmodernisierungsgesetz festgehalten (vgl. VG Stuttgart, 16.05.2007 – A 4 K 136/07, AuAS 2007, 154).

5. Erteilung einer Aufenthaltserlaubnis

Für die Ausländerbehörde ist die Zuerkennung der Flüchtlingseigenschaft durch das BAMF nach § 6 Abs. 1 AsylG verbindiich. Auf Grund dieser Entscheidung hat sie dem Ausländer eine Aufenthaltserlaubnis gemäß § 25 Abs. 2 Satz 1 Alt. 1 AufenthG, die zur Ausübung einer Erwerbstätigkeit berechtigt, zu erteilen (Rechtsanspruch).

Die Ausländerbehörde ist nach § 6 Satz 1 AsylG auch an eine negative Statusfeststellung des BAMF ebenso gebunden wie nach § 42 Satz 1 AsylG an die Entscheidungen, die sich auf Abschiebungsverbote nach § 60 Abs. 5 oder 7 AufenthG beziehen (VGH Baden-Württemberg, 15.07.2005 – 13 S 1103/05).

Wurde der Ausländer ausgewiesen, kann die Aufenthaltserlaubnis nur dann erteilt werden, wenn das Einreise- und Aufenthaltsverbot nach § 11 Abs. 1 AufenthG gemäß Absatz 4 Satz 2 aufgehoben wird. Dies ist dann nicht erforderlich, wenn es die Ausweisung nicht aus schwerwiegenden Gründen der öffentlichen Sicherheit und Ordnung verfügt wurde.

Siehe auch

Fachbeiträge:

International Schutzberechtigte / Subsidiär Schutzberechtigte

Rechtsprechung:

BVerwG, 12.04.2005 – 1 C 3/04, InfAuslR 2005, 439 – Zur Feststellung der Staatsangehörigkeit

BVerwG, 26.01.1999 – 9 B 655/98, InfAuslR 1999, 283 – Zum Machtbereich

BVerwG, 06.08.1996 – 9 C 172/95, InfAuslR 1997 – Zum Begriff der staatsähnlichen Organisation

BVerwG, 22.03.1994 – 9 C 443/93, InfAuslR 1994, 329 = DVBl. 1994, 930 = DÖV 1994, 740 – Politische Verfolgung meint nicht nur staatliche Verfolgung

BVerwG, 18.01.1994 – 9 C 48/92, InfAuslR 1994, 196 = DVBl. 1994, 531 L = DÖV 1994, 479

VGH Bayern, 24.06.2005 – 9 B 04.30824AuAS 2005, 199 – Zur politischen Verfolgung der Zeugen Jehovas in Eritrea

VGH Hessen, 09.02.2006 – 2 UZ 3768/04.A, AuAS 2006, 200 – Zum Schutzanspruch für Angehörige der Ahmadiyya-Glaubensgemeinschaft

VGH Hessen, 23.03.2005 – 3 UE 3457/04.A, EZAR NF 62 Nr. 2 – Zur drohenden Genitalverstümmelung in Sierra Leone

OVG Mecklenburg-Vorpommern, 01.02.2006 – 1 L 121/02, AuAS 2006, 151 – Einem religiösen Würdenträger der Yeziden aus dem Sinjar-Gebiet droht bei einer Rückkehr in den Irak mit hoher Wahrscheinlichkeit politische Verfolgung.

OVG Niedersachsen, 06.02.2006 – 9 LB 27/03, AuAS 2006, 198 – Alleinstehenden Frauen, die „westlich" orientiert sind, droht im Irak dann keine geschlechtsspezifische Verfolgung, wenn sie dort im Familienverbund leben

OVG Nordrhein-Westfalen, 18.05.2005 – 11 A 533/05.A, ZAR 2005, 374 – Zur Anwendung der Qualifikationsrichtlinie

VG Stuttgart, 29.06.2006 – A 11 K 10841/04, ZAR 2007, 107 = EZAR NF 62 Nr. 9 – Im Iran besteht die Gefahr einer unverhältnismäßigen bzw. diskriminierenden Bestrafung wegen der sexuellen Ausrichtung einer maskulin erscheinenden lesbischen Frau. Diese Gefahr begründet einen Verfolgungsgrund nach § 60 Abs. 1 AufenthG wegen der Zugehörigkeit zu einer bestimmten sozialen Gruppe

Weiterführende Literatur:

Parinas Parhisi, Homosexualität als Asylgrund – Anmerkungen zum Urteil des VG Stuttgart v. 26.9.2006, Az 11 K 10841/04, ZAR 2007, 96 = LNCA 2007, 114540

Dr. Reinhard Marx, Furcht vor Verfolgung wegen der Zugehörigkeit zu eines bestimmten sozialen Gruppe (Art. 10 Abs. I Buchst. d RL 2004/83/EG), ZAR 2005, 177 ff. = LNCA 2005, 71822

Harald Meyer / Gisbert Schallenberger, Die EU-Flüchtlingsrichtlinie. Das Ende für das Forum Internum und Abschied von der Zurechnungstheorie?, NVwZ 2005, 776 ff. = LNCA 2005, 71906

Dr. Julia Duchrow, Flüchtlingsrecht und Zuwanderungsgesetz unter Berücksichtigung der sog. Qualifikationsrichtlinie, ZAR 2004, 339 ff. = LNCA 2004, 56365

Ankunftsnachweis

Rechtsnormen: § 18 AsylG; § 55 Abs. 1 AsylG; § 63a AsylG; § 87c AsylG; § 88 AsylG; Datenaustauschverbesserungsgesetz vom 02.02.2016 (BGBl. I S. 130); Ankunftsnachweisverordnung – AKNV – vom 05.02.2016, BGBl. I S. 162; VO (EU) 604/2013

1. Einführung eines Ankunftsnachweises

Am 01.02.2016 wurde durch § 63a AsylG i. d. F. des Datenaustauschverbesserungsgesetzes vom 02.02.2016 (BGBl. I S. 130) und die Ankunftsnachweisverordnung – AKNV – vom 05.02.2016 (BGBl. I S. 162) ein einheitlicher **Ankunftsnachweis** für Asylsuchende (§ 13 AsylG) eingeführt. Diese Verordnung regelt u. a: die Ausstellungsmodalitäten, Dokumentationspflichten, die Qualitätssicherung des Lichtbildes und der Fingerabdruckdaten, das Ausweismuster.

Der neue Ankunftsnachweis nach § 63a AsylG, der die bisherige BÜMA ersetzt, soll die Registrierung der Asylsuchenden vereinfachen und so das gesamte Verfahren beschleunigen. Nach einer Erprobungsphase in vier Einrichtungen wird der Ankunftsnachweis ab Februar 2016 bundesweit eingeführt und in einem besonders geregelten Verfahren nach der Ankunftsnachweisverordnung ausgestellt.

Der Ausweis ist dem Asylsuchenden grundsätzlich erst nach der Unterschriftsleistung auszuhändigen (§ 6 Abs. 1 AKNV).

Die Ausstellung eines Ankunftsnachweises nach der Geltendmachung eines Asylgesuchs i. S. v. § 13 AsylG dokumentiert nach § 55 Abs. 1 Satz 1 AsylG die Aufenthaltsgestattung. Der Ankunftsnachweis ist kein Reisedokument, er berechtigt daher nicht zum Grenzübertritt. Mit ihm wird auch nicht der Pass- und Ausweispflicht (§ 3 Abs. 1, § 48 Abs. 2 AufenthG) genügt (§ 6 Abs. 2 AKNV).

Der Aufenthalt eines Ausländers, dem bis zum 06.08.2016 ein Ankunftsnachweis ausgestellt worden ist, gilt ab dem Zeitpunkt der Ausstellung dieses Ausweises als gestattet (§ 87c Abs. 3 AsylG),

2. Ankunftsnachweis nach der Einreise in das Bundesgebiet

Reist ein Asylsuchender, (aus einem sicheren Drittstaat) in das Bundesgebiet ein und wird er daher

- nicht an der Grenze **zurückgewiesen** oder
- nach der Einreise **zurückgeschoben** (§ 18 Abs. 2 und 3 AsylG; § 57 Abs. 2 AufenthG),

entsteht mit der Ausstellung eines Ankunftsnachweises nach § 63a Abs. 1 die **Aufenthaltsgestattung** nach § 55 Abs. 1 Satz 1 AsylG.

3. Übergangsphase bis zur Ausstellung des Ankunftsnachweises

Die Übergangsphase zwischen Äußerung des Asylgesuchs nach § 13 AsylG bis zur Ausstellung des Ankunftsnachweises nach § 63a AsylG wird regelmäßig sehr kurz sein; primäres Ziel der zuständigen Behörden ist die zügige Registrierung und Verteilung der Asylsuchenden auf die für sie zuständigen Aufnahmeeinrichtungen. Für einen dabei nach den Umständen möglicherweise entstehenden Übergangszeitraum ist die Gewährung lediglich eines Überbrückungsbedarfs gerechtfertigt.

Der Entgegennahme eines förmlichen Asylantrags nach § 14 AsylG durch die zuständige Außenstelle des Bundesamtes und der damit verbundenen Ausstellung einer Bescheinigung über die Aufenthaltsgestattung nach § 63 AsylG geht die in Art. 6 Abs. 1 RL 2013/32/EU normierte Pflicht zur Registrierung binnen drei bzw. sechs Arbeitstagen, nachdem der Antrag auf Gewährung internationalen Schutzes (§ 1 Abs. 1 Nr. 2 AsylG) – Asylgesuch nach § 13 AsylG – bei einer für die Registrierung und der Ausstellung des Ankunftsnachweises zuständigen Behörde nach §§ 18 Abs. 1, 19 Abs. 1 AsylG gestellt worden ist, voraus. Bis dahin kommt die Ausstellung eines Ankunftsnachweises nach § 63a Abs. 1 AsylG in Betracht.

Um eine frühzeitige Registrierung und ein frühzeitiges Aufsuchen der zuständigen Aufnahmeeinrichtung sicherzustellen, macht § 11 Abs. 2a AsylbLG den Beginn der Gewährung der vollen Leistungen nach dem Asylbewerberleistungsgesetz von der vorherigen Registrierung, der Aufnahme in der zuständigen Aufnahmeeinrichtung und generell auch von der Ausstellung des Ankunftsnachweises abhängig. Dieser wird nur am Ort der für den Asylsuchenden nach seiner Verteilung zuständigen Aufnahmeeinrichtung ausgehändigt (vgl. § 63a AsylG).

4. Ausstellung und Verlängerung eines Ankunftsnachweises

Die Ausstellung und Verlängerung des Ankunftsnachweises, mit dem die Meldung als Asylsuchender bescheinigt wird, an den Asylbewerber ist in § 63a AsylG geregelt.

Einem Ausländer, der um Asyl nachgesucht hat (vgl. § 13 AsylG) und nach den Vorschriften des Asylgesetzes oder des Aufenthaltsgesetzes erkennungsdienstlich behandelt worden ist, aber noch keinen förmlichen Asylantrag i. S. v. § 14 AsylG gestellt hat, wird unverzüglich eine Bescheinigung über die Meldung als Asylsuchender (Ankunftsnachweis) ausgestellt (§ 63a Abs. 1 AsylG).

5. Erhebung und Registrierung der Daten

Zusammen mit einer Identifikationsnummer werden Personen-, Identitäts- und Kontaktdaten wie Name, Geburtsdatum, Fingerabdrücke und Wohnort auf dem Ankunftsnachweis gespeichert. Dazu kommen Daten zur Schulbildung und berufliche Qualifikation, was eine schnelle Integration und Arbeitsvermittlung ermöglichen soll.

Alle bei der Registrierung erhobenen Daten werden unmittelbar beim erstmaligen behördlichen Kontakt im **Kerndatensystem** erfasst. Zu diesem Zweck wird das Gesetz über das Ausländerzentralregister (AZR-Gesetz) um neue Inhalte ergänzt sowie

Übermittlungsverpflichtungen an das Kerndatensystem und Ermächtigungen zum Abruf von Daten aus dem Kerndatensystem der in diesem Kontext beteiligten Stellen im erforderlichen Umfang erweitert werden.

Um Doppelregistrierungen zu verhindern, werden alle zur Registrierung befugten Stellen mit einem **Fingerabdruck-Schnell-Abgleichsystem** ausgerüstet, mit dem sie unverzüglich feststellen können, ob zu einer Person bereits Daten vorhanden sind.

6. Zuständigkeit

Zuständig für die Ausstellung, Änderung der Anschrift und Verlängerung einer Bescheinigung nach § 63a Abs. 1 AsylG ist nach Absatz 3 die Aufnahmeeinrichtung, auf die der Ausländer verteilt worden ist, sofern nicht die dieser Aufnahmeeinrichtung zugeordnete Außenstelle des Bundesamtes eine erkennungsdienstliche Behandlung des Ausländers oder die Verarbeitung seiner personenbezogenen Daten vornimmt.

Ist der Ausländer nicht mehr verpflichtet in der Aufnahmeeinrichtung zu wohnen, ist für die Verlängerung der Bescheinigung die Ausländerbehörde zuständig, in deren Bezirk der Ausländer sich aufzuhalten verpflichtet ist oder Wohnung zu nehmen hat; besteht eine solche Verpflichtung nicht, ist die Ausländerbehörde zuständig, in deren Bezirk sich der Ausländer tatsächlich aufhält.

7. Mitwirkungspflichten

Nach § 63a Abs. 5 AsylG ist der Inhaber des Ankunftsnachweises verpflichtet, der zuständigen Aufnahmeeinrichtung, dem Bundesamt oder der Ausländerbehörde unverzüglich

- den Ankunftsnachweis vorzulegen, wenn eine Eintragung unrichtig ist,
- auf Verlangen den Ankunftsnachweis beim Empfang eines neuen Ankunftsnachweises oder der Aufenthaltsgestattung abzugeben,
- den Verlust des Ankunftsnachweises anzuzeigen und im Falle des Wiederauffindens diesen vorzulegen,
- auf Verlangen den Ankunftsnachweis abzugeben, wenn er eine einwandfreie Feststellung der Identität des Nachweisinhabers nicht zulässt oder er unerlaubt verändert worden ist.

8. Rechtliche Position bei Besitz eines Ankunftsnachweises

Der seit 01.02.2016 eingeführte **Ankunftsnachweis** geht nicht weiter als die Duldungsbescheinigung nach § 60a Abs. 4 AufenthG und dokumentiert daher nicht einen rechtmäßigen Aufenthalt wie die Bescheinigung über die Aufenthaltsgestattung.

Bis zur förmlichen Antragstellung ist der Aufenthalt wegen Nichtabschiebung nach§ 60a Abs. 2 Satz 1 AufenthG geduldet (Verfahrensduldung aus unionsrechtlichen Gründen). Anstelle der Duldungsbescheinigung wird ein Ankunftsnachweises nach § 63a AsylG ausgestellt. Erst nach förmlicher Antragstellung ist der Aufenthalt gestattet (§ 55 Abs. 1 Satz 3 AsylG). Daher wird eine Bescheinigung über die Aufenthaltsgestattung ausgestellt.

Der **Ankunftsnachweis dokumentiert zwar nicht einen erlaubten oder gestatteten Aufenthalt**, die rechtmäßig sind, dennoch kann die Zeit des Besitzes dieses Ausweises auch auf die Zeit der Duldung angerechnet werden

- etwa nach § 59a Abs. 1b AsylG für das Erlöschen der räumlichen Beschränkung,
- nach § 61 Abs. 2 AsylG für die Erteilung einer Beschäftigungserlaubnis,
- nach § 25a oder § 25b AufenthG für die Erteilung einer entsprechenden Aufenthaltserlaubnis,
- nach § 61 Abs. 1b AufenthG für das Erlöschen der räumlichen Beschränkung,

so dass etwa eine **Verfahrensverzögerung bis zur Asylantragstellung**, durch welche die Aufenthaltsgestattung kraft Gesetzes in den Fällen des § 55 Abs. 1 Satz 3 AsylG bewirkt wird, zum Nachteil des Ausländers im **Interesse der Gleichbehandlung** grundsätzlich vermieden wird.

Siehe auch

Weiterführende Literatur:

Welte, Asylbewerber im Bundesgebiet – Einreise und Aufenthalt, SächsVBl. 2016, 1-7.

Asylantrag

Rechtsnormen: § 13 AsylG; § 14 AsylG; § 14a AsylG; § 23 AsylG; § 29 AsylG; § 33 AsylG

1. Aufenthalt während des Asylverfahrens

Im Asylverfahren nach dem Asylgesetz wird das Recht auf Asyl nur dann gewährt, wenn ein förmlicher Asylantrag nach § 14 AsylG gestellt wird (gesetzlicher Antragsvorbehalt). Dem Asylantrag geht ein Asylgesuch i. S. v. § 13 AsylG (materieller Asylantrag) voraus.

Grundsätzlich genießen Asylsuchende unter der Vorwirkung des Asylrechts nach Art. 16a Abs. 1 GG ein verfassungskräftiges vorläufiges Bleiberecht, das in der Aufenthaltsgestattung nach § 55 Abs. 1 Satz 1 AsylG verkörpert und in den Bescheinigungen nach § 63 und § 63a AsylG dokumentiert wird. Dies setzt nach § 55 Abs. 1 Satz 1 AsylG ein **Asylgesuch** i. S. v. § 13 AsylG, aufgrund dessen ein Ankunftsnachweis nach § 63a Abs. 1 AsylG ausgestellt wird, voraus. In diesem Zeitpunkt entfällt mit dem Eintreten der Aufenthaltsgestattung eine vollziehbare Ausreisepflicht (§ 58 Abs. 2 AufenthG, zum Begriff). Mit dem Eintreten der Aufenthaltsgestattung wird ein rechtmäßiger Aufenthalt bis zu deren Erlöschen nach § 67 AsylG bewirkt.

Wird kein Ankunftsnachweis nach § 63a Abs. 1 AsylG ausgestellt, entsteht die Aufenthaltsgestattung mit der Stellung eines **förmlichen Asylantrags nach § 14 AsylG**, der eine Registrierung voraussetzt (§ 55 Abs. 1 Satz 3 AsylG). Dabei ist die förmliche Asylantragstellung beim Bundesamt für Migration und Flüchtlinge – BAMF – gemeint (vgl. BGH, 21.11.2002 – V ZB 49/02).

Dem Ausländer wird mit der Aufenthaltsgestattung ein funktionales Aufenthaltsrecht zur Geltendmachung und Verfolgung eines Asylanspruchs grundsätzlich solange eingeräumt, bis die Asylentscheidung unanfechtbar ist. In diesem Fall ist er bis zum Wegfall der Aufenthaltsgestattung (§ 67 AsylG) nicht ausreisepflichtig. Anschließend regelt sich der Aufenthalt nach dem Aufenthaltsgesetz.

2. Asylantrag/Asylgesuch

Im Asylgesetz wird zwischen dem Asylantrag im materiellen Sinne, dem Asylgesuch nach § 13 AsylG, und dem förmlichen Asylantrag nach § 14 Asyl unterschieden. Das Asylgesuch umfasst die Gewährung von Asyl nach Art. 16a Abs. 1 GG und von internationalem Schutz nach §§ 3 Abs. 1 und 4 Abs. 1 AsylG (§ 1 Abs. 1 Nr. 1 und 2 AsylG). Das Asylgesuch nach § 13 AsylG (vgl. Art. 2 Buchst. a RL 2013/33/EU – Aufnahmerichtlinie) kann bei den nach §§ 18 Abs. 1, 19 Abs. 1 AsylG zuständigen amtlichen Stellen, die mit dem Vollzug des Ausländerrechts betraut sind, gestellt werden. Hingegen ist für die Entgegennahme des an eine bestimmte Form gebundenen Asylantrags nach § 14 AsylG (vgl. Art. 6 Abs. 4 RL 2013/32/EU) ausschließlich das Bundesamt bzw. dessen Außenstelle zuständig. Dieser förmlich gestellte Asylantrag löst das Asylverfahren aus (Zulässigkeitsvoraussetzung).

3. Asylantrag i. S. d. § 13 AsylG (Asylgesuch)

Der Entgegennahme eines förmlichen Asylantrags nach § 14 AsylG durch die zuständige Außenstelle des Bundesamtes geht die in Art. 6 Abs. 1 RL 2013/32/EU normierte Pflicht zur Registrierung binnen drei bzw. sechs Arbeitstagen, nachdem der Antrag auf Gewährung internationalen Schutzes (§ 1 Abs. 1 Nr. 2 AsylG) – Asylgesuch nach § 13 AsylG – bei einer für die Registrierung dieses Antrags zuständigen Behörde nach §§ 18 Abs. 1, 19 Abs. 1 AsylG gestellt worden ist, voraus.

Nach § 13 Abs. 1 AsylG liegt ein Asylantrag vor, wenn sich dem schriftlich, mündlich oder auf andere Weise geäußerten Willen des Ausländers entnehmen lässt, dass er im Bundesgebiet Schutz vor politischer Verfolgung sucht oder dass er Schutz vor Abschiebung oder einer sonstigen Rückführung in einen Staat begehrt, in dem ihm eine Verfolgung i. S. d. § 3 Abs. 1 AsylG oder ein ernsthafter Schaden i. S. d. § 4 Abs. 1 AsylG droht (Asylgesuch). Es handelt sich daher um einen Antrag auf internationalen Schutz i. S. v. Art. 2 Buchst. b Dublin III-VO.

Nach § 13 Abs. 2 AsylG wird mit jedem Asylantrag die Anerkennung als Asylberechtigter i. S. v. Art. 16a Abs. 1 GGsowie internationaler Schutz nach § 1 Abs. 1 Nr. 2 AsylG beantragt. Der Antrag kann vom Antragsteller auf die Zuerkennung internationalen Schutzes beschränkt werden. Die **Gewährung von Familienasyl** oder **Familienabschiebungsschutz** nach § 26 Abs. 2 bzw. 4 AsylG setzt einen Asylantrag nach § 13 AsylG voraus, mit dem gemäß Absatz 2 sowohl die Asylanerkennung als auch die Gewährung internationalen Schutzes beantragt wird. Da sich das Antragserfordernis nach § 26 Abs. 1 und 2 AsylG auf den Asylantrag nach § 13 Abs. 2 AsylG bezieht, ist ein spezieller Antrag auf Familienasyl oder Familienabschiebungsschutz nicht erforderlich (vgl. OVG Nordrhein-Westfalen, 25.01.2007 – 15 A 5137/05.A, AuAS 2007, 90).

Art. 16a Abs. 1 GG gewährt Ausländern ein subjektiv-öffentliches Recht auf Schutz vor politischer Verfolgung im Bundesgebiet, wenn sie beim oder nach dem Grenzübertritt politische Verfolgung durch den Heimatstaat plausibel geltend machen (§ 18 Abs. 1 AsylG; vgl. auch Art. 18, 19 GRCh; Art. 13 Abs. 1 Satz 2 Var. 1 SGK) und noch Verfolgungsbetroffenheit besteht (Subsidiaritätsprinzip). Nach Art. 5 Rückführungsrichtlinie 2008/115/EG halten die Mitgliedstaaten den (im Flüchtlingsrecht gefestigten) Grundsatz der Nichtzurückweisung ein (vgl. *Lehnert/Markard*, Mittelmeerroulette – Das Hirsi-Urteil des EGMR und die europäische Grenzpolitik auf See, ZAR 2012, 194, 196).

Ein Asylantrag liegt somit unabhängig von der Zuständigkeit der den Antrag entgegennehmenden Behörde vor. Beantragt ein Ausländer im **Klageverfahren** vorbehaltlos seine Anerkennung als Asylberechtigter oder internationalen Schutz, liegt hierin auch der nach § 13 Abs. 1 AsylG erforderliche Asylantrag. In diesem Fall ist eine etwaige Rechtswidrigkeit eines Bescheids des BAMF wegen Nichtvorliegens der Voraussetzungen des § 14a Abs. 2 AsylG als geheilt anzusehen (vgl. OVG Nordrhein-Westfalen, 29.05.2006 – 19 A 1483/06.A).

Ein Asylbewerber, der den Antrag bei der **Ausländerbehörde** stellen will, ist nach § 19 AsylG an die zuständige oder nächstgelegene Aufnahmeeinrichtung weiterzuleiten. Einen bei ihr eingereichten schriftlichen Asylantrag leitet die Ausländerbehörde unverzüglich dem Bundesamt zu (§ 14 Abs. 2 Satz 2 AsylG).

Um Asyl nachgesucht wird bei der **Grenzbehörde** auch im sog. Flughafenverfahren nach § 18a AsylG, beim Bundesamt für Migration und Flüchtlinge (Bundesamt), bei der Ausländerbehörde oder der **Polizei**. Der Ausländer ist nach § 16 AsylG erkennungsdienstlich zu behandeln (§§ 18 Abs. 5, 19 Abs. 2, 22 Abs. 1 AsylG) und an die Aufnahmeeinrichtung zur Meldung weiterzuleiten.

Eine Aufenthaltsgestattung entsteht gemäß § 55 Abs. 1 Satz 1 AsylG kraft Gesetzes bereits im Zeitpunkt der Anbringung eines Asylgesuchs gemäß § 13 Abs. 1 AsylG nach Ausstellung eines Ankunftsnachweises nach § 63a Abs. 1 AsylG und nicht erst mit Stellung eines förmlichen Asylantrages gemäß § 14 AsylG (vgl. OVG Berlin-Brandenburg, 04.05.2007 – OVG 3 S 23.07, AuAS 2007, 153).

Die Bescheinigung über die Aufenthaltsgestattung nach § 63 AsylG wird erst nach Stellung des förmlichen Asylantrags und nicht bereits beim Vorbringen des Asylgesuchs ausgestellt. Danach wird der Ankunftsnachweis eingezogen.

Stellt der Ausländer innerhalb von zwei Wochen nach dem Asylgesuch keinen Asylantrag, ist die Aufenthaltsgestattung grundsätzlich kraft Gesetzes erloschen (§ 67 Abs. 1 Satz 1 Nr. 2 AsylG).

Dem **in einem anderen Mitgliedstaatanerkannten international Schutzberechtigten** steht in der Bundesrepublik kein Anspruch auf Durchführung eines Asylverfahrens mehr zu (vgl. BVerwG, 17.06.2014 – 10 C 7.13, InfAuslR 2014, 400). In diesem Fall handelt es sich objektiv nicht um einen Asylbewerber i. S. d. Dublin III-VO und des § 13 AsylG. Sein Asylantrag beim BAMF ist daher unzulässig (§ 29 Abs. 1 Nr. 2 AsylG). Der betreffende Konventionsflüchtling hätte ohne Asylantragstellung ein visumfreies Kurzaufenthaltsrecht gemäß § 18 Satz 1 AufenthV, das den zeitlichen und räumlichen Beschränkungen des § 12 Abs. 4 AufenthG insbesondere dann unterliegt, wenn ein Daueraufenthalt angestrebt wird oder der Lebensunterhalt nicht gesichert ist. Nach Eintritt vollziehbarer Ausreisepflicht finden § 50 Abs. 4 AufenthG und § 61 AufenthG Anwendung.

4. Asylantragstellung bei der Außenstelle des Bundesamtes

Der förmliche Asylantrag nach § 14 Abs. 1 Satz 1 AsylG ist bei der Außenstelle des Bundesamtes zu stellen, die der für die Aufnahme des Ausländers zuständigen Aufnahmeeinrichtung des Landes zugeordnet ist. Der in eine Aufnahmeeinrichtung aufgenommenen Ausländer ist verpflichtet, zur Stellung des Asylantrags bei der Außenstelle des Bundesamtes unverzüglich oder zu dem von der Aufnahmeeinrichtung genannten Termin persönlich zu erscheinen (§ 23 Abs. 1 AsylG).

Die Asylanträge sind zwar grundsätzlich bei den Außenstellen des BAMF bei der Aufnahmeeinrichtung des betreffenden Landes zu stellen. Es kann den Ausländer in Abstimmung mit der von der obersten Landesbehörde bestimmten Stelle verpflichten, seinen Asylantrag bei einer anderen Außenstelle zu stellen (§ 14 Abs. 1 Satz 2 AufenthG).

Die Regelung dient dazu, bestehende Kapazitäten besser auszunutzen und damit einer schnelleren Antragstellung. Sie kommt somit auch den Antragstellern zugute.

Kommt der Ausländer der Verpflichtung nach § 23 Abs. 1 AsylG nicht nach, finden nach § 23 Abs. 2 Satz 1 AsylGdie Verfahrensregelungen des § 33 Abs. 1, 5 und 6 AsylG entsprechend Anwendung. Bei einer entsprechenden Pflichtverletzung gilt sein Asylgesuch – wie in den Desinteressefällen des § 33 Abs. 1 AsylG – als zurückgenommen (§ 23 Abs. 2 Satz 1 AsylG).

5. Asylantrag i. S. d. § 14 AsylG (förmlicher Asylantrag)

Für die Entgegennahme eines förmlichen Asylantrags nach § 14 AsylG im Anschluss an das Asylgesuch nach § 13 AsylG und die Registrierung gemäß § 63a Abs. 2 AsylG regelt Art. 6 Abs. 2 RL 2013/32/EU, dass der Asylsuchende tatsächlich die Möglichkeit haben muss, den förmlichen Asylantrag nach § 14 AsylG „so bald wie möglich“ zu stellen. Dieser Fristenregelung fehlt es an einer hinreichenden Bestimmtheit, die für die Anwendung von Rechtsnormen erforderlich ist. Für die Auslegung des unbestimmten Rechtsbegriffs „so bald wie möglich“, kann nach innerstaatlichem Recht in Bezug auf das Verhältnis zwischen „Entgegennahme eines förmlichen Asylantrags“ und „Registrierung“, für die nicht nur das Bundesamt zuständig ist, § 63a Abs. 2 AsylG herangezogen werden.

Aufgrund der Belastungssituation des Bundesamtes kann eine um mehrere Monate verzögerte Entgegennähme des förmlichen Asylantrags nach § 14 AsylG die Anforderungen des Art. 6 Abs. 2 RL 2013/32/EU „so bald wie möglich“ noch erfüllen (vgl. VG Gießen, Beschl. v. 28.02.2016 – 3 L 208/16.GI.A, AuAS 2016, 77).

Vor der Stellung eines Asylantrags ist der handlungsfähige Ausländer, der nach § 12 AsylG volljährig sein muss, schriftlich und gegen Empfangsbestätigung darauf hinzuweisen, dass die Erteilung eines Aufenthaltstitels im Falle der Rücknahme des Asylantrags oder unanfechtbarer Asylablehnung den Beschränkungen des § 10 Abs. 3 AufenthG unterliegt. Dadurch soll der Erwartung entgegengewirkt werden, dass über einen Asylantrag ohne weiteres ein asylunabhängiges Aufenthaltsrecht erlangt werden kann.

Das Asylverfahren in Deutschland weist dann systemische Mängel auf, wenn die Entgegennahme eines Asylantrags, für die das BAMF bzw. dessen Außenstelle nach § 14 AsylG zuständig ist, auf eine Aufnahmeeinrichtung (§ 47 AsylG) delegiert wird vgl. VG Wiesbaden, 05.08.2015 – 6 L 982/15.WI.A, InfAuslR 2015, 406).

Im Unterschied zum Asylantrag i. S. d. § 13 AsylG (Asylgesuch) erfordert ein Asylantrag i. S. d. § 14 AsylG die förmliche Antragstellung, für deren Entgegennahme die jeweils zuständige Außenstelle beziehungsweise die Zentrale des Bundesamtes zuständig sind. Die Zuständigkeit der Außenstelle des Bundesamtes knüpft an die Zuständigkeit der Aufnahmeeinrichtung an.

Das Bundesamt kann den Ausländer in Abstimmung mit der von der obersten Landesbehörde bestimmten Stelle verpflichten, seinen Asylantrag bei einer anderen Außenstelle zu stellen (§ 14 Abs. 1 Satz 2 AufenthG).

Diese bestimmt sich nach § 46 AsylG. Der Ausländer ist verpflichtet, der Weiterleitung an die Aufnahmeeinrichtung unverzüglich bzw. fristgerecht nachzukommen (§ 20 Abs. 1 AsylG). Kommt er dieser Verpflichtung vorsätzlich oder grobfahrlässig nicht nach, wird sein Asylantrag gemäß § 71 AsylG (Folgeantragsverfahren) behandelt, allerdings ist eine **Anhörung** durchzuführen. Auf diese Rechtsfolgen ist der Ausländer von der Behörde, die sein Asylgesuch nach § 13 AsylG entgegennimmt, schriftlich und gegen Empfangsbekenntnis hinzuweisen (§ 20 Abs. 2 AsylG).

Sucht eine große Zahl von Ausländern gleichzeitig um Asyl nach und wird es dem Bundesamt dadurch unmöglich, die Anhörung in zeitlichem Zusammenhang mit der Antragstellung durchzuführen, so kann es nach § 24 Abs. 1a AsylG die **Anhörung vorübergehend von einer anderen Behörde,** die Aufgaben nach diesem Gesetz oder dem Aufenthaltsgesetz wahrnimmt, durchführen lassen. Die Anhörung zur Zulässigkeit des Asylantrags kann dafür geschulten Bediensteten anderer Behörden übertragen werden (§ 29 Abs. 4 AsylG). Die übernommenen Anhörungen sind weiterhin Anhörungen des BAMF als eigene Verfahrenshandlungen und die Bediensteten der unterstützenden Behörde unterliegen dem Weisungsrecht und der Fachaufsicht des Bundesamtes. Der Asylantrag ist in den Fällen des § 14 Abs. 2 Satz 1 AsylG beim Bundesamt zu stellen. Das Bundesamt bestimmt die für die Bearbeitung des Asylantrags zuständige Außenstelle (§ 14 Abs. 2 Satz 3 AsylG). Eine Zuständigkeit der Zentrale des Bundesamts für die Asylantragstellung ergibt sich aus § 14 Abs. 2 AsylG. Die Ausländerbehörde ist nach § 14 Abs. 2 Satz 2 AsylG verpflichtet, die bei ihr eingereichten schriftlichen Anträge unverzüglich an das Bundesamt weiterzuleiten.

Die Aufenthaltsgestattung nach § 55 Abs. 1 Satz 1 und 3 AsylG wird dem Ausländer durch Ausstellung des Ankunftsnachweises nach § 63a Abs. 1 AsylG oder durch Ausstellung einer Bescheinigung nach § 63 Abs. 1 AsylG dokumentiert. Außerdem bewirkt die Asylantragstellung eine Prüfungspflicht des Bundesamts hinsichtlich des Vorliegens von Abschiebungsverboten nach § 60 Abs. 5 bis 7 AufenthG (§ 24 Abs. 2 AsylG; nationaler subsidiärer Schutz).

Die Stellung eines Asylantrags hat zur Folge, dass

- eine Befreiung vom Erfordernis eines Aufenthaltstitels (§ 4 Abs. 1 Satz 1 AufenthG)
- ein Aufenthaltstitel mit einer Gesamtgeltungsdauer bis zu sechs Monaten sowie
- die durch die Beantragung eines Aufenthaltstitels ausgelöste Erlaubnis-, Fortgeltungs- oder Duldungsfiktion (§ 81 Abs. 3 und 4 AufenthG).

Die Wirkung des § 81 Abs. 4 AufenthG bleibt bestehen, wenn der Ausländer die Verlängerung eines Aufenthaltstitels, der länger als sechs Monate gültig war, beantragt hat (§ 5 Abs. 2 AsylG).

Bei der Frage, ob ein Asylsuchender seinen Asylantrag „unverzüglich nach der Einreise" (§ 26 Abs. 1 Nr. 3 AsylG) gestellt hat, ist maßgeblich, ob er das getan hat, was man billigerweise von ihm verlangen kann. Unverzüglich heißt nicht nur „möglichst schnell", sondern auch „sachgemäß". Sachgemäß und damit ohne schuldhaftes Zögern handelt ein Asylsuchender, wenn er binnen zwei Wochen mit einem Rechtsanwalt Kontakt aufnimmt, um sich von ihm beraten zu lassen. Dabei ist unerheblich, dass der Rechtsanwalt nicht sofort einen Besprechungstermin anbieten kann, sondern erst zwei Wochen später (vgl. VGH Hessen, 24.06.2003 – 10 UE 843/03.A, InfAuslR 2003, 402 [zur unverzüglichen Beantragung von Familienasyl]).

Wird dem Ausländer nach der Einreise ein Ankunftsnachweis nach § 63a Abs. 1 AsylG ausgestellt oder stellt er nach der Einreise einen förmlichen Asylantrag nach § 14 AsylG und wird ein Asylverfahren durchgeführt, entfällt die Vollziehbarkeit der Ausreisepflicht (§ 58 Abs. 2 AufenthG), da ihm zur Durchführung des Asylverfahrens der Aufenthalt im Bundesgebiet gem. § 55 Abs. 1 Satz 1 oder 3 AsylG gestattet ist. Eine Inhaftierung nach § 62 Abs. 3 Satz 1 Nr. 1 AufenthG wegen unerlaubter Einreise darf nach § 14 Abs. 3 Satz 1 Nr. 4 AsylG vor oder nach der Asylantragstellung angeordnet bzw. nach einem Aufenthalt ohne Aufenthaltsgenehmigung von mehr als einem Monat aufrecht erhalten werden, bis ein Beendigungsgrund nach Satz 3 dieser Vorschrift vorliegt.

Hat der Ausländer Asylantrag gestellt, obliegt dem Bundesamt die Entscheidung, ob auch nationale zielstaatsbezogene Abschiebungsverbote nach § 60 Abs. 5 oder 7 AufenthG vorliegen (§§ 24 Abs. 2, 31 Abs. 3 AsylG). Dies gilt auch in den Fällen der Antragsrücknahme (§ 32 AsylG). Die Entscheidung des Bundesamtes über das Vorliegen von Abschiebungsverboten im Herkunftsstaat ist für die Ausländerbehörde bindend (§ 42 Satz 1 AsylG).

Nach Asylantragstellung ist das Bundesamt grundsätzlich für alle im Zusammenhang mit dem Asylantrag stehenden Entscheidungen und damit auch für den Erlass der Abschiebungsandrohung sachlich zuständig (vgl. §§ 5 Abs. 1 Satz 2, 34 Abs. 1 Satz 1, 35 AsylG). Diese Zuständigkeitsverteilung beruht auf der das Asylverfahren beherrschenden Trennung von anordnender und vollziehender Behörde.

6. Fiktive Antragstellung von Kindern

Hat ein Kind zuvor noch keinen Asylantrag gestellt, wird nach § 14a Abs. 1 AsylG mit der Asylantragstellung durch einen Elternteil zugleich ein Asylantrag für jedes minderjährige Kind des Ausländers bewirkt, das

- ledig und minderjährig ist,
- nicht freizügigkeitsberechtigt ist (Art. 20 AEUV; § 2 FreizügG/EU),
- sich zum Zeitpunkt der Antragstellung im Bundesgebiet aufhält, ohne im Besitz eines Aufenthaltstitels zu sein.

§ 14a Abs. 2 AsylG begründet eine Anzeigepflicht des Vertreters des Kindes (vgl. § 12 Abs. 3 AsylG) und der Ausländerbehörde beim BAMF in Fällen, in denen das minderjährige Kind nach der Asylantragstellung des Ausländers (Bezugsperson) in das Bundesgebiet einreist oder hier geboren wird. Auch in diesen Fällen gilt mit dem Eingang der Anzeige an das BAMF ein Asylantrag für das Kind als gestellt (§ 14a Abs. 2 Satz 3 AsylG). § 14a Abs. 2 AsylG ist mit dem Rechtsstaatsprinzip des Art. 20 GG ebenso vereinbar wie mit dem Grundrecht aus Art. 16a GG. Er ist ebenfalls auf ein minderjähriges lediges ausländisches Kind eines Ausländers, das nach der Asylantragstellung des Ausländers und vor dem 01.01.2005 in das Bundesgebiet eingereist ist oder vor dem genannten Stichtag im Bundesgebiet geboren wurde, anwendbar (vgl. BVerwG,

21.11.2006 – C 5.06, 8.06, 10.06 und 20.06; VGH Baden-Württemberg, 21.06.2006 – A 3 S 258/06; OVG Rheinland-Pfalz, 25.04.2006 – 6 A 1021/06, AuAS 2006, 153; OVG Niedersachsen, 15.03.2006 – 10 LB 7/06, AuAS 2006, 156; a. A. OVG Berlin-Brandenburg, AuAS 2006, 114). Auf die Frage, ob die Regelungen in § 14a Abs. 2 AsylG auch für vor dem 01.01.2005 geborene oder eingereiste Kinder gelten, kommt es nicht an, wenn der Asylantrag bis zur Entscheidung des Verwaltungsgerichts nachgeholt wird. Die nachträgliche Asylantragstellung kann auch schriftlich erfolgen (OVG Nordrhein-Westfalen, 29.05.2006 – 19 A 1483/06.A).

Ein zum Zeitpunkt seiner Asylantragstellung minderjähriges lediges Kind eines Asylberechtigten wird auf (fiktiven) Antrag (§ 14a Abs. 1 und 2 AsylG) als Asylberechtigte anerkannt, wenn die Asylanerkennung des Elternteils unanfechtbar ist und sie nicht zu widerrufen oder zurückzunehmen ist (§ 26 Abs. 2 AsylG). Gleiches gilt im Falle der unanfechtbaren Zuerkennung der Flüchtlingseigenschaft nach § 3 Abs. 1 AsylG oder subsidiären Schutzes nach § 4 Abs. 1 AsylG zu Gunsten eines Elternteils für den Abschiebungsschutz des minderjährigen ledigen Kindes.

Unbegleitete minderjährige Asylbewerber – Sondersituation

Unbegleitete minderjährige Ausländer werden nach den §§ 42, 42a SGB VIII nach ihrer Einreise durch das jeweils zuständige Jugendamt zunächst vorläufig und dann gegebenenfalls nach einer Verteilung endgültig in Obhut genommen. Sie werden zunächst in einer Jugendhilfeeinrichtung im Sinne des § 14 Abs. 2 Nr. 2 AsylG untergebracht und nicht an eine Erstaufnahmeeinrichtung weitergeleitet, so dass ihnen auch kein Ankunftsnachweis ausgestellt werden kann. Vor diesem Hintergrund kann die Aufenthaltsgestattung erst mit Stellung des Asylantrags entstehen. Dieser kann im Namen der unbegleiteten minderjährigen Ausländerinnen und Ausländer formlos und schriftlich direkt beim BAMF gestellt werden. Die Vergabe eines Termins zur Antragstellung durch das BAMF ist nicht erforderlich. Mit Zugang des Antrags beim BAMF entsteht wie bisher die Aufenthaltsgestattung.

Die Klärung der asyl- und aufenthaltsrechtlichen Situation des Minderjährigen ist durch das zuständige Jugendamt im Rahmen der Notvertretung im Rahmen der vorläufigen Inobhutnahme nach § 42a Abs. 3 SGB VIII bzw. im Rahmen der Inobhutnahme nach § 42 Absatz 2 SGB VIII unter Berücksichtigung des Wohls des Minderjährigen (Art. 24 Abs. 2 GRCh, zum Kindeswohlvorrang) möglichst zeitnah einzuleiten und voranzutreiben; nach bereits erfolgter Vormundbestellung ist es Sache des Vormunds, Möglichkeit und Notwendigkeit ausländerrechtlichen Vorgehens zügig im Interesse des Betroffenen (weiter) zu prüfen.

Vor Stellung eines förmlichen Asylantrags nach § 14 AsylG besteht für unbegleitete minderjährige Ausländer ein Anspruch auf Duldung nach § 60a Abs. 2 Satz 1 AufenthG i. V. m. § 58 Abs. 1a AufenthG, sofern er im Rückkehrstaat nicht einem Mitglied seiner Familie, einer zur Personensorge berechtigten Person oder einer geeigneten Aufnahmeeinrichtung übergeben werden kann (vgl. auch § 80 Abs. 3 AufenthG, zur Rückführung). Über die Duldung ist nach § 60a Abs. 4 AufenthG eine Bescheinigung auszustellen. Die förmliche Asylantragstellung bewirkt die Aufenthaltsgestattung nach § 55 Abs.1 Satz 3 AsylG. Wird kein förmlicher Asylantrag gestellt, besteht nach unerlaubter Einreise weiterhin vollziehbare Ausreisepflicht nach § 58 Abs. 2 Satz 1 Nr. 1 AufenthG. Vor einer etwaigen Abschiebung unter den Voraussetzungen des § 58 Abs. 1a AufenthG ist eine angreifbare Rückkehrentscheidung nach Art. 6 Abs. 1 RL 2008/115/EG (Abschiebungsandrohung nach § 58 Abs. 1 Satz 1 AufenthG), in der das Einreise- und Aufenthaltsverbot nach § 11 Abs. 1 und 2 RFRL i. V. m. § 11 Abs. 1 und 2 AufenthG befristet wird, zu treffen.

7. Rücknahme des Asylantrags

Die Rücknahme des Asylantrages hat das automatische Erlöschen der nach § 55 Abs. 1 Satz 1 und 3 AsylG kraft Gesetzes entstandenen Aufenthaltsgestattung zur Folge (§ 67 Abs. 1 Satz 1 Nr. 3 AsylG). Dieser Erlöschenstatbestand setzt voraus, dass das Bundesamt seine Entscheidung über die Einstellung des Verfahrens nach § 32 AsylG dem Ausländer (förmlich) zugestellt hat.

Nach § 33 Abs. 1 und 3 AsylG gilt der Asylantrag wegen Nichtbetreibens des Asylverfahrens (§ 33 Abs. 2 AsylG, zum Begriff) oder wegen Reise in den Herkunftsstaat des Ausländers als zurückgenommen (Rücknahmefiktion). In diesen Fällen hat das Bundesamt über die Einstellung des Verfahrens nach Aktenlage zu entscheiden (§ 32 Abs. 1 Satz 2, § 33 Abs. 5 Satz 1 AsylG).

Auf die Rechtsfolgen nach § 33 Abs. 1 und 3 AsylG ist der Ausländer schriftlich und gegen Empfangsbestätigung hinzuweisen (§ 33 Abs. 4 AsylG).

Wird der Asylantrag zurückgenommen, greift die Sperrklausel des § 10 Abs. 3 AufenthG hinsichtlich der Erteilung eines Aufenthaltstitels (§ 4 Abs. 2 Satz 2 AufenthG) ein

§ 67 Abs. 2 AsylG regelt, dass die Aufenthaltsgestattung dann wieder in Kraft tritt, wenn ein nach § 33 Abs. 5 Satz 1 AsylG eingestelltes Verfahren wegen Nichtbetreiben des Verfahrens oder wegen Reise in den Herkunftsstaat, derentwegen der Asylantrag als zurückgenommen gilt (Rücknahmefiktion), wieder aufgenommen wird.

In den Fällen der Wiederaufnahme eines Asylverfahrens nach § 33 Abs. 5 AsylG, das vor der Einstellung nach § 33 Abs. 5 Satz 1 AsylG als beschleunigtes Verfahren nach § 30a AsylG durchgeführt wurde, wird das Verfahren durch die zuständige Außenstelle des Bundesamtes beschleunigt behandelt. Die in § 30a Abs. 2 Satz 1 AsylG genannte Wochenfrist beginnt nach der Wiederaufnahme des Verfahrens neu zu laufen.

Siehe auch

Fachbeiträge:

Aufenthaltserlaubnis – Asylberechtigte / Abschiebungsverbot – polit. Verfolgungsgründe / Qualifikationsrichtlinie-EU

Rechtsprechung:

BVerwG, 17.06.2014 – 10 C 7.13, InfAuslR 2014, 400 – zum Asylantrag eines im Ausland anerkannten international Schutzberechtigten

BGH, 21.11.2002 – V ZB 49/02 – Zum Asylantrag

BVerwG, 21.11.2006 – C 5.06, 8.06, 10.06 und 20.06 – Zur fiktiven Antragstellung eines vor dem 01.01.2005 geborenen Kindes (bejaht)

VGH Hessen, 24.06.2003 – 10 UE 843/03.A, InfAuslR 2003, 402 – Zur unverzüglichen Beantragung von Familienasyl

Weiterführende Literatur:

Bethäuser, Aufgreifen eines Asylbewerbers im grenznahen Bereich – keine Asylentscheidung durch des Bundesamt für Migration und Flüchtlinge?, InfAuslR 2013, 165 – 168

Duchrow, Flüchtlingsrecht und Zuwanderungsgesetz unter Berücksichtigung der sog. Qualifikationsrichtlinie, ZAR 2004, 339

Lehnert/Markard, Mittelmeerroulette – Das Hirsi-Urteil des EGMR und die europäische Grenzpolitik auf See, ZAR 2012, 194, 196

Asylberechtigter

Rechtsnormen: Art. 16a GG; § 1 Abs. 1 Nr. 1 AsylG; § 2 AsylG; § 5 Abs. 3 Satz 1 AufenthG; § 25 Abs. 1 AufenthG; § 26 Abs. 3 AufenthG; § 29 Abs. 2 Satz 1 AufenthG; § 30 Abs. 1 Satz 1 Nr. 3 Buchst. c AufenthG; § 32 Abs. 2 Satz 2 Nr. 1 AufenthG; § 53 Abs. 3 AufenthG; § 60 Abs. 1 AufenthG

1. Begriff des Asylberechtigten

Asylberechtigte sind Ausländer, die im Verfahren nach den §§ 12 ff. AsylG – ggf. nach Abschluss eines verwaltungsgerichtlichen Verfahrens – vom Bundesamt für Migration und Flüchtlinge (BAMF) als asylberechtigt (d. h. als politisch Verfolgte) i. S. v. Art. 16a Abs. 1 GG anerkannt worden sind. Dies setzt voraus, dass sie die in der sog. Drittstaatenregelung des Art. 16a Abs. 2 GG aufgestellte Hürde überwunden haben (territorialer Schrankenvorbehalt) und daher nicht über einen sicheren Drittstaat (§ 26a Abs. 2 AsylG) in das Bundesgebiet eingereist sind.

Nach § 2 Abs. 1 AsylG genießen Asylberechtigte die Rechtsstellung nach dem Abkommen über die Rechtsstellung der Flüchtlinge (Genfer Konvention – FlüchtlAbk). Insbesondere sind – Art. 26 GFK für die Freizügigkeit, Art. 28 GFK für den Reiseausweis (vgl. § 4 AufenthV) und – die Art. 23, 24 GFK für die Sozialrechte von Bedeutung. Eine Wohnsitzauflage nur wegen Inanspruchnahme von Sozialhilfe darf nach der Asylanerkennung wegen Unvereinbarkeit mit Art. 26 GFKnicht angeordnet werden (vgl. BVerwG, 15.01.2008 – 1 C 17/07, EZAR NF 27 Nr. 2, mit Anmerkung Pfersich).

2. Drittstaatenregelung

Das Asylrecht nach Art. 16a Abs. 1 GG wird durch die Drittstaatenregelung (Ausschlussklausel) in Art. 16a Abs. 2 GG beschränkt (verfassungsrechtlicher territorialer Schrankenvorbehalt). Reist ein Asylbewerber aus einem sicheren Drittstaat i. S. v. Art. 16a Abs. 2 GG in das Bundesgebiet ein, kann er nicht als Asylberechtigter anerkannt werden.

Beispiele:

Hatte ein Asylbewerber vor der Einreise in das Bundesgebiet auf dem Luftwege die Möglichkeit, das Flugzeug während eines (halbstündigen) Zwischenstopps auf dem Flughafen eines Nachbarstaates der Bundesrepublik Deutschland zu verlassen und ein Schutzgesuch dort anzubringen, greift die Drittstaatenregelung ein (vgl. VGH Hessen, 06.11.2000 – 10 ZU 4042/98.A, AuAS 2001, 104). Auch bei einem Voraufenthalt im Transitbereich eines Flughafens im sicheren Drittstaat ist grundsätzlich eine Einreise i.S.v. Art. 16a Abs. 2 Satz 1 GG gegeben (vgl. Hailbronner, AuslR, Art. 16a GG, Rn. 330; Renner, AuslR, 7. Auflage 1999, GG Rn. 99). Typisch in diesen Fällen ist, dass eine Kontaktaufnahme mit dem Drittstaat zum Zwecke der Asylantragstellung objektiv möglich und diese deshalb zumutbar ist (vgl. OVG Nordrhein-Westfalen, 13.12.1996 – 25 A 6103/96.A, NVwZ 1997, 1143 = EZAR 208 Nr. 11). Insoweit bleiben vom Ausländer selbst zu verantwortende Hindernisse, ein Schutzgesuch im sicheren Drittstaat anbringen zu können, in Bezug auf eine Asylanerkennung in Deutschland außer Betracht (vgl. BVerfG, 14.05.1996 – 2 BvR 1938/93, 2315/93, BVerfGE 94, 49, 94).

Nach § 26a Abs. 2 AsylG sind außer den EU-Mitgliedstaaten auch die in der Anlage I zum Asylgesetz genannten Staaten sichere Drittstaaten i. S. v. Art. 16a Abs. 2 Satz 1 GG.

3. Familienasyl

Asylberechtigt i. S. v. Art. 16a Abs. 1 GG ist auch ein Ausländer, dem nach § 26 Abs. 1 – 3 AsylG Familienasyl gewährt worden ist oder der nach dem bis zum 31.12.2004 geltenden Kontingentflüchtlingsgesetz im Rahmen einer humanitären Hilfsaktion, ohne das Asylverfahren durchlaufen zu müssen, in Deutschland aufgenommen worden ist (vgl. § 101 Abs. 1 Satz 2, § 103 AufenthG). Zu dem berechtigten Personenkreis gehören unter den Voraussetzungen des § 26 Abs. 1 – 3 AsylG der Ehegatte und die im Zeitpunkt ihrer Asylantragstellung minderjährigen ledigen Kinder des Asylberechtigten (sog. stammberechtigter Elternteil; vgl. VGH Baden-Württemberg, 16.05.2002 – A 13 S 1068/01, EZAR 215 Nr. 23). Kindern eines Asylberechtigten, die als Minderjährige im zeitlichen Zusammenhang mit ihrer Einreise oder mit der Asylantragstellung des Stammberechtigten Asylanträge gestellt haben, ist Familienasyl nach § 26 Abs. 2 AsylG auch dann zu gewähren, wenn sie ihre Folgeanträge wegen der Dauer des Verfahrens zur Anerkennung des Stammberechtigten erst nach Eintritt der Volljährigkeit stellen konnten (vgl. BVerwG, 17.12.2002 – 1 C 10/02, AuAS 2003, 113 = EZAR 215 Nr. 24).

4. Politische Verfolgung

Die Asylanerkennung setzt eine politische Verfolgung des Ausländers im Herkunftsstaat, die im Falle der Rückkehr fortdauern würde, voraus. Beim Asylgrundrecht nach Art. 16a Abs. 1 GG handelt es sich um ein verfassungsrechtlich eng begrenztes Ausländergrundrecht, das mit dem Auslieferungsverbot zu Gunsten Deutscher gemäß Art. 16 Abs. 2 GG vergleichbar ist.

5. Asylanerkennung

Unabhängig von der umstrittenen Frage, ob die Asylanerkennung lediglich deklaratorisch ist oder konstitutiv wirkt, erlangen Antragsteller die Rechtsstellung als Asylberechtigter erst mit der Unanfechtbarkeit des förmlichen Anerkennungsbescheids des Bundesamts. Die Anerkennung gilt rückwirkend ab dem Zeitpunkt des Vorbringens des Asylbegehrens. Ist die Asylanerkennung noch nicht unanfechtbar, handelt es sich beim Asylbewerber um einen so genannten Bona-fide-Flüchtling, der im Vergleich zu den übrigen Asylbewerbern gewisse Privilegien hat (vgl. § 58 Abs. 4 AsylG: Keine räumliche Beschränkung des Aufenthalts). Nach unanfechtbarer Asylanerkennung genießt er Schutz vor politischer Verfolgung im Bundesgebiet gemäß Art. 16a Abs. 1 GG und darf nur unter den erschwerten Voraussetzungen (ultima ratio) des § 60 Abs. 9 und 10 AufenthG abgeschoben werden.

6. Aufenthaltsrecht

Asylberechtigte i. S. v. Art. 16a Abs. 1 GG (vgl. § 1 Abs. 1 Nr. 1 AsylG) erhalten in gleicher Weise wie Konventionsflüchtlinge i. S. v. § 3 Abs. 1 Asyl auf Antrag eine Aufenthaltserlaubnis, die kraft Gesetzes zur Ausübung der Erwerbstätigkeit (§ 2 Abs. 2 AufenthG, zum Begriff) berechtigt und bezüglich der Ausübung einer Beschäftigung nicht der Zustimmung der Arbeitsverwaltung nach § 39 AufenthG bedarf (§ 25 Abs. 1 Satz 1 und 2 Satz 1 AufenthG).

Hinsichtlich der Erteilung und Verlängerung der Aufenthaltserlaubnis für Asylberechtigte i. S. v. Art. 16a Abs. 1 GG und für Ausländer, denen die Flüchtlingseigenschaft nach § 3 Abs. 1 AsylG zuerkannt worden ist und denen eine Aufenthaltserlaubnis nach § 25 Abs. 1 Satz 1 bzw. § 25 Abs. 2 Satz 1 Alt. 1 AufenthG erteilt wird, bestimmt § 26 Abs. 1 Satz 2 AufenthG, dass die Aufenthaltserlaubnis für drei Jahre erteilt wird. Hat jedoch das BAMF nach § 73 Abs. 2a AsylG mitgeteilt, dass die Voraussetzungen für den Widerruf oder die Rücknahme der Asylanerkennung oder der Flüchtlingszuerkennung vorliegen, liegt der Anspruch auf Erteilung einer Niederlassungserlaubnis nicht vor. Insoweit hat die Ausländerbehörde kein Handlungsermessen.

Mit dem Meistbegünstigungsgrundsatz des § 2 Abs. 2 AsylG ist es zwar vereinbar, Asylberechtigten im Vergleich zu Konventionsflüchtlingen eine günstigere Rechtsstellung einzuräumen. Im Rahmen des Zuwanderungsgesetzes ist die Rechtstellung der Konventionsflüchtlinge mit der Rechtsstellung der Asylberechtigten jedoch gleichgestellt worden (vgl. z. B. § 25 Abs. 1 Satz 1 und Abs. 2 Satz 1 AufenthG zur Erteilung einer befristeten Aufenthaltserlaubnis, § 26 Abs. 3 AufenthG in Bezug auf die Erteilung einer Niederlassungserlaubnis, § 30 Abs. 1 Satz 1 Nr. 3 Buchst. c AufenthG zum Ehegattennachzug, § 32 Abs. 2 Satz 2 Nr. 1 AufenthG zum Kindernachzug).

Die Erteilung einer Niederlassungserlaubnis nach § 26 Abs. 3 AufenthG ist von einer Mitteilung des Bundesamtes abhängig, dass die Voraussetzungen für eine Rücknahme oder einen Widerruf der Asylberechtigung vorliegen (§ 73 Abs. 2a AsylG).

In einem in Vorbereitung befindlichen **Integrationsgesetz** sollen die Voraussetzungen für die Erteilung einer Niederlassungserlaubnis an Asylberechtigte nach § 26 Abs. 3 AufenthG verschärft (z. B. erfolgreiche Teilnahme am Integrationskurs zur Erlangung ausreichender Kenntnisse der deutschen Sprache und von Grundkenntnissen der Rechts- und Gesellschaftsordnung) sowie die Möglichkeit der Anordnung einer Wohnsitzauflage gesetzlich geregelt werden.

7. Wohnsitzauflage

Wohnsitzauflagen für Asylberechtigte und anerkannte Flüchtlinge (§ 25 Abs. 1 und 2 AufenthG) sind rechtswidrig, wenn damit nur das Ziel verfolgt wird, die finanzielle Belastung durch Sozialleistungen anteilig auf die Bundesländer zu verteilen (vgl. EuGH, 01.03.2016- C443/14 und C444/14 – Alo/Osso; BVerwG, 15.01.2008 – 1 C 17.07, EZAR NF 27 Nr. 2). Nach Art. 26 GK können allerdings Wohnsitzbeschränkungen auch gegenüber Flüchtlingen verhängt werden, wenn die Beschränkungen allgemein für Ausländer unter den gleichen Umständen gelten. Das umfasst nach Auffassung des

Bundesverwaltungsgerichts auch Wohnsitzauflagen aus integrationspolitischen Gründen (z. B. Vermeidung von Parallelgesellschaften, Ghettobildung, sozialen Brennpunkten). Der beklagte Landkreis hatte sich im gerichtlichen Verfahren zwar ergänzend auf solche Ziele berufen, diese aber weder hinreichend präzisiert noch zum Gegenstand seiner Ermessensentscheidung gemacht.

8. Familiennachzug

Der Familiennachzug zu Asylberechtigten regelt sich nach den § 29 Abs. 2 Satz 1 AufenthG (allg. Voraussetzungen), § 30 Abs. 1 Satz 1 Nr. 3 Buchst. c AufenthG (Ehegattennachzug) und § 32 Abs. 2 Satz 2 Nr. 1 AufenthG (Kindernachzug).

9. Erlöschen, Widerruf und Rücknahme der Asylberechtigung

Das Erlöschen, der Widerruf und die Rücknahme der Rechtsstellung als Asylberechtigter bestimmen sich nach den §§ 72 und 73 Abs. 1 bis 2b AsylG (vgl. BVerwG, 09.05.2006 – 1 C 8.05, InfAuslR 2006, 390; VG Stuttgart, 07.01.2003 – A 5 K 11226/01, AuAS 2003, 82 = EZAR 214 Nr. 14 [zum unverzüglichen Widerruf]). Der Widerruf des Aufenthaltstitels nach Wegfall der Asylberechtigung nach Art. 16a Abs. 1 GG und der Flüchtlingseigenschaft nach § 3 Abs. 1 AsylG gemäß §§ 72 oder 73 AsylG richtet sich nach § 52 Abs. 1 Satz 1 Nr. 4 AufenthG.

Die einmalige Benutzung eines Nationalpasses zur Ein- und Ausreise in einen Drittstaat reicht für die Annahme einer „Schutzunterstellung" i. S. d. § 72 Abs. 1 Nr. 1 AsylG und das Erlöschen des Asylberechtigung nicht aus (vgl. VG Gießen, 04.04.2002 – 7 E 1811/98, DÖV 2003, 172).

In den Fällen der Abschiebungsanordnung nach § 58a AufenthG oder der Auslieferung ist die zuständige Behörde bzw. das Gericht nicht an die Entscheidung des Bundesamtes über den Asylantrag gebunden (§ 6 Satz 2 AsylG).

10. Widerruf des Aufenthaltstitels

Der Widerruf des Aufenthaltstitels nach dem Erlöschen, dem Widerruf oder der Rücknahme der Asylberechtigung richtet sich nach § 52 Abs. 1 Satz 1 Nr. 4 AufenthG und bei den in familiärer Gemeinschaft lebenden Familienangehörigen nach § 52 Abs. 1 Satz 2 AufenthG. Nach Fortfall der Asylberechtigung liegt der Widerruf des Aufenthaltstitels im Ermessen der Ausländerbehörde, auch wenn der Ausländer die Voraussetzungen für die Erteilung einer Niederlassungserlaubnis nach § 26 Abs. 3 AufenthG erfüllt hätte (vgl. BVerwG, 20.02.2003 – 1 C 13/02, EZAR 019 Nr. 19). Bei der Ermessensentscheidung müssen neben den erheblichen öffentlichen Interessen an der Aufenthaltsbeendigung, die familiären und wirtschaftlichen Bindungen im Bundesgebiet und die sonstigen schutzwürdigen Belange des Ausländers gegeneinander aufgehoben werden; z. B. bei Straftaten die künftig von ihm ausgehende Gefährdung und bei Anerkennung der Vaterschaft für ein rechtmäßig in Deutschland lebendes minderjähriges lediges Kind die daraus erwachsenen familienbezogenen Rechte.

11. Ausweisungs- und Abschiebungsschutz

Asylberechtigte nach Art. 16a Abs. 1 GG und Konventionsflüchtlinge i. S. v. § 3 Abs. 1 AsylG genießen erhöhten Ausweisungsschutz nach § 53 Abs. 3 AufenthG; bei ihnen muss eine Wiederholungsgefahr, die ein Grundinteresse der Gesellschaft berührt, vorliegen. Ferner kann der Asylberechtigte Schutz vor Abschiebung nach § 60 Abs. 1 AufenthG beanspruchen und darf nur unter erschwerten Voraussetzungen (ultima ratio) des § 60 Abs. 9 – 10 AufenthG abgeschoben werden.

Bei rechtkräftiger Verurteilung zu einer Freiheits- oder Jugendstrafe von mindestens einem Jahr kann das BAMF von der Anwendung des § 60 Abs. 1 AufenthG (Feststellung eines zielstaatsbezogenen Abschiebungsverbots) abgesehen werden, sofern die Straftat mit Gewalt, unter Anwendung von Drohung mit Gefahr für Leib oder Leben oder mit List begangen worden ist (§ 60 Abs. 8 Satz 3 AufenthG). Das BAMF wird nach § 8 Abs. 1a AsylG über die Erhebung der öffentlichen Klage und die Erledigung eines Strafverfahrens unterrichtet.

Siehe auch

Fachbeiträge:

Asylgrundrecht / Asylantrag / Asylberechtigung – Widerruf Asylbewerber / Vor- und Nachfluchtgründe / Qualifikationsrichtlinie-EU

Rechtsprechung:

BVerwG, 15.01.2008 – 1 C 17.07, EZAR NF 27 Nr. 2 – Zur Anordnung einer Wohnsitzauflage mit Anmerkung Pfersich

BVerwG, 17.12.2002 – 1 C 10/02, EZAR 215 Nr. 24 – Zur Gewährung von Familienasyl.

OVG Nordrhein-Westfalen, 27.06.2000 – 8 A 609/00 – Zur Einbürgerung eines asylberechtigten PKK-Sympathisanten.

VG Stuttgart, 07.01.2003 – A 5 K 11226/01, AuAS 2003, 82 = EZAR 214 Nr. 14 – Zum unverzüglichen Widerruf.

Weiterführende Literatur:

Welte, Asylbewerber im Bundesgebiet – Einreise und Aufenthalt, SächsVBl. 2016, 1-7.

Hirseland, Asyl und Flüchtlingsschutz in Deutschland: Entwicklungen und Herausforderungen, KommP spezial 2015, 114-118.

Duchrow, Flüchtlingsrecht und Zuwanderungsgesetz unter Berücksichtigung der sog. Qualifikationsrichtlinie, ZAR 2004, 339

Alexandre Ho, Nichtstaatliche Verfolgung, FoR 2002, 25

Asylberechtigung – Widerruf

Rechtsnormen: Art. 16a Abs. 1 GG; § 73 AsylG; § 73b AsylG; § 73c AsylG

1. Allgemeines

Das Erlöschen, der Widerruf und die Rücknahme der Anerkennung als Asylberechtigter (§ 2 AsylG) oder der Zuerkennung der Flüchtlingseigenschaft (§ 3 Abs. 1 AsylG) bestimmen sich nach den §§ 72 und 73 AsylG (vgl. VG Stuttgart, 07.01.2003 – A 5 K11226/01, AuAS 2003, 82 = EZAR 214 Nr. 14 [zum unverzüglichen Widerruf]). § 73 Abs. 1 AsylG enthält eine (vorrangige) Spezialvorschrift über den **Widerruf der Asylanerkennung** (vgl. Art. 16a Abs. 1 GG; § 2 AsylG) oder der Zuerkennung der Flüchtlingseigenschaft (vgl. § 3 Abs. 1 AsylG; § 60 Abs. 1 AufenthG) durch das BAMF im Verhältnis zur allgemeinen Widerrufsregelung des § 49 VwVfG.

Die Entscheidung über die Zuerkennung der Flüchtlingseigenschaft ist ausschließlich beim Bundesamt als der kompetenten Fachbehörde konzentriert und als Statusverfahren ausgestaltet (vgl. §§ 1 Abs. 1, 13 Abs. 1 und 2, 24 Abs. 1, 31 Abs. 2 AsylG). Dies gilt auch für nachträgliches – erstmaliges – Verfolgungsvorbringen in einem ausländerrechtlichen Verfahren. Um dieses gesetzgeberische Konzept zu vervollständigen, erkennt der Gesetzgeber folgerichtig in § 6 AsylG den Entscheidungen des Bundesamts über die Zuerkennung der Flüchtlingseigenschaft eine umfassende, nicht auf bestimmte Behörden beschränkte Verbindlichkeit zu. Diese **Verbindlichkeit der Statusfeststellung** schließt eine eigenständige, von der Beurteilung des BAMF zum Widerruf (§ 73 Abs. 1 AsylG) losgelöste Beurteilung des Fortbestands oder der voraussichtlichen Dauer der Verfolgungsgefahr durch andere Behörden durchgehend aus. Parallele Prüfungen und zugleich sich widersprechende Entscheidungen zum Vorliegen der Flüchtlingseigenschaft sollen dadurch ausgeschlossen werden (vgl. VGH Baden-Württemberg, 30.06.2000 – 13 S 2740/99, VBlBW 2001, 30 = InfAuslR 2001, 98). Es ist mithin allein Sache des Bundesamts, die Flüchtlingsanerkennung unter Kontrolle zu halten.

Die Widerrufsentscheidung des Bundesamts (vgl. § 73 Abs. 4 AsylG) ist bei dieser Rechtslage für die Ausländerbehörde verbindlich (§ 6 AsylG) und kann nach Eintritt der Unanfechtbarkeit einen **Widerruf des Aufenthaltstitels** durch die Ausländerbehörde nach § 52 Abs. 1 Satz 1 Nr. 4 AufenthG zur Folge haben (Ermessensentscheidung).

2. Widerrufsgründe

Nach § 73 Abs. 1 Satz 1 AsylG sind die Anerkennung als Asylberechtigter nach Art. 16a Abs. 1 GG und die Zuerkennung der Flüchtlingseigenschaft nach § 3 Abs. 1 AsylG unverzüglich zu widerrufen, wenn die Voraussetzungen für sie nicht mehr vorliegen. § 73 Abs. 1 Satz 2 AsylG enthält normative Regelbeispiele für den Widerruf (z. B. zum Zeitpunkt der Anerkennung haben sich maßgeblichen **Verhältnisse nachträglich erheblich und nicht nur vorübergehend so verändert**, dass bei einer Rückkehr des Ausländers in den Herkunftsstaat eine Wiederholung der für die Flucht maßgeblichen Verfolgungsmaßnahmen auf absehbare Zeit mit hinreichender Sicherheit ausgeschlossen ist und nicht aus anderen Gründen erneut Verfolgung droht). Diese Vorschrift entspricht ihrem Inhalt nach Art. 1 C Nr. 5 Satz 1 GFK. In diesem Fall hat der Widerruf unverzüglich zu erfolgen. Dementsprechend ist das BAMF gemäß § 73 Abs. 1 Satz 1, Abs. 4 Satz 1 AsylG nicht nur ermächtigt, sondern verpflichtet, den Status unverzüglich zu widerrufen, wenn die Voraussetzungen für seine Erteilung nicht mehr vorliegen.

Die Widerrufs- und auch die Rücknahmeprüfung regelt sich nach § 73 Abs. 2a AsylG. Sie hat spätestens nach Ablauf von drei Jahren nach unanfechtbarer Entscheidung des BAMF über die Anerkennung als Asylberechtigter nach Art. 16a Abs. 1 GG und die Zuerkennung der Flüchtlingseigenschaft nach § 3 Abs. 1 AsylG zu erfolgen. Das Ergebnis, das widerrufen oder zurückgenommen wird, teilt das BAMF der Ausländerbehörde spätestens innerhalb eines Monats nach dreijähriger Unanfechtbarkeit der begünstigenden Entscheidung mit. Die Ausländerbehörde legt diese Mitteilung einer ausländerrechtlichen Entscheidung nach § 26 Abs. 3 AufenthG (Versagung der Niederlassungserlaubnis) oder nach § 52 Abs. 1 Satz 1 Nr. 4 AufenthG (Widerruf des Aufenthaltstitels) zugrunde. Tritt ein Widerrufs- oder Rücknahmefall später ein, steht eine entsprechende Entscheidung im Ermessen des BAMF, es sei denn, der Widerruf oder die Rücknahme können auf § 60 Abs. 8 Satz 1 AufenthG – Gefahr für die Sicherheit der Bundesrepublik, besondere Gefahr für die Allgemeinheit, § 3 Abs. 2 AsylG – gesetzlicher Ausschluss der Flüchtlingseigenschaft – oder § 60 Abs. 8 Satz 3 AufenthG – abgesehen von der Anwendung des § 60 Abs. 1 AufenthG – gestützt werden. Bei rechtkräftiger Verurteilung zu einer Freiheits- oder Jugendstrafe von mindestens einem Jahr kann das BAMF von der Anwendung des § 60 Abs. 1 AufenthG abgesehen werden, sofern die Straftat mit Gewalt, unter Anwendung von Drohung mit Gefahr für Leib oder Leben oder mit List begangen worden ist (§ 60 Abs. 8 Satz 3 AufenthG). Das BAMF wird nach § 8 Abs. 1a AsylG über die Erhebung der öffentlichen Klage und die Erledigung eines Strafverfahrens unterrichtet.

In den Fällen des **Familienasyls** nach § 26 Abs. 1 bis 3 und 5 AsylG wird gegenüber den Familienangehörigen nach § 73 Abs. 2b Satz 1 AsylG die Anerkennung als Asylberechtigter und die Zuerkennung der Flüchtlingseigenschaft widerrufen, wenn die Voraussetzungen des § 26 Abs. 4 Satz 1 AsylG vorliegen (z. B. Gefahr für die Sicherheit der Bundesrepublik Deutschland, Terrorist). Die Anerkennung als Asylberechtigter wird ebenfalls widerrufen, wenn die Anerkennung des Stammberechtigten erlischt (vgl. § 72 Abs. 1 AsylG) oder zurückgenommen und bei ihm andere Gründe für die Anerkennung als Asylberechtigter nicht vorliegen (§ 73 Abs. 2b Satz 2 AsylG).

- In den Fällen des § 26 Abs. 5 AsylG ist die Zuerkennung der Flüchtlingseigenschaft zu widerrufen, wenn die Flüchtlingseigenschaft des Stammberechtigten, von dem diese Rechtsstellung abgeleitet wird, erlischt, widerrufen oder zurückgenommen wird und dem Familienangehörigen nicht aus anderen Gründen die Flüchtlingseigenschaft zuerkannt werden könnte (hypothetische Prüfung nach § 73 Abs. 2b Satz 3 AsylG) .
- Wird der Stammberechtigte eingebürgert, entfällt die Asylberechtigung automatisch. In diesem Fall ist das Familienasyl zwingend zu widerrufen; die Ausschlussfrist des § 35 Abs. 3 StAG findet nicht sinngemäß Anwendung (vgl. OVG Hamburg, 19.06.203 – 1 Bf 17/13, InfAuslR 2013, 354).

Ob dem Ausländer wegen allgemeiner Gefahren im Herkunftsstaat eine Rückkehr unzumutbar ist, ist beim Widerruf der Asyl- und Flüchtlingsanerkennung nach § 73 Abs. 1 AsylG nicht zu prüfen, sondern im Rahmen der allgemeinen, ausländerrechtlichen Vorschriften des Aufenthaltsgesetzes zu berücksichtigen (BVerwG, 01.11.2005 – 1 C 21.04, InfAuslR 2006, 244 BVerwG 01.11.2005 – 1 C 21/04).

3. Ausnahmen

§ 73 Abs. 1 Satz 3 AsylG enthält eine **einzelfallbezogene Ausnahme** von der Aufhebung der Flüchtlingseigenschaft, die unabhängig vom Vorliegen der Voraussetzungen des § 73 Abs. 1 Satz 1 AsylG gilt. Sie schützt nicht gegen allgemeine Gefahren. Ebenso wenig können aus ihr allgemeine, von den gesetzlichen Voraussetzungen losgelöste Zumutbarkeitskriterien hergeleitet werden, die einem Widerruf der Asyl- oder Flüchtlingsanerkennung entgegenstehen.

Von einem Widerruf ist dann abzusehen, wenn sich aus dem konkreten Flüchtlingsschicksal besondere Gründe ergeben, die eine Rückkehr unzumutbar erscheinen lassen. Maßgeblich sind somit Nachwirkungen früherer Verfolgungsmaßnahmen, ungeachtet dessen, dass diese abgeschlossen sind und sich aus ihnen für die Zukunft keine Verfolgungsgefahr mehr ergibt. Der Rückkehr in den Heimatstaat müssen (gegenwärtige) zwingende Gründe entgegenstehen (d. h. eine Rückkehr muss unzumutbar sein). Diese Gründe müssen außerdem auf einer früheren Verfolgung beruhen. Zwischen der früheren Verfolgung und der Unzumutbarkeit der Rückkehr muss daher bereits nach dem Wortlaut der Bestimmung ein kausaler Zusammenhang bestehen.

§ 73 Abs. 1 Satz 3 AsylG trägt der **psychischen Sondersituation** solcher Personen Rechnung, die ein besonders schweres, nachhaltig wirkendes Verfolgungsschicksal erlitten haben und denen es deshalb selbst lange Zeit danach – auch ungeachtet veränderter Verhältnisse – nicht zumutbar ist, in den früheren Verfolgerstaat zurückzukehren.

4. Verfahren

Der vom Bundesamt beabsichtigte Widerruf der Anerkennung als Asylberechtigter oder der Zuerkennung der Flüchtlingseigenschaft sowie die Absicht, diese Entscheidungen des Bundesamts nach § 48 VwVfG zurückzunehmen, werden dem Ausländer schriftlich mitgeteilt und ihm dabei Gelegenheit zur Äußerung gegeben – rechtliches Gehör – (§ 73 Abs. 4 Satz 1 AsylG). Die Widerrufsentscheidung ist unbeschadet des § 73 Abs. 2a AsylG unverzüglich nach Vorliegen eines Widerrufsgrundes zu treffen.

Wird dem Ausländer dabei eine Frist gesetzt, ist die Mitteilung oder Entscheidung des Bundesamts dem Ausländer zuzustellen.

Im Hinblick auf die Erteilung einer Niederlassungserlaubnis nach § 26 Abs. 3 AufenthG hat das Bundesamt spätestens nach Ablauf von drei Jahren nach unanfechtbarer Entscheidung zu prüfen, ob ein Widerrufsgrund vorliegt (**Prüfpflicht** nach § 73 Abs. 2a AsylG). Liegen die Voraussetzungen für einen Widerruf oder eine Rücknahme vor, teilt dies das Bundesamt der Ausländerbehörde spätestens innerhalb eines Monats nach dreijähriger Unanfechtbarkeit der entsprechenden begünstigten Entscheidung mit. Anderenfalls bzw. später kann eine Mitteilung an die Ausländerbehörde entfallen.

Erfolgt kein Widerruf mangels Vorliegens eines Widerrufsgrundes gemäß § 73 Abs. 1 AsylG, liegt eine spätere Widerrufsentscheidung dann im Ermessen des Bundesamts. Für Ermessen ist jedoch kein Raum, wenn der Ausländer die Voraussetzungen des § 60 Abs. 8 Satz 1 AufenthG (Gefahr für die Sicherheit der Bundesrepublik, besondere Gefahr für die Allgemeinheit) oder des § 3 Abs. 2 AufenthG (gesetzlicher Ausschluss der Flüchtlingseigenschaft, z. B. Terrorist) erfüllt oder weil das BAMF nach § 60 Abs. 8 Satz 3 AufenthG von der Anwendung des § 60 Abs. 1 AufenthG abgesehen hat. Eine Ermessensentscheidung auf der Grundlage der am 01.01.2005 in Kraft getretenen Neuregelung des § 73 Abs. 2a Satz 4 AsylG setzt voraus, dass zuvor eine Prüfung nach Satz 1 mit dem Ergebnis stattgefunden hat, nicht zu widerrufen, sowie eine Mitteilung des Ergebnisses der Prüfung an die Ausländerbehörde (Satz 2 und 3). Die Dreijahresfrist des § 73 Abs. 2a AsylG ist eine Ordnungsvorschrift, die dem Asylberechtigten keinen Drittschutz gewährt (vgl. VGH Hessen, 20.10.2005, 2 UE 1365/05.A, EZAR NF 62 Nr. 6; OVG Nordrhein-Westfalen, 12.12.2005 – 21 A 4681/05.A).

Die **Einführung der obligatorischen Prüfungs- und Mitteilungspflicht** nach § 73 Abs. 2a AsylG spätestens nach Ablauf von drei Jahren nach einer anerkennenden Entscheidung des Bundesamtes dient zum einen dem öffentlichen Interesse an einer Überprüfung der Schutzbedürftigkeit des Asylberechtigten bzw. anerkannten Flüchtlings. Mit dieser Vorschrift soll erreicht werden, dass die Vorschriften über den Widerruf und die Rücknahme mehr an Bedeutung gewinnen (vgl. BT-Drs. 15/420, S. 107 und 112). Die Vorschrift verfolgt auch ausländerrechtliche Zwecke. Denn sie steht in einem engen systematischen Zusammenhang mit § 26 Abs. 3 Satz 1 AufenthG, wonach einem Asylberechtigten i. S. v. Art. 16a Abs. 1 GG, der eine Aufenthaltserlaubnis nach § 25 Abs. 1 Satz 1 AufenthG seit drei Jahren besitzt, und einem Flüchtling i. S. v. § 3 Abs. 1 AsylG, der eine Aufenthaltserlaubnis nach § 25 Abs. 2 Satz 1 Alt. 1 AufenthG seit drei Jahren besitzt, eine Niederlassungserlaubnis zu erteilen ist (gesetzlicher Anspruch), es sei denn, das BAMF hat der Ausländerbehörde nach § 73 Abs. 2a AsylG mitgeteilt, dass die Voraussetzungen für einen Widerruf oder eine Rücknahme vorliegen.

Diese ausländerrechtliche Zweckrichtung der mit § 73 Abs. 2a Satz 1 AsylG eingeführten Prüfungspflicht kann erst mit Inkrafttreten der aufenthaltsrechtlichen Bestimmungen der §§ 25 Abs. 1 und 2, 26 Abs. 3 AufenthG am 01.01.2005 verfolgt werden (vgl. VGH Hessen, 17.05.2005, AuAS 2005, 152). Es besteht keine rückwirkende Prüfungspflicht für solche Ausländer, deren Anerkennung vor dem 01.01.2005 bestandskräftig abgeschlossen ist, da sich neues Verfahrensrecht grundsätzlich nicht mehr auf abgeschlossene Verfahren oder Verfahrensabschnitte erstrecken kann. Eine rückwirkende gesetzliche Regelung lässt sich den Übergangsvorschriften der §§ 87 Abs. 1, 87a, 87b AsylG nicht entnehmen.

Hat das Bundesamt die die Zuerkennung der Flüchtlingseigenschaft nach § 3 Abs. 1 AsylG widerrufen oder zurückgenommen, kann sich ein Einbürgerungsbewerber nicht auf den Besitz eines Reiseausweises nach Art. 28 der Genfer Flüchtlingskonvention, auf die Flüchtlingseigenschaft oder Asylberechtigung berufen (§ 73 Abs. 2c AsylG; § 12 Abs. 1 Satz 2 Nr. 6 StAG). Dies hat seinen Grund darin, dass die Verbindlichkeit der

Zuerkennung der Flüchtlingseigenschaft für das Einbürgerungsverfahren gem. § 73 Abs. 2a Satz 4 AsylG entfällt und diese Entscheidung nach § 6 AsylG auch für die Staatsangehörigkeitsbehörde verbindlich ist (VGH Bayern, 17.02.2005 – 5 B 04.392; VGH Baden-Württemberg, 24.01.2005 – 12 S 1695/05, InfAuslR 2006, 230). Zweck der Regelung ist es, in Einbürgerungsverfahren den Statusberechtigten so zu stellen, als wäre der Statusbescheid nicht ergangen (vgl. Marx, AsylG, 6. Aufl. 2005, § 73 Rn. 209).

Vor der Entscheidung ist der betroffene Ausländer schriftlich zu unterrichten und ihm **Gelegenheit zur Äußerung** zu geben (§ 73 Abs. 4 AsylG). Ihm kann aufgegeben werden, sich innerhalb eines Monats schriftlich zu äußern. Er kann hierbei das Fortbestehen asylrelevanter Umstände, die einem Widerruf entgegenstehen könnten, geltend machen. Der Ausländer ist darauf hinzuweisen, dass nach Aktenlage entschieden wird, wenn er sich nicht fristgemäß äußert.

5. Gerichtliche Prüfung

Für den Widerruf der Asyl- und Flüchtlingsanerkennung (§ 73 Abs. 1 Satz 1 AsylG) ist in der Rechtsprechung des BVerwG klargestellt, dass der Widerrufsbescheid (rechtlich gebundene Entscheidung) umfassend auf seine Rechtmäßigkeit im Klageverfahren zu prüfen ist und das Gericht auch vom Ausländer nicht geltend gemachte Anfechtungsgründe sowie von der Behörde nicht angeführte Widerrufsgründe einzubeziehen hat (BVerwG, 29.06.2015 – 1 C 2.15, InfAuslR 2015, 401 – Zum Prüfungsumfang bei Widerruf der Feststellung von Abschiebungsschutz nach nationalem Recht.; BVerwG, 31.01.2013 – 10 C 1712, BVerwGE 146, 31 Rn.9 – zum Prüfungsumfang bei Widerruf der Asyl- und Flüchtlingsanerkennung).

Die Klage hat in den Fällen des Widerrufs oder der Rücknahme der Anerkennung als Asylberechtigter (Art. 16a Abs. 1 GG), der Zuerkennung des internationalen Schutzes (§§ 3 Abs. 1, 4 Abs. 1 AsylG) oder der Feststellung eines Abschiebungsverbots nach § 60 Abs. 5 oder 7 AufenthG aufschiebende Wirkung (§ 75 Abs. 1 AsylG). Dies gilt jedoch nicht in den Fällen des § 75 Abs. 2 AsylG.

6. Abgabe des Reiseausweises für Flüchtlinge

Im Falle eines unanfechtbaren oder vollziehbaren Widerrufs der Asyl- bzw. Flüchtlingsanerkennung (§ 75 Abs. 1 bzw. Abs. 2 AsylG) ist wie in den Erlöschensfällen des § 72 AsylG der Anerkennungsbescheid und der Reiseausweis für Flüchtlinge (vgl. § 1 Abs. 3 AufenthV) unverzüglich bei der Ausländerbehörde abzugeben (§ 73 Abs. 6 AsylG). Erfolgt die Rückgabe nicht unverzüglich, ist der Reiseausweis zu entziehen (§ 4 Abs. 2 Satz 2 AufenthV). Auch kommt eine Widerrufsentscheidung nach § 52 Abs. 1 Satz 1 Nr. 4 AufenthG in Betracht.

Siehe auch

Fachbeiträge:

Asylantrag / Asylbewerber / Asylgrundrecht / Vor- und Nachfluchtgründe

Rechtsprechung:

BVerwG, 29.06.2015 – 1 C 2.15, InfAuslR 2015, 401 – Zum Prüfungsumfang bei Widerruf der Feststellung von Abschiebungsschutz nach nationalem Recht.

BVerwG, 31.01.2013 – 10 C 1712, BVerwGE 146, 31 Rn.9 – Zum Prüfungsumfang bei Widerruf der Asyl- und Flüchtlingsanerkennung.

BVerwG, 01.11.2005 – 1 C 21.04, InfAuslR 2006, 244 – Zur Prüfung allgemeiner Gefahren im Herkunftsstaat.

VGH Hessen, 01.08.2005 – 7 UE 1364/05.A, AuAS 2005, 152 – Zur Geltung der § 73 Abs. 2a AsylG ab 01.01.2005.

VGH Baden-Württemberg, 30.06.2000 – 13 S 2740/99, VBlBW 2001, 30 = InfAuslR 2001, 98 – Zur Verbindlichkeit der Statusfeststellung.

VG Stuttgart, 07.01.2003 – A 5 K 11226/01, AuAS 2003, 82 = EZAR 214 Nr. 14 – Zum unverzüglichen Widerruf.

Weiterführende Literatur:

Heindel, Asylwiderruf nach Verstreichen des Regelprüfzeitraums, ZAR 2009, 269, zusammengefasst in LNCA 168779

Asylbeschleunigungsgesetz

Rechtsnormen: § 29a AsylG; § 47 Abs. 1a AsylG; § 63a AsylG; § 83c AsylG; § 90 AsylG; § 44 AufenthG; § 45a AufenthG; § 60a Abs. 6 AufenthG; § 88a AufenthG; § 104 Abs. 12 AufenthG; § 105c AufenthG

1. Bezeichnung „Asylverfahrensgesetz" in „Asylgesetz"

Aufgrund des Asylverfahrensbeschleunigungsgesetzes (Art. 1 Nr. 1) vom 20.10.2015 (BGBl. I S. 1722) wurde die Bezeichnung „Asylverfahrensgesetz" in „Asylgesetz" geändert, da in das Asylverfahrensgesetz nach der Umsetzung der neuen Qualifikationsrichtlinie (RL 2011/95/EU v. 13.12.2011 – ABl. Nr. L 337 S. 9) in nationales Recht im Rahmen des Gesetzes zur Umsetzung der Richtlinie 2011/95/EU v. 28.08.2013 (BGBl. I S. 3474) auch materiell-rechtliche Regelungen über die Zuerkennung des internationalen Schutzes (vgl. § 1 Abs. 1 Nr. 2 AsylG; § 2 Abs. 13 AufenthG, zum Begriff) in Abschnitt 2 eingefügt worden sind (vgl. BR-Drs. 446/15 vom 29.09.2015, S. 42).

2. Asylbeschleunigungsgesetz – Gesetzeszweck und -inhalt

Danach wird mit der Änderung der Überschrift der neue Geltungsbereich des Gesetzes verdeutlicht. Die Einführung des Gesetzes hatte eine auf Dauer angelegte Regelung des Asylverfahrens zum Ziel. Es regelte lediglich das Verfahren zur Zuerkennung des Asyls nach Artikel 16 Abs. 2 a. F. des Grundgesetzes. Seitdem haben sich der Inhalt und damit auch der Charakter des Gesetzes stark gewandelt. Das Gesetz enthält nicht mehr nur verfahrenstechnische Regelungen, sondern mit den Vorschriften zur Zuerkennung der Flüchtlingseigenschaft und des subsidiären Schutzes eigene materielle Vorgaben für den Schutz von in ihrer Heimat verfolgten Ausländern. Die Trennung von materiellen Vorgaben und verfahrensmäßiger Umsetzung wird also nicht mehr aufrechterhalten. Mit den in diesem Gesetz enthaltenen Änderungen werden zudem zahlreiche Bereiche geregelt, die das Asylverfahren selbst nicht unmittelbar betreffen. Um diesem gewandelten Charakter des Gesetzes von einer ausschließlichen Verfahrensregelung zu dem zentralen Regelwerk im Bereich des Flüchtlingsschutzes Rechnung zu tragen, sollte der Verweis auf das Verfahren in der Überschrift gestrichen werden und in Zukunft vom „Asylgesetz" gesprochen werden.

3. Regelungsinhalt des Asylbeschleunigungsgesetzes

Mit dem Asylbeschleunigungsgesetz wurden das Asylverfahrensgesetz (jetzt Asylgesetz – AsylG), das Asylbewerberleistungsgesetz, das Aufenthaltsgesetz, das Baugesetzbuch und weitere Gesetze geändert.

Folgende Regelungen bilden den Kern der Maßnahmen:

- Der Bund beteiligt sich strukturell, dauerhaft und dynamisch an den gesamtstaatlichen Kosten, die in Abhängigkeit von der Zahl der Aufnahme der Asylbewerber und Flüchtlinge entstehen. Durch eine Änderung der Umsatzsteuerverteilung nach dem

Finanzausgleichsgesetz entlastet der Bund die Länder von Kosten für Asylbewerber, unbegleitete minderjährige Flüchtlinge und bei der Kinderbetreuung. Außerdem werden die Leistungen des Bundes für den sozialen Wohnungsbau im Rahmen der Entflechtungsmittel aufgestockt.

- Albanien, Kosovo und Montenegro werden zu sicheren Herkunftsstaaten im Sinne von Artikel 16a Absatz 3 Grundgesetz bestimmt, um die Asylverfahren der Staatsangehörigen dieser Länder weiter zu beschleunigen.
- Um die Asylverfahren priorisieren und zügig bearbeiten zu können, sollen Asylbewerber verpflichtet werden können, bis zu sechs Monate, solche aus sicheren Herkunftsstaaten bis zum Abschluss des Verfahrens, in Erstaufnahmeeinrichtungen zu verbleiben. Die Landesregierungen können Rückführungen vollziehbar Ausreisepflichtiger aus humanitären Gründen zukünftig nur noch für maximal 3 Monate aussetzen.
- Um die Unterbringung von Asylbewerbern und Flüchtlingen zu erleichtern, werden Abweichungen von bauplanungsrechtlichen Standards ermöglicht, ebenso gibt es Erleichterungen bei den Vorschriften zum Einsatz erneuerbarer Energien und den energetischen Anforderungen an Wärmeschutz bzw. Anlagentechnik in Gebäuden für Asylbewerber und Flüchtlinge.

Mögliche Fehlanreize für unberechtigte Asylanträge werden beseitigt:

- Der bisher mit dem „Taschengeld" abgedeckte Bedarf soll künftig, sofern mit vertretbarem Verwaltungsaufwand möglich, in Erstaufnahmeeinrichtungen in Form von Sachleistungen (auch Wertgutscheine) erbracht werden. In anderen Gemeinschaftsunterkünften kann ebenso verfahren werden.
- Geldleistungen werden höchstens einen Monat im Voraus ausgezahlt.
- Für vollziehbar Ausreisepflichtige, die unter keinen Umständen für ein Bleiberecht in Betracht kommen und deren Ausreisedatum und Reisemöglichkeit feststehen, ist die Leistungsgewährung auf die Zeit bis zu diesem Datum zu befristen. Nimmt der vollziehbar ausreisepflichtige Ausländer schuldhaft die Ausreisemöglichkeit nicht wahr, erhält er fortan grundsätzlich nur noch Leistungen zur Deckung seines Bedarfs an Ernährung und Unterkunft einschließlich Heizung sowie an Mitteln zur Körper- und Gesundheitspflege.
- Für Asylbewerber aus sicheren Herkunftsstaaten, die ab dem 1. September 2015 einen Asylantrag gestellt haben, wird ein Beschäftigungsverbot eingeführt. Dies gilt während des Asylverfahrens und wenn der Asylantrag abgelehnt ist.
- Die Einführung der Gesundheitskarte bleibt den Ländern überlassen. Der Bund schafft die dafür notwendigen gesetzlichen Voraussetzungen. Die gesetzlichen Krankenkassen sollen von den Ländern verpflichtet werden können, gegen Kostenerstattung die Krankenbehandlungen bei Asylbewerbern zu übernehmen. In diesem Zusammenhang kann die Ausgabe einer elektronischen Gesundheitskarte vereinbart werden. Die Leistungen sollen sich wie bisher im Rahmen des Asylbewerberleistungsgesetzes bewegen.
- Der Impfschutz für Asylbewerber wird verbessert.
- Es soll ermöglicht werden, dass Asylsuchende, die über eine abgeschlossene Ausbildung in einem medizinischen Heilberuf verfügen, in die medizinische Erstversorgung

von anderen Asylsuchenden in den (zentralen) Aufnahmeeinrichtungen/Unterkünften eingebunden werden dürfen.

- Der Bund öffnet die Integrationskurse für Asylbewerber mit guter Bleibeperspektive und stockt die hierfür vorgesehenen Mittel entsprechend dem gestiegenen Bedarf auf. Darüber hinaus wird eine verstärkte Vernetzung zwischen Integrationskursen und berufsbezogenen Sprachkursen hergestellt, unter verstärkter Einbeziehung der Bundesagentur für Arbeit. Kurzfristig sollen auch im Rahmen des Arbeitsförderungsrechts Maßnahmen zur Vermittlung erster Kenntnisse der deutschen Sprache gefördert werden.
- Personen mit guter Bleibeperspektive werden künftig bereits frühzeitig die für die Eingliederung in den Arbeitsmarkt erforderlichen vermittlungsunterstützenden Leistungen der aktiven Arbeitsförderung erhalten können.
- Die Strafbarkeit von Schleusern wird verschärft. Künftig gilt für sie eine Mindestfreiheitsstrafe von drei Monaten.
- In den Fällen, in denen die Kommunen Kostenträger sind, geben die Länder die vom Bund erhaltenen Mittel weiter. Der Bund unterstützt Länder und Kommunen zudem beim Neubau von Wohnungen und bei der Ausweitung des Bestands an Sozialwohnungen.

4. Asylpaket II und Verschärfung des Ausweisungsrechts

4.1. Gesetz zur Einführung beschleunigter Asylverfahren

Am 17.03.2016 trat das Gesetz zur Einführung beschleunigter Asylverfahren („Asylpaket II“) vom 11.03.2016 (BGBl. I S. 390) in Kraft.

Es enthält ein ganzes Bündel von Maßnahmen, um

- die Asylverfahren substanziell zu beschleunigen,
- Fehlanreize zu nehmen,
- die Steuerung der Verteilung von Flüchtlingen innerhalb Deutschlands deutlich zu verbessern und zu verstetigen,
- den Familiennachzug zu subsidiär Schutzberechtigten für zwei Jahre auszusetzen,
- Hindernisse bei Abschiebungen zu beseitigen und
- Asylbewerberleistungen, die zudem nur noch derjenige in voller Höhe erhält, der auch wirklich die ihm zugewiesene Aufnahmeeinrichtung aufsucht, zu reduzieren.

Mit dem Inkrafttreten des Asylpaketes II endet auch die Praxis des so genannten „Fragebogenverfahrens“: Zu allen nach Inkrafttreten des Gesetzes eingehenden Asylanträgen wird es wieder eine persönliche Anhörung geben.

4.2. Gesetz zur erleichterten Ausweisung ausländischer Straftäter

Am 17.03.2016 trat das Gesetz zur erleichterten Ausweisung ausländischer Straftäter vom 11.03.2016 (BGBl. I S. 394) in Kraft:

Freiheits-, Jugend- oder Bewährungsstrafen können damit grundsätzlich alle Anlass für eine Ausweisung sein. Unter anderem begründen

- Straftaten gegen das Leben,
- Straftaten gegen die körperliche Unversehrtheit,
- Straftaten gegen die sexuelle Selbstbestimmung,
- Straftaten gegen das Eigentum oder
- Widerstand gegen Vollstreckungsbeamte

zukünftig ein so genanntes schwerwiegendes Ausweisungsinteresse (§ 54 Abs. 2 AufenthG), sofern ein Ausländer hierfür zu einer Freiheits- oder Jugendstrafe (gleich welcher Höhe) verurteilt wurde. Dies gilt auch, wenn diese zur Bewährung ausgesetzt wird. Bei rechtkräftiger Verurteilung zu einer Freiheits- oder Jugendstrafe von mindestens einem Jahr kann von der Anwendung des § 60 Abs. 1 AufenthG abgesehen werden, sofern die Straftat mit Gewalt, unter Anwendung von Drohung mit Gefahr für Leib oder Leben oder mit List begangen worden ist (§ 60 Abs. 8 Satz 3 AufenthG). Das BAMF wird nach § 8 Abs. 1a AsylG über die Erhebung der öffentlichen Klage und die Erledigung eines Strafverfahrens unterrichtet.

Die Verschärfungen waren auch als eine Konsequenz aus den Vorfällen in der Silvesternacht 2015/2016 in Köln und anderen Städten beschlossen werden.

Siehe auch

Weiterführende Literatur:

Kluth, Das Asylverfahrensbeschleunigungsgesetz, ZAR 2015, 337-342.

Hirseland, Asyl und Flüchtlingsschutz in Deutschland: Entwicklungen und Herausforderungen, KommP spezial 2015, 114-118.

Portz/Düsterdiek, Neue Erleichterungen zur Unterbringung von Flüchtlingen im Bauplanungsrecht, KommP spezial 2015, 151-156.

Asylbewerber

Rechtsnormen: Art. 16a Abs. 1 GG; § 3 Abs. 1, § 4 Abs. 1 AsylG; § 13 AsylG; § 14 AsylG; § 16 AsylG; § 55 AsylG; § 56 AsylG; § 60 AsylG; § 61 AsylG; § 63 AsylG; § 63a AsylG; § 64 AsylG;

1. Begriff des Asylbewerbers

Bei Asylbewerbern handelt es sich um Ausländer, die in Deutschland Schutz als politisch Verfolgte nach Art. 16a Abs. 1 GG (Asylberechtigung, § 1 Abs. 1 Nr. 1 AsylG) oder Schutz vor Abschiebung oder einer sonstigen Rückführung (z. B. Zurückschiebung) in einen Staat beantragen (§§ 13, 14 AsylG), in dem ihnen eine der in §§ 3 bis 4 AsylG bezeichneten Gefahren drohen (internationaler Schutz nach § 1 Abs. 1 Nr. 2 AsylG). Bei den Asylbewerbern handelt sich – im Unterschied zu Asylberechtigten nach Art. 16a Abs. 1 GG, Flüchtlingen i. S. v. § 3 Abs. 1 AsylG und international subsidiär Schutzberechtigten i. S. v. § 4 Abs. 1 AsylG – um diejenigen Personen, die das Asylverfahren nach dem Asylgesetz noch nicht durchlaufen haben, ein Asylgesuch vorgebracht (§ 13 AsylG) und anschließend einen förmlichen Asylantrag nach § 14 AsylG (Art. 2 Buchst. b Dublin III-VO, zum Begriff des Antrags auf internationalen Schutz) beim Bundesamt für Migration und Flüchtlinge (BAMF) stellen. Es kann sich um Drittstaatsangehörige oder Staatenlose handeln (Art. 2 Buchst. c Dublin III-VO).

2. Asylsuchende und Asylantragsteller

Bei Asylbewerbern bzw. -begehrenden (Oberbegriff) kann es sich um **Asylsuchende** (§ 13 AsylG) oder um **Asylantragsteller** (§ 14 AsylG) handeln. Der Aufenthalt von Asylbewerbern ist gemäß § 55 Abs. 1 AsylG gestattet. Die Aufenthaltsgestattung wird dem Asylbewerber bescheinigt (§§ 63, 64 AsylG). Bis zur Ausstellung der Bescheinigung über die Aufenthaltsgestattung nach Asylantragstellung erhält der Ausländer eine Bescheinigung über die Meldung als Asylsuchender nach § 63a Abs. 1 AsylG (Ankunftsnachweis).

Asylantragsteller, die das 14. Lebensjahr vollendet haben, werden zur Sicherung der Identität **erkennungsdienstlich behandelt** (§ 16 Abs. 1 AsylG); seine Fingerabdrücke werden in der beim Bundeskriminalamt geführten Datei „AFIS-A" gespeichert (§ 16 Abs. 4 AsylG). Gleichzeitig sind Asylantragsteller im Ausländerzentralregister (AZR) erfasst (§ 2 Abs. 2 Nr. 1 AZRG), aus dem sich die aktenführende Ausländerbehörde ergibt. Vor diesem Hintergrund können in behördliche Verwahrung genommene Pässe von abgelehnten Asylbewerbern, die sich ihrer Ausreisepflicht etwa dadurch entziehen, dass sie sich in die Illegalität begeben haben und jeglichen behördlichen Kontakt vermeiden, im Falle ihres Aufgreifens zugeordnet und daher nicht in die **Fundpapierdatenbank** gemäß § 49a Abs. 1 Satz 1 AufenthG aufgenommen werden. Durch einen Abgleich der Fingerabdrücke, die in diesen Fällen zur Feststellung der Identität abgenommen werden dürfen (§ 49 Abs. 2 AufenthG), mit den in der „AFIS-A"-Datei gespeicherten Fingerabdrücken lässt sich auf die Personalien des angelehnten Asylbewerbers schließen, mit denen er im AZR erfasst ist. Auf diese Weise kann die zuständige Ausländerbehörde ermittelt werden, bei der ggf. der in amtliche Verwahrung genommene Pass vorhanden ist und der Pass zugeordnet werden.

3. Politische Verfolgung

Die politische Verfolgung muss das Leben oder die Freiheit des Ausländers bedrohen wegen seiner Rasse, Religion, Staatsangehörigkeit, Zugehörigkeit zu einer bestimmten sozialen Gruppe oder wegen seiner politischen Überzeugung (§ 3 Abs. 1, § 3b Abs. 1 Nr. 1 bis 3 AsylG). Eine Verfolgung wegen Zugehörigkeit zu einer bestimmten sozialen Gruppe kann auch dann vorliegen, wenn die Bedrohung der geschützten Rechtsgüter allein an das Geschlecht anknüpft (§ 3b Abs. 1 Nr. 4 AsylG, z. B. geschlechtsspezifische Verfolgung).

Politische Verfolgung ist nicht nur staatliche Verfolgung (vgl. § 3c AsylG). Die politische Verfolgung kann nach ausgehen von

- dem Verfolgerstaat (unmittelbare Verfolgung) oder einem Drittstaat, der den Ausländer in den Verfolgerstaat zurückführen will (mittelbare Verfolgung),
- Parteien oder Organisationen, die den Staat oder wesentliche Teile des Staatsgebiets beherrschen,
- nichtstaatlichen Akteuren, sofern die vorgenannten Akteure einschließlich internationaler Organisationen erwiesenermaßen nicht in der Lage oder willens sind, Schutz vor der Verfolgung zu bieten, und dies unabhängig davon, ob in dem Land eine staatliche Herrschaftsmacht vorhanden ist oder nicht, es sei denn, es besteht eine innerstaatliche Fluchtalternative.

Die Schutzgewährungen nach Art. 16a Abs. 1 GG für Asylberechtigte, nach § 3 Abs. 1 AsylG für Flüchtlinge (vgl. Art. 33 GK) und nach § 4 Abs. 1 AsylG für international subsidiär Schutzberechtigte setzen einen Asylantrag(vgl. §§ 13, 14 AsylG), über den in einem förmlichen Asylverfahren nach dem AsylG entschieden wird, voraus. Der Verfolgungsschutz kann sich auf das sog. **große Asyl** nach Art. 16a Abs. 1 GG, auf das **kleine Asyl** nach § 3 Abs. 1 AsylG, das mit den Schutzwirkungen des Abkommens über die Rechtsstellung der Flüchtlinge (Genfer Konvention – FlüchtlAbk) identisch ist, und auf den internationalen subsidiären Schutz i. S. v. Art. 15 RL 2011/95/EU und § 1 Abs. 1 Nr. 2 AsylG erstrecken. Der Asylbewerber hat es durch entsprechende Antragstellung in der Hand, welchem Schutztatbestand er sich unterstellen will. Bis zur Entscheidung über den (beachtlichen) Asylantrag steht der Asylbewerber grundsätzlich unter der Schutz- bzw. Vorwirkung des Art. 16a Abs. 1 GG (vorläufiges Bleiberecht) und hat insoweit ein weitgehend gesichertes Aufenthaltsrecht, das sich in der Aufenthaltsgestattung nach § 55 Abs. 1 AsylG verkörpert. Der Ankunftsnachweis nach § 63b Abs. 1 AsylG schützt den Asylsuchenden zeitweise vor einer Rückführung oder Überstellung in einen anderen sicheren Drittstaat, da mit dessen Ausstellung nach § 55 Abs. 1 Satz 1 AsylG die Aufenthaltsgestattung (funktionelles Aufenthaltsrecht) entsteht und zugleich die Vollziehbarkeit der Ausreisepflicht nach § 58 Abs. 2 Satz 1 Nr. 1 AufenthG wegen unerlaubter Einreise entfällt.

Die Aufenthaltsgestattung erlischt jedoch nach § 67 Abs. 1 Satz 1 Nr. 5 AsylG, wenn der Asylantrag nach § 29 Abs. 1 Nr. 1 Buchst. a oder b AsylG als unzulässig abgelehnt und die Abschiebung nach § 34a Abs. 1 AsylG angeordnet oder angedroht wird, weil der Asylbewerber aus einem Mitgliedstaat der EU oder einem anderen sicheren Drittstaat in das Bundesgebiet einreist (vgl. Art. 16a Abs. 2 GG) und daher ein anderer Staat nach der Dublin III-VO für die Schutzgewährung zuständig ist. Ob dies der Fall ist, hat das Bundesamt im Einzelfall zu entscheiden (vgl. z. B. Ablehnung des Asylantrags nach § 29 Abs. 1 AsylG als unzulässig und Abschiebungsanordnung oder Abschiebungsandrohung nach § 34a Abs. 1 Satz 1 bis 3 AsylG)

4. Rechte während des Asylverfahrens

4.1. Allgemeines

Dementsprechend gehören Asylbewerber zwar nicht zu dem in §§ 2, 3 Abs. 1 und 4 Abs. 1 AsylG genannten Personenkreis. Gleichwohl stehen ihnen während des Asylverfahrens gewisse Rechte (z. B. Anspruch auf Leistungen nach dem AsylbLG; Beschäftigungsmöglichkeit nach § 61 Abs. 2 AsylG) zu.

4.2. Aufenthaltsgestattung

Ein Ausländer, der im Bundesgebiet um Asyl nachsucht und nicht unerlaubt (z. B. ohne Pass) aus einem sicheren Drittstaat (§ 26a AsylG) eingereist ist, ist zur Durchführung des Asylverfahrens der Aufenthalt im Bundesgebiet kraft Gesetztes gestattet (§ 55 Abs. 1 Satz 1 AsylG). Diese Aufenthaltsgestattung für Asylbewerber, die ihnen nach § 63 AsylG bescheinigt wird, dient zur Verfolgung und Geltendmachung des Asylanspruchs, verkörpert daher ein funktionelles Aufenthaltsrecht und dient nach § 64 AsylG als Identitätsnachweis der Ausweispflicht (vgl. § 48 AufenthG).

Die (Bescheinigung über die) **Aufenthaltsgestattung**

- gilt für das Bundesgebiet,
- ist nach § 63 Abs. 2 AsylG befristet,
- ist gemäß den gesetzlichen Vorgaben räumlich beschränkt (§ 56 Abs. 1 AsylG) und kann im Einzelfall räumlich beschränkt werden (§ 59b AsylG) sowie
- mit einer Wohnsitzauflage nach § 60 Abs. 1 AsylG und
- mit einer Beschäftigungserlaubnis nach § 61 Abs. 2 AsylG verbunden werden.

Die Aufenthaltsgestattung kann nach § 60 AsylG mit Auflagen verbunden werden. So kann der Asylbewerber verpflichtet werden, in einer bestimmten Gemeinde oder Unterkunft zu wohnen (Wohnsitzauflage nach § 60 Abs. 2 Nr. 1 AsylG). Verstöße gegen eine räumliche Beschränkung werden im Rahmen der Verlassenspflicht nach § 46 Abs. 1 AufenthG durchgesetzt (§ 59, § 59b AsylG; § 71 Abs. 5 AufenthG) und können nach § 85 Nr. 2 AsylG oder § 86 Abs. 1 AsylG strafrechtlich bzw. als Ordnungswidrigkeit geahndet werden. Zudem erhalten Asylbewerber Leistungen nach dem Asylbewerberleistungsgesetz (AsylbLG). Es werden erhöhte Anforderungen an eine Abschiebung gestellt (§ 60 Abs. 9 AufenthG).

4.3. Wohnpflicht in einer Aufnahmeeinrichtung

Nach § 47 Abs. 1 Satz 1 AsylG sind Ausländer, die den Asylantrag bei einer (besonderen) Außenstelle des BAMF zu stellen haben (§ 14 Abs. 1 AsylG), verpflichtet, bis zu sechs Wochen, längstens jedoch bis zu sechs Monaten, in der für ihre Aufnahme zuständigen Aufnahmeeinrichtung zu wohnen.

4.4. Beschäftigung von Asylbewerbern

Gemäß § 61 Abs. 1 AsylG darf der Ausländer für die Dauer der Pflicht, in einer Aufnahmeeinrichtung zu wohnen, keine **Erwerbstätigkeit** (vgl. § 2 Abs. 2 AufenthG) ausüben. Danach kann einem Asylbewerber gemäß § 61 Abs. 2 AsylG eine Beschäftigung erlaubt werden, wenn die Bundesagentur für Arbeit zugestimmt hat oder durch Rechtverordnung bestimmt ist, dass die Ausübung der Beschäftigung ohne diese Zustimmung zulässig ist. Die §§ 39 bis 42 AufenthG gelten entsprechend.

Die Beschäftigung von Asylbewerbern ist wie folgt geregelt:

Entfällt die Wohnpflicht in einer Aufnahmeeinrichtung (§§ 48, 49 AsylG), kann dem Asylbewerber eine Beschäftigung nach § 61 Abs. 2 AsylG erlaubt werden. Gemäß § 61 Abs. 2 AsylG i. d. F. des „Gesetzes zur Einstufung weiterer Staaten als sichere Herkunftsstaaten und zur Erleichterung des Arbeitsmarktzugangs für Asylbewerber und geduldete Ausländer" vom 31.10.2014 (BGBl. I S. 1649) kann Ausländern, die sich seit drei Monaten mit Aufenthaltsgestattung in der Bundesrepublik aufhalten, eine Zustimmung zur Ausübung einer Beschäftigung durch die Arbeitsverwaltung entsprechend §§ 39, 40 Abs. 1 Nr. 1 und Abs. 2 und §§ 41 und 42 AufenthG erteilt werden (§ 32 Abs. 1 Satz 1 BeschV). In diesem Fall kann eine Beschäftigungserlaubnis durch die Ausländerbehörde nach § 4 Abs. 2 Satz 3 AufenthG erteilt werden. Ferner wird Ausländern mit einer Aufenthaltsgestattung nach der „Zweiten Verordnung zur Änderung der Beschäftigungsverordnung" vom 06.11.2014 (BGBl. I S. 1683) ohne Vorrangprüfung eine Zustimmung zur Ausübung einer Beschäftigung erteilt, wenn sie eine Beschäftigung nach § 2 Abs. 2, § 6 oder § 8 BeschV aufnehmen (§ 32 Abs. 5 Nr. 1 BeschV) oder mit einer Aufenthaltsgestattung im Bundesgebiet aufhalten (§ 32 Abs. 5 Nr. 2 BeschV). Auch in diesem Fall kann eine Beschäftigungserlaubnis durch die Ausländerbehörde nach § 4 Abs. 2 Satz 3 AufenthG erteilt werden.

Bei der Beschäftigungserlaubnis handelt es sich um eine begünstigende selbstständig angreifbare Nebenbestimmung (vgl. § 84 Abs. 1 Satz 1 Nr. 3 AufenthG), die nicht die Merkmale einer Auflage nach § 36 Abs. 2 Nr. 4 VwVfG erfüllt.

5. Ausschluss der Erteilung eines Aufenthaltstitels

Im Falle eines Antrags auf **erstmalige Erteilung eines**Aufenthaltstitels ist § 10 Abs. 1 AufenthG (**Sperrklausel**) zu beachten, wonach einem Asylantragsteller vor dem bestandskräftigen Abschluss des Asylverfahrens ein Aufenthaltstitel außer in den Fällen eines gesetzlichen Anspruchs nur mit Zustimmung der obersten Landesbehörde und nur dann erteilt werden kann, wenn wichtige Interessen der Bundesrepublik Deutschland es erfordern. Dies gilt nicht für bereits erteilte Aufenthaltstitel, § 10 Abs. 2 AufenthG. Bei diesen ist auch § 55 Abs. 2 AsylG zu berücksichtigen.

Unanfechtbar abgelehnten Asylbewerbern und Ausländern, die den Asylantrag zurückgenommen haben, kann unbeschadet eines Einreise- und Aufenthaltsverbots nach § 11 Abs. 1, 6 oder 7 AufenthG vor der Ausreise nur nach Überwindung des § 10 Abs. 3 AufenthG ein Aufenthaltstitel erteilt werden.

6. Ausweisung während des Asylverfahrens

Asylbewerber können gemäß § 53 Abs. 4 AufenthG unter besonderen Voraussetzzungen ausgewiesen werden

- bei ihnen müssen zumindest die Voraussetzungen für eine Ausweisung vorliegen, die auch bei der Ausweisung von Asylberechtigten nach Art. 16a Abs. 1 GG oder anerkannten Flüchtlingen i. S. v. § 3 Abs. 1 AsylG nach § 53 Abs. 3 AufenthG verlangt werden.
- wenn eine nach den Vorschriften des Asylverfahrensgesetzes erlassene Abschiebungsandrohung vollziehbar ist oder
- unter der Bedingung, dass das Asylverfahren unanfechtbar ohne Anerkennung als Asylberechtigter oder ohne die Zuerkennung internationalen Schutzes (§ 1 Abs. 1 Nr. 2 AsylG) abgeschlossen wird.
- Bei rechtskräftiger Verurteilung zu einer Freiheits- oder Jugendstrafe von mindestens einem Jahr kann das BAMF von der Anwendung des § 60 Abs. 1 AufenthG absehen, sofern die Straftat mit Gewalt, unter Anwendung von Drohung mit Gefahr für Leib oder Leben oder mit List begangen worden ist (§ 60 Abs. 8 Satz 3 AufenthG). Das BAMF wird nach § 8 Abs. 1a AsylG über die Erhebung der öffentlichen Klage und die Erledigung eines Strafverfahrens unterrichtet.

Siehe auch

Fachbeiträge:

Asylberechtigter / Asylgrundrecht / Asylantrag / Asylbewerberleistungsgesetz / Meldepflicht / Aufnahmeeinrichtung / Abschiebungsverbot – polit. Verfolgungsgründe / Qualifikationsrichtlinie-EU

Rechtsprechung:

VG Schleswig-Holstein, 24.05.2006 – 6 A 58/06, InfAuslR 2006, 419, zum Vorliegen eines Härtefalls nach § 7 BeschVerfV.

Weiterführende Literatur:

Duchrow, Flüchtlingsrecht und Zuwanderungsgesetz unter Berücksichtigung der sog. Qualifikationsrichtlinie, ZAR 2004, 339

von Pollern, Die Entwicklung der Asylbewerberzahlen im Jahre 2003, ZAR 2004, 107

Stiebig, Ein „altes" Thema neu belebt: Kirchenasyl, ZAR 2004, 101

Asylbewerberleistungsgesetz

Rechtsnormen: Art. 1 Abs. 1 GG; AsylbLG; § 2 Abs. 3 AufenthG; § 44 Abs. 4 Satz 2 Nr. 1 bis 3 AufenthG; § 15 Abs. 2 AsylG; § 30 Abs. 3 Nr. 2 AsylG; Art. 4 Integrationsgesetz – IntG

1. Leistungsberechtigte nach dem Asylbewerberleistungsgesetz

1.1. Allgemeines

Durch Art. 4 des Integrationsgesetzes – IntG – vom 31.07.2016 (BGBl. I S. 1939) wurde das Asylbewerberleistungsgesetz geändert bzw. ergänzt. Nach Art. 8 Abs. 2 und 3 IntG treten am 01.01.2017 die Neuregelungen über die Verpflichtung zur Teilnahme an einem Integrationskurs bzw. zu den Folgen einer Nichtteilnahme (§ 44a AufenthG und § 5b AsylbLG) in Kraft. Die Neuregelungen umfassen auch ein Arbeitsmarktprogramm Flüchtlingsintegrationsmaßnahmen.

§ 5a AsylbLG tritt mit Ablauf des Arbeitsmarktprogramms Flüchtlingsintegrationsmaßnahmen außer Kraft. Das Bundesministerium für Arbeit und Soziales wird diesen Tag im Bundesgesetzblatt bekannt geben (Art. 8 Abs. 4 IntG).Das Bundesministerium für Arbeit und Soziales legte am 27.08.2014 einen Gesetzentwurf zur Änderung des Asylbewerberleistungsgesetzes (AsylbLG) und des Sozialgesetzes vor. Der Gesetzentwurf diente der Umsetzung der Entscheidung des Bundesverfassungsgerichts (BVerfG) v. 18.07.2012 – 1 BvL 10/10, 1 BvL 2/11, BVerfGE 132, 134 = EZAR NF 87 Nr. 14 = InfAuslR 2012, 371 = ZAR 2012, 339, mit Anmerkung Pfersich, Zum Existenzminimum als Menschenrecht nach Art. 1 Abs. 1 GG i. V. m. dem Sozialstaatsprinzip des Art. 20 Abs. 1 GG in Bezug auf Leistungen nach dem AsylbLG und den Aufenthaltsstatus, mit der die Höhe der Geldleistungen im Asylbewerberleistungsgesetz für unvereinbar mit dem Grundrecht auf Gewährleistung eines menschenwürdigen Existenzminimums erklärt und eine Neuregelung der Leistungssätze gefordert wurden. Dies wurde inzwischen durch das Rechtsstellungsverbesserungsgesetz v. 23.12.2014 (BGBl. I S. 2439) realisiert.

1.2. Leistungsberechtigung

Leistungsberechtigt sind nach § 1 Abs. 1 AsylbLG Ausländer, die sich tatsächlich im Bundesgebiet aufhalten und die

1. eine Aufenthaltsgestattung nach § 55 Abs. 1 i. V. m. § 53 AsylG besitzen,
2. über einen Flughafen einreisen wollen und denen die Einreise nicht oder noch nicht gestattet ist (§ 18a AsylG),
3. wegen des Krieges in ihrem Heimatland eine Aufenthaltserlaubnis nach § 23 Abs. 1 oder § 24 AufenthG oder die eine Aufenthaltserlaubnis nach § 25 Abs. 4 Satz 1, Abs. 5 AufenthG, sofern die Duldung nach § 60a AufenthG noch nicht 18 Monate zurückliegt, besitzen,
4. eine Duldung nach § 60 a AufenthG,

5. nach § 58 Abs. 2 AufenthG vollziehbar ausreisepflichtig sind, auch wenn eine Abschiebungsandrohung noch nicht oder nicht mehr vollziehbar ist(vgl. § 59 Abs. 1 Satz 6 AufenthG),
6. Ehegatten, Lebenspartner oder minderjährige Kinder der in den Nummern 1 bis 5 genannten Personen sind, ohne dass sie selbst die dort genannten Voraussetzungen erfüllen, oder
7. einen Folgeantrag nach § 71 AsylG oder einen Zweitantrag nach § 71 a AsylG stellen.

Mittel für die **Kosten der Passbeschaffung** und -ausstellung sind nicht in den Regelsätzen nach § 28 SGB XII enthalten. Entsprechendes dürfte bei Leistungsberechtigten nach SGB II gelten. Es ist nach § 82 Abs. 1 AufenthG nicht Aufgabe der Ausländerbehörde, sondern des Ausländers, gegebenenfalls die dafür erforderlichen finanziellen Mittel auf der Grundlage etwa von § 6 AsylbLG oder SGB II bzw. SGB XII geltend zu machen (vgl. Hammel, Die Finanzierung von Passkosten bei mittellosen nichtdeutschen Personen, InfAuslR 2012, 137–142).

Die Kosten der Passbeschaffung in Erfüllung der Passpflicht nach §§ 3 Abs. 1, 48 AufenthG können von dem Ausländer nach § 2 Abs. 1 AsylbLG i. V. m. § 73 Satz 1 SGB XII (vgl. SG Berlin, 26.11.2008 – S 51 AY 46/06, InfAuslR 2009, 126 = EZAR NF 87 Nr. 11, zu Leistungen in sonstigen Lebenslagen) bzw. nach § 6 Abs. 1 Satz 1 AsylbLG, wenn die Leistungsansprüche abweichend von den §§ 3 bis 7 AsylbLG bestimmten, geltend gemacht werden (vgl. VG Dresden, 28.06.2005 – 13 K 2649/04, InfAuslR 2005, 430).

Die Leistungsberechtigung stellt auf aufenthaltsrechtliche Umstände ab und nicht auf den Ort des gewöhnlichen Aufenthalts (§ 30 Abs. 3 Satz 2 SGB I, zum Begriff), der durch die Anordnung einer Wohnsitzauflage nach § 61 Abs. 1d Satz 1 AufenthG oder § 60 Abs. 1 und 2 AsylG bestimmt werden kann, oder den tatsächlichen Aufenthalt, wies dies nach dem SGB II oder dem SGB XII der Fall ist. Soweit Leistungsberechtigung nach dem Asylbewerberleistungsgesetz besteht, ist eine Leistungsberechtigung nach dem SGB II und dem SGB XII gesetzlich ausgeschlossen (§ 7 Abs. 1 Satz 2 Nr. 3 SGB II bzw. § 23 Abs. 2 SGB XII). Dies gilt auch für die in § 1 Abs. 1 Nr. 3 AsylbLG genannten Ausländer mit Aufenthaltstitel aus humanitären Gründen im Verhältnis zur Anwendung des § 7 Abs. 1 Satz 3 SGB II, der eine Sonderregelung für Ausländer mit einem Aufenthaltstitel nach Kapitel 2 Abschnitt 5 des Aufenthaltsgesetzes enthält.

1.3. Wegfall der Leistungsberechtigung (BAMF)

Nach § 1 Abs. 3 AsylbLG Ausländer endet die Leistungsberechtigung mit der Ausreise oder mit Ablauf des Monats, in dem

1. die Leistungsvoraussetzung entfällt oder
2. das Bundesamt für Migration und Flüchtlinge (BAMF) den Ausländer als Asylberechtigten anerkannt oder ein Gericht das Bundesamt zur Anerkennung verpflichtet hat, auch wenn die Entscheidung noch nicht unanfechtbar ist.
3. Aufgrund der Änderung in § 1 Absatz 1 Nr. 3 durch das Gesetz zur Änderung des Asylbewerberleistungsgesetzes und des Sozialgerichtsgesetzes vom 10.12.2014 (BGBl. I S. 2187) unterfallen Personen mit einem humanitären Aufenthaltstitel nach § 25 Abs. 5 AufenthG dem Anwendungsbereich des AsylbLG nur, sofern

die Entscheidung über die Aussetzung ihrer Abschiebung noch nicht 18 Monate zurückliegt. In Fällen, in denen diese leistungsberechtigten Personen mit ihren minderjährigen Kindern in einer Haushaltsgemeinschaft zusammenleben, kann es zu einem gespaltenen Leistungsrecht innerhalb dieser Haushaltsgemeinschaft kommen, wenn der Zeitpunkt der Aussetzungsentscheidung lediglich bei den Eltern oder bei zumindest einem Elternteil, nicht hingegen bei den Kindern bereits 18 Monate zurückliegt. Bei fortbestehender Hilfebedürftigkeit hätte der betreffende Elternteil fortan einen Anspruch auf Leistungen nach dem SGB II oder SGB XII, während die Kinder weiterhin Leistungen nach dem AsylbLG beziehen würden, solange sie die 18-Monats-Frist nach § 1 Abs. 1 Nr. 3 AsylbLG noch nicht in eigener Person erfüllt haben. Dies betrifft insbesondere im Inland geborene oder auf der Flucht von ihren Eltern getrennte Kinder, die nachträglich eingereist sind, und deren Eltern zum Zeitpunkt ihrer Geburt bzw. ihres Nachzugs bereits im Besitz einer aufenthaltsrechtlichen Duldung oder eines Aufenthaltstitels nach § 25 Abs. 5 AufenthG waren. Ohne gesetzliche Neuregelung würden diese Kinder regelmäßig länger im Leistungsbezug nach dem AsylbLG verbleiben, als ihre Eltern. Durch die Neuregelung wird erreicht, dass innerhalb einer Familie minderjährigen Kindern keine anderen Leistungen gewährt werden als ihren Eltern, mit denen sie in Haushaltsgemeinschaft zusammenleben (vgl. BT-Drucks. 13/2746, S. 16).

2. Anspruchseinschränkungen

2.1. Allgemeines

Durch Art. 4 Nr. 1 IntG sind in § 1a Abs. 4 und 5 AsylbLG die in § 1a AsylG enthaltenen Leistungseinschränkungen erweitert worden. Diese Erweiterung der Leistungseinschrankungen hat zur Folge, dass die Übermittlungspflichten des BAMF nach § 8 Abs. 2a AsylG entsprechend erweitert werden. Durch diese Maßnahme soll die mit einer Präventivwirkung verbundene bessere Termintreue und damit u. a. auch eine Verringerung der Vorhaltekosten für Dolmetscher erreicht werden.

2.2. Anspruchseinschränkung wegen Einreise zum Leistungsbezug

§ 1a Abs. 1 AsylbLG enthält eine Anspruchseinschränkung in Bezug auf

- die in § 1 Abs. 1 Nr. 4 und 5 AsylbLG genannten Leistungsberechtigten,
- die in § 1 Abs. 1 Nr. 6 AsylbLG genannten Leistungsberechtigten, soweit es sich um Familienangehörige der in § 1 Abs. 1 Nr. 4 und 5 AsylbLG genannten Leistungsberechtigten handelt,

wenn sie sich in das Bundesgebiet begeben haben, um Leistungen nach dem AsylbLG zu erlangen.

In diesem Fall erhalten sie nur dann Leistungen nach dem AsylbLG, soweit dies im Einzelfall nach den Umständen unabweisbar geboten ist.

2.3. Anspruchseinschränkung wegen Nichteinhaltung der Rückkehrverpflichtung

§ 1a Abs. 2 AsylbLG regelt, dass nach § 58 Abs. 2 AufenthG vollziehbar ausreisepflichtige Ausländer, die nicht ausgereist sind, obwohl sie unverzüglich zur Ausreise verpflichtet waren oder ihre Ausreisefrist nach § 59 Abs. 1 Satz 1 AufenthG (Ausreisedatum) abgelaufen ist, keinen Anspruch mehr auf Leistungen nach den §§ 2, 3 und 6 AsylbLG haben. Diese Leistungseinschränkung ist nur ausgeschlossen, wenn die Leistungsberechtigten unverschuldet an der Ausreise gehindert waren.

Dies ist insbesondere der Fall, wenn aus rechtlichen oder tatsächlichen Gründen eine Ausreise bzw. aufenthaltsbeendende Maßnahmen ausgeschlossen sind (z. B. Reiseunfähigkeit oder faktisch keine Reisemöglichkeit).

Sie erhalten als Leistungen anstelle der Leistungen nach den §§ 2, 3 und 6 AsylbLG grundsätzlich nur noch Ernährung sowie Unterkunft einschließlich Heizung sowie Körper- und Gesundheitspflege. Ausnahmen von diesen Einschränkungen sind nur in begründeten Einzelfällen und nur hinsichtlich einzelner Leistungen im Sinne von § 3 Abs. 1 Satz 1 AsylbLG möglich. Die Leistungen nach § 1a Abs. 2 AsylbLG sollen als Sachleistungen erbracht werden.

2.4. Anspruchseinschränkung wegen zu vertretender Ausreisehindernissen

§ 1a Abs. 3 AsylbLG beschränkt den Leistungsanspruch der in § 1 Abs. 1 Nr. 4 und 5 AsylbLG genannten Ausländer, die aus Gründen nicht rückgeführt werden können, die sie selbst zu vertreten haben (z. B. Passlosigkeit, Staatenlosigkeit), auf das Niveau von Absatz 2. In diesen Fällen endet der Leistungsanspruch mit dem auf die Vollziehbarkeit der Abschiebungsandrohung (§ 34, § 34a Abs. 1 Satz 3 AsylG) oder der Vollziehbarkeit der Abschiebungsanordnung (§ 34a AsylG) folgenden Tag.

Für Leistungsberechtigte nach § 1 Abs. 1 Nr. 6 AsylbLG – soweit es sich um Familienangehörige der in § 1a Abs. 3 Satz 1 AsylbLG genannten Personen handelt, gelten die Leistungseinschränkungen des § 1a Abs. 1 AsylbLG entsprechend.

2.5. Anspruchseinschränkung bei Umsiedlung

§ 1a Abs. 4 Satz 1 AsylbLG gewährleistet, dass unter § 1 Nr. 1 oder Nr. 5 AsylbLG fallende Leistungsberechtigte, deren Umsiedlung in Abweichung von der Regelzuständigkeit nach der Dublin III-VO (VO (EU) 604/2013) in einen anderen Mitgliedstaat zugestimmt wurde (im Rahmen einer sog. Umsiedlung bzw. „relocation“) anstelle von Leistungen nach den §§ 2, 3 und 6 AsylbLG nur Leistungen nach § 1a Abs. 2 AsylbLG erhalten.

2.6. Anspruchseinschränkung bei internationalem Schutz oder Aufenthaltsrecht in einem anderen EU-Mitgliedstaat

§ 1a Abs. 4 Satz 2 AsylbLG gewährleistet, dass unter § 1 Nr. 1 oder Nr. 5 AsylbLG fallende Leistungsberechtigte, denen internationaler Schutz (vgl. Art. 2 Buchst. a und b RL 2011/95/EU) oder ein Aufenthaltsrecht in einem anderen EU-Mitgliedstaat oder in einem am Verteilmechanismus der Dublin III-VO teilnehmenden Drittstaat gewährt wird, anstelle von Leistungen nach den §§ 2, 3 und 6 AsylbLG nur Leistungen nach § 1a Abs. 2 AsylbLG erhalten.

Gesetzeszweck

§ 1a Abs. 4 AsylbLG regelte bislang nur die Leistungseinschränkung bei Zuständigkeit eines anderen EU-Mitgliedstaates oder an dem sogenannten Dublin-Verfahren teilnehmendem Drittstaates für die Durchführung des Asylverfahrens. Diese Regelung wird vervollständigt um die Fälle des bereits gewährten internationalen Schutzes oder Aufenthaltsrechts aus einem anderen Grund durch einen anderen EU-Mitgliedstaat oder am Dublin-Verfahren teilnehmenden Drittstaat.

2.7. Anspruchseinschränkung bei Verletzung von Mitwirkungspflichten oder Blockadeverhalten

§ 1a Abs. 5 AsylbLG enthält für bestimmte Fallkonstellationen eine Anspruchseinschränkung gemäß § 1a Abs. 2 Satz 2 bis 4 AsylbLG für die nach § 1 Abs. 1 Nr. 1 oder 7 AsylbLG genannten Leistungsberechtigten (Asylbewerber mit Aufenthaltsgestattung, Asylfolgeantragsteller sowie Zweitantragsteller).

Die Anspruchseinschränkung knüpft an die Verletzung von Mitwirkungspflichten oder an das Blockadeverhalten des Ausländers wie folgt an:

- Mitwirkungspflicht nach § 15 Abs. 2 Nr. 4 AsylG (Nichtvorlage des Passes),
- Mitwirkungspflicht nach § 15 Abs. 2 Nr. 5 AsylG (Nichtvorlage von Urkunden oder sonstigen Unterlagen, die der Klärung der Identität der oder des Leistungsberechtigten dienen),
- Nichtwahrnehmung des Termins zur förmlichen Antragstellung bei der zuständigen Außenstelle des BAMF oder dem BAMF,
- Weigerung Angaben über ihre Identität oder Staatsangehörigkeit zu machen. Insofern ist die Verwirklichung des Tatbestands des § 30 Abs. 3 Nr. 2 Alt. 2 AsylG zu prüfen.

Bei dem Unterlassen dieser Mitwirkungshandlungen liegen unter leistungsrechtlichen Gesichtspunkten besonders gravierende Pflichtverletzungen im Verfahren beim BAMF vor, die im Regelfall dazu führen, dass ein Leistungsberechtigter seinen Aufenthalt im Bundesgebiet rechtswidrig verlängert hat und dadurch auch länger im Leistungsbezug steht. Auch bei diesem Verhalten soll zukünftig das Leistungsniveau nach § 1a Absatz 2 Satz 2 bis 4 AsylbLG greifen. Die Leistungsbehörde bestimmt dabei jeweils für den Einzelfall, objektiv und unparteiisch und begründet, welche Leistungen zu gewähren sind, da die besonderen Umständen des Einzelfalls bei der Festlegung der Leistungseinschränkung und ihrer Höhe zu berücksichtigen sind. Die Entscheidungen werden auf Grund der besonderen Situation der betreffenden Personen, insbesondere im Hinblick auf die in Artikel 21 der Richtlinie 2013/33/EU des Europäischen Parlaments und des Rates vom 26. Juni 2013 zur Festlegung von Normen für die Aufnahme von Personen, die internationalen Schutz beantragen (Aufnahmerichtlinie) genannten Personen, unter Berücksichtigung des Verhältnismäßigkeitsprinzips getroffen. Die Leistungseinschränkung endet, sobald die Mitwirkungshandlung nachgeholt wird.

Eine Leistungseinschränkung ist ausgeschlossen, wenn der Leistungsberechtigte

- die Verletzung der Mitwirkungspflichten oder die Nichtwahrnehmung des Termins nicht zu vertreten haben oder
- ihm die Einhaltung der Mitwirkungspflichten oder die Wahrnehmung des Termins aus wichtigen Gründen nicht möglich war.

Dies ist insbesondere der Fall, wenn aus tatsächlichen Gründen (z. B. schwere Krankheit) eine Mitwirkung nicht möglich ist.

Um entsprechende Leistungseinschränkungen vornehmen zu können, benötigen die Träger des AsylbLG substantiierte Informationen und Belege über die Verletzung der Mitwirkungspflichten; diese werden ihnen vom BAMF nach § 8 Abs. 2a AsylG übermittelt, da es sich um im Asylverfahren zu prüfende Pflichtverletzungen handelt.

Insofern reicht etwa die Tatsache, dass im konkreten Fall auf einer Bescheinigung über die Aufenthaltsgestattung das Feld angekreuzt ist: „Die Angaben zur Person beruhen auf den eigenen Angaben des Inhabers. Ein Identifikationsnachweis durch Originaldokumente wurde nicht erbracht", nicht aus, um die Verletzung der Mitwirkungs- und Auskunftspflichten zu begründen.

2.8. Dauer der Anspruchseinschränkung

§ 14 Abs. 1 AsylbLG begrenzt die Dauer der Anspruchseinschränkungen zunächst auf einen Zeitraum von sechs Monaten. Nach Ablauf dieses Zeitraums bedarf es der Überprüfung, ob die Anspruchseinschränkung aufrechterhalten bleiben kann.

Nach Ablauf der sechs Monate ist nach § 14 Abs. 2 AsylbLG eine Prüfung des Leistungsträgers erforderlich, ob die bisherige Pflichtverletzung andauert und daher die Voraussetzungen für eine Anspruchseinschränkung weiterhin erfüllt sind.

Der Verhältnismäßigkeitsgrundsatz gebietet es, dass ein nicht mehr änderbares, zurückliegendes Fehlverhalten oder sogar ein bereits korrigiertes Fehlverhalten in einer Sanktion nicht unbegrenzt fortwirkt. Die Anspruchseinschränkung ist daher nach § 14 Abs. 2 AsylbLG nur bei einer Fortsetzung des pflichtwidrigen Verhaltens aufrechtzuerhalten.

3. Leistungen in besonderen Fällen

§ 2 Abs. 1 AsylbLG nimmt Leistungsberechtigte, die nach 15 Monaten Aufenthalt im Bundesgebiet Leistungen entsprechend dem SGB XII erhalten, von den Leistungen nach §§ 3 und 4 sowie 6 bis 7 AsylbLG aus.

So haben Analogleistungsberechtigte nach § 2 Abs. 1 AsylbLG keinen Anspruch auf Grundleistungen nach § 3 AsylbLG. Hingegen ist Analogleistungsberechtigten der Zugang zu den in § 5 AsylbLG geregelten Arbeitsgelegenheiten nicht (mehr) versperrt. Diese Personen unterliegen somit der Pflicht nach § 5 Abs. 4 AsylbLG zur Wahrnehmung dieser Tätigkeiten, deren Verletzung mit einer Leistungskürzung belegt werden kann. Durch die Änderung des § 2 Abs. 1 AsylbLG aufgrund von Art. 4 Nr. 2 IntG wird die Gruppe der Analogleistungsberechtigten in den Anwendungsbereich von § 5 AsylbLG einbezogen.

Gesetzeszweck

Leistungsberechtigten, die sich bereits länger als 15 Monate im Inland aufhalten, soll die Möglichkeit einer sinnvollen Beschäftigung außerhalb des allgemeinen Arbeitsmarktes eröffnet werden. Die Bereitstellung von Arbeitsgelegenheiten soll auch bei Analogleistungsberechtigten nicht in einem unverbindlichen Förderangebot erschöpfen. Vielmehr soll die in § 5 Abs. 4 AsylbLG geregelte Verpflichtung und die hieran anknüpfende Leistungseinschränkung auch auf diese Gruppe Anwendung finden, sofern die persönlichen Voraussetzungen (insbesondere Arbeitsfähigkeit) vorliegen. Denn es ist kein Grund ersichtlich, arbeitsfähige Leistungsberechtigte nach Ablauf der Wartefrist vom Grundsatz des „Forderns“ auszunehmen. Damit wird zugleich eine Besserstellung gegenüber erwerbsfähigen anerkannten Flüchtlingen vermieden, die in das Leistungssystem des SGB II wechseln und dort ebenfalls zur Wahrnehmung einer Arbeitsgelegenheit verpflichtet werden können (§§ 16d, 31 SGB II).

Auf Analogleistungsberechtigte findet auch die Regelung über die Flüchtlingsintegrationsmaßnahmen (§ 5a AsylbLG) und über die sonstigen Integrationsmaßnahmen (§ 5b AsylbLG) Anwendung. Diesen Regelungen liegt ebenfalls der Gedanke des „Förderns und Forderns“ zu Grunde. Sie regeln eine Verpflichtung zur Wahrnehmung von Beschäftigungsmöglichkeiten (§ 5a AsylbLG) bzw. zur Teilnahme an Integrationskursen (§ 5b AsylbLG), deren pflichtwidrige Ablehnung bei bestimmten Leistungsberechtigten mit einer Leistungskürzung belegt werden kann (§§ 5a Abs. 3, 5b Abs. 2 AsylbLG). Die Forderung, angebotene Unterstützungsleistungen wahrzunehmen und sich aktiv um die eigene Integration zu bemühen, trifft die Bezieher von Grund- und Analogleistungen gleichermaßen, weshalb auch diese Regelungen die Leistungsberechtigten nach § 2 Abs. 1 AsylbLG umfasst.

4. Leistungen bei Unterbringung

4.1. in einer Aufnahmeeinrichtung

Bei einer Unterbringung in einer Aufnahmeeinrichtung i. S. v. § 47 Abs. 1 AsylG erhalten Leistungsberechtigte nach § 1 AsylbLG Leistungen zur Deckung des notwenigen Lebensbedarfs (§ 3 Abs. 1 Satz 1 AsylbLG).

Zu diesen Leistungen des notwenigen Lebensbedarfs gehört der Bedarf an:

- Ernährung,
- Unterkunft,
- Heizung,
- Kleidung (auch in Form von Wertgutscheinen oder anderen vergleichbaren unbaren Abrechnungen),
- Gesundheitspflege und
- Gebrauchs- und Verbrauchsgütern des Haushalts Die Gebrauchsgüter können auch leihweise zur Verfügung gestellt werden.

Zusätzliche werden Leistungen zur Deckung persönlicher Bedürfnisse des täglichen Lebens gewährt (notwendige persönliche Bedarfe). Dieser Bedarf soll – soweit mit vertretbarem Verwaltungsaufwand möglich – durch Sachleistungen gedeckt werden. Soweit dies auf diese Weise nicht möglich ist, können auch Leistungen in Form von Wertgutscheinen, von anderen vergleichbaren unbaren Abrechnungen oder von Geldleistungen gewährt werden.

Werden die notwendigen persönlichen Bedarfe des täglichen Lebens durch Geldleistungen gedeckt, werden die in § 3 Abs. 1 Satz 8 Nr. 1 bis 6 AsylbLG genannten und der Höhe nach abgestuften Geldbeträgen für bestimmte Leistungsberechtigte monatlich gewährt. Für Leistungsberechtigte in Abschiebungs- oder Untersuchungshaft wird der zur Deckung des notwenigen persönlichen Bedarfs erforderliche Geldbetrag individuell festgelegt, wenn der Bedarf ohnehin (etwa durch die Hafteinrichtung) anderweitig gedeckt ist. Die Geldleistungen dürfen längstens einen Monat im Voraus erbracht werden. Hält sich der Ausländer weniger als einen Monat (30 Tage) im Bundesgebiet auf, wird die gesamte Leistung nur anteilig erbracht (§ 3 Abs. 6 AsylbLG).

Die Zusammensetzung der notwendigen persönlichen Bedarfe und deren Höhe bestimmen sich auf Grundlage der regelbedarfsrelevanten Verbrauchsausgaben für die Abteilungen 7 bis 12 der Sonderauswertungen der Einkommens- und Verbrauchsstichprobe (EVS) 2008. Die Bemessung setzt dabei methodisch auf der Novellierung der Leistungssätze für den Bargeldbedarf, die der Gesetzgeber mit Gesetz vom 10.12.2012 (Gesetz zur Änderung des Asylbewerberleistungsgesetzes und des Sozialgerichtsgesetzes, BGBl. I S. 2187) mit Wirkung zum 01.03.2015 vorgenommen hat. Dort festgestellte Unterschiede bei den persönlichen Bedarfen zwischen den Beziehern von Leistungen nach dem SGB XII und dem AsylbLG werden auch weiterhin berücksichtigt; konkret betrifft dies die in Abteilung 12 der EVS 2008 (andere Waren und Dienstleistungen) vorgenommene Nichtberücksichtigung eines geringfügigen Betrags für die Beschaffung eines Personalausweises. Zu den Erwägungen, die dieser Herausnahme zu Grunde liegen, wird auf die Gesetzesbegründung vom 10.12.2014 verwiesen (BT-Drucks. 18/2592, S. 22).

4.2. außerhalb einer Aufnahmeeinrichtung

Bei einer (Anschluss-) Unterbringung außerhalb einer Aufnahmeeinrichtung sind vorrangig Geldleistungen zur Deckung des notwenigen Bedarfs nach § 3 Abs. 1 AsylbLG an Leistungsberechtigte nach § 1 AsylbLG zu gewähren (§ 3 Abs. 2 Satz 1 AsylbLG). Bei einer Unterbringung in einer Gemeinschaftsunterkunft i. S. v. § 53 AsylG kann der notwendige persönliche Bedarf – soweit wie möglich – auch durch Sachleistungen gedeckt werden (§ 3 Abs. 2 Satz 6 AsylbLG).

Wird der notwendige persönliche Bedarf des täglichen Lebens durch Geldleistungen gedeckt, werden die in § 3 Abs. 2 Satz 2 Nr. 1 bis 6 AsylbLG genannten und der Höhe nach abgestuften Geldbeträge für bestimmte Leistungsberechtigte gewährt. Die Geldleistungen dürfen längstens einen Monat im Voraus erbracht werden. Hält sich der Ausländer weniger als einen Monat (30 Tage) im Bundesgebiet auf, wird die gesamte Leistung nur anteilig erbracht (§ 3 Abs. 6 AsylbLG).Zur Deckung des notwendigen persönlichen Bedarfs können anstelle der Geldleistungen auch Leistungen in Form von unbaren Abrechnungen, von Wertgutscheinen oder von Sachleistungen gewährt werden (§ 3 Abs. 2 Satz 3 AsylbLG).

Der Bedarf für Unterkunft, Heizung und Hausrat wird gesondert als Geld- oder Sachleistung erbracht (§ 3 Abs. 2 Satz 4 AsylbLG).

Die in § 3 Abs. 1 Satz 4, 5, 8 und 9 AsylbLG genannten Leistungen für den notwendigen persönlichen Bedarf sind jedoch nur als Geldleistungen zu erbringen (§ 3 Abs. 2 Satz 5 AsylbLG).

5. Arbeitsgelegenheiten

In § 5 Abs. 1 AsylbLG werden für die Leistungsberechtigten Arbeitsgelegenheiten in Bezug auf die Heranziehung zu Arbeiten in Aufnahmeeinrichtungen i. S. d. § 44 AsylG und sonstigen Gemeinschaftsunterkünften, die der Aufrechterhaltung und dem Betrieb dieser Einrichtungen dienen (§ 5 Abs. 1 Satz 1 AsylbLG), als auch die Beteiligung an zusätzlichen, insbesondere gemeinnützigen, Arbeiten außerhalb solcher Einrichtungen (§ 5 Abs. 1 Satz 2 AsylbLG) geschaffen. Neben der Strukturierung des Tagesablaufs eröffnen diese Tätigkeiten zugleich Möglichkeiten der gesellschaftlicher Teilhabe, des Spracherwerbs und einer ersten Heranführung an den Arbeitsmarkt. Dies erscheint speziell bei Leistungsberechtigten sinnvoll, die sich bereits länger im Inland aufhalten und deren Bleibeperspektive deshalb nicht mehr nur vorübergehend ist.

§ 5 Abs. 2 AsylbLG legt den Betrag der – pauschal zu gewährenden – Aufwandsentschädigung auf 80 Cent je Stunde fest. Diese Leistung dient der Abgeltung der zusätzlichen Aufwendungen, die durch den erhöhten arbeitsbedingten Bedarf entstehen (BT-Drs. 12/4451, S. 9).

§ 5 Abs. 3 Halbsatz 2 AsylbLG legt fest, dass die Arbeitsgelegenheit zumutbar auszugestalten ist.

Der **Begriff der Zumutbarkeit** wird im AsylbLG nicht näher definiert. Bereits nach geltender Rechtslage war – unter Rückgriff auf den bis zum 31.12.2004 geltenden § 18 Abs. 3 BSHG – anerkannt, dass eine Arbeitsgelegenheit nicht zugemutet werden kann, wenn die oder der Leistungsberechtigte hierzu körperlich, geistig oder seelisch nicht in der Lage ist, ihre Wahrnehmung die geordnete Erziehung eines Kindes gefährden würde oder mit der Pflege eines Angehörigen nicht vereinbar wäre, oder ein sonstiger wichtiger Grund entgegensteht.

Diese Zumutbarkeitsgrenzen gelten auch weiterhin; durch den in Satz 2 aufgenommenen Verweis auf § 11 Abs. 4 SGB XII werden die Anforderungen an die Zumutbarkeit einer angebotenen Arbeitsgelegenheit nunmehr näher konkretisiert.

Ein **wichtiger Grund**, der einer Arbeitsgelegenheit entgegensteht, kann insbesondere dann vorliegen, wenn die oder der Leistungsberechtigte eine Beschäftigung auf dem allgemeinen Arbeitsmarkt, eine Berufsausbildung oder ein Studium aufnimmt. Die Formulierung „insbesondere" macht deutlich, dass die Aufzählung in Satz 2 nicht abschließend ist.

Ein wichtiger Grund, der der Heranziehung zu einer Arbeitsgelegenheit entgegensteht, kann auch dann vorliegen, wenn die oder der Leistungsberechtigte ansonsten trotz Berechtigung nicht an einem Integrationskurs oder an berufsbezogener Deutschsprachförderung teilnehmen oder eine Maßnahme der aktiven Arbeitsförderung nach dem SGB III nicht antreten könnte oder diese gar abbrechen müsste.

Entsprechendes gilt für Maßnahmen, die die Leistungsberechtigten auf die Aufnahme einer beruflichen Ausbildung oder eines Studiums (z. B. Studienkollegs, studienvorbereitende Sprachkurse an Hochschulen) vorbereiten sollen. Umfasst sind darüber hinaus auch Bildungsmaßnahmen, die Inhaberinnen und Inhabern ausländischer Berufsqualifikationen den Berufszugang oder die Feststellung der Gleichwertigkeit dieser Qualifikationen ermöglichen (z. B. Anpassungslehrgänge, berufsbezogene Weiterbildungsangebote, Vorbereitungskurse auf Kenntnis- oder Eignungsprüfungen und berufsbezogene Sprachkurse).

§ 5 Abs. 4 Satz 2 AsylbLG konkretisiert die Rechtsfolge einer ungerechtfertigten Ablehnung nach § 5 Abs. 4 Satz 1 AsylbLG. Leistungsberechtigte, die eine ihnen **angebotene Arbeitsgelegenheit pflichtwidrig nicht annehmen**, erhalten als Leistungen anstelle der Leistungen nach den §§ 2, 3 und 6 AsylbLG grundsätzlich nur noch Ernährung sowie Unterkunft einschließlich Heizung sowie Körper- und Gesundheitspflege sowie Gesundheitsleistungen nach § 4 AsylbLG. Ausnahmen von diesen Einschränkungen sind nur in begründeten Einzelfällen möglich. Die Leistungen sollen als Sachleistungen erbracht werden. § 14 AsylbLG findet Anwendung. Arbeitsgelegenheiten auf der Grundlage des Arbeitsmarktprogramms Flüchtlingsintegrationsmaßnahmen – Maßnahmen zur Integration Die Regelung über

- die Zuweisung von Arbeitsgelegenheiten nach § 5a AsylbLG und
- über die Aufforderung zur Teilnahme an einem Integrationskurs (vgl. § 44a Abs. 1 Nr. 4 AufenthG) nach § 5b AsylbLG

erstreckt sich auf die Gruppe der Leistungsberechtigten nach § 2 Abs. 1 AsylbLG. Die Zuweisung ins Arbeitsmarktprogramm sowie einzelne Vorgaben betreffend Aufenthaltsgesetz und Integrationskursverordnung treten zum 01.01.2017 in Kraft (Art. 8 Abs. 2 und 3 IntG).

5.1. Zuweisung von Arbeitsgelegenheiten – Flüchtlingsintegrationsmaßnahmen

Im AsylbLG wird eine Verpflichtung mit leistungsrechtlichen Konsequenzen zur Wahrnehmung von Flüchtlingsintegrationsmaßnahmen geregelt. Dies gilt nicht für Asylbewerber aus sicheren Herkunftsstaaten nach § 29a AsylG sowie Leistungsberechtigte, die geduldet bzw. vollziehbar ausreisepflichtig sind; diese Leistungsberechtigten haben keinen Zugang zu Flüchtlingsintegrationsmaßnahmen.

Mit der gesetzlichen Änderung in § 5a AsylbLG erweitert der Gesetzgeber die gesetzlichen Aufgaben der Leistungsträger. § 5a AsylbLG regelt die Zuweisung von Arbeitsgelegenheiten und die hieran anknüpfenden Entscheidungen über Leistungseinschränkungen, falls der Heranziehung pflichtwidrig nicht Folge geleistet wird. Ziele sind eine niedrigschwellige Heranführung an den deutschen Arbeitsmarkt sowie eine sinnvolle und gemeinnützige Betätigung während des Asylverfahrens.

Neben der mit einer Tätigkeit verbundenen gesellschaftlichen Teilhabe können erste Schritte in Richtung des deutschen Arbeitsmarktes gemacht werden. Gleichzeitig gibt es in den Kommunen vielfältige Aufgaben, bei denen sich die Flüchtlinge einbringen und etwas zum Gemeinwohl beitragen könnten.

5.2. Personeller Anwendungsbereich

Die **zusätzlichen Arbeitsgelegenheiten** aus Bundesmitteln (Flüchtlingsintegrationsmaßnahmen) werden geschaffen für

- Leistungsberechtigte nach dem Asylbewerberleistungsgesetz (AsylbLG) – mit Ausnahme von Asylbewerbern aus sicheren Herkunftsstaaten (§ 29a AsylG) sowie
- von vollziehbar ausreisepflichtigen Personen (§ 58 Abs. 2 AufenthG, zum Begriff; z. B. Inhaber einer Duldung)

Die weitere Ausgestaltung der Flüchtlingsintegrationsmaßnahmen wird in einem **Arbeitsmarktprogramm des Bundes** geregelt. Die **Förderung** orientiert sich dabei eng an den geltenden Voraussetzungen des § 5 AsylbLG. Bei diesen Maßnahmen handelt es sich um **keine Beschäftigungs- oder Arbeitsverhältnisse** (§ 421a SGB III).

5.3. Flüchtlingsintegrationsmaßnahmen (FIM)

Nach § 5a Abs. 1 Satz 1 AsylbLG können Arbeitsfähige, nicht erwerbstätige Leistungsberechtigte, die das 18. Lebensjahr vollendet haben und nicht der Vollzeitschulpflicht unterliegen, von den nach dem AsylbLG zuständigen Behörden zu ihrer Aktivierung in Arbeitsgelegenheiten zugewiesen werden, die im Rahmen des von der Bundesagentur für Arbeit (Bundesagentur) durchgeführten Arbeitsmarktprogramms „Flüchtlingsintegrationsmaßnahmen" gegen Mehraufwandsentschädigung bereitgestellt werden (Flüchtlingsintegrationsmaßnahme).

Nach § 7 Abs. 2 Nr. 6 AsylbLG stellt die für eine Flüchtlingsintegrationsmaßnahme geleistete **Mehraufwandsentschädigung** kein berücksichtigungsfähiges Einkommen der Teilnehmer dar. Bei dieser Mehraufwandsentschädigung handelt es sich nicht um eine Leistung nach dem Asylbewerberleistungsgesetz.

Für Bezieher von Analogleistungen folgt die Freilassung der im Rahmen einer Flüchtlingsintegrationsmaßnahme bezogenen Aufwandsentschädigung bereits aus § 83 Abs. 1 SGB XII, der über § 2 Abs. 1 AsylbLG entsprechend Anwendung findet.

5.4. Bereitstellung und Ausgestaltung des Arbeitsmarktprogramms

Asylbewerber sollen schon während des Asylverfahrens einer sinnvollen Betätigung nachgehen. Der Bund legt ein Programm „Flüchtlingsintegrationsmaßnahmen" (FIM) für 100.000 Asylbewerber auf. Das Arbeitsmarktprogramm umfasst zusätzliche, gemeinnützige Arbeitsgelegenheiten.

Die Flüchtlingsintegrationsmaßnahmen werden nach § 5a AsylbLG im Rahmen eines gemäß Art. 8 Abs. 4 IntG befristeten Arbeitsmarktprogramms der Bundesagentur für Arbeit bereitgestellt (voraussichtlich bis Ende 2020). Von 2017 bis 2020 stellt der Bund dafür jährlich 300 Millionen Euro bereit.

Die Flüchtlinge können dabei frühestmöglich die Sprache und gesellschaftliche Grundregeln lernen. Niederschwellige Angebote können helfen, sie an den Arbeitsmarkt heranzuführen.

Asylbewerber können in den Unterkünften mitarbeiten: bei der Essensausgabe, in der Kleiderkammer oder bei der Reinigung. Zum überwiegenden Teil sollen Flüchtlinge außerhalb der Unterkünfte arbeiten – zum Beispiel dabei helfen, Grünanlagen zu pflegen. Sie erhalten eine Aufwandsentschädigung von 80 Cent pro Stunde. Die FIM können bis zu sechs Monate dauern und bis zu 30 Stunden die Woche umfassen.

Das Programm gilt nicht für

- Asylbewerber aus sicheren Herkunftsstaaten sowie
- für vollziehbar Ausreisepflichtige.

Die **Ausgestaltung der Flüchtlingsintegrationsmaßnahmen** wird in einem **Arbeitsmarktprogramm des Bundes** geregelt. Durch dieses Programm werden zusätzliche Arbeitsgelegenheiten für Leistungsberechtigte nach dem Asylbewerberleistungsgesetz aus Bundesmitteln geschaffen. Die Förderung orientiert sich eng an den geltenden Voraussetzungen des § 5 AsylbLG. **Asylbewerberleistungen** können **gekürzt** werden, wenn Asylbewerber Arbeitsgelegenheiten oder Integrationskurse ohne wichtigen Grund ablehnen oder abbrechen.

Die Arbeiten in den zugewiesenen Beschäftigungsmöglichkeiten begründen **kein Arbeits- oder Beschäftigungsverhältnis** (§ 421a SGB III). Zum Schutz der Flüchtlinge finden die Vorschriften über den **Arbeitsschutz** wie das Mutterschutzgesetz, das Arbeitsschutzgesetz, das Arbeitssicherheitsgesetz und das Arbeitszeitgesetz sowie das Bundesurlaubsgesetz mit Ausnahme der Regelungen über das Urlaubsentgelt sowie die Grundsätze der Arbeitnehmerhaftung Anwendung.

5.5. Zuständigkeit der Bundesagentur für Arbeit

Die Durchführung für das eigentliche Arbeitsmarktprogramm Flüchtlingsintegrationsmaßnahmen (vgl. § 421a SGB III) und damit die Verantwortung für die Schaffung der Arbeitsgelegenheiten wird Sache der Bundesagentur für Arbeit. Die Bundesregierung wird der Bundesagentur für Arbeit mit Verwaltungsvereinbarung nach § 368 Abs. 3 Satz 2 SGB III die Durchführung des gemäß Art. 8 Abs. 4 IntG befristeten Arbeitsmarktprogramms „Flüchtlingsintegrationsmaßnahmen“ übertragen. Damit werden die ansonsten nach dem Asylbewerberleistungsgesetz zuständigen Träger mit dieser zentralen Aufgabenstellung nicht belastet.

Die Bundesagentur genehmigt auf entsprechenden Antrag von staatlichen, kommunalen oder gemeinnützigen Trägern die Einsatzorte und die konkreten Beschäftigungsmöglichkeiten für Flüchtlingsintegrationsmaßnahmen. Ihr obliegt auch die Erstattung **der Maßnahmekosten** an die Träger einschließlich der Kosten für die von ihnen an die Leistungsberechtigten ausgezahlte Mehraufwandsentschädigung.

Die Erbringung und Durchführung der Flüchtlingsintegrationsmaßnahmen liegt hingegen in der Verantwortung der Träger dieser Maßnahmen (**Maßnahmeträger**).

5.6. Kooperations- und Überwachungspflichten – Datenaustausch

Mit den Entscheidungen nach § 5a AsylbLG sind Kooperations- und Überwachungspflichten sowie der erforderliche Datenaustausch mit den für die Bereitstellung oder Durchführung der Maßnahmen zuständigen Stellen verbunden.

6. Verpflichtung zur Teilnahme an Integrationskursen

§ 5b AsylbLG regelt die **Verpflichtung zur Teilnahme an Integrationskursen** und die hieran anknüpfenden Entscheidungen über Leistungseinschränkungen, falls der Heranziehung pflichtwidrig nicht Folge geleistet wird (vgl. § 44a Abs. 1 Nr. 4 AufenthG). Für bestimmte Leistungsberechtigte besteht zugleich eine Verpflichtung mit **leistungsrechtlichen Konsequenzen**, an Integrationskursen nach § 43 AufenthG teilzunehmen, wenn die zuständige Leistungsbehörde sie hierzu auffordert. Mit diesen Entscheidungen sind auch Kooperations- und Überwachungspflichten verbundenen.

Die Möglichkeit, Asylberechtigte, anerkannte Flüchtlinge oder subsidiär Schutzberechtigte zur Teilnahme am Integrationskurs zu verpflichten, wird erweitert (§ 44a Abs. 1 AufenthG). Für **Asylbewerber mit guter Bleibeperspektive** (vgl. z. B. § 44 Abs. 4 Satz 2 Nr. 1 AufenthG, zu positiven Tatbestandsmerkmalen) wird sie neu geschaffen. Die Flüchtlinge sollen so früh wie möglich Deutsch lernen.

Das Integrationsgesetz setzt hierfür **Anreize**. So **erlischt künftig der Teilnahmeanspruch** an einem Integrationskurs nach einem statt nach bisher zwei Jahren (§ 44 Abs. 2 AufenthG). Zusätzlich werden in der Integrationskursverordnung die Voraussetzungen für **höhere Kurskapazitäten**, mehr Transparenz und eine effizientere Steuerung des Integrationskurssystems geschaffen. Der **Orientierungskurs** wird von bisher 60 **auf 100 Unterrichtseinheiten** aufgestockt und inhaltlich stärker auf die Wertevermittlung ausgerichtet.

§ 7 Abs. 2 Nr. 7 AsylbLG stellt klar, dass der Fahrtkostenzuschuss, der Leistungsberechtigten nach § 4a Abs. 1 der IntV für die Teilnahme an einem Integrationskurs oder nach § 10 Abs. 1 der Verordnung über die berufsbezogene Deutschsprachförderung für die Teilnahme an der berufsbezogenen Deutschsprachförderung gewährt wird, kein berücksichtigungsfähiges Einkommen darstellt und somit nicht auf die Grundleistungen nach den §§ 3 ff. AsylbLG angerechnet wird.

Für Bezieher von Analogleistungen folgt die Freilassung des im Rahmen eines Integrationskurses nach § 43 AufenthG oder einer berufsbezogenen Deutschsprachförderung bezogenen Fahrtkostenzuschusses bereits aus § 83 Abs. 1 SGB XII, der über § 2 Abs. 1 AsylbLG entsprechend Anwendung findet.

Die pflichtwidrige Ablehnung bzw. der Abbruch dieser Maßnahmen hat eine Absenkung auf das Leistungsniveau nach § 1a Abs. 2 AsylbLG zur Folge. Die betreffenden Regelungen finden auf die Bezieherinnen und Bezieher von Grundleistungen und die Leistungsberechtigten nach § 2 Absatz 1 AsylbLG (Analogleistungsberechtigte) gleichermaßen Anwendung.

7. Zuständigkeit nach AsylbLG

Gemäß § 10a Abs. 1 Satz 1 Halbsatz 1 AsylbLG ist für die Leistungen die nach § 10 AsylbLG bestimmte Behörde, in deren Bereich der Leistungsberechtigte verteilt oder zugewiesen wurde oder für deren Bereich für ihn eine Wohnsitzauflage besteht, örtlich zuständig.

Diese Regelung berücksichtigt die Regelungsänderungen durch das Gesetz zur Verbesserung der Rechtsstellung von asylsuchenden und geduldeten Ausländern (Art. 2 des Gesetzes vom 23.12.2014, BGBl. I S. 2439) im AsylG und AufenthG, die zum 01.01.2015 in Kraft getreten sind.

Danach wird der gewöhnliche Aufenthaltsort eines Ausländers im AsylG und im AufenthG zukünftig durch das Instrument der Verteilungs- und Zuweisungsentscheidung sowie durch das Instrument der Wohnsitzauflage im AsylG (§ 60 Abs. 1) und AufenthG (§ 15a, § 61 Abs. 1d) festgelegt, um eine gerechte Verteilung der Sozialkosten innerhalb des Bundesgebiets zu gewährleisten. Entsprechend muss auch die Regelung der örtlichen Zuständigkeit für die Leistungen nach dem AsylbLG an diese asyl- und ausländerrechtlichen Regelungen anknüpfen.

Im AsylG bestimmt eine vom Bundesministerium des Innern bestimmte zentrale Verteilungsstelle die für Asylbewerber zuständige Erstaufnahmeeinrichtung (§ 46 AsylG). Wenn ein Asylbewerber nicht mehr verpflichtet ist, in einer Erstaufnahmeeinrichtung eines Bundeslandes zu wohnen, wird er einer Ausländerbehörde dieses Bundeslands zugewiesen, in der er Wohnsitz zu nehmen hat (§ 50 Abs. 4 AsylG). Wird einem Asylbewerber eine Wohnsitzauflage erteilt, wird diese in der Regel mit der Zuweisungsentscheidung verbunden und steht daher mit dieser im Einklang (§ 50 Abs. 4 AsylG).

Für Ausländer, die nicht dem AsylG unterfallen, bestimmt sich die örtliche Zuständigkeit entweder nach einer Verteilungsentscheidung (§ 15a AufenthG) oder, wenn der Lebensunterhalt nicht gesichert ist, nach der Wohnsitzauflage (§ 61 Abs. 1d AufenthG). Gemäß § 61 Abs. 1d AufenthG ist Ort der Wohnsitzauflage, soweit die Ausländerbehörde nichts anderes angeordnet hat, der Wohnort, an dem der Ausländer zum Zeitpunkt der Entscheidung über die vorübergehende Aussetzung der Abschiebung gewohnt hat.

§ 10a Abs. 1 Satz 2 AsylbLG ist eine Folgeregelung zu der in § 45 Ab. 2 AsylG geschaffenen Möglichkeit, Asylbegehrende auf der Basis von Vereinbarungen abweichend von der in § 45 Ab. 1 AsylG geregelten Aufnahmequote außerhalb der jeweiligen Landesgrenzen unterzubringen. Bei Vorliegen einer solchen Vereinbarung richtet sich die örtliche Zuständigkeit nach dem Sitz der nach § 46 Abs. 2a AsylG zuständigen Aufnahmeeinrichtung. Da deren Zuständigkeit erst mit der tatsächlichen Aufnahme des betroffenen Ausländers entsteht, gilt dies auch für die örtliche Zuständigkeit der Behörde nach § 10 AsylbLG, in deren Bereich die Aufnahmeeinrichtung liegt. Bis zur Aufnahme des Ausländers in die in der Vereinbarung bestimmte Aufnahmeeinrichtung bestimmt sich die örtliche Zuständigkeit weiterhin nach der Verteilentscheidung der vom Bundesministerium des Innern bestimmten zentralen Verteilstelle (§ 10a Abs. 1 Satz 1 Halbsatz 1 AsylbLG).

§ 10a Abs. 3 Satz 4 AsylbLG trägt der Neubestimmung des gewöhnlichen Aufenthaltsorts im Asylgesetz (§ 60 AsylG) und Aufenthaltsgesetz (§ 61 Absatz 1d AufenthG) Rechnung. § 10a Abs. 3 Satz 5 AsylbLG stellt klar, dass der Sitz der nach § 46 Abs. 2a AsylG zuständigen Aufnahmeeinrichtung auch für die Bestimmung des gewöhnlichen Aufenthalts des betroffenen Ausländers maßgeblich sein soll.

Aufenthalt außerhalb der räumlichen Aufenthaltsbeschränkung

Aufgrund von § 11 Abs. 2 AsylbLG wird sichergestellt, dass die nach der Verteilung und Zuweisung der Asylbewerber ausgerichtete räumliche Aufenthaltsbeschränkung auch im Leistungsrecht eingehalten und nicht durch den Ausländer eigenmächtig unterlaufen wird. Verstößt der Ausländer gegen eine räumliche Aufenthaltsbeschränkung nach Asyl- oder Ausländerrecht, erhält er am tatsächlichen Aufenthaltsort nicht die üblichen Leistungen, sondern nur eine Reisebeihilfe in der Form von Sach- oder Geldleistungen zur Deckung des unabweisbaren Bedarfs für die Reise in den für ihn bestimmten Aufenthaltsort.

Wegen der grundsätzlichen Möglichkeit, innerhalb eines Tages von jedem Ort im Bundesgebiet zu jedem anderen zu gelangen, reicht im Regelfall die Versorgung mit einer Reisebeihilfe, bestehend aus einer Fahrkarte und einem Reiseproviant als Unterstützungsleistungen zur Sicherung des Existenzminimums durch die für den Betreffenden grundsätzlich unzuständige Leistungsbehörde am tatsächlichen Aufenthaltsort aus. Etwas anderes gilt nur dann, wenn der Leistungsberechtigte ausnahmsweise, insbesondere aus Gesundheitsgründen, die Rückreise an den ihm zugewiesenen Aufenthaltsort nicht sofort antreten kann.

8. Leistungsgewährung bis zur Ausstellung eines Ankunftsnachweises nach § 63a AsylG

8.1. Allgemeines

Asylsuchende sind nach dem Asylgesetz (AsylG) verpflichtet, sich registrieren zu lassen und sich zu der ihnen im Rahmen der Verteilentscheidung (§ 46 AsylG) zugewiesenen Aufnahmeeinrichtung zu begeben. Das gilt entsprechend für Folgeantragsteller (§ 71 AsylG) und Zweitantragsteller (§ 71a AsylG), soweit sie nach § 71 Abs. 2 Satz 2 AsylG bzw. nach § 71a Abs. 2 Satz 1 AsylG, jeweils in Verbindung mit §§ 47 bis 50 AsylG, verpflichtet sind, in einer Aufnahmeeinrichtung zu wohnen, und für vollziehbar Ausreisepflichtige, die über einen sicheren Drittstaat (§ 26a AsylG) eingereist und zum Zwecke der Durchführung eines Asylverfahrens erkennungsdienstlich zu behandeln sind.

Um eine frühzeitige Registrierung und ein frühzeitiges Aufsuchen der zuständigen Aufnahmeeinrichtung sicherzustellen, macht § 11 Abs. 2a AsylbLG den Beginn der Gewährung der vollen Leistungen nach dem Asylbewerberleistungsgesetz von der

- vorherigen Registrierung,
- der Aufnahme in der zuständigen Aufnahmeeinrichtung und
- generell auch von der Ausstellung des Ankunftsnachweises abhängig. Dieser wird nach § 63a AsylG nur am Ort der für den Asylsuchenden nach seiner Verteilung zuständigen Aufnahmeeinrichtung ausgehändigt.

Die Übergangsphase zwischen Äußerung des Asylgesuchs i. S. v. § 13 AsylG bis zur Ausstellung des Ankunftsnachweises nach § 63a Abs. 1 AsylG wird regelmäßig sehr kurz sein; primäres Ziel der zuständigen Behörden ist die zügige Registrierung und Verteilung der Asylsuchenden auf die für sie zuständigen Aufnahmeeinrichtungen. Für einen dabei nach den Umständen möglicherweise entstehenden Übergangszeitraum ist die Gewährung lediglich eines Überbrückungsbedarfs gerechtfertigt. Für die zügige Registrierung und Verteilung der Asylsuchenden ist deren fortwährende Mitwirkungsbereitschaft, zu der die Gewährung des Überbrückungsbedarfs beiträgt, unabdingbar.

8.2. Leistungskürzung bei Überbrückungsbedarf

Nach § 11 Abs. 2a AsylbLG erhalten Leistungsberechtigte nach § 1 Abs. 1 Nr. 1 AsylbLG bis zur Ausstellung eines Ankunftsnachweises nach § 63a Abs. 1 AsylG anstelle der Leistungen nach den §§ 3 und 6 AsylbLG Leistungen entsprechend § 1a Abs. 2 Satz 2 bis 4 AsylbLG.

D ie Regelung berücksichtigt den Gedanken der BVerfG-Rechtsprechung vom 18.07.2012 betreffend die Annahme einer reduzierten Bedarfslage bei prognostisch nur kurzfristigem Aufenthalt. In diesem Übergangszeitraum werden Leistungen zur Deckung des Bedarfs an Nahrung, Unterkunft einschließlich Heizung, Körper- und Gesundheitspflege sowie eine ggf. erforderliche ärztliche Akutversorgung gewährt. Art und Umfang der Leistungen entsprechen damit dem in § 1a Abs. 2 Satz 2 bis 4 und in § 4 AsylbLG bestimmten Maß.

8.3. Erhöhter Leistungsanspruch

Auch wenn dem Leistungsberechtigten ein Ankunftsnachweis nach § 63a Abs. 1 Satz 1 AsylG noch nicht ausgestellt wurde, treten an die Stelle der verkürzten Leistungen nach § 11 Abs. 2a Satz 1 AsylbLG die Leistungen nach den §§ 3 bis 6 AsylbLG, sofern

1. die in § 63a des AsylG vorausgesetzte erkennungsdienstliche Behandlung erfolgt ist,
2. der Leistungsberechtigte von der Aufnahmeeinrichtung, auf die er verteilt worden ist, aufgenommen worden ist, und
3. der Leistungsberechtigte die fehlende Ausstellung des Ankunftsnachweises nicht zu vertreten hat.

Verzögert sich die Ausstellung des Ankunftsnachweises, weil in der für die Ausstellung des Ankunftsnachweises jeweils zuständigen Stelle die technischen Voraussetzungen für die Ausstellung von Ankunftsnachweisen noch nicht geschaffen worden sind, besteht nach der Registrierung, Verteilung und tatsächlichen Aufnahme in der zugewiesenen Aufnahmeeinrichtung unabhängig von der Aushändigung des Ankunftsnachweises Anspruch auf die vollen Leistungen nach dem AsylbLG. Bis in allen für die Ausstellung von Ankunftsnachweisen zuständigen Einrichtungen die technischen Voraussetzungen für die Ausstellung des Nachweises gegeben sind, sollen dadurch Nachteile vermieden werden.

Gleiches gilt bei zeitweiligen Verzögerungen wegen starken Andrangs oder aus anderen insbesondere organisatorischen Gründen z. B. bei Registrierung, Verteilung oder Ausstellung des Ankunftsnachweises, die vom Asylsuchenden nicht zu vertreten sind.

Der Leistungsberechtigte hat die fehlende Ausstellung des Ankunftsnachweises insbesondere dann nicht zu vertreten, wenn in der für die Ausstellung seines Ankunftsnachweises zuständigen Stelle die technischen Voraussetzungen für die Ausstellung von Ankunftsnachweisen noch nicht vorliegen.

Hingegen hat der Leistungsberechtigte die fehlende Ausstellung des Ankunftsnachweises zu vertreten, wenn er seine Mitwirkungspflichten nach § 15 Abs. 2 Nr. 1, 3, 4, 5 oder 7 AsylG verletzt hat. Denn die Verletzung von Mitwirkungspflichten kann auch zur fiktiven Antragsrücknahme und zum Erlöschen der Aufenthaltsgestattung (§ 55 Abs. 1 AsylG) führen (§ 33, § 67 Abs. 2 Nr. 1 AsylG).

8.4. Erweiterter Personenkreis

§ 11 Abs. 2a Satz 1 bis 4 AsylbLG findet auch Anwendung auf

1. Leistungsberechtigte nach § 1 Abs. 1 Nr. 5 AsylbLG, die aus einem sicheren Drittstaat (Art. 16a Abs. 2 GG; § 26a AsylG) unerlaubt eingereist (§ 14 Abs. 1 AufenthG, zum Begriff) sind und als Asylsuchende i. S. v. § 13 AsylG nach den Vorschriften des Asylgesetzes oder des Aufenthaltsgesetzes erkennungsdienstlich zu behandeln sind, und
2. Leistungsberechtigte nach § 1 Abs. 1 Nr. 7 AsylbLG, die einer Wohnverpflichtung nach § 71 Abs. 2 Satz 2 oder § 71a Abs. 2 Satz AsylG i. V. m. den §§ 47 bis 50 des AsylG unterliegen.

9. Widerspruch und Klage gegen Verwaltungsakte

§ 11 Abs. 4 AsylbLG bestimmt, dass Widerspruch und Anfechtungsklage gegen einen (belastenden) Verwaltungsakt, mit dem

1. eine Leistung nach dem Gesetz Asylbewerberleistungsgesetz ganz oder teilweise entzogen oder die Leistungsbewilligung aufgehoben wird oder
2. eine Einschränkung des Leistungsanspruchs nach § 1a oder § 11 Abs. 2a AsylbLG festgestellt wird,

keine aufschiebende Wirkung haben. Diese angreifbaren Verwaltungsakte sind daher kraft Gesetzes vollziehbar. Die Vorschrift normiert somit Fälle im Sinne von § 86a Abs. 2 Nr. 4 SGG, in denen die aufschiebende Wirkung entfällt. Im vorläufigen Rechtsschutzverfahren kann die Anordnung der aufschiebenden Wirkung von Widerspruch und Klage beantragt werden.

Die Regelung nach § 11 Abs. 4 AsylbLG Nr. 1 AsylbLG stellt sicher, dass Aufhebungsentscheidungen kraft Gesetzes sofort vollziehbar sind. Der Begriff der Aufhebung umfasst dabei nach dem Normverständnis von § 50 Abs. 1 SGB X auch die Rücknahme gemäß den §§ 44 und 45 SGB X und den Widerruf gemäß § 47 SGB X.

Die Regelung nach § 11 Abs. 4 AsylbLG Nr. 2 AsylbLG betrifft Entscheidungen, durch die eine Pflichtverletzung und eine daran anknüpfende Einschränkung des Leistungsanspruchs festgestellt wird.

Siehe auch

Rechtsprechung:

BVerfG, 18.07.2012 – 1 BvL 10/10 und BvL 2/11, BVerfGE 132, 134 = EZAR NF 87 Nr. 14 = InfAuslR 2012, 371 = ZAR 2012, 339 – Zur Verfassungswidrigkeit des AsylbLG.

BVerfG, 09.02.2010 – 1 BvL 1/09, 1 BvL 3/09, 1 BvL 4/09 – Zum Grundrecht auf Gewährleistung eines menschenwürdigen Existenzminimums nach Art. 1 Abs. 1 GG i. V. m. dem Sozialstaatsprinzip gemäß Art. 20 Abs. 1 GG.

SG Berlin, 26.11.2008 – S 51 AY 46/06, InfAuslR 2009, 126 = EZAR NF 87 Nr. 11 – Zu Leistungen in sonstigen Lebenslagen.

VG Dresden, 28.06.2005 – 13 K 2649/04, InfAuslR 2005, 430 – Zum Kostenersatz bei Passbeschaffung.

Weiterführende Literatur:

Deibel/Hohm, AsylbLG aktuell, Luchterhand Verlag, Neuwied 2016.

Kluth, Geld- oder Sachleistungen – Hinweise zum Meinungsbild zu einer aktuellen Streitfrage des Asylbewerberleistungsrechts, ZAR 2015, 310-312.

Welte, Die Leistungsberechtigung im SGB II und XII und Asylbewerberleistungsgesetz im Verhältnis zum Aufenthaltsrecht – Hinweise zur Einschätzung der aufenthaltsrechtlichen Position für Leistungsträger, KommP spezial 2015, 131-136.

Burmester, Medizinische Versorgung der Leistungsberechtigten nach §§ 4 und 6 AsylbLG über eine Krankenkasse, InfAuslR 2015, 194-199

Hammel, Die Finanzierung von Passkosten bei mittellosen nichtdeutschen Personen, InfAuslR 2012, 137–142

Deibel, Die Neuregelung des Asylbewerberleistungsrechts, ZAR 2004, 321

Asylentscheidung

Rechtsnormen: Art. 16a GG; § 3 Abs. 1 AsylG; § 4 Abs. 1 AsylG; § 5 AsylG; § 6 AsylG; § 26a AsylG; § 29 AsylG; § 30 AsylG; § 31 AsylG; § 36 AsylG; § 74 AsylG; § 80 AsylG; § 83c AsylG; § 57 Abs. 2 AufenthG; § 75 Nr. 12 AufenthG; § 52 Nr. 2 Satz 3 VwGO; § 80 VwGO; RL 2013/32/EU – Verfahrensrichtlinie

1. Streitigkeit nach dem AsylG

Gegen Entscheidungen des Bundesamts für Migration und Flüchtlinge (BAMF) nach dem Asylgesetz können Rechtsmittel (§ 78 AsylG) auf dem **Verwaltungsrechtsweg** (§ 40 VwGO) beim zuständigen Verwaltungsgericht durch den nach § 12 AsylG handlungsfähigen Ausländer, der volljährig sein muss, eingelegt werden (§ 74 AsylG). Ein Widerspruchsverfahren findet nicht statt (§ 11 Asyl).

Das Asylverfahren ist an der RL 2013/32/EU – Verfahrensrichtlinie –, die nach Art. 51 Abs. 1 bis zum 20.07.2015 innerstaatlich umzusetzen ist, auszurichten (vgl. EuGH, 17.12.2015 – C-239/14 – *Tall*, InfAuslR 2016, 117 – Keine aufschiebende Wirkung der Klage gegen einen Folgeantrag). Nach Fristablauf kommt auch dieser Richtlinie der EU im Interesse des Grundsatzes der Gleichbehandlung unmittelbare innerstaatliche Wirkung zu. Das BAMF hat in einem Leitfaden vom 20.07.2015 – 410-7406-30/15 – die wesentlichen Auswirkungen der Verfahrensrichtlinie auf das nationale Asylverfahren übersichtlich dargestellt (InfAuslR 2015, 398-401).

Eine Streitigkeit nach dem Asylgesetz liegt auch dann vor, wenn ein Ausländer, dessen Asylantrag abgelehnt und ihm die Abschiebung angedroht wurde, zwar einen ausländerrechtlichen Aufenthaltstitel anstrebt (vgl. § 10 Abs. 3 AufenthG, Sperrklausel), mit seinem Begehren auf Erlass einer einstweiligen Anordnung der Sache nach aber von der Vollziehung der asylrechtlichen Abschiebungsandrohung vorläufig verschont bleiben will (vgl. BVerwG, 25.09.1997 – 1 C 6/97, NVwZ 1998, 299 = InfAuslR 1998, 15; VGH Hessen, 17.05.2002 – 10 TG 1194/02). In diesen Fällen greift daher der Beschwerdeausschluss nach § 80 AsylG ein (vgl. VGH Hessen, 31.03.2003 – 10 TG 808/03.A, InfAuslR 2003, 261).

Eine Streitigkeit nach dem Asylgesetz liegt zwar in den in § 75 Nr. 12 AufenthG genannten Fällen (Befristung eines Einreise- und Aufenthaltsverbots nach § 11 Abs. 2 AufenthG, Anordnung eines Einreise- und Aufenthaltsverbots nach § 11 Abs. 7 AufenthG) nicht vor, dennoch finden nach § 83c AsylG für Rechtsbehelfe gegen diese Entscheidungen des Bundesamts die Bestimmungen über das Gerichtsverfahren im Asylgesetz (Abschnitt 9) sowie § 52 Nr. 2 Satz 3 VwGO Anwendung.

2. Entscheidung über den Asylantrag

Das Bundesamt für Migration und Flüchtlinge (Bundesamt) entscheidet über Asylanträge i. S. v. § 14AsylG. Maßgeblich für die Entscheidung über den Asylantrag ist grundsätzlich das individuelle Einzelschicksal (Individualprüfung). Die Entscheidung des Bundesamts kann unterschiedlich ausfallen:

1. Anerkennung als Asylberechtigter nach Art. 16a Abs. 1 GG (§ 1 Abs. 1 Nr. 1 AsylG)
2. Ablehnung der Anerkennung als Asylberechtigter, aber Zuerkennung der Flüchtlingseigenschaft nach§ 3 Abs. 1 AsylG (Konventionsflüchtling)
3. Ablehnung der Anerkennung als Asylberechtigter und der Zuerkennung der Flüchtlingseigenschaft i. S. v. § 3 Abs. 1 AsylG, aber Zuerkennung der Eigenschaft als international subsidiär Schutzberechtigter i. S. v. § 4 Abs. 1 AsylG
4. Ablehnung des Asylantrages als **unbegründet**; Gewährung oder Ablehnung von Abschiebungsverboten nach § 60 Abs. 5 oder 7 AufenthG
5. Ablehnung des Asylantrags als unzulässig nach § 29 Abs. 1 Nr. 1 bis 5 AsylG und Erlass einer Abschiebungsanordnung nach § 34a Abs. 1 Satz 1 AsylG oder Abschiebungsandrohung nach § 34a Abs. 1 Satz 3 AsylG, gegen die nach § 34a Abs. 2 AsylG vorläufiger Rechtsschutz nach § 80 Abs. 5 VwGO beantragt werden kann
6. Ablehnung des Asylantrages mangels internationalen Schutzes i. S. v. § 1 Abs. 1 Nr. 2 AsylG als **offensichtlich unbegründet** (§ 29a, § 30, § 36 AsylG). Gewährung oder Ablehnung von Abschiebungsverboten nach § 60 Abs. 5 oder 7 AufenthG
7. Ablehnung des Asylantrages als **unzulässig** nach § 29 Abs. 1 Nr. 1 bis 5 AsylG z. B. wegen Einreise aus sicherem Drittstaat (§ 26a AsylG) oder Folge- bzw. Zweitantragstellung nach § 71 bzw. § 71a AsylG (§ 29 As. 1 Nr. 5 AsylG) und Erlass einer Abschiebungsanordnung bzw. Abschiebungsandrohung nach § 34a Abs. 1 Satz 1 bis 3 AsylG
8. Einstellung des Verfahrens nach § 33 Abs. 5 AsylG
9. Ablehnung des Asylantrags im Fall des § 71 Abs. 4 AsylG

Die Abschiebung in den anderen für die Durchführung des Asylverfahrens zuständigen Mitgliedstaat (§ 29 Abs. 1 Nr. 1 AsylG) erfordert eine Abschiebungsanordnung nach § 34a Abs. 1 Satz 1 oder 2 AsylG oder – subsidiär – eine Abschiebungsandrohung in den jeweiligen Staat nach § 34a Abs. 1 Satz 3 AsylG, die nach Absatz 2 im vorläufigen Rechtsschutzverfahren nach § 80 Abs. 5 VwGO unter Einhaltung bestimmter Fristen angreifbar sind, wenn dagegen Klage erhoben wurde (vgl. Marx, Ausgewählte Probleme des Eilrechtsschutzes im Dublin-Verfahren, InfAuslR 2015, 164-168 und 204-207). Gegen den Bescheid des Bundesamts, in dem ein Asylantrag nach § 29 Abs. 1 AsylG als unzulässig abgelehnt und eine Abschiebungsanordnung nach § 34a Abs. 1 AsylG erlassen wird, ist die isolierte Anfechtungsklage statthaft. Dies gilt auch in Fällen, in denen ein Zweitantrag nach § 71a Abs. 1 AsylG gestellt wurde (vgl. OVG Hamburg, 02.02.2015 – 1 Bf 208/14.AZ, AuAS 2015, 103).

Bei der Androhung der Abschiebung oder der Abschiebungsanordnung hat das Bundesamt nach § 11 Abs. 1 und 2 AufenthG auch über die Anordnung eines befristeten Einreise- und Aufenthaltsverbots zu entscheiden (§ 75 Nr. 12 AufenthG). Es kann auch ein befristetes Einreise- und Aufenthaltsverbot nach § 11 Abs. 7 Satz 1 Nr. 1 und 2 AufenthG anordnen.

Die **Anordnung des Einreise- und Aufenthaltsverbots** nach § 11 Abs. 7 Satz 1 AufenthG liegt im Ermessen des BAMF (vgl. VG Regensburg, 13.05.2016 – RN 5 S 16.30756,

AuAS 2016, 139, zur Länge der Befristung und dem Vorliegen schützenswerter Belange). In die Ermessensentscheidung dürfen – ähnlich wie in den Fällen des § 10 AufenthG – generalpräventive Erwägungen in Bezug auf die Überlastung der Asylverfahren wegen Asylantragstellung von offensichtlich nicht schutzbedürftigen Personen, um die entsprechenden Kapazitäten eher für die Prüfung begründeter Asylanträge von tatsächlich schutzbedürftigen Personen einsetzen zu können, eingebunden werden (vgl. BT-Drs. 18/4097, S. 38).

3. Unzulässige Asylanträge (§ 29 AsylG)

§ 29 Abs. 1 Nr. 1 bis 5 AsylG sind die Gründe für die Unzulässigkeit eines Asylantrags zusammengefasst. Gründe, aus denen ein Antrag vor der Rechtsänderung durch Art. 6 Nr. 7 IntG als mit der Bezeichnung „unbeachtlich" eingestuft wurden, werden nach der Rechtsänderung als unzulässig bezeichnet.

§ 29 Abs. 2 AsylG normiert die **persönliche Anhörung** des Ausländers in den Fällen des Absatzes 1 Nr. 1 Buchst. b bis Nr. 4 durch das BAMF, bevor es über die Zulässigkeit des Antrags entscheidet. Nach § 29 Abs. 4 AsylG kann gemäß § 24 Abs. 1a AsylG die Anhörung dafür geschulten Bediensteten anderer Behörden übertragen werden.

§ 29 Abs. 2 AsylG nimmt nicht auf Absatz 1 Nr. 1 Buchst. a Bezug, da sich das Erfordernis eines persönlichen Gesprächs im Anwendungsbereich der Verordnung (EU) Nr. 604/2013 bereits aus Art. 5 dieser Verordnung ergibt.

Im Hinblick auf die in § 29 Abs. 1 Nr. 5 AsylG genannten Gründe ist eine persönliche Anhörung nach § 71 Abs. 3 AsylG nicht zwingend vorgeschrieben. Dies ist mit den unionsrechtlichen Vorgaben, insbesondere mit Art. 40 Abs. 6 RL 2013/32/EU zu gemeinsamen Verfahren für die Zuerkennung und Aberkennung des internationalen Schutzes vereinbar, da sich die dort getroffene Regelung auf einen „gesonderten Antrag" der abhängigen Person bzw. der oder des unverheirateten Minderjährigen bezieht, der im deutschen Recht nicht vorgesehen ist.

§ 29 Abs. 3 AsylG regelt, wie in Fällen, in denen der Ausländer nicht zur persönlichen Anhörung erscheint, zu verfahren ist.

4. Beschleunigtes Asylverfahren

§ 30a Abs. 1 Nr. 1 bis 7 AsylG regelt, in welchen Fällen ein beschleunigtes Verfahren in einer besonderen Aufnahmeeinrichtung durchgeführt werden kann. Das Bundesamt entscheidet innerhalb einer Woche ab Stellung des Asylantrags (§ 14 AsylG), ob ein beschleunigtes Verfahren durchgeführt wird. Ansonsten fuhrt es das Verfahren als nicht beschleunigtes Asylverfahren durch (§ 30a Abs. 2 AsylG).

In den Fällen der Wiederaufnahme eines Asylverfahrens nach § 33 Abs. 5 AsylG, das vor der Einstellung nach § 33 Abs. 5 Satz 1 AsylG als beschleunigtes Verfahren nach § 30a AsylG durchgeführt wurde, wird das Verfahren durch die zuständige Außenstelle des Bundesamtes beschleunigt behandelt. Die in § 30a Abs. 2 Satz 1 AsylG genannte Wochenfrist beginnt nach der Wiederaufnahme des Verfahrens neu zu laufen.

Nach § 5 Abs. 5 Satz 1 AsylG können die Länder mit dem Leiter des Bundesamts „besondere Aufnahmeeinrichtungen", in denen Asylverfahren beschleunigt nach § 30a AsylG bearbeitet werden, vereinbaren. Bei diesen besonderen Aufnahmeeinrichtungen werden dann Außenstellen des Bundesamts eingerichtet bzw. diese werden diesen Aufnahmeeinrichtungen zugeordnet.

Für Ausländer, deren Asylantrag im beschleunigten Verfahren nach § 30a Abs. 1 AsylG bearbeitet wird, besteht nach § 30a Abs. 4 Satz 1 Wohnpflicht in der besonderen Aufnahmeeinrichtung bis zur Entscheidung über den Asylantrag. Die Wohnpflicht verlängert sich in den Fällen des § 30a Abs. 3 Satz 2 Nr. 1 und 2 Buchst. a bis c AsylG bis zur Ausreise oder bis zum Vollzug der Abschiebungsandrohung oder -anordnung.

Da diese Asylbewerber gesetzlich verpflichtet sind, in der für ihre Aufnahme zuständigen besonderen Aufnahmeeinrichtung zu wohnen, ist ihr Aufenthalt insoweit nach § 56 Abs. 1 i. V. m. § 59a Abs. 1 Satz 2 AsylG räumlich beschränkt. In dieser Zeit kann eine Erwerbstätigkeit nicht erlaubt werden (§ 61 Abs. 1 AsylG).

4.1. Anerkennung als Asylberechtigter nach Art. 16a Abs. 1 GG

Die Entscheidung über den Asylantrag, ob der Ausländer nach Art. 16a Abs. 1 GG asylberechtigt ist, ergeht schriftlich, wird begründet und wird dem Ausländer bekanntgegeben.

Eine förmliche Zustellung i. S. d. Verwaltungszustellungsgesetzes ist nicht mehr gesetzlich vorgeschrieben, wenn das BAMF dem Asylantrag vollständig stattgibt. In diesem Fall genügt eine einfache Bekanntgabe i. S. d. § 41 des Verwaltungsverfahrensgesetzes. Die Rechtsbehelfsbelehrung ist nach den allgemeinen Regeln gemäß § 37 Abs. 6 des Verwaltungsverfahrensgesetzes erforderlich.

Unterliegt die Entscheidung der Anfechtung, da sie sich nicht mit dem Asylbegehren des Ausländers deckt, wird sie allen Beteiligten mit einer Rechtsbehelfsbelehrung unverzüglich (förmlich) zugestellt (§ 31 Abs. 1 Satz 2 AsylG).

Wird der Antragsteller als Asylberechtigter i. S. v. Art. 16a Abs. 1 GG anerkannt (vgl. § 1 Abs. 1 Nr. 1 AsylG), ist sein Aufenthalt fiktiv erlaubt und erhält er grundsätzlich eine befristete Aufenthaltserlaubnis (§ 25 Abs. 1 Satz 1, § 26 Abs. 1 Satz 2 AufenthG), die von der Ausländerbehörde auf Antrag (§ 81 Abs. 1 AufenthG) erteilt wird und zu deren Berechtigungsinhalt die Ausübung einer Erwerbstätigkeit i. S. v. § 2 Abs. 2 AufenthG gehört. Er genießt im Bundesgebiet die Rechtsstellung nach der Genfer Konvention (§ 2 Abs. 1 AsylG) sowie arbeits-, berufs- und sozialrechtliche Vergünstigungen.

Mit der Erteilung einer Aufenthaltserlaubnis nach § 25 Abs. 1 Satz 1 nach Anerkennung als Asylberechtigter (Art. 16a Abs. 1 GG) oder nach § 25 Abs. 2 Satz 1 oder Abs. 3 Satz 1 AufenthG nach Zuerkennung der Flüchtlingseigenschaft oder eines internationalen bzw. nationalen subsidiären Schutzrechts geht bei Erwerbfähigen eine Anspruchsberechtigung nach dem Asylbewerberleistungsgesetz(AsylbLG) in den Rechtskreis des Zweiten Buches Sozialgesetzbuch (SGB) II über. Das SGB II regelt die Grundsicherung für Arbeitsuchende für die nicht die Bundesagentur für Arbeit, sondern die lokalen Jobcenter zuständig sind. Ab diesem Zeitpunkt ist es möglich, bei Vorliegen der sonstigen Voraussetzungen,

Leistungen der Grundsicherung für Arbeitsuchende zu erhalten. Die nachfolgenden Unterstützungsleistungen werden dann überwiegend durch die Jobcenter erbracht.

Neben der Förderung der aktiven Arbeitsmarkthilfe enthält das SGB II weitere Unterstützungsleistungen für Langzeitarbeitslose im persönlichen Umfeld. Dazu gehören notwendige Hilfen wie die Betreuung minderjähriger oder behinderter Kinder oder die häusliche Pflege von Angehörigen, die Schuldnerberatung, die psychosoziale Betreuung oder die Suchtberatung.

4.2. Zuerkennung der Flüchtlingseigenschaft nach § 3 Abs. 1 AsylG

Wird die Anerkennung als Asylberechtigter zwar abgelehnt, aber die Flüchtlingseigenschaft nach § 3 Abs. 1 AsylG zuerkannt (Abschiebungsverbot wegen politischer Verfolgung nach § 60 Abs. 1 AufenthG), erhält der Flüchtling die Rechtsstellung nach der Genfer Konvention und eine befristete Aufenthaltserlaubnis nach § 25 Abs. 2 Satz 1Alt. 1 AufenthG, die von der Ausländerbehörde auf Antrag erteilt und auf drei Jahre befristet wird.

4.3. Zuerkennung der Eigenschaft als international subsidiär Schutzberechtigter nach § 4 Abs. 1 AsylG

Wird die Anerkennung als Asylberechtigter und Zuerkennung der Flüchtlingseigenschaft zwar abgelehnt, aber internationaler subsidiärer Schutz nach § 4 Abs. 1 AsylG zuerkannt (Abschiebungsverbote wegenzielstaatsbezogener Verfolgung nach § 60 Abs. 2 und 3 AufenthG), erhält der Ausländer auf Antrag von der Ausländerbehörde eine auf drei Jahre befristete Aufenthaltserlaubnis nach § 25 Abs. 2 Satz 1 Alt. 2 AufenthG.

4.4. Abschiebungsverbote nach § 60 Abs. 5 oder 7 AufenthG (nationaler subsidiärer Schutz)

In Entscheidungen über beachtliche Asylanträge und nach § 30 Abs. 5 AsylG – ein förmlicher Asylantrag liegt nicht vor –, hat das Bundesamt festzustellen, ob internationaler Schutz zuerkannt (§ 1 Abs. 1 Nr. 2 AsylG) oder der Ausländer als Asylberechtigter (§ 1 Abs. 1 Nr. 1 AsylG9 anerkannt wird (§ 31 Abs. 2 Satz 1 AsylG). In diesen Fällen und bei Entscheidungen über unzulässig Asylanträge (§ 29 Abs. 1 AsylG) wird durch das Bundesamt festgestellt, ob auf Grund der Situation im Zielstaat im Falle einer Abschiebung die Voraussetzungen des § 60 Abs. 5 oder 7 AufenthG (zielstaatsbezogene nationale Abschiebungsverbote) vorliegen (§ 31 Abs. 3 Satz 1 AsylG). Ist dies nicht der Fall, fertigt das Bundesamt einen Ablehnungsbescheid mit einer Abschiebungsandrohung gemäß § 34 AsylG samt Bestimmung eines **Einreise- und Aufenthaltsverbots** nach § 11 Abs. 1 und 2 AufenthG. Hiergegen steht dem Asylbewerber der Weg zu den Verwaltungsgerichten offen (§ 40 VwGO; vgl. auch § 83c AsylG).

Nach Stellung eines Asylantrags (§§ 14, 14aAsylG) hat das Bundesamt im Asylverfahren eigenständig und ohne Beteiligung der Ausländerbehörde festzustellen, ob Abschiebungsverbote nach § 60 Abs. 5oder 7 AufenthG vorliegen (§ 24 Abs. 2 AsylG). Dieses Verfahren ist als Statusverfahren ausgestaltet (vgl. §§ 31 Abs. 3, 32, 39 AsylG) und dem Bundesamt soll hier die ausschließliche Kompetenz für die Prüfung und förmliche

Feststellung der verschiedenen Abschiebungsverbote zustehen. Nach § 73c Abs. 3 AsylG – vergleichbar mit § 73 Abs. 1 AsylG beim Asyl- und Flüchtlingsstatus – besteht ebenfalls die Pflicht zum Widerruf oder zur Rücknahme der Feststellung nach § 60 Abs. 5 oder 7 AufenthG, wenn diese Feststellung fehlerhaft ist bzw. wenn die Voraussetzungen nicht mehr vorliegen. Das Bundesamt hat damit auch seine Statusentscheidungen nach § 3 Abs. 1 und § 4 Abs. 1 AsylGvon Amts wegen unter Kontrolle zu halten, Doppelprüfungen oder abweichende Entscheidungen der Ausländerbehörden sollen insoweit ausgeschlossen werden.

Auch insofern besteht in Bezug auf das Asylverfahren das gesetzgeberische Konzept einer ausschließlichen Kompetenz des Bundesamts für die Prüfung und förmliche Feststellung von Abschiebungsverboten nach § 60 Abs. 5 oder 7 AufenthG. Dies gilt jedoch nur für die dem sachlichen Regelungsbereich des § 60 Abs. 5 oder 7 AufenthG unterfallenden zielstaatsbezogenen Abschiebungsverbote (vgl. BVerwG, 21.09.1999 – 9 C 12.99, BVerwGE 109, 305 = InfAuslR 2000, 93; BVerwG, 25.11.1997 – 9 C 58.96, BVerwGE 105, 383 = NVwZ 1998, 524 = InfAuslR 1998, 62 – Zur Abgrenzung dieser Kategorie von den sog. inlandsbezogenen Abschiebungshindernissen).

4.5. Bindungswirkung des Asylentscheidung

Es gehört zu der Kompetenzabgrenzung zwischen Bundesamt und Ausländerbehörden, dass nach § 6 Satz 1 und § 42 Satz 1 AsylG die Ausländerbehörde an die Entscheidung des Bundesamt oder des Verwaltungsgerichts über das Vorliegen von Abschiebungsverboten (vgl. § 60 AufenthG) gebunden ist (gesetzliche Bindungswirkung). Diese Bindungswirkung gilt auch in Bezug auf Widerrufs- und Rücknameentscheidungen des Bundesamt (vgl. § 73 AsylG). Sie ist in ausländerrechtlichen Verfahren, in denen es um das Aufenthaltsrecht oder die Duldung des betreffenden Ausländers geht, zu berücksichtigen. Das Konzept der ausschließlichen Kompetenz des Bundesamt für Statusfeststellungen nach § 60 Abs. 5 oder 7 AufenthG wird – entsprechend § 6AsylG beim internationalen Schutzstatus nach § 3 Abs. 1 und § 4 Abs. 1 AsylG- durch die Regelung des § 42 Satz 1 AsylG abgesichert.

Nach der Entscheidung des Bundesamts geltend gemachte zielstaatsbezogene Abschiebungsverbote i.S.v. § 60 Abs. 5 oder 7 AufenthG sind in einem Wiederaufnahmeverfahren beim Bundesamt geltend zu machen. Werden diese in einem entsprechenden Verfahren anerkannt, ist die Ausländerbehörde ebenfalls an diese Entscheidung des Bundesamts nach § 42 Satz 1 AsylG gebunden. Der Ausländerbehörde bleibt es bis zu diesem Zeitpunkt verwehrt, entsprechende nach Abschluss des Asylverfahrens eingetretene und geltend gemachte Gesichtspunkte in eine Entscheidung nach dem Aufenthaltsgesetz in eigener Zuständigkeit einzubeziehen. Dabei ist nicht erheblich, ob es sich bei diesen zielstaatsbezogenen Gesichtspunkten um asylverfahrensunabhängige Umstände handelt.

Die Entscheidungen über die Feststellung der Flüchtlingseigenschaft oder des internationalen subsidiären Schutzes (§ 1 Abs. 1 Nr. 2 AsylG) ist ausschließlich beim Bundesamt als der kompetenten Fachbehörde konzentriert und als Statusverfahren ausgestaltet (vgl. § 1 Abs. 1, § 3 Abs. 1, § 4 Abs. 1, § 13 Abs. 1 und 2, § 24 Abs. 1, § 31 Abs. 2 AsylG). Dies gilt auch für nachträgliches – erstmaliges – Verfolgungsvorbringen in einem ausländerrechtlichen Verfahren. Um dieses gesetzgeberische Konzept zu vervollständigen, erkennt der Gesetzgeber folgerichtig in § 6AsylG den Entscheidungen des Bundesamts über das Vorliegen der Eigenschaft als international Schutzberechtigter i. S. v. § 1 Abs. 1 Nr. 2 AsylG (vgl. auch § 2 Abs. 13 AufenthG, zum Begriff) eine umfassende, nicht auf bestimmte Behörden beschränkte Verbindlichkeit zu. Diese Verbindlichkeit der Statusfeststellung schließt eine eigenständige, von der Beurteilung des Bundesamtes zum Widerruf (§ 73 Abs. 1 AsylG) losgelöste **Beurteilung desFortbestands oder der voraussichtlichen Dauer der Verfolgungsgefahr** durch andere Behörden durchgehend aus; parallele Prüfungen und zugleich sich widersprechende Entscheidungen zum Vorliegen der Flüchtlingseigenschaft sollen ausgeschlossen werden (vgl. VGH Baden-Württemberg, 30.06.2000 – 13 S 2740/99, VBlBW 2001, 30 = InfAuslR 2001, 98).

Das Konzept der ausschließlichen und verbindlichen Kompetenz des Bundesamts für Statusfeststellungen nach § 60 Abs. 5 oder 7 AufenthG bezieht sich nicht nur auf die Erteilung bzw. Versagung von Duldungen an abgelehnte Asylbewerber nach § 60a Abs. 2 AufenthG. § 42 Satz 1 AsylG bindet die Ausländerbehörden in allen ausländerrechtlichen Verfahren, also auch bei der Erteilung einer Aufenthaltserlaubnis nach § 25 Abs. 3 Satz 1 AufenthG oder beim Widerruf dieses Aufenthaltstitels nach § 52 Abs. 1 Satz 1 Nr. 4 AufenthG.

Solange das zuständige Bundesamt zugunsten eines Ausländers festgestellt hat, dass bei ihm in einem bestimmten Staat die Voraussetzungen des § 60 Abs. 7 Satz 1 AufenthG vorliegen – d. h., dass in diesem Staat für ihn eine erhebliche Gefahr für Leib, Leben oder Freiheit besteht, – mutet ihm die Rechtsordnung die freiwillige Ausreise nicht zu (**positive Bindungswirkung**); umgekehrt kann der Ausländer die Unzumutbarkeit der freiwilligen Ausreise aber auch nicht auf eine Gefahrensituation nach § 60 Abs. 2 bis 7 AufenthG stützen, wenn und solange das zuständige Bundesamt eine entsprechende Feststellung nach § 60 Abs. 1 bis 3 oder 5 AufenthG im Asylverfahren nicht getroffen hat (**negative Bindungswirkung**). Auf die Gründe für die Statusfeststellung (Lebenssachverhalt) kommt es dabei nicht an.

Die Ausländerbehörde darf diese Gründe nicht von sich aus überprüfen und von der Entscheidung des Bundesamts abweichen, indem sie in ihre Ermessensentscheidung über den Widerruf des Aufenthaltstitels nach § 52 Abs. 1 Satz 1 Nr. 5 AufenthG entgegen den Feststellungen des Bundesamts die nach Abschluss des Asylverfahrens geltend gemachten Abschiebungsverbote einbringt. Denn dies liefe auf eine unzulässige Parallelkompetenz der Ausländerbehörde mit sich möglicherweise widersprechenden Entscheidungen hinaus.

4.6. Einreise aus sicherem Drittstaat

Die Voraussetzung für den freien Zugang zum Bundesgebiet ist nicht erfüllt, wenn der Ausländer im Drittstaat vor Verfolgung sicher ist (subsidiärer Schutz, vgl. Art. 16a Abs. 2 GG; §§ 18 Abs. 2 Nr. 1, 26a AsylG). Nach Art. Art. 11 GG wird das Recht auf Einreise nur Deutschen gewährt (vgl. BVerfG, NJW 1988, 626). Asylbewerber, die über einen sicheren Drittstaat oder einem Vertragsstaat der Dublin III-VO einreisen, werden grundsätzlich nicht als Asylberechtigte und nicht als international Schutzberechtigte anerkannt.

Ein Asylantrag auf internationalen Schutz nach § 14 AsylG ist unzulässig, wenn ein anderer Mitgliedstaat nach der Dublin III-VO für die Durchführung des Asylverfahrens zuständig ist (§ 29 Abs. 1 Nr. 1 Buchst. a AsylG). Hinsichtlich dieser Personen ordnet das Bundesamt die Rückführung – Überstellung bzw. Zurückschiebung nach § 57 Abs. 2 AufenthG – in den sicheren Drittstaat bzw. nach der Dublin III-VO (Art. 3) zuständigen Mitgliedstaat an (Abschiebungsanordnung nach § 34a Abs. 1 AsylG). Die Überstellung in den sicheren Drittstaat oder anderen Dublin-Staat wird nach § 34a Abs. 1 AsylG nach Abschluss des Eilverfahrens nach § 80 Abs. 5 VwGO vollzogen. Ist der sichere Drittstaat nicht konkret festzustellen, was mangels entsprechender Angaben des Asylbewerbers und wegen der Vorenthaltung diesbezüglicher Unterlagen häufig vorkommt, wird das Asylverfahren fortgeführt. Wird in diesem Fall politische Verfolgung bejaht, kann zwar eine Anerkennung als Asylberechtigter wegen der Einreise über einen – wenn auch unbekannten – sicheren Drittstaat nicht erfolgen; dem Asylbewerber wird dann jedoch u. U. eine internationale Schutzberechtigung (§ 3 Abs. 1 oder § 4 Abs. 1 AsylG) zuerkannt.

Bis zur Entscheidung des Gerichts im Eilverfahren nach § 34a Abs. 2 AsylG besteht ein Vollstreckungshindernis, das eine **Verfahrensduldung** wegen rechtlicher Unmöglichkeit der Abschiebung bzw. Überstellung nach § 60a Abs. 2 Satz 1 AufenthG bewirkt. Stellt der Ausländer jedoch in einem anderen Mitgliedstaat, in den er sich freiwillig begibt, einen weiteren Asylantrag und erlischt daher die Duldung (§ 60a Abs. 5 Satz 1 AufenthG), fehlt es am Rechtsschutzbedürfnis gegen die Ablehnung seines in Deutschland gestellten unzulässigen Asylantrags nach § 29 Abs. 1 AsylG (vgl. OVG Thüringen, 13.06.2015 – ZKO 449/12, AuAS 2015, 60 L).

Wird der Antragsteller nicht innerhalb der Überstellungsfristen in den zuständigen Staat überstellt und wird dadurch Deutschland zuständig, ist der Asylantrag nicht mehr unzulässig. Der Antrag darf wegen der ungünstigeren Rechtsfolgen nicht in einen Zweitantrag umgedeutet werden (vgl. BVerwG, 16.11.2015 – 1 C 4.15, InfAuslR 2016, 120 – Zur Nichtumdeutung in einen Zweitantrag). Eine Abschiebungsanordnung nach § 34a Abs. AsylVfG hat dann keinen Bestand mehr (vgl. VG Berlin, 10.06.2015 – 33 K 386.13 A, AuAS 2015, 183, keine Umdeutung in einen Zweitantrag).

5. Rechtsschutz

Ist ein Asylantrag als unzulässig nach § 29 Abs. 1 Nr. 2 und 4 AsylG oder als offensichtlich unbegründet abgelehnt worden – die Ausreisefrist beträgt nach § 36 Abs. 1 AsylG eine Woche –, kann der Asylbewerber binnen einer Woche hiergegen Klage erheben und die Anordnung der aufschiebenden Wirkung dieser Klage gegen den Vollzug der Abschiebung beantragen (§ 36 Abs. 3 AsylG, § 80 Abs. 5 VwGO). Das Verwaltungsgericht entscheidet dann vorab in einem Eilverfahren darüber.

Bei der Ablehnung eines Asylantrags als (einfach) unbegründet besteht Klagemöglichkeit innerhalb einer Frist von zwei Wochen nach Zustellung. Im Falle der Erhebung einer Klage ist hier die Abschiebung erst nach rechtskräftigem negativem Abschluss des Gerichtsverfahrens möglich.

In Asylsachen hat die Klage – mit Ausnahme der Fälle der § 38 Abs. 1 sowie der §§ 73, 73b und 73cAsylG – keine aufschiebende Wirkung (§ 75 Abs. 1 AsylG; vgl. EuGH, 17.12.2015 – C-239/14 – *Tall*, InfAuslR 2016, 117 – Keine aufschiebende Wirkung der Klage gegen einen Folgeantrag). In den in § 75 Abs. 2 Nr. 1 und 2 AsylG genannten Widerrufs- und Rücknahmefällen hat die Klage jedoch keine aufschiebende Wirkung. In Fällen, in denen auf die Durchführung des Asylverfahrens für ein Kind gemäß § 14a Abs. 3 AsylG verzichtet worden ist, hat die Klage, mit der das Vorliegen eines zielstaatsbezogenen Abschiebungsverbots nach § 60 Abs. 7 AufenthG geltend gemacht wird, nach § 75 Abs. 1 Satz 1 i. V. m. § 38 Abs. 1 AsylG aufschiebende Wirkung (vgl. BVerwG, 17.08.2010 – 10 C 18.09, InfAuslR 2010, 464). Die in der Abschiebungsandrohung gesetzte Ausreisefrist ist aufgrund der aufschiebenden Wirkung der Klage mangels Vollziehbarkeit der Abschiebungsandrohung unterbrochen (§ 59 Abs. 1 Satz 6 AufenthG). Während der Dauer des Klageverfahrens kommt zur Wahrung der familiären Schutzgewährleistungen nach Art. 7 GRCh, Art. 6 GG und Art. 8 Abs. 1 EMRK eine Duldung der Elternteile des Kindes zumindest solange in Betracht, bis eine erstinstanzliche gerichtliche Entscheidung über das Vorliegen eines Abschiebungsverbots nach § 60 Abs. 7 AufenthG vorliegt (vgl. OVG Nordrhein-Westfalen, 21.07.2011 – 18 B 679/11, AuAS 2011, 214; vgl. auch § 43 Abs. 3 AsylG, in Bezug auf Fälle der Durchführung eines Asylverfahrens).

6. Systematische Prüfung des Asylantrags

In der Rechtsprechung des Bundesverwaltungsgerichts ist geklärt, wie asylrechtliche Klageanträge typischerweise zu verstehen sind. Danach stehen die asylrechtlichen Ansprüche in einem bestimmten Rangverhältnis in dem Sinne, dass Schutz vor geltend gemachten Gefahren im Heimatstaat vorrangig auf der Stufe zu gewähren ist, die im Verhältnis zu den einschlägigen Schutzvorschriften (vgl. Art. 16a Abs. 1 GG, § 3 Abs. 1 AsylG, § 4 Abs. 1 AsylG bzw.§ 60 Abs. 1, § 60 Abs. 2 oder 3 AufenthG sowie § 60 Abs. 5 oder 7 AufenthG) jeweils den umfassenderen Schutz vermittelt. Lehnt das Bundesamt den Asylantrag mangels Vorliegens der Voraussetzungen für die Asylberechtigung nach Art. 16a GG, den internationalen Schutz nach §§ 3 Abs. 1 und 4 Abs. 1 AsylG ab und droht dem Ausländer in Ermangelung von subsidiärem Abschiebungsschutz nach § 60 Abs. 5 oder 7 AufenthG die Abschiebung in den Heimatstaat an, richtet sich das dem Verwaltungsgericht unterbreitete Rechtsschutzbegehren in aller Regel vorrangig, d. h. als Hauptantrag, auf die Verpflichtung des Bundesamts zur Gewährung von Asyl nach Art. 16a Abs. 1 GG und/oder auf internationalen Schutz bzw. Abschiebungsschutz nach § 60 Abs. 1 bis 3 AufenthG. Für den Fall, dass dieses Hauptbegehren insgesamt erfolglos bleibt, ist Rechtsschutzziel daneben, aber subsidiär, auch (neben der Aufhebung der negativen Feststellung zu § 60 Abs. 1 AufenthG) die Verpflichtung des Bundesamts zur Feststellung des Vorliegens von international subsidiärem Schutz nach § 60 Abs. 2 oder 3 AufenthG und zuletzt eines Abschiebungsverbots nach§ 60 Abs. 5 AufenthG und zugleich die Aufhebung der Abschiebungsandrohung in Bezug auf den Zielstaat der Abschiebung (vgl. § 59 Abs. 3 Satz 2 AufenthG). Falls die Klage auch insoweit erfolglos bleibt, soll in der Regel zumindest die Verpflichtung des Bundesamts erreicht werden, die tatbestandlichen Voraussetzungen des § 60 Abs. 7 Satz 1 AufenthG (Soll-Vorschrift) festzustellen, um wenigstens den in Bezug auf § 60 Abs. 1 bis 5 AufenthG (= Muss-Vorschriften) vergleichsweise schwächsten Schutz vor Durchführung der angefochtenen Abschiebung zu erhalten.

7. Erteilung einer Aufenthaltserlaubnis

Stellt das Bundesamt oder das Gericht die Voraussetzungen einer Anerkennung nach Art. 16a Abs. 1 GG bzw. Zuerkennung nach § 3 Abs. 1oder § 4 Abs. 1AsylGoder von Abschiebungsverboten nach § 60 Abs.5 oder 7 AufenthG fest, hebt ggf. das Gericht den Bescheid auf und verpflichtet das Bundesamt zur Anerkennung als Asylberechtigter oder Zuerkennung internationalen Schutzes bzw. zur Feststellung von Abschiebungsverboten nach § 60 Abs. 5 oder 7 AufenthG. Wird der Ausländer als Asylberechtigter (Art. 16a Abs. 1 GG) oder als Flüchtling (§3 Abs. 1 AsylG) oder als international subsidiär Schutzberechtigter (§ 4 Abs. 1 AsylG) eingestuft, hat er unter den Voraussetzungen des § 25 Abs. 1 bzw. 2 Alt. 1 oder Alt. 2 AufenthG Anspruch auf Erteilung einer auf drei Jahre befristeten Aufenthaltserlaubnis. Liegt ein Abschiebungsverbot nach § 60 Abs. 5 oder 7 AufenthG vor, soll dem Ausländer eine Aufenthaltserlaubnis nach § 25 Abs. 3 Satz 1 AufenthG erteilt werden.

8. Ausübung einer Erwerbstätigkeit

Die Aufenthaltserlaubnis von Asylberechtigten und international Schutzberechtigten berechtigt zur Ausübung einer Erwerbstätigkeit nach § 25 Abs. 1 Satz 4 und Abs. 2 Satz 2 AufenthG.

Die Aufenthaltserlaubnis von national subsidiär Schutzberechtigten nach § 25 Abs. 3 Satz 1 AufenthG berechtigt zur Ausübung einer Beschäftigung nach § 4 Abs. 2 Satz 3 AufenthG i. V. m. § 31 BeschV. Die Ausübung einer selbstständigen Tätigkeit richtet sich in diesen Fällen nach § 21 Abs. 6 AufenthG.

Siehe auch

Fachbeiträge:

Asylantrag / Asylberechtigter / Asylbewerber / Qualifikationsrichtlinie-EU

Rechtsprechung:

EuGH, 17.12.2015 – C-239/14 – *Tall*, InfAuslR 2016, 117 – Keine aufschiebende Wirkung der Klage gegen einen Folgeantrag

BVerwG, 16.11.2015 – 1 C 4.15, InfAuslR 2016, 120 – Zur Nichtumdeutung in einen Zweitantrag

BVerwG, 25.09.1997 – 1 C 6/97, NVwZ 1998, 299 = InfAuslR 1998, 15

VGH Hessen, 31.03.2003 – 10 TG 808/03.A, InfAuslR 2003, 261

VGH Hessen, 08.08.2002 – 10 ZU 2217/98.A, AuAS 2003, 28 – Zum sicheren Drittstaat und Nachfluchtgründen.

VGH Hessen, 17.05.2002 – 10 TG 1194/02

OVG Sachsen, 01.06.1999 – A 4 S 358/98, SächsVBl. 2000, 37

VG Regensburg, 13.05.2016 – RN 5 S 16.30756, AuAS 2016, 139 – Zur Länge der Befristung und dem Vorliegen schützenswerter Belange

Weiterführende Literatur:

Marx, Neuregelung krankheitsbedingter Abschiebungsverbote (§ 60 Abs. 7 und § 60a Abs. 2c und 2d AufenthG), InfAuslR 2016, 261-266.

Welte, Asylbewerber im Bundesgebiet – Einreise und Aufenthalt, SächsVBl. 2016, 1-7.

Kluth, Das Asylverfahrensbeschleunigungsgesetz, ZAR 2015, 337-342.

Scheidler, Verteilung von Asylbewerbern in Deutschland – dargestellt am Beispiel der Rechtslage in Bayern, KommJur 2015, 321-326.

Hirseland, Asyl und Flüchtlingsschutz in Deutschland: Entwicklungen und Herausforderungen, KommP spezial 2015, 114-118.

Marx, Ausgewählte Probleme des Eilrechtsschutzes im Dublin-Verfahren, InfAuslR 2015, 164-168 und 204-207

Bank/Hruschka, Die EuGH-Entscheidung zu Überstellungen nach Griechenland und ihre Folgen für Dublin-Verfahren (nicht nur) in Deutschland, ZAR 2012, 182-188

Huber, Das Urteil des EuGH vom 21.12.2011 zur grundrechtskonformen Anwendung der Dublin II-Verordnung, InfAuslR 2012, 376-380

Renner, Europäische Mindestnormen für Asylverfahren, ZAR 2003, 88

Asylgrundrecht

Rechtsnormen: Art. 16a GG; § 1 Abs. 1 Nr. 1 AsylG; § 2 AsylG; § 13 Abs. 2 AsylG; § 25 Abs. 1 AufenthG; § 60 Abs. 1 AufenthG

1. Allgemeines

Mit dem am 28.06.1993 verabschiedeten „Gesetz zur Änderung des Grundgesetzes" wurde der damalige Art. 16 Abs. 2 Satz 2 GG aufgehoben und durch Art. 16a GG ersetzt. Art. 16a Abs. 1 GG gewährt politisch Verfolgten zwar weiterhin einen individuellen Anspruch auf Asyl bei politischer bzw. staatlicher Verfolgung im Herkunftsstaat. Dieser wird jedoch durch die (insoweit abschließenden) Absätze 2, 3 und 5 ausgeschlossen beziehungsweise in objektiver Hinsicht samt territorialer Begrenzung eingeschränkt. Nach dem vom Bundesverfassungsgericht anerkannten Prinzip der normativen Vergewisserung wurden Ausschlusstatbestände geschaffen (z. B. Drittstaatenregelung nach Art. 16a Abs. 2 GG).

Vorbehaltlich der Absätze 2, 3 und 5 schützt Art. 16a Abs. 1 GG vor Rückführung (Abschiebung, Zurückschiebung und Auslieferung) in den Verfolgerstaat und begründet zugleich ein vorläufiges Bleiberecht des Asylsuchenden (vgl. § 13 AsylG) zur Geltendmachung und Verfolgung des Asylanspruchs im Rahmen eines rechtsstaatlichen Asylverfahrens (Kerngehalt des Asylgrundrechts).

Dieses Bleiberecht wird in der Form einer Aufenthaltsgestattung nach § 55 Abs. 1 Satz 1 AsylG gewährt.

Art. 16a Abs. 2 GG schließt die Berufung auf das Asylrecht für denjenigen aus, der aus einem sicheren Drittstaat nach Deutschland einreist. Art. 16a Abs. 3 GG regelt das Verfahren bei Herkunft aus einem verfolgungsfreien Herkunftsstaat und stellt damit eine Beschränkung des verfahrensbezogenen Gewährleistungsinhalts dar. Art. 16a Abs. 4 GG ist eine prozessrechtliche Vorschrift zum vorläufigen Rechtschutz nach § 80 Abs. 5 VwGO, die jedoch bei Überstellungen nach der vorrangigen Dublin III-VO im Wege der Abschiebungsanordnung nicht eingreift (§ 34a Abs. 2 AsylG). Durch Art. 16a Abs. 5 GG sollen Ratifikation und Durchführung von Asylabkommen (z. B. Dublin III-VO) mit allen Rechten und Pflichten sowie der Abschluss entsprechender Verträge mit anderen Staaten, in denen die Anwendung des Abkommens über die Rechtsstellung der Flüchtlinge (Genfer Konvention – FlüchtlAbk) und der Konvention zum Schutze der Menschenrechte und Grundfreiheiten (EMRK) sichergestellt ist, ermöglicht werden.

2. Schutzbereich

Art. 16a Abs. 1 GG gewährt politisch bzw. staatlich verfolgten Ausländern Schutz in Deutschland. Diese Schutzgewährung genießen Asylberechtigte, die im Verfahren nach dem AsylG (§ 1 Abs. 1 Nr. 1 und § 2) unanfechtbar anerkannt worden sind. Der Schutz bezieht sich auf den einzelnen Flüchtling, bei dem ein Kausalzusammenhang zwischen politischer Verfolgung und Flucht ins Bundesgebiet vorliegt. Ausgenommen sind Flüchtlinge, die aus einem sicheren Drittstaat i. S. v. Art. 16a Abs. 2 GG in das Bundesgebiet einreisen (vgl. § 26a AsylG), auch wenn sie von Deutschland im Rahmen der Dublin III-VO übernommen worden sind oder Deutschland bei ihnen vom Selbsteintrittsrecht nach Art. 17 Dublin III-VO Gebrauch gemacht hat (vgl. dazu § 18 Abs. 4 Nr. 2 AsylG).

3. Verfahren

Eine wirksame Geltendmachung und Verfolgung des Asylanspruchs nach Art. 16a Abs. 1 GG setzt in eine durchlässige und transparente Ausgestaltung des Asylverfahrens zur Erlangung des Asylanspruchs voraus. Für den Zugang zum Asylgrundrecht bedarf es eines geordneten allgemein zugänglichen Verfahrens, in dem das Vorliegen einer politischen Verfolgung als Voraussetzung für die Anerkennung als Asylberechtigter festgestellt werden kann. Dem trägt das Asylgesetz (AsylG) Rechnung. Insoweit gewinnt das Asylgesetz verfassungsrechtliche Relevanz in Bezug auf den Schutz des entsprechenden Grundrechts (vgl. BVerfG, 07.07.1992 – 2 BvR 1631/90, 1728/90; BVerfGE 87, 48, 61 = AuAS 1993, 12; BVerfG, 20.04.1982 – 2 BvL 26/81, BVerfGE 60, 253, 294; BVerfG, 10.03.1994 – 2 BvR 2371/93, InfAuslR 1994, 324).

Eine sachgerechte Feststellung der Asylberechtigung verlangt es, dem Asylsuchenden Gelegenheit zu geben, seine Gründe, die für die drohende Gefahr asylerheblicher Maßnahmen sprechen, in einem rechtsstaatlichen Verfahren (z. B. persönliche Anwesenheit, Anspruch auf rechtliches Gehör, Schutz vor Verfolgung bis zum Abschluss des Verfahrens) ausführlich darlegen zu können. Dem entspricht das Recht auf Antragstellung nach §§ 13 und 14 AsylG, mit dem das gesetzlich vorgeschriebene Asylverfahren ausgelöst wird. Für eine geordnete Verfahrensgestaltung ist auch die Erreichbarkeit des Asylsuchenden durch das Bundesamt und die Gerichte unerlässlich (z. B. nach § 47 Abs. 3 AsylG). Dies wird durch die Wohnpflicht in der Aufnahmeeinrichtung (§ 47 Abs. 1 AsylG), die räumliche Beschränkung des Aufenthalts (§ 56 Asyl) und die Anordnung einer Wohnsitzauflage (§ 60 AsylG) ermöglicht (vgl. Welte, Neue Steuerungselemente zur Bestimmung des Aufenthalts der Asylbewerber, ZAR 2015, 219-226; Rosenstein, Neuregelung der Residenzpflicht – Die Analyse des Gesetzes aus der Sicht der ausländerbehördlichen Praxis, ZAR 2015, 226-230).

4. Politische Verfolgung

Der Begriff des politisch Verfolgten ist nach der Rechtsprechung des BVerfG weit auszulegen. Verfolgung bedeutet zunächst eine Rechtsgutbeeinträchtigung von asylrechtserheblicher Intensität, durch die der Flüchtling in eine für ihn ausweglose Situation im Verfolgerstaat geraten ist, der er dort nicht mehr – etwa im Wege einer inländischen Fluchtalternative – auf zumutbare Weise entgehen kann. Die Maßnahme muss nach Intensität und Schwere die Menschenwürde verletzen und über das hinausgehen, was im Heimatstaat allgemein als system- und situationsbedingt hinzunehmen ist (BVerwG, 20.11.1990 – 9 C 72/90, BVerwGE 87, 141 = ZaöRV 52 [1992], 391 = EZAR 202 Nr. 27). Als beeinträchtigte Rechtsgüter kommen neben Leib, Leben und persönlicher Freiheit auch die Freiheit der religiösen Entfaltung oder der beruflichen oder wirtschaftlichen Betätigung in Betracht. Eingriffe in die letztgenannten Schutzgüter müssen jedoch zu einer ernsthaften Bedrohung oder Vernichtung des existenziellen oder religiösen Minimums führen.

Eine **Verfolgung** stellt sich dann als **politische** dar, wenn sie im Zusammenhang mit Auseinandersetzungen um die Gestaltung und Eigenart der allgemeinen Ordnung des Zusammenlebens von Menschen und Menschengruppen steht, also – im Gegensatz zur privaten bzw. asylunerheblichen Verfolgung (vgl. § 60 Abs. 2 – 7 AufenthG) – einen öffentlichen Bezug hat und von einem Träger überlegener, in der Regel hoheitlicher Macht ausgeht, der der Verfolgte unterworfen ist. Politische Verfolgung ist somit grundsätzlich staatliche Verfolgung. Eine politische Verfolgung liegt auch vor, wenn die Verfolgung von einer quasi-staatlichen Gebietsgewalt ausgeht. Quasi-staatlich ist eine Gebietsgewalt nur, wenn sie auf einer staatsähnlich organisierten, effektiven und stabilisierten Herrschaftsmacht beruht (vgl. BVerwG, InfAuslR 1997, 37; VGH Bayern, AuAS 1997, zum Begriff der staatsähnlichen Organisation).

Unmittelbare politische Verfolgung liegt vor, wenn dem Einzelnen durch seinen Heimatstaat oder durch Maßnahmen Dritter, die diesem Staat zurechenbar sind, in Anknüpfung an seine politische Überzeugung, seine religiöse Grundentscheidung oder für ihn unverfügbare Merkmale, die sein Anderssein prägen (z. B. seine Ethnie oder Volkszugehörigkeit), gezielt Rechtsgutverletzungen zugefügt werden, die ihn nach ihrer Intensität und Schwere aus der übergreifenden Friedensordnung der staatlichen Einheit ausgrenzen (BVerfG, 10.07.1989 – 2 BvR 502/86 u.a., BVerfGE 80, 315, 333).

Politisch sind die Verfolgungsmaßnahmen, wenn sie auf persönliche Merkmale oder Eigenschaften wie Religion, Nationalität, politische Überzeugung oder Zugehörigkeit zu einer bestimmten sozialen Gruppe abzielen. Eine politische Verfolgung kann darüber hinaus auch wegen anderer vergleichbarer wesensimmanenter Merkmale, wie Homosexualität oder Geschlecht, in Betracht kommen (vgl. BVerwG, 15.03.1988 – 9 C 278/86, BVerwGE 79, 143, 146; BT-Drs. 12/4984, S. 48).

Die Zielrichtung der jeweiligen Maßnahme ist anhand entsprechender Indizien zu ermitteln. Maßgeblich für die Bewertung einer Maßnahme als politische Verfolgung ist insgesamt, dass der Schutzsuchende einerseits in ein übergreifendes, das Zusammenleben in der konkreten Gemeinschaft durch Befehl und Zwang ordnendes Herrschaftsgefüge eingebunden ist, welches den ihm Unterworfenen in der Regel Schutz gewährt, andererseits aber wegen asylerheblicher Merkmale von diesem Schutz ausgenommen und durch gezielt zugefügte Rechtsverletzungen aus der konkreten Gemeinschaft ausgeschlossen wird, was ihn in eine ausweglose Lage im Heimatstaat bringt, der er sich nur durch Flucht aus diesem Staat entziehen kann.

Die **dem Staat zurechenbare Verfolgung** ist als staatliche Verfolgung einzustufen. Die Verfolgung ist dem Staat zurechenbar, wenn dieser die Handlungen anregt, unterstützt, billigt oder tatenlos hinnimmt und den Betroffenen den ihnen zustehenden Schutz versagt, weil er dazu nicht willens oder für eine gewisse Dauer nicht im Stande ist (BVerwG, 02.09.1997 – 9 C 40/96, DVBl 1998, 271). Dem Staat stehen dabei solche staatsähnlichen Organisationen gleich, die den jeweiligen Staat verdrängt haben oder denen dieser das Feld überlassen hat und die ihn daher insoweit ersetzen. Es fehlt an einer staatlichen Verfolgungsgefahr, wenn der Herkunftsstaat nicht in der Lage ist, die Staatsgewalt effektiv auszuüben. Dem Staat stehen solche **staatsähnlichen Organisationen** gleich, die den jeweiligen Staat verdrängt haben oder denen dieser das Feld überlassen hat (vgl. BVerfG, 10.08.2000 – 2 BvR 260/98, AuAS 2000, 187; BVerfG, 10.08.2000 – 2 BvR 1353/98, AuAS 2000, 187).

Hat eine Bürgerkriegspartei die staatliche Herrschaftsgewalt in einem „Kernterritorium" eines Staates nach Fortfall der bisherigen Staatsgewalt übernommen und ein Herrschaftsgefüge von gewisser Stabilität wie ein Staat – im Sinne einer „übergreifenden Friedensordnung" – tatsächlich errichtet, kann von der Bürgerkriegspartei politische Verfolgung ausgehen. Eine anhaltende (äußere) militärische Bedrohung schließt das Bestehen eines staatsähnlichen Herrschaftsgefüges im Innern nicht zwingend aus (vgl. BVerfG, 10.08.2000 – 2 BvR 260/98, AuAS 2000, 187; BVerfG, 10.08.2000 – 2 BvR 1353/98, AuAS 2000, 187 [zur Herrschaft der Taliban in Afghanistan]).

Grundsätzlich kann sich derjenige, der seine politische Überzeugung mit terroristischen Mitteln kundgetan hat, nicht auf Art. 16a GG berufen. Maßnahmen eines Staates zur Terrorismusabwehr können aber dann eine asylerhebliche Verfolgung begründen, wenn sie über das erforderliche Maß hinausgehen. Eine gesteigerte Verfolgungsintensität oder eine besonders unmenschliche Behandlung können dahingehende Annahmen begründen (BVerfG, 26.10.2000 – 2 BvR 1280/99, InfAuslR 2001, 89).

5. Internationaler Flüchtlingsschutz

Eine politische Verfolgung i. S. v. § 60 Abs. 1 AufenthG, die mit dem in der so genannten Qualifikationsrichtlinie – Richtlinie 2011/95/EU vom 13.12.2011, ABl. EU Nr. L 337 S. 9 – geprägten Begriff deckungsgleich und den Standards in der EU angepasst ist, führt zwar zur Zuerkennung der Flüchtlingseigenschaft nach § 3 Abs. 1 AsylG, jedoch insbesondere dann nicht zur Anerkennung als Asylberechtigter nach Art. 16a Abs. 1 GG, wenn es am kausalen Zusammenhang zwischen Verfolgung, Flucht und Schutzgewährung fehlt und daher nur sog. Nachfluchtgründe geltend gemacht werden. Danach kann politische Verfolgung auch auf Grund der **Zugehörigkeit zu einer bestimmten sozialen Gruppe** vorliegen, wenn die Bedrohung des Lebens, der körperlichen Unversehrtheit oder der Freiheit allein an das Geschlecht anknüpft (§ 3 Abs. 1 Nr. 1, § 3b Abs. 1 Nr. 4 AsylG).

Diese Auslegung der politischen Verfolgung in der Qualifikationsrichtlinie führte zu einer Angleichung des deutschen Rechts an internationale Standards in §§ 3 bis 3e AsylG (vgl. dazu BVerwG, 10.02.2001 – 9 C 21/00; NVwZ 2001, 818; BVerwG, 25.07.2000 – 9 C 28/99, EZAR 201, Nr. 33 = NVwZ 2000, 1426; von Thenen, Geschlechtsspezifische Flucht- und Bleibegründe, 2004, S. 238). Der Verfolgungsschutz umfasst auch die Verfolgung auf Grund der sexuellen Orientierung in Übereinstimmung mit Art. 10 Buchst. d) der Qualifikationsrichtlinie. Die Schutzwirkung bezieht sich auch auf Vergewaltigungen und sonstige Formen sexueller Gewalt und vor den daraus resultierenden erheblichen gesellschaftlichen Folgen. Zu diesen frauenspezifischen Verfolgungen gehören auch staatlich oder gesellschaftlich sanktionierte Verhaltensvorschriften, die das „Leben als

Frau" so genau festlegen, dass ein selbst bestimmtes Leben i. S. v. Art. 2 GG nicht möglich ist (vgl. Duchrow, Flüchtlingsrecht und Zuwanderungsgesetz unter Berücksichtigung der sog. Qualifikationsrichtlinie, ZAR 2004, 339). Im Blick auf diese Rechtsänderung in Angleichung an die internationalen Standards stellt sich die berechtigte Frage, ob das nationale Asylgrundrecht, das eine zusätzliche verfahrensrechtliche Prüfung erfordert, aber in aufenthaltsrechtlicher Hinsicht nicht mehr zu Differenzierungen führt, noch beibehalten werden soll und auch diesbezüglich eine Rechtsangleichung im Hinblick auf den europäischen Integrationsprozess, der einen einheitlichen Rechtsraum erfordert, wünschenswert wäre.

Im Gegensatz zu Art. 16a Abs. 1 GG ist politische Verfolgung nach der Qualifikationsrichtlinie nicht nur **staatliche Verfolgung**, die von dem Herkunftsstaat ausgeht oder ihm zurechenbar ist.

6. Vor- und Nachfluchtgründe

Die Rechtsprechung fordert für die Gewährung des Asylrechts nach Art. 16a Abs. 1 GG zusätzlich einen Kausalzusammenhang zwischen Verfolgung und Flucht (so genannte Vorverfolgung). Das Asylgrundrecht kann lediglich dann auf Nachfluchtgründe gestützt werden, wenn der Sinn und Zweck der Asylverbürgung dies erfordert, z. B. bei sog. objektiven, nicht selbst geschaffenen Nachfluchtgründen (BVerfG, 10.07.1989 – 2 BvR 502/86, BVerfGE 80, 315; BVerwG, 15.05.1990 – 9 C 17/89, BVerwGE 85, 139).

7. Inländische Fluchtalternative

Eine zumutbare, hinreichend sichere inländische Fluchtalternative steht der Grundrechtsgewährung darüber hinaus entgegen (vgl. dazu § 3e AsylG; Art. 8 Qualifikationsrichtlinie). Eine inländische Fluchtalternative ist dann nicht gegeben, wenn der in seinem engeren Herkunftsgebiet Verfolgte in anderen Landesteilen zwar hinreichend sicher ist, dort aber einer existenziellen Gefährdung ausgesetzt wäre, die am Herkunftsort so nicht bestand.

Eine inländische Fluchtalternative ist unter wirtschaftlichen Gesichtspunkten dann gegeben, wenn bei generalisierender Betrachtungsweise die Lebensverhältnisse im verfolgungsfreien Gebiet nicht schlechter sind als im Herkunftsgebiet; auf die konkreten Lebensumstände des jeweiligen Asylbewerbers kommt es grundsätzlich nicht an (vgl. OVG Sachsen-Anhalt, 12.12.2002 – A 1 S 29/99, EZAR 203 Nr. 17). Das Fehlen des wirtschaftlichen Existenzminimums bzw. das Bestehen sonstiger existenzieller Gefährdungen am Ort einer inländischen Fluchtalternative ist nur dann asylerheblich, wenn es verfolgungsbedingt ist. Dies ist z. B. dann nicht der Fall, wenn Herkunftsort und Ort der inländischen Fluchtalternative im Falle der Rückkehr identisch sind. In diesem Fall fehlt es an einem kausalen Zusammenhang zwischen politischer Verfolgung und existenzieller Gefährdung. Demzufolge sind am Herkunftsort drohende sonstige Nachteile und Gefahren regelmäßig nicht verfolgungsbedingt (vgl. VGH Baden-Württemberg, 05.12.2000 – A 2 S 1/98).

Die Anerkennung als politischer Flüchtling nach Art. 16a Abs. 1 GG und die Zuerkennung der Flüchtlingseigenschaft nach § 3 Abs. 1 AsylG i. V. m. Art. 1 A FlüchtlAbk ist hinsichtlich des Bestehens einer inländischen Fluchtalternative erst gerechtfertigt, wenn feststeht, dass dem Ausländer die Rückkehr in eine sichere Region des Heimatstaates, die auch sonst alle Anforderungen an eine inländische Fluchtalternative erfüllt, dauerhaft nicht zumutbar möglich ist. Wer bei einer Rückkehr in den Heimatstaat die sicheren Landesteile zwar nicht vom Inland, aber unmittelbar vom Ausland aus erreichen kann, bedarf des asylrechtlichen Schutzes nicht. Es ist in erster Linie Sache des Ausländers, substantiiert Tatsachen vorzutragen, die ausnahmsweise eine Rückkehr in verfolgungsfreie Orte des Heimatstaates als unzumutbar erscheinen lassen können. Nur wenn die dauerhafte Nichterreichbarkeit der inländischen Fluchtalternative substantiiert geltend gemacht wird oder sich die Frage ernsthaft aufdrängt, bedarf es im Asylverfahren der ausdrücklichen Auseinandersetzung damit (vgl. BVerwG, 16.01.2001 – 9 C 16/00, AuAS 2001, 102).

Für eine **russische Staatsangehörige tschetschenischer Herkunft**, die durch russische Soldaten in Zusammenhang mit dem tschetschenischen Widerstand gebracht wurde und vorverfolgt ausgereist ist, ist es im konkreten Einzelfall nicht zumutbar, sich für wenige Tage nach Tschetschenien an den Ort ihrer bisherigen Registrierung zurück zu begeben, um sich einen neuen Inlandspass zu beschaffen und sodann die **inländische Fluchtalternative in der Russischen Föderation** wahrzunehmen (VG München, 14.07.2006 – M 16 K 06.50463).

8. Einschränkungen

Zu berücksichtigen sind nach Art. 16a Abs. 2 und 3 GG und §§ 26a und 29a AsylG des Weiteren

- der Ausschluss des Asylrechts für Einreisende aus sicheren Drittstaaten sowie
- die Beschränkungen im Hinblick auf aus sicheren Herkunftsstaaten einreisende Ausländer.

Der sichere Drittstaat muss nicht die letzte Station des Ausländers vor der Einreise in das Bundesgebiet gewesen sein. Vielmehr reicht es für die Erfüllung des Ausschlusstatbestandes des Art. 16a Abs. 2 GG aus, dass der Ausländer sich während seiner Reise (Fluchtweg) irgendwann in einem sicheren Drittstaat befunden hat und dort nach den Bestimmungen der Genfer Konvention hätte ausreichenden Schutz finden können (vgl. BVerfG, 14.05.1996 – 2 BvR 1938, 2315/93, NVwZ 1996, 700).

Die **Überstellung eines Asylbewerbersin einen sicheren Drittstaat** (vgl. Art. 16a Abs. 2 GG), der zugleich Vertragsstaat der Dublin III-VO ist, gemäß Art. 29 ff. der VO (EU) 604/2013 kann durch das BAMF im Wege einer Abschiebungsanordnung nach § 34a Abs. 1 AsylG erfolgen (vgl. VG Freiburg, 30.10.2007 – A 3 K 710/06, AuAS 2007, 91). Die Überstellung unterliegt den Einschränkungen des Art. 3 Abs. 2 Unterabs. 1 Dublin III-VO (systemische Schwachstellen in den Aufnahmebedingungen und im Asylverfahren), die im Verfahren auf vorläufigen Rechtsschutz nach § 80 Abs. 5 VwGO geltend gemacht werden können (§ 34a Abs. 2 AsylG).

9. Ausschlussgründe

Eine Flüchtlingseigenschaft wird nicht zuerkannt, wenn Asylausschlussgründe nach § 3 Abs. 2 AsylG vorliegen (vgl. BVerwG, 24.11.2009 – 10 C 24.08, InfAuslR 2010, 256, zu Kriegsverbrechen oder Verbrechen gegen die Menschlichkeit).

Siehe auch

Fachbeiträge:

Asylberechtigter / Asylbewerber / Aufenthaltserlaubnis – Asylberechtigte / Sicherer Drittstaat / Sicherer Herkunftsstaat / Vor- und Nachfluchtgründe

Rechtsprechung:

BVerfG, 10.08.2000 – 2 BvR 260/98, 1353/981353/98, InfAuslR 2000, 521 – Zur staatsähnlichen Verfolgung.

BVerfG, 23.01.1991 – 2 BvR 902/85, BVerfGE 83, 216 – Zur Gruppenverfolgung und Einzelverfolgung wegen Gruppenzugehörigkeit.

BVerwG, 25.07.2000 – 9 C 28/99, InfAuslR 2001, 48 – Zum Asyl bei Maßnahmen der Terrorismusabwehr und Folter.

BVerwG, 23.07.1991 – 9 C 154/90, BVerwGE 88, 367 – Zur Gruppenverfolgung und Einzelverfolgung wegen Gruppenzugehörigkeit.

BVerwG, 18.02.1986 – 9 C 16/85, BVerwGE 74, 31 – Zur Gruppenverfolgung und Einzelverfolgung wegen Gruppenzugehörigkeit.

Bayerischer VGH, 24.06.2005 – 9 B 04/30824, AuAS 2005, 199 – Zur politischen Verfolgung der Zeugen Jehovas in Eritrea (bejaht)

OVG Sachsen-Anhalt, 12.12.2002 – A 1 S 29/99, EZAR 203 Nr. 17 – Zum Vorliegen einer inländischen Fluchtalternative.

OVG Nordrhein-Westfalen, 25.01.2000 – 8 A 1292/96 A – Zur Gruppenverfolgung von Kurden in der Türkei; zur asylrelevanten Betätigung für die PKK.

VGH Baden-Württemberg, 05.12.2000 – A 2 S 1/98

VG Schleswig, 30.06.2005 – 6 A 59/05, AuAS 2005, 201 – Zur Schutzgewährung im Irak

Weiterführende Literatur:

Depenheuer/Grabenwarter (Hg.): Der Staat in der Flüchtlingskrise. Zwischen gutem Willen und geltendem Recht. 1. Aufl. 2016

Strieder, Was wird aus Art. 16a GG?, InfAuslR 2015, 451

Hirseland, Asyl und Flüchtlingsschutz in Deutschland: Entwicklungen und Herausforderungen, KommP spezial 2015, 114-118

Welte, Neue Steuerungselemente zur Bestimmung des Aufenthalts der Asylbewerber, ZAR 2015, 219-226

Neundorf, Kirchenasyl – Verfassungsrechtliche Aspekte und ausgewählte administrative Handlungsmöglichkeiten, ZAR 2011, 259 ff. und 389 – 394

Meyer/Schallenberger, Die EU-Flüchtlingsrichtlinie: Das Ende für das Forum Internum und Abschied von der Zurechnungstheorie?, NVwZ 2005, 776, zusammengefasst in LNCA 71906

Duchrow, Flüchtlingsrecht und Zuwanderungsgesetz unter Berücksichtigung der Qualifikationsrichtlinie, ZAR 2004, 339

Hailbronner, Auswirkungen der Europäisierung des Asyl- und Flüchtlingsrechts auf das deutsche Recht, ZAR 2003, 299, zusammengefasst in LNCA 36571

Jobs, Verfassungsrechtliche Anforderungen an verwaltungsgerichtliche Asylentscheidungen, ZAR 2002, 219

Müller, Geschlechtsspezifische Verfolgung, Asylmagazin 1-2/2002 (http://www.asyl.net)

Büge, Asylrechtlicher Prognosemaßstab bei kollektiver Verfolgungslage, NVwZ 1997, 664

Voßkuhle, Grundrechtspolitik und Asylkompromiss, DÖV 1994, 53

Hailbronner, Die Asylrechtsreform im Grundgesetz, ZAR 1993, 107

Renner, Asyl- und Ausländerrechtsreform 1993, ZAR 1993, 118

Welte, Zur europäischen Dimension der Asylgrundrechtsreform, BWVP 1993, 100, 101

Huber, Das Asylrecht nach der Grundgesetzänderung, NVwZ 1993, 736

Hehl, Die Neuregelung des Asylrechts, ZRP 1993, 301

Aufenthaltsbereich – Verlassenserlaubnis

Rechtsnormen: § 58 AsylG; § 56 AsylG; § 57 AsylG

1. Allgemeines

Das vorübergehende oder allgemeine **Verlassen des zugewiesenen Aufenthaltsbereichs** (vgl. § 56 Abs. 1 AsylG) durch Asylbewerber ist nach § 58 AsylG grundsätzlich **erlaubnispflichtig**. Das Verlassen des Bereichs der in der Aufenthaltsgestattung festgelegten räumlichen Aufenthaltsbeschränkung bedarf der Verlassenserlaubnis nach § 58 AsylG. Besteht Wohnpflicht in einer Aufnahmeeinrichtung, kann dieser Aufenthaltsbereich unter den Voraussetzungen des § 57 AsylG verlassen werden. Eine entsprechende Erlaubnis der Ausländerbehörde (§ 71 Abs. 1 AufenthG) setzt voraus, dass der Ausländer nicht (mehr) verpflichtet ist, in einer Aufnahmeeinrichtung zu wohnen (§§ 47 bis 49 AsylG). Hat der Ausländer in einer Aufnahmeeinrichtung zu wohnen, findet diesbezüglich § 57 AsylG Anwendung.

Allerdings ist im Rahmen des § 58 AsylG eine Aufhebung der räumlichen Beschränkung (§ 56 AsylG) nicht möglich, da explizit nur das vorübergehende Verlassen des zugewiesenen Aufenthaltsbereichs geregelt ist.

Einer **Erlaubnis bedarf es nicht**, wenn der Ausländer Termine bei Behörden und Gerichten, bei denen sein persönliches Erscheinen erforderlich ist (z. B. auf Vorladung), wahrnimmt (§ 58 Abs. 3 AsylG) oder wenn es sich um einen so genannten Bona-fide-Flüchtling handelt, der als Asylberechtigter oder Konventionsflüchtling noch nicht unanfechtbar anerkannt worden ist (§ 58 Abs. 4 Satz 1 AsylG). Gleiches gilt für deren Ehegatten und minderjährige ledige Kinder (§ 58 Abs. 4 Satz 2 AsylG). Eine **Erlaubnis** zum Verlassen des zugewiesenen Aufenthaltsbereichs **erübrigt sich**, wenn eine räumliche Aufenthaltsbeschränkung nicht mehr besteht bzw. erloschen nach § 59a AsylG ist und nur eine Wohnsitzauflage nach § 60 Abs. 1 oder 2 AsylG angeordnet wurde. Die Anordnung einer Wohnsitzauflage stellt im Vergleich zur räumlichen Beschränkung des Aufenthalts einen geringeren Eingriff dar. Sie ordnet zwar eine Wohnpflicht an einem bestimmten Ort an, schränkt die Freizügigkeit im Bundesgebiet im Übrigen aber nicht ein.

2. Anspruch

Eine Erlaubnis zum Verlassen des zugewiesenen Aufenthaltsbereichs ist zu erteilen, wenn hieran ein **dringendes öffentliches Interesse** besteht, **zwingende Gründe** es erfordern oder die Versagung der Erlaubnis eine **unbillige Härte** bedeuten würde (§ 58 Abs. 1 Satz 2 AsylG).

3. Regelanspruch

Eine Erlaubnis *soll* erteilt werden zur Wahrnehmung von Terminen bei Bevollmächtigten, beim Hohen Flüchtlingskommissar der Vereinten Nationen (UNHCR) und bei Organisationen, die sich mit der Betreuung von Flüchtlingen befassen (§ 58 Abs. 2 AsylG).

Nur in atypischen Fällen besteht kein Regelanspruch auf Erteilung einer entsprechenden Erlaubnis (z. B. wenn der Ausländer asylfremde Zwecke verfolgt; wenn von ihm eine Gefahr für die öffentliche Sicherheit ausgeht).

4. Ermessen

Im Übrigen kann die Ausländerbehörde einem Ausländer, der nicht oder nicht mehr verpflichtet ist, in einer Aufnahmeeinrichtung zu wohnen, im Ermessenswege erlauben, den Geltungsbereich der Aufenthaltsgestattung vorübergehend zu verlassen oder sich allgemein in dem angrenzenden Bezirk einer Ausländerbehörde aufzuhalten (§ 58 Abs. 1 Satz 1 AsylG). Die Erlaubnis nach letztgenannter Fallvariante bedarf der **Zustimmung** der Ausländerbehörde, für deren Bezirk der allgemeine Aufenthalt zugelassen wird (§ 58 Abs. 1 Satz 3 AsylG).

Das Ermessen ist durch die rechtsstaatlichen Grundsätze sowie durch vorrangiges Unions- und Verfassungsrecht (z. B. Art. 7, Art. 24 Abs. 2 GRCh; Art. 6 GG) und das Völkerrecht (z. B. Art. 8 EMRK) begrenzt; der Möglichkeit, diesen Gesichtspunkten von öffentlichem Belang durch die Erteilung einer Verlassenserlaubnis unter Berücksichtigung ordnungsrechtlicher Gesichtspunkte vorübergehend Rechnung tragen zu können, kommt daher bei der Abwägung besondere Bedeutung zu.

Die auf kreisebene angesiedelten unteren Ausländerbehörden (Landratsämter, Große Kreisstädte) *können* einem Ausländer allgemein erlauben, sich vorübergehend im gesamten Gebiet des Kreises, also auch im Bezirk anderer kreisangehöriger Ausländerbehörden aufzuhalten (§ 58 Abs. 5 AsylG). Durch Rechtsverordnung können die Länder, um örtlichen Verhältnissen Rechnung zu tragen, regeln, dass sich Ausländer ohne Erlaubnis vorübergehend in einem die Bezirke mehrerer Ausländerbehörden übergreifenden Gebiet aufhalten dürfen (§ 58 Abs. 6 AsylG).

Soweit die Entscheidung im **Ermessen der Ausländerbehörde** steht, kann das Ermessen durch Verwaltungsvorschriften gebunden werden. Die Ausländerbehörde hat im Rahmen der Einzelfallentscheidung auch dem Grundsatz der Verhältnismäßigkeit Rechnung zu tragen.

Eine direkte Bindung der Ausländerbehörden an die Richtlinie Nr. 2003/9/EG (Aufnahmerichtlinie) besteht nicht. Die gegenwärtige Rechtslage in Deutschland ist weitestgehend kompatibel mit der Aufnahmerichtlinie. Die geforderten Mindeststandards sind bereits im deutschen Recht enthalten und werden in diesem Rahmen auch von den Ausländerbehörden bei ihren Entscheidungen berücksichtigt. Der Schutz der unveräußerlichen Privatsphäre des Ausländers wird durch die differenzierten Regelungen des Asylverfahrensgesetzes, u.a. durch § 58 AsylG, gewährleistet.

Die Entscheidung über die Erlaubnis zum Verlassen des Aufenthaltsbereichs kann nur auf der Grundlage der konkreten Umstände des Einzelfalls und deren Bewertung getroffen werden. Hierzu können auch Gesichtspunkte des **Wohles eines Kindes** (Art. 24 Abs. 2 GRCh) gehören.

Als **Gründe für eine Erlaubnis** zum Verlassen des zugewiesenen Aufenthaltsbereichs kommen Schulausflüge, Schullandheimaufenthalte und vergleichbare Gemeinschaftsveranstaltungen im Rahmen des Besuchs allgemeinbildender Schulen in Betracht.

Zu den im Rahmen des § 58 AsylG zu berücksichtigenden Umständen des Einzelfalles kann auch gehören, dass eine Person besonders schutzbedürftig ist. So ist z. B. eine notwendige medizinische Behandlung außerhalb des zugewiesenen Aufenthaltsbereichs in aller Regel ein Grund, eine Erlaubnis zum vorübergehenden Verlassen zu erteilen.

5. Verlassen des Orts des gewöhnlichen Aufenthalts

Ein Ausländer, der den Ort des gewöhnlichen Aufenthalts entgegen einer ihm auferlegten Wohnsitzauflage (§ 60 Abs. 1 AsylG) nicht nur vorübergehend verlässt, unterliegt kraft Gesetzes der Verlassenspflicht des § 12 Abs. 3 AufenthG, die nach § 59 Abs. 1 AsylG im Wege des Verwaltungszwangs durchgesetzt werden kann.

Zuständig für die Durchführung der Verlassenspflicht sind nach § 71 Abs. 5 AufenthG auch die Polizeien der Länder.

Die Regelung in § 60 Abs. 1 Satz 3 AsylG, dass der Ausländer den in der Wohnsitzauflage genannten Ort ohne Erlaubnis vorübergehend verlassen kann, hat lediglich deklaratorische Bedeutung (vgl. dazu § 50 Abs. 4 AufenthG, zur Anzeigepflicht bei Wohnungswechsel und Abwesenheit). Die Anordnung einer Wohnsitzauflage stellt im Vergleich zur räumlichen Beschränkung des Aufenthalts einen geringeren Eingriff dar. Sie ordnet zwar eine Wohnpflicht an einem bestimmten Ort an, schränkt die Bewegungs- und Reisefreiheit im Bundesgebiet im Übrigen aber nicht ein. Eine Verlassenserlaubnis nach § 12 Abs. 5 AufenthG ist daher nicht erforderlich.

Siehe auch

Fachbeiträge:

Zuweisung / Aufenthaltserlaubnis – Asylberechtigte / Asylantrag / Abschiebungsverbot – polit. Verfolgungsgründe

Weiterführende Literatur:

Pelzer/Pichl, Wohnsitzauflage und Residenzpflicht: Aktuelle Einschränkungen der Freizügigkeit von Flüchtlingen, ZAR 2016, 96-101.

Ruge, Residenzpflicht als Voraussetzung für Integration, ZAR 2016, 89-96.

Lehner/Lippold, Wohnsitzauflagen für anerkannte Flüchtlinge und subsidiär Schutzberechtigte: Was lässt das (Europa-) recht zu?, ZAR 2016, 81-89.

Welte, Neue Steuerungselemente zur Bestimmung des Aufenthalts der Asylbewerber, ZAR 2015, 219-226.

Rosenstein, Neuregelung der Residenzpflicht – Die Analyse des Gesetzes aus der Sicht der ausländerbehördlichen Praxis, ZAR 2015, 226-230.

Aufenthaltsbeschränkung

Rechtsnormen: § 47 AsylG; § 50 Abs. 3 und 4 AsylG; § 55 Abs. 1 AsylG; § 56 Abs. 1 und 2 AsylG; § 59a AsylG; § 59b AsylG; § 71 Abs. 7 AsylG

1. Allgemeines

Nach § 56 Abs. 1 Satz 1 AsylG ist die Aufenthaltsgestattung (§ 55 Abs. 1 AsylG) räumlich auf den Bezirk der Ausländerbehörde beschränkt, in dem die für die Aufnahme des Ausländers zuständige Aufnahmeeinrichtung, in der der Asylbewerber nach § 47 AsylG zu wohnen hat, liegt. Besteht keine Wohnpflicht in einer Aufnahmeeinrichtung im Bezirk einer Ausländerbehörde, sondern in einer Gemeinschafts- oder Privatunterkunft im Bezirk einer anderen Ausländerbehörde z. B. im Wege der Anschlussunterbringung oder dem Wegfall der Wohnpflicht in der Aufnahmeeinrichtung (vgl. §§ 48 bis 51 AsylG), ist die Aufenthaltsgestattung räumlich auf deren Bezirk beschränkt (§ 56 Abs. 2 AsylG).

Eine türkische Staatsangehörige arabischer Volkszugehörigkeit, die **Mutter zweier nichtehelicher Kinder** und deshalb **Repressalien** ihrer Familie ausgesetzt ist, hat einen Anspruch darauf, dauerhaft außerhalb des Zuständigkeitsbereichs der Ausländerbehörde zu wohnen, wenn sie damit den Gefährdungen durch ihre Familie entgehen kann (VG Lüneburg, 18.04.2007 – 5 A 93/06).

Verstößt der Ausländer gegen die zuletzt verfügte räumliche Beschränkung, liegt auch nach Erlöschen der Aufenthaltsgestattung eine Zuwiderhandlung nach §§ 85 Nr. 2 bzw. 86 Abs. 1 AsylG vor.

2. Befreiung von der räumlichen Beschränkung des Aufenthalts

Eine räumliche Beschränkung nach § 56 Abs. 1 AsylG erübrigt sich bei Asylbewerbern, bei denen keine Wohnverpflichtung in einer Erstaufnahmeeinrichtung besteht. Dabei geht es um Personen,

- die im Besitz eines Aufenthaltstitels von mehr als sechs Monaten sind (§ 14 Abs. 2 Satz 1 Nr. 1 AsylG),
- die ohnehin in ihrer Bewegungsfreiheit eingeschränkt sind bzw. bei denen zuständige Stellen zur sachgerechten Entscheidung über ihren Aufenthaltsort bestehen (§ 14 Abs. 2 Satz 1 Nr. 2 AsylG) sowie
- um Minderjährige, deren Aufenthaltsort lediglich akzessorisch zum Aufenthaltsort des gesetzlichen Vertreters bestimmt wird (§ 14 Abs. 2 Satz 1 Nr. 3 AsylG).

Als Auffangtatbestand dient erforderlichenfalls die Ermessensregelung in § 60 Abs. 2 AsylG.

3. Erlöschen der gesetzlichen räumlichen Beschränkung der Aufenthaltsgestattung nach drei Monaten

In § 59a Abs. 1 Satz 1 AsylG wird der Erlöschenstatbestand für die kraft Gesetzes nach § 56 AsylG bestehende räumliche Beschränkung des Aufenthalts abschließend normiert. Diese Vorschrift regelt das Erlöschen der räumlichen Beschränkung nach Ablauf eines dreimonatigen ununterbrochenen erlaubten, geduldeten oder gestatteten Aufenthalts im Bundesgebiet im Bundesgebiet (vgl. *Welte*, Neue Steuerungsinstrumente zur Bestimmung des Aufenthalts der Asylbewerber, ZAR 2015, 219-226, *Rosenstein*, Neuregelung der Residenzpflicht – Die Analyse des Gesetzes aus der Sicht der ausländerbehördlichen Praxis, ZAR 2015, 226-230).

Tritt die Antrags-Rücknahmefiktion nach § 33 Abs. 1 und 3 AsylG ein, tritt die Aufenthaltsgestattung außer Kraft (vgl. § 67 Abs. 2 Nr. 2 AsylG). Diese Zeit kann daher nicht auf die Zeit der Aufenthaltsgestattung angerechnet werden.

Hält sich der Asylbewerber seit drei Monaten ununterbrochen erlaubt, geduldet oder gestattet im Bundesgebiet auf, erlischt die räumliche Beschränkung nach § 56 AsylG, es sei denn, der Ausländer unterliegt weiterhin der Wohnpflicht in einer Aufnahmeeinrichtung (§ 59a Abs. 1 Satz 2 AsylG) oder die Beschränkung wird aus den in § 59b Abs. 1 Nr. 1 bis 3 AsylG genannten Gründen im Einzelfall angeordnet.

Die räumliche Beschränkung erlischt nicht nach § 59a Abs. 1 Satz 1 AsylG, solange die Verpflichtung des Ausländers, in der für seine Aufnahme zuständigen Aufnahmeeinrichtung zu wohnen, fortbesteht (§ 59a Abs. 1 Satz 2 AsylG). Die Wohnpflicht kann bis zu sechs Monate bestehen (§ 47 Abs. 1 Satz 1 AsylG).

Nach § 47 Abs. 1a AsylG sind – abweichend von Abs. 1 – Ausländer aus einem sicheren Herkunftsstaat (§ 29a AsylG) verpflichtet, bis zur Entscheidung des BAMF über den Asylantrag und im Falle der Ablehnung des Asylantrags mangels internationaler Schutzberechtigung und Asylrecht (§ 1 Abs. 1 AsylG) nach § 29a AsylG als offensichtlich unbegründet bis zur Ausreise oder bis zum Vollzug der Abschiebungsandrohung in der für ihre Aufnahme zuständigen Aufnahmeeinrichtung zu wohnen. Die §§ 48 bis 50 AsylG bleiben unberührt.

Der Erlöschenstatbestand tritt kraft Gesetzes ein. Das Erlöschen der räumlichen Beschränkung wird in der Bescheinigung über die Aufenthaltsgestattung (§ 63 AsylG) oder in dem Ankunftsnachweis (§ 63b AsylG) vermerkt (deklaratorische Entscheidung).

4. Anordnung einer räumlichen Beschränkung im Einzelfall

4.1. Anordnung einer räumlichen Beschränkung im Ermessenswege

§ 59b Abs. 1 AsylG normiert die Fälle, in denen eine **räumliche Beschränkung im Einzelfall** – auch neben der räumlichen Beschränkung nach § 56 AsylG – im Ermessenswege abweichend von § 59a Abs. 1 AsylG angeordnet werden kann. § 59b Abs. 1 Nr. 1 bis 3 AsylG enthält Ausnahmemöglichkeiten, eine räumliche Beschränkung behördlich anzuordnen, wenn der Erlöschenstatbestand nach § 59a Abs. 1 erfüllt ist. für Die als

Ausnahme vorgesehene Möglichkeit der behördlichen Anordnung einer räumlichen Beschränkung im Fall von Straftätern, Personen, bei denen der begründete Tatverdacht eines Verstoßes gegen das Betäubungsmittelgesetz besteht, sowie von Personen, bei denen aufenthaltsbeendende Maßnahmen konkret bevorstehen, ist in § 59b Abs. 1 AsylG abschließend geregelt. Auf die so angeordnete räumliche Beschränkung findet das bisherige Rechtsregime der kraft Gesetzes bestehenden räumlichen Beschränkung und deren Fortgeltung Anwendung (§ 59a Abs. 2 und § 59b Abs. 2 AsylG). Das bedeutet auch, dass Verstöße hiergegen sanktionsbewehrt (§ 85 Nr. 2, § 86 Abs. 1 AsylG) sind.

§ 59b Abs. 1 AsylG regelt in Nr. 1 bis 3, in welchen Fällen eine räumliche Beschränkung des Aufenthalts von Asylbewerbern unabhängig von § 59a Abs. 1 AsylG im Ermessenswege auch neben einer Wohnsitzauflage angeordnet werden kann. Die räumliche Beschränkung kann sich daher auch auf einen Teil des Landes oder auf den Bezirk der Ausländerbehörde beziehen. Durch Auflage kann daher eine engere räumliche Beschränkung des Aufenthalts als auf das Land angeordnet werden, wenn dies ordnungsrechtliche, insbesondere aufenthaltsrechtliche Zwecke erfordern. Der Aufenthalt des vollziehbar ausreisepflichtigen Ausländers kann z. B. auf eine Gemeinde, eine Stadt oder einen Landkreis beschränkt werden.

4.1.1. Rechtskräftige Verurteilung (Nr. 1)

Wurde der Ausländer wegen einer Straftat rechtskräftig verurteilt, kann nach § 59b Abs. 1 Nr. 1 AsylG neben einer Wohnsitzauflage die räumliche Beschränkung des Aufenthalts im Ermessenswege angeordnet werden. Der Verurteilung muss eine Straftat zugrunde liegen, die nicht nur von Ausländern begangen werden kann. Es handelt sich in der Regel um die in § 95 AufenthG und § 85 AsylG genannten ausländertypischen Straftaten. Zu diesen Straftaten gehört etwa nicht der Verstoß gegen eine räumliche Aufenthaltsbeschränkung während des Asylverfahrens (vgl. § 85 Nr. 2 AsylG).

4.1.2. Tatverdacht eines Verstoßes gegen das Betäubungsmittelgesetz (Nr.2)

Bei hinreichendem Verdacht eines Verstoßes gegen das Betäubungsmittelgesetz kann nach § 59b Abs. 1 Nr. 2 AsylG die räumliche Beschränkung des Aufenthalts im Ermessenswege angeordnet werden. Eine (rechtskräftige) strafgerichtliche Verurteilung muss nicht – wie in den Fällen des § 59b Abs. 1 Nr. 1 AsylG – zwingend vorliegen.

Die Ausländerbehörde kann zur Feststellung, ob solche Verdachtsmomente gegen den Ausländer vorliegen, die Anklageschrift der Staatsanwaltschaft gemäß § 86 AufenthG – Datenerhebung – heranziehen.

4.1.3. Konkret bevorstehende aufenthaltsbeendende Maßnahmen (Nr. 3)

Stehen aufenthaltsbeendende Maßnahmen gegen den Ausländer konkret, d. h. nach Lage des Einzelfalls, bevor, kann nach § 59b Abs. 1 Nr. 3 AsylG die räumliche Beschränkung des Aufenthalts im Ermessenswege angeordnet werden. In diesem Fall soll durch die Anordnung der räumlichen Beschränkung die Zugriffsmöglichkeit der Ausländerbehörde und der mit der aufenthaltsbeendenden Maßnahme befassten Stellen auf den vollziehbar ausreisepflichtigen Ausländer möglichst sichergestellt werden.

Bei der Entscheidung kommt im Blick auf den Begriff „unmittelbar bevorstehende aufenthaltsbeendende Maßnahmen“ dem entsprechenden **Zeitfaktor** besondere Bedeutung zu. Das Wort „unmittelbar“ bringt zum Ausdruck, dass die aufenthaltsbeendende Maßnahme nicht nur zu irgend einem Zeitpunkt in absehbarer Zeit stattfinden wird, sondern sich dieser Zeitpunkt nach konkreten Anhaltspunkten bestimmen lässt und in naher Zukunft liegt. Der Zeitpunkt der Abschiebung darf daher nicht ungewiss sein, auch wenn ein Grund für die Verlängerung der Ausreisefrist nach § 59 Abs. 1 Satz 4 AufenthG vorliegt.

Aufenthaltsbeendende Maßnahmen im Sinne von § 59b Abs. 1 Nr. 3 AsylG stehen konkret bevor, wenn die Ausländerbehörde konkrete Schritte zur Beendigung des Aufenthalts unternommen bzw. eingeleitet hat. Diese Voraussetzung liegt insbesondere in Fällen vor, in denen vollziehbare Ausreisepflicht nach § 58 Abs. 2 AufenthG besteht und eine Aussetzung der Abschiebung nach § 60a AufenthG oder nach § 43 AsylG nicht in Betracht kommt.

Liegen Gründe für die Anordnung oder Aufrechterhaltung von Sicherungshaft nach § 14 Abs. 3 AsylG vor, kann auch eine Abschiebung bevorstehen, wenn dies die persönlichen Verhältnisse des Ausländers zulassen.

4.1.4. Ermessensausübung

Nach § 59b Abs. 1 AsylG liegt die Anordnung einer räumlichen Beschränkung des Aufenthalts im Ermessen der zuständigen Behörde (vgl. § 40 VwVfG). Die Ermessensausübung orientiert sich am Zweck der Aussetzung der Abschiebung und der sonstigen aufenthaltsrechtlich erheblichen Zwecke, die im Einzelfall gegen den Ausländer sprechen und nach § 59b Abs. 1 Nr. 1 bis 3 AsylG erheblich sind.
Es handelt sich um Tatbestandsmerkmale, die den Ausländer persönlich betreffen. Bei der Ermessensentscheidung sind daher die Umstände des Einzelfalles zu berücksichtigen und eine Interessenabwägung vorzunehmen.

5. Fortgeltung der räumlichen Beschränkung

Nach § 59a Abs. 2 Satz 1 AsylG bleibt eine räumliche Beschränkung nach § 56 AsylG auch nach Erlöschen der Aufenthaltsgestattung (§ 67 AsylG) solange in Kraft, bis sie aufgehoben wird, es sei denn, sie ist bereits nach § 59a Abs. 1 AsylG erloschen. Eine räumliche Beschränkung erlischt auch dann kraft Gesetzes, wenn ein Aufenthaltstitel erteilt wird oder eine Fiktionswirkung nach § 25 Abs. 1 Satz 3 oder § 25 Abs. 2 Satz 2 AufenthG nach der Asylanerkennung oder der Zuerkennung des Flüchtlingsschutzes eintritt.

Stellt der Ausländer einen Asylfolgeantrag, gilt die letzte räumliche Beschränkung fort, solange keine andere Entscheidung ergeht (§ 71 Abs. 7 Satz 1 AsylG). Nach § 71 Abs. 7 Satz 2 AsylG sind auch die Regelungen zum Wegfall bzw. zur Anordnung einer räumlichen Beschränkung gemäß §§ 59a und 59b AsylG auf die nach Satz 1 fortgeltende räumliche Beschränkung anzuwenden sind.

6. Verlassenspflicht

Der Ausländer, der entgegen einer ihm auferlegten asylverfahrensrechtlichen Aufenthaltsbeschränkung seinen Aufenthalt im Bezirk einer anderen Ausländerbehörde nimmt, unterliegt kraft Gesetzes der Verlassenspflicht nach § 12 Abs. 3 AufenthG. Durch die Verlassenspflicht wird verhindert, dass der Ausländer im Bezirk einer anderen Ausländerbehörde in der Regel keinen eine örtliche Zuständigkeit begründenden gewöhnlichen Aufenthalt hat (vgl. OVG Berlin, 23.10.2000 – 8 S 21/00, InfAuslR 2001, 165).

Siehe auch

Fachbeiträge:

Aufenthaltserlaubnis – Asylberechtigte / Zuweisung / Asylantrag / Asylbewerberleistungsgesetz / Abschiebungsverbot – polit. Verfolgungsgründe

Weiterführende Literatur:

Welte, Asylbewerber im Bundesgebiet – Einreise und Aufenthalt, SächsVBl. 2016, 1-7.

Welte, Neue Steuerungsinstrumente zur Bestimmung des Aufenthalts der Asylbewerber, ZAR 2015, 219-226.

Rosenstein, Neuregelung der Residenzpflicht – Die Analyse des Gesetzes aus der Sicht der ausländerbehördlichen Praxis, ZAR 2015, 226-230.

Aufenthaltserlaubnis – Anordnung BMI

Rechtsnormen: § 23 Abs. 2 AufenthG; § 23 Abs. 4 AufenthG

1. Erteilung einer Niederlassungserlaubnis oder Aufenthaltserlaubnis für bestimmte Ausländergruppen

1.1. Allgemeines

§ 23 Abs. 2 AufenthG dient nach dem Außerkrafttreten des Kontingentflüchtlingsgesetzes insbesondere als Rechtsgrundlage für eine weitergehende **Aufnahme jüdischer Emigranten** aus der ehemaligen Sowjetunion, wobei an die Stelle der Erteilung einer unbefristeten Aufenthaltserlaubnis nach altem Recht in entsprechender Anwendung des § 1 Abs. 3 FlüMaßnG bis zur Neufassung des § 23 Abs. 2 AufenthG durch Art. 2 Nr. 2 Buchstabe b des Siebten Gesetzes zur Änderung des Bundesvertriebenengesetzes v. 16.05.2007 (BGBl. I S. 748) die Erteilung einer Niederlassungserlaubnis (vgl. § 9 AufenthG) getreten ist. Nach der Neufassung des § 23 Abs. 2 AufenthG wird die Erteilung eine Aufenthaltserlaubnis oder Niederlassungserlaubnis entsprechend der Aufnahmezusage des BAMF erteilt.

Bund und Länder haben sich im Rahmen der Innenministerkonferenz – IMK – am 24.06.2005 politisch darauf verständigt, dass das Aufnahmeverfahren für **jüdische Zuwanderer** aus der ehemaligen Sowjetunion mit Ausnahme der baltischen Staaten ab dem 01.07.2006 auf Bundesebene gesteuert und durch das BAMF durchgeführt werden soll. Dementsprechend ist die Neufassung des § 23 Abs. 2 AufenthG im Hinblick auf die Übertragung des Aufnahmeverfahrens für jüdische Zuwanderer aus der ehemaligen Sowjetunion mit Ausnahme der baltischen Staaten auf den Bund erforderlich geworden.

1.2. Anordnungsbefugnis

Für den **zentralen Bundesvollzug** bedurfte es der Neufassung des § 23 Abs. 2 AufenthG sowie einer entsprechenden **Aufgabenzuweisung auf das BAMF** (vgl. § 75 Nr. 8 AufenthG). Mit der Neufassung des § 23 Abs. 2 AufenthG wird eine dem Absatz 1 nachgebildete **Anordnungsbefugnis für das Bundesministerium des Innern** (BMI) geschaffen. Im Gegensatz zu den Anordnungen der Länder nach § 23 Abs. 1 AufenthG kann die Anordnung des Bundesministeriums des Innern bundesweit einheitlich Anwendung finden und hat ebenfalls die **Qualität einer Verwaltungsvorschrift**, die (trotz IMK-Beschluss) nur dann für die Länder verbindlich ist, wenn sie von der Bundesregierung erlassen wird und der Bundesrat zugestimmt hat (Art. 84 Abs. 2 GG) oder auf Landesebene für verbindlich erklärt wird. Dieser Umstand schränkt jedoch die Bindung der Landesbehörden an die **Aufnahmezusage** des BAMF, bei der es sich um einen angreifbaren Verwaltungsakt handelt – hinsichtlich der Erteilung eines bestimmten Aufenthaltstitels nicht ein, da § 23 Abs. 2 Satz 3 AufenthG unmittelbar eine entsprechende Bindungswirkung entfaltet.

Die vom Bundesministerium des Innern zu erlassende Anordnung wird im **Benehmen mit den obersten Landesbehörden** erlassen. Ihr muss eine Verständigung zwischen Bund

und Ländern über die besonders gelagerten politischen Interessen des Gesamtstaates vorangehen. Seit dem 01.01.2005 werden jüdische Zuwanderer nach Maßgabe der Beschlüsse der Innenministerkonferenz vom 29.12.2004 und 18.11.2005 auf der Grundlage von Anordnungen der Länder nach § 23 Abs. 1 i. V. m. mit § 23 Abs. 2 Satz 1 AufenthG aufgenommen. Im Hinblick auf den derzeit **einzigen Anwendungsfall**, die **jüdische Zuwanderung** aus der ehemaligen Sowjetunion mit Ausnahme der baltischen Staaten, ist das nach § 23 Abs. 2 Satz 1 AufenthG Benehmen auf der Basis der Beschlusslage der Innenministerkonferenz bereits hergestellt.

1.3. Aufnahmezusage

Die Aufnahmezusage wird vom BAMF in bundeseigener Verwaltung erteilt. Bei der Aufnahmezusage handelt es sich – im Gegensatz zu der Aufnahmeerklärung des BMI nach § 22 Satz 2 AufenthG- um einen **begünstigenden Verwaltungsakt**, der die Aufnahme in das Bundesgebiet zusichert. Aus dieser Zusage lässt sich auch ein schutzwürdiges Vertrauen auf Erteilung eines zugesicherten Aufenthaltstitels herleiten (vgl. § 38 Abs. 1 VwVfG). Die Aufnahmezusage bewirkt bei visumpflichtigen Ausländern (vgl. Art. 1 Abs. 1 EUVisumVO) die Erteilung eines nationalen Visums (§ 6 Abs. 4 AufenthG). Die Versagung einer Aufnahmezusage ist im Klageverfahren anfechtbar. § 23 Abs. 2 Satz 2 AufenthG schließt die Durchführung eines Vor- bzw. Widerspruchverfahrens gemäß § 68 Abs. 1 Satz 2 erste Alt. VwGO aus.

1.4. Aufenthaltstitel

Nach der Einreise erhält der Zuwanderer entsprechend der Aufnahmezusage einen Aufenthaltstitel (**Niederlassungserlaubnisoder Aufenthaltserlaubnis**) von den zuständigen Behörden der Länder. Diesen Zuwanderern wird kein Reiseausweis für Flüchtlinge nach Art. 28 GK erteilt. Ihnen kann unter den Voraussetzungen des § 5 AufenthV ein Reiseausweis für Ausländer erteilt werden.

Die bisher auf Grund entsprechender Länder-Absprachen in den Fällen des Sozialhilfebezugs **praktizierte Wohnsitzauflage** findet als Ausnahme vom Grundsatz der Beschränkungsfreiheit der Niederlassungserlaubnis (§ 9 Abs. 1AufenthG) in § 23 Abs.2 Satz 2 AufenthG eine ausdrückliche gesetzliche Grundlage. Eine Wohnsitz beschränkende Auflage wird aufgehoben, wenn eine den Lebensunterhalt sichernde Erwerbstätigkeit aufgenommen wird (vgl. Umlaufbeschluss der IMK vom 18.11.2005, Teil 3, InfAuslR 2006, 82).

Seit dem 01.01.2005 werden **jüdische Zuwanderer** nach Maßgabe der Beschlüsse der Innenministerkonferenz vom 29.12.2004 und 18.11.2005 auf der Grundlage von Anordnungen der Länder nach § 23 Abs. 1 i. V. m. mit § 23 Abs. 2 Satz 1 AufenthG aufgenommen. Im Hinblick auf den derzeit **einzigen Anwendungsfall**, die jüdische Zuwanderung aus der ehemaligen Sowjetunion mit Ausnahme der baltischen Staaten, ist das Benehmen auf der Basis der Beschlusslage der Innenministerkonferenz bereits hergestellt. Bei jüdischen Zuwanderern, die ab dem 01.01.2005 aufgenommen worden sind, und deren Aufenthaltstitel nach § 51 Abs. 1 Nr. 7 AufenthG wegen **Ausreise** erlischt, richtet sich die Wiedereinreise in das Bundesgebiet nach allgemeinen ausländerrechtlichen Bestimmungen.

Familienangehörige, die nicht die Voraussetzungen für eine Aufnahme als jüdischer Zuwanderer erfüllen, erhalten eine Aufenthaltserlaubnis nach § 23 Abs. 1 AufenthG.

2. Neuansiedlung von Resettlement-Flüchtlingen

Durch Art. 1 Nr. 10 des Gesetzes zur Neubestimmung des Bleiberechts und der Aufenthaltsbeendigung vom 27.07.2015 (BGBl. I S. 1386) ist Absatz 4 mit Wirkung vom 01.08.2015 § 23 AufenthG angefügt worden (vgl. Tometten, Resettlement-Flüchtlinge: Die teilweise Gleichstellung nach der Reform des Aufenthaltsgesetzes und ihre Konformität mit dem internationalen Flüchtlingsrecht, ZAR 2015, 299-303).

Resettlement zielt darauf ab, besonders schutzbedürftigen Menschen, die aus ihrer Heimat in einen Drittstaat geflohen sind, aber dort keine dauerhafte Lebensperspektive haben, eine neue Perspektive im Aufnahmestaat zu eröffnen. Das deutsche Resettlement-Programm, in dessen Rahmen seit 2012 jährlich 300 Flüchtlinge nach Deutschland kommen, wird nach einem Beschluss der Herbstkonferenz der Innenminister und -senatoren der Länder aus dem Jahr 2013 ab 2015 fortgesetzt und verstetigt. Da es somit künftig ein fest institutionalisiertes Programm zur Neuansiedlung von Schutzsuchenden in Deutschland gibt, wird durch § 23 Abs. 4 AufenthG eine speziell auf diese Form der Zuwanderung aus humanitären Gründen zugeschnittene Regelung normiert, in der die Voraussetzungen und Folgen sowie die Privilegierungen – etwa beim Familiennachzug – geregelt werden.

Die Erteilung einer Aufenthaltserlaubnis nach § 23 Abs. 4 AufenthG setzt eine Anordnung des Bundesministeriums des Innern im Benehmen mit den obersten Landesbehörden (Innenminister und -senatoren der Länder) voraus, dass das Bundesamt für Migration und Flüchtlinge (BAMF) den für die Neuansiedlung ausgewählten Resettlement-Flüchtlingen eine Aufnahmezusage erteilt.

Der Anordnung muss eine Verständigung zwischen Bund und Ländern über die besonders gelagerten politischen Interessen des Gesamtstaates vorangehen. Die Anordnung regelt die Voraussetzungen für die Erteilung von Aufnahmezusagen durch das BAMF. Nach dem neuen § 23 Abs. 4 AufenthG ordnet das Bundesministerium des Innern im Benehmen mit den obersten Landesbehörden gegenüber dem Bundesamt für Migration und Flüchtlinge (BAMF) an, dass eine bestimmte Zahl von Resettlement-Flüchtlingen im Rahmen der Kontingentaufnahme aus bestimmten Erstaufnahmeländern aufgenommen werden soll.

In der jeweiligen Aufnahmeanordnung des Bundesministeriums des Innern werden weitere Details festgelegt, z. B. zur Staatsangehörigkeit der Aufzunehmenden und zu den weiteren Kriterien, die sie erfüllen müssen (z. B. humanitäre Kriterien, Einheit der Familie). Auf dieser Grundlage erteilt das BAMF anschließend in Fortführung der bisherigen, bewährten Praxis bestimmten Personen, die z. B. vom Hohen Flüchtlingskommissar der Vereinten Nationen (UNHCR) als besonders schutzbedürftig befunden und für ein Resettlement ausgewählt wurden, im Anschluss an individuelle Interviews eine konkrete Aufnahmezusage.

Der Anordnung muss eine Verständigung zwischen Bund und Ländern über die besonders gelagerten politischen Interessen des Gesamtstaates vorangehen. Die Anordnung regelt die Voraussetzungen für die Erteilung von Aufnahmezusagen durch das BAMF. Es handelt sich um eine Anordnung im freien Ermessen, das nur durch die gesetzliche Intention der Wahrung besonders gelagerter politsicher Interessen begrenzt ist.

Die Aufnahmezusage wird vom BAMF in bundeseigener Verwaltung erteilt. Bei der Aufnahmezusage handelt es sich um einen begünstigenden Verwaltungsakt, der die Aufnahme in das Bundesgebiet zusichert. Aus dieser Zusage lässt sich auch ein schutzwürdiges Vertrauen auf Erteilung eines zugesicherten Aufenthaltstitels herleiten (vgl. § 38 Abs. 1 VwVfG). Die Aufnahmezusage bewirkt bei visumpflichtigen Ausländern (vgl. Art. 1 Abs. 1 EUVisumVO) die Erteilung eines nationalen Visums (§ 6 Abs. 3 AufenthG). Die Versagung einer Aufnahmezusage ist im Klageverfahren anfechtbar. § 23 Abs. 4 Satz 2 AufenthG schließt die Durchführung eines Vor- bzw. Widerspruchverfahrens gemäß § 68 Abs. 1 Satz 2 Alt. 1 VwGO aus. Bei der Aufnahmezusage, die zumindest die Zusicherung der Erteilung eines Visums sowie einer Niederlassungserlaubnis nach der Einreise in das Bundesgebiet enthält, handelt es sich um einen Verwaltungsakt. Sie stellt keinen Aufenthaltstitel nach § 4 Abs. 1 Satz 2 AufenthG dar, der Einreise und Aufenthalt im Bundesgebiet erlaubt.

Nach Durchführung des Visumverfahrens werden die Schutzsuchenden nach Deutschland gebracht. Die Länder vollziehen die Aufnahmeentscheidung des BAMF durch Erteilung des entsprechenden Aufenthaltstitels. Ein Rechtsanspruch eines einzelnen Ausländers auf Aufnahme in das Resettlement-Programm besteht nicht.

Nach § 23 Abs. 4 Satz 2 AufenthG wird dem durch die Anordnung privilegierten Personenkreis gemäß der Aufnahmezusage des BAMF eine (humanitäre) Niederlassungserlaubnis (vgl. § 9 AufenthG) oder eine Aufenthaltserlaubnis (vgl. § 7 Abs. 1 AufenthG) nach der Einreise erteilt.

Die gesetzliche Begünstigung umfasst nicht das in Art. 33 Abs. 1 GK enthaltene Refoulement-Verbot oder das Abschiebungsverbot aus § 60 Abs. 1 Satz 2. Es besteht auch kein Anspruch auf die Ausstellung eines Reiseausweises für Flüchtlinge nach Art. 28 GK (vgl. § 1 Abs. 3 AufenthV).

Siehe auch

Fachbeiträge:

Aufenthaltserlaubnis – Asylberechtigte / Abschiebungsverbot – polit. Verfolgungsgründe

Rechtsprechung:

BVerwG, 19.09.2000 – 1 C 19/99, NVwZ 2001, 214 – Zum Rechtscharakter einer Anordnung nach § 32 AuslG

OVG Brandenburg, 06.08.2002 – 4 B 110/02, EZAR 015 Nr. 30 – Zur Umsetzung eines IMK-Beschlusses

VGH Baden-Württemberg, 20.04.2002 – 13 S 314/02, EZAR 015 Nr. 29 – Zur Gestaltungsfreiheit der obersten Landesbehörde

VGH Baden-Württemberg, 05.01.2001 – 11 S 2034/00, VBlBW 2001, 491 – Zur Anordnung nach § 32 AuslG, zur Sicherung des Lebensunterhalts und zum Stichtag

Weiterführende Literatur:

Tometten, Resettlement-Flüchtlinge: Die teilweise Gleichstellung nach der Reform des Aufenthaltsgesetzes und ihre Konformität mit dem internationalen Flüchtlingsrecht, ZAR 2015, 299-303.

Pfaff, Zur Rückführung afghanischer Staatsangehöriger, ZAR 2003, 225 ff. = LNCA 2003, 33662

Aufenthaltserlaubnis – Asylberechtigte

Rechtsnormen: § 25 Abs. 1 Satz 1 AufenthG; § 26 Abs. 1 Satz 2 AufenthG

1. Allgemeines

§ 25 Abs. 1 Satz 1 AufenthG gewährt unanfechtbar als asylberechtigt anerkannten Ausländern einen Rechtsanspruch auf Erteilung einer (befristeten) Aufenthaltserlaubnis. Dies gilt auch hinsichtlich des Asylanspruchs nach § 26 AsylG (Familienasyl). Bis zur Erteilung gilt der Aufenthalt als erlaubt (§ 25 Abs. 1 Satz 3 AufenthG). Eine **Wohnsitzauflage** nur wegen Inanspruchnahme von Sozialhilfe darf wegen Unvereinbarkeit mit Art. 26 GFK nicht angeordnet werden (vgl. BVerwG, 15.01.2008 – 1 C 17/07, EZAR NF 27 Nr. 2, mit Auswertung Pfersich).

Nach § 25 Abs. 1 Satz 2 AufenthG besteht kein Rechtsanspruch auf Erteilung einer Aufenthaltserlaubnis, wenn der Ausländer aus schwerwiegenden Gründen der öffentlichen Sicherheit und Ordnung ausgewiesen worden ist. Die Erteilung einer Aufenthaltserlaubnis setzt voraus, dass das mit der Ausweisung einhergehende Einreise- und Aufenthaltsverbot nach § 11 Abs. 4 Satz 2 AufenthG aufgehoben wird. § 25 Abs. 1 Satz 2 AufenthG knüpft damit an den für die Ausweisung bestehenden Schrankenvorbehalt des § 53 Abs. 3 AufenthG an. Die Ausweisung muss nicht unanfechtbar sein (vgl. § 84 Abs. 2 Satz 1 AufenthG). Die allgemeinen Erteilungsvoraussetzungen nach § 5 Abs. 1 und 2 AufenthG müssen nicht vorliegen (§ 5 Abs. 3 Satz 1 AufenthG).

Die von § 25 Abs. 1 und 2 AufenthG begünstigten ausländischen Flüchtlinge werden im **Ehegatten- und Kindernachzug** in gleicher Weise bevorzugt behandelt (vgl. §§ 30 Abs. 1 Nr. 2, 32 Abs. 1 Nr. 1 AufenthG) und haben nach dreijährigem Besitz einer Aufenthaltserlaubnis Anspruch auf Erteilung einer Niederlassungserlaubnis (§ 26 Abs. 3 AufenthG).

Wird dem Ausländer im Asylverfahren die Asylberechtigung oder Flüchtlingseigenschaft unanfechtbar zuerkannt (§ 3 Abs. 4 AsylG) und erfüllt er die Voraussetzungen des § 25 Abs. 1 oder 2 AufenthG für die Erteilung einer Aufenthaltserlaubnis, ist für eine **Androhung der Abschiebung** kein Raum mehr (vgl. OVG Greifswald, 10.01.2007 – 2 L 318/05, EZAR NF 52 Nr. 3). In diesen Fällen gilt der Aufenthalt des Ausländers bis zur Erteilung der Aufenthaltserlaubnis als erlaubt (§ 25 Abs. 1 Satz 3, Abs. 2 Satz 2 AufenthG). Bezüglich Androhung der Abschiebung fehlt es daher an der gesetzlichen Ausreisepflicht nach § 50 Abs. 1 AufenthG. Lediglich in den Fällen der Ausweisung aus schwerwiegenden Gründen der öffentlichen Sicherheit und Ordnung (§ 25 Abs. 1 Satz 2 AufenthG) kommt es zur Androhung der Abschiebung.

Hinsichtlich des **Erlöschens der Aufenthaltserlaubnis** ist § 51 Abs. 7 AufenthG zu beachten. Für die Ausweisung und die Abschiebung gelten als besondere Schutzvorschriften § 53 Abs. 3 AufenthG bzw. § 60 Abs. 8 und 10 AufenthG. Bei rechtkräftiger Verurteilung zu einer Freiheits- oder Jugendstrafe von mindestens einem Jahr kann von der Anwendung des § 60 Abs. 1 AufenthG abgesehen werden, sofern die Straftat mit Gewalt, unter Anwendung von Drohung mit Gefahr für Leib oder Leben oder mit List begangen worden ist (§ 60 Abs. 8 Satz 3 AufenthG). Das BAMF wird nach § 8 Abs. 1a AsylG über die Erhebung der öffentlichen Klage und die Erledigung eines Strafverfahrens unterrichtet.

Für den Widerruf gilt § 52 Abs. 1 Satz 1 Nr. 4 AufenthG.

2. Antragstellung

Nach unanfechtbarer Anerkennung als Asylberechtigter i. S. v. Art. 16a Abs. 1 GG gilt der Aufenthalt des Ausländers bis zur Erteilung einer Aufenthaltserlaubnis als erlaubt (§ 25 Abs. 1 Satz 3 AufenthG). Der Aufenthaltstitel wird auf Antrag erteilt (§ 81 Abs. 1 AufenthG).

3. Erwerbstätigkeit

Besitzt der Ausländer eine Aufenthaltserlaubnis, ist er zur Ausübung einer selbständigen oder unselbständigen Erwerbstätigkeit berechtigt (§ 25 Abs. 1 Satz 4 AufenthG). Einer Zustimmung der Bundesagentur für Arbeit bedarf es nicht (vgl. auch § 4 Abs. 2 und 3 AufenthG). Die Berechtigung zur Ausübung einer Erwerbstätigkeit (konstitutive Nebenbestimmung) muss aus dem Aufenthaltstitel ersichtlich sein (§ 4 Abs 2 Satz 2 AufenthG).

4. Geltungdauer

Die Aufenthaltserlaubnis nach § 25 Abs. 1 AufenthG (Asylberechtigte) wird für **drei Jahre** erteilt (§ 26 Abs. 1 Satz 2 AufenthG). Die Befristung nach § 26 Abs. 1 Satz 2 AufenthG entspricht der Drei-Jahres-Frist für die Widerrufsprüfung durch das BAMF gemäß § 73 Abs. 2a AsylG (vgl. BVerwG, 20.03.2007 – 1 C 21.06, EZAR NF 95 Nr. 16, zum Widerruf der Asylanerkennung in Altfällen).

5. Widerruf der Aufenthaltserlaubnis

Erlischt die Anerkennung als Asylberechtigter (vgl. § 72 AsylG) oder wird sie unwirksam (vgl. § 73 Abs. 1 und 2 AsylG), kann die Aufenthaltserlaubnis nach § 53 Abs. 1 Satz 1 Nr. 4 AufenthG widerrufen werden.

Siehe auch

Rechtsprechung:

BVerwG, 20.03.2007 – 1 C 21.06, EZAR NF 95 Nr. 16, zum Widerruf der Asylanerkennung in Altfällen

OVG Greifswald, 10.01.2007 – 2 L 318/05, EZAR NF 52 Nr. 3 – Zur Androhung einer Abschiebung, verneint

Weiterführende Literatur:

Welte, Asylbewerber im Bundesgebiet – Einreise und Aufenthalt, SächsVBl. 2016, 1-7

Aufenthaltserlaubnis – International Schutzberechtigte

Rechtsnormen: § 25 Abs. 2 Satz 1 Alt. 1 und 2 AufenthG; § 26 Abs. 1, 3 und 4 AufenthG; § 3 Abs. 1 AsylG; § 4 Abs. 1 AsylG

1. Allgemeines

§ 25 Abs. 2 Satz 1 Alt. 2 AufenthG i. d. F. des Art. 2 Nr. 2 Buchst. b des Gesetzes zur Umsetzung der Richtlinie 2011/95/EU (QRL) vom 28.08.2013 (BGBl. I S. 3474) bezweckt in Übereinstimmung mit Art. 24 QRL eine **aufenthaltsrechtliche Gleichstellung** von Konventionsflüchtlingen und subsidiär Schutzberechtigten hinsichtlich des **Anspruch auf Erteilung einer Aufenthaltserlaubnis**. Die aufenthaltsrechtliche Gleichstellung der international subsidiär Schutzberechtigten i. S. v. § 4 Abs. 1 AsylG mit Konventionsflüchtlingen i. S. v. § 3 Abs. 1 AsylG gilt insbesondere hinsichtlich der Anspruchsvoraussetzungen für die Erteilung einer Aufenthaltserlaubnis (Art. 24 QRL; § 25 Abs. 2 Alt. 1 und Alt. 2 AufenthG).

§ 25 Abs. 2 Satz 1 Alt. 1 und Alt. 2 AufenthG regelt die Erteilung einer Aufenthaltserlaubnis für international Schutzberechtigte (§ 1 Abs. 1 Nr. 2 AsylG; § 2 Abs. 13 AufenthG, zum Begriff), auf die ein gesetzlicher Anspruch besteht und die zur Ausübung einer Erwerbstätigkeit berechtigt. Auf **Flüchtlinge** i. S. v. § 3 Abs. 1 AsylG findet § 25 Abs. 2 Satz 1 Alt. 1 AufenthG Anwendung. Für **subsidiär Schutzberechtigte** i. S. v. § 4 Abs. 1 AsylG gilt hinsichtlich der Erteilung einer Aufenthaltserlaubnis § 25 Abs. 2 Satz 1 Alt. 2 AufenthG.

International Schutzberechtigte kommen auch in den Genuss einer **Erlaubnis zum Daueraufenthalt – EU** (vgl. § 9a Abs. 3 Nr. 1 AufenthG).

Beschränkungen der Aufenthaltserlaubnis sind nach § 12 AufenthG möglich, sofern sie nicht im Widerspruch zum Zweck des Aufenthaltstitels stehen. Bei international Schutzberechtigten ist eine Wohnsitzauflage zulässig, wenn sie in stärkerem Maß mit Integrationsschwierigkeiten konfrontiert (vgl. Art. 34 QRL) sind als andere Drittstaatsangehörige und sich rechtmäßig in dem Mitgliedstaat aufhalten (§ 25 Abs. 2 Satz 1 AufenthG), der diesen Schutz gewährt hat (vgl. EuGH, Urt. v. 01.03.2016 – C-443/14 und C-444/14 – Ibrahim Alo und Amira Osso).

Der Familiennachzug regelt sich nach §§ 27 ff. AufenthG. Die von § 25 Abs. 2 AufenthG begünstigten international Schutzberechtigten werden im Ehegatten- und Kindernachzug nach §§ 29 Abs. 1 und 2 i. V. m. §§ 30 Abs. 1 Satz 1 Nr. 3 Buchst. c, 32 Abs. 1 und Abs. 2 Satz 2 Nr. 1 AufenthG behandelt.

2. Voraussetzungen

§ 25 Abs. 2 Satz 1 AufenthG setzt die Zuerkennung der Flüchtlingseigenschaft oder der subsidiären Schutzberechtigung durch das BAMF nach § Abs. 1 bzw. § 4 Abs. 1 AsylG voraus. Bis zur Zuerkennung des entsprechenden internationalen Schutzes (vgl. § 1 Nr. 2 AsylG) ist dem Ausländer der Aufenthalt im Bundesgebiet gestattet (§ 55 Abs. 1

Satz 1 AsylG). Diese Zeit ist aufenthaltsrechtlich relevant bzw. anrechenbar (§ 55 Abs. 3 AsylG; vgl. auch § 9b Abs. 1 Satz 1 Nr. 5 AufenthG).

Nach § 25 Abs. 2 Satz 2 i. V. m. Abs. 1 Satz 2 AufenthG besteht **kein Anspruch** auf Erteilung einer Aufenthaltserlaubnis, wenn der Ausländer aus schwerwiegenden Gründen der öffentlichen Sicherheit und Ordnung (vgl. § 54 Abs. 1 AufenthG) ausgewiesen worden ist.

Die Zuerkennung der Flüchtlingseigenschaft schließt nicht aus, dass der Ausländer unter Berücksichtigung des erhöhten Ausweisungsschutzes nach § 53 Abs. 3 AufenthG aus schwerwiegenden Gründen der öffentlichen Sicherheit oder Ordnung ausgewiesen wird.

Die Ausweisung muss nach § 53 Abs. 3 AufenthG spezialpräventiv motiviert sein.

Eine **rechtliche Verfestigung** in der Form einer Niederlassungserlaubnis setzt zumindest den dreijährigen Besitz einer Aufenthalterlaubnis voraus (§ 26 Abs. 3 AufenthG). Das Ergebnis der Prüfung nach § 73 Abs. 2a AsylG, dass die Asylberechtigung (Art. 16a Abs. 1 GG) oder Zuerkennung des Flüchtlingsschutzes (§ 3 Abs. 1 AsylG) widerrufen oder zurückgenommen wird, teilt das BAMF der Ausländerbehörde spätestens innerhalb eines Monats nach dreijähriger Unanfechtbarkeit der entsprechenden begünstigenden Entscheidung mit. Die Ausländerbehörde legt diese Mitteilung einer ausländerrechtlichen Entscheidung nach § 26 Abs. 3 AufenthG (Versagung der Niederlassungserlaubnis) oder nach § 52 Abs. 1 Satz 1 Nr. 4 AufenthG (Widerruf des Aufenthaltstitels) zugrunde.

Durch das in Vorbereitung befindliche Integrationsgesetz soll die Möglichkeit einer rechtlichen Integration verschärft werden. Die Erteilung einer Niederlassungserlaubnis hängt davon ab, ob das BAMF nach § 73 Abs. 2a AsylG mitgeteilt hat, dass die Voraussetzungen für den Widerruf oder die Rücknahme der Asylberechtigung oder der Zuerkennung des Flüchtlingsschutzes vorliegen.

Bei der **Ausweisung international subsidiär Schutzberechtigter** nach § 53 Abs. 1 AufenthG, auf die § 53 Abs. 3 AufenthG keine Anwendung findet, ist bei der Verhältnismäßigkeitprüfung auch das besonders schwerwiegende Bleibeinteresse nach § 55 Abs. 1 Nr. 5 AufenthG zu berücksichtigen.

3. Antragstellung

Nach unanfechtbarer Zuerkennung der Flüchtlingseigenschaft oder der subsidiären Schutzberechtigung gilt der Aufenthalt des Ausländers bis zur Erteilung einer Aufenthaltserlaubnis als erlaubt (§ 25 Abs. 2 Satz 2 i. V. m. Abs. 1 Satz 3 AufenthG). Der Aufenthaltstitel wird auf Antrag erteilt (§ 81 Abs. 1 AufenthG).

4. Aufenthaltserlaubnis für Flüchtlinge (§ 25 Abs. 2 Satz 1 Alt. 1 AufenthG)

Nach § 25 Abs. 2 Satz 1 Alt. 1 AufenthG ist dem Ausländer eine Aufenthaltserlaubnis zu erteilen, wenn das BAMF die Flüchtlingseigenschaft nach § 3 Abs. 1 AsylG zuerkannt hat (vgl. auch § 60 Abs. 1 AufenthG; sog. Kleines Asyl). Eine **Wohnsitzauflage** nur wegen Inanspruchnahme von Sozialhilfe darf wegen Unvereinbarkeit mit Art. 26 GFK nicht angeordnet werden (vgl. BVerwG, 15.01.2008 – 1 C 17/07, EZAR NF 27 Nr. 2, mit Auswertung Pfersich). Eine Wohnsitzauflage ist zulässig, wenn die Flüchtlinge in stärkerem Maß mit Integrationsschwierigkeiten konfrontiert (vgl. Art. 34 QRL) sind als andere Drittstaatsangehörige und sich rechtmäßig in dem Mitgliedstaat aufhalten, der den Verfolgungsschutz gewährt (vgl. EuGH, 01.03.2016 C-443/14 und C-444/14 – Ibrahim Alo und Amira Osso).

Die Erteilung einer Aufenthaltserlaubnis nach § 25 Abs. 2 Satz 1 AufenthG kommt danach für politisch Verfolgte i. S. v. § 3 Abs. 1 AsylG in Betracht, die eine Asylanerkennung i. S. v. Art. 16a GG nicht beantragt haben oder bei denen die Anerkennung als Asylberechtigter aus den in §§ 26a, 27, 28 AsylG genannten Gründen abgelehnt worden ist und denen das BAMF die **Flüchtlingseigenschaft** nach § 3 Abs. 1 AsylG zuerkannt hat.

Die Zuerkennung der Flüchtlingseigenschaft durch das BAMF erfolgt unter der Prämisse, dass der Ausländer nicht

- die Voraussetzungen des § 60 Abs. 8 Satz 1 oder 3 AufenthG erfüllt (§ 3 Abs. 4 AsylG) und er daher nicht
  - aus schwerwiegenden Gründen als eine Gefahr für die Sicherheit der Bundesrepublik Deutschland anzusehen ist oder
  - eine Gefahr für die Allgemeinheit bedeutet, weil er wegen eines Verbrechens oder eines besonders schweren Vergehens rechtskräftig zu einer Freiheitsstrafe von mindestens drei Jahren verurteilt worden ist.
- die Voraussetzungen des § 3 Abs. 2 und 3 AsylG erfüllt.

Für die **Erteilung und Verlängerung** der Aufenthaltserlaubnis nach § 25 Abs. 2 Satz 1 Alt. 1 AufenthG gilt § 26 Abs. 1 und 2 AufenthG. Sie wird für **drei Jahre** erteilt. Entfällt das Abschiebungsverbot, steht dies der Verlängerung entgegen (§ 26 Abs. 2 AufenthG); vorausgesetzt wird das Erlöschen der Flüchtlingseigenschaft (§ 72 Abs. 1 AsylG) oder der unanfechtbare Widerruf bzw. die unanfechtbare Rücknahme bzw. vollziehbare der Entscheidung nach § 3 Abs. 1 AsylG (§ 73 Abs. 1, 2 und 6, § 75 Abs. 2 AsylG). Eine asylrechtliche Entscheidung des BAMF im Widerrufs- oder Rücknahmeverfahren nach § 73 Abs. 1 oder 2 AsylG ist erst nach Eintritt der Unanfechtbarkeit hinsichtlich einer ausländerrechtlichen Folgeentscheidung (z. B. Widerruf der Aufenthaltserlaubnis) beachtlich (vgl. VG Dresden, 25.11.2004 – 2 K 2398/04, EZAR 87 Nr. 2), es sei denn, die Klage gegen die entsprechende Widerrufs- oder Rücknahmeentscheidung des BAMF hat nach § 75 Abs. 2 Satz 1 Nr. 1 oder 2 AsylG keine aufschiebende Wirkung. Ansonsten bleibt der Ausländer bis zum Eintritt der Unanfechtbarkeit der Widerrufs- oder Rücknahmeentscheidung des BAMF weiterhin im Besitz der Aufenthaltserlaubnis nach § 25 Abs. 2 Alt. 1 AufenthG und des Reiseausweises für Flüchtlinge; der Aufenthaltstitel kann bis zu diesem Zeitpunkt nicht widerrufen werden (vgl. § 52 Abs. 1 Satz 1 Nr. 4 AufenthG) und wird gemäß § 8 Abs. 1 AufenthG verlängert (Umkehrschluss aus § 73 Abs. 2a AsylG); eine Niederlassungserlaubnis nach § 26 Abs. 3 AufenthG wird jedoch nicht erteilt. Die Sperrklausel des § 26 Abs. 2 AufenthG greift nach Unanfechtbarkeit der Entscheidung des BAMF ein, wenn nicht zugleich ein asylunabhängiges Abschiebungsverbot (vgl. § 60 Abs. 5 oder 7 AufenthG) festgestellt wird.

Der Ausländer sollte auf die Möglichkeit des Widerrufs der Aufenthaltserlaubnis nach einer entsprechenden Aufhebungs-Entscheidung des BAMF hingewiesen werden.

5. Aufenthaltserlaubnis für subsidiär Schutzberechtigte (§ 25 Abs. 2 Satz 1 Alt. 2 AufenthG)

5.1. Subsidiär Schutzberechtigte – Begriff

Der Begriff des international Schutzberechtigten ist nach der neuen **Qualifikationsrichtlinie** 2011/95/EU in den EU-Mitgliedstaaten einheitlich (Art. 2 Buchst. g). § 1 Abs. 1 Nr. 2 AsylG und § 2 Abs. 13 Nr. 2 AufenthG definieren den Begriff des Ausländers, der nach Art. 2 Buchst. a Qualifikationsrichtlinie 2011/95/EU – QRL – „internationalen Schutz" genießt und unter den Begriff des subsidiär Schutzberechtigten (Art. 2 Buchst. g, Art. 18 QRL) zu subsumieren ist (vgl. auch § 4 Abs. 1 AsylG).

Bei subsidiär Schutzberechtigten liegen zielstaatsbezogene Abschiebungsverbote nach § 60 Abs. 2 und 3 AufenthG (subsidiärer Schutz) vor, da ihnen ein ernsthafter Schaden i. S. v. § 4 Abs. 1 Satz 2 AsylG und Art. 15 QRL im Falle der Rückkehr in das Herkunftsland droht.

5.2. Erteilung einer Aufenthaltserlaubnis

Subsidiär Schutzberechtigte i. S. v. § 4 Abs. 1 AsylG, bei denen nach der gemäß § 6 Satz 1 AsylG verbindlichen Entscheidung des BAMF ein Abschiebungsverbot nach § 60 Abs. 2 oder 3 AufenthG vorliegt, haben nach § 25 Abs. 2 Satz 1 Alt. 2 AufenthG und in Übereinstimmung mit Art. 24 Abs. 2 QRL einen gesetzlichen Anspruch auf Erteilung einer Aufenthaltserlaubnis. Die **Gültigkeitsdauer der Aufenthaltserlaubnis** bestimmt sich nach § 26 Abs. 1 Satz 3 AufenthG und beträgt (mindestens) ein Jahr und im Verlängerungsfall zwei Jahre.

Bei der Bestimmung der **Gültigkeitsdauer** einer Aufenthaltserlaubnis wird jedoch nach § 26 Abs. 1 Satz 2 und 3 AufenthG differenziert zwischen anerkannten Konventionsflüchtlingen i. S. v. § 3 Abs. 1 AufenthG und subsidiär Schutzberechtigten i. S. v. § 4 Abs. 1 AsylG; insoweit werden nur die Asylberechtigten i. S. v. Art. 16a Abs. 1 GG und die anerkannten Konventionsflüchtlinge gleich behandelt, wie dies auch bei der Erteilung einer **Niederlassungserlaubnis** nach § 26 Abs. 3 bzw. Abs. 4 AufenthG sowie im Rahmen des besonderen **Ausweisungsschutzes** nach § 53 Abs. 3 AufenthG der Fall ist.

Subsidiär Schutzberechtigte, die eine Aufenthaltserlaubnis nach § 25 Abs. 2 Satz 1 Alt. 2 AufenthG besitzen, sind jedoch bei der Erteilung einer Niederlassungserlaubnis nach § 26 Abs. 3 AufenthG nicht den Konventionsflüchtlingen gleichgestellt worden.

Räumliche Beschränkungen des Aufenthalts, die einen tieferen Eingriff als die Wohnsitzauflage darstellen, entfallen nach Erlöschen der Aufenthaltgestattung im Fall der unanfechtbaren Zuerkennung subsidiären Schutzes, wenn der Aufenthalt nach § 25

Abs. 2 Satz 2 Alt. 2 AufenthG als erlaubt gilt oder ein entsprechender Aufenthaltstitel erteilt wird (vgl. § 56 Abs. 3 Satz 2 AsylG).

Bei Personen mit subsidiärem Schutzstatus nach § 4 Abs. 1 AsylG ist eine **Wohnsitzauflage** zulässig, wenn sie in stärkerem Maß mit Integrationsschwierigkeiten konfrontiert (vgl. Art. 34 QRL) sind als andere Drittstaatsangehörige und sich rechtmäßig in dem Mitgliedstaat aufhalten (§ 25 Abs. 2 Satz 1 Alt. 2 AufenthG), der diesen Schutz gewährt hat (vgl. EuGH, 01.03.2016 C-443/14 und C-444/14 – Ibrahim Alo und Amira Osso). Die Qualifikationsrichtlinie (Art. 32, 33) steht einer Wohnsitzauflage entgegen, die allein Personen mit subsidiärem Schutzstatus erteilt wird, um eine angemessene Verteilung der mit der Gewährung der fraglichen Leistungen verbundenen Lasten zu erreichen. Denn eine solche ungleichmäßige Lastenverteilung hängt nicht speziell mit der etwaigen Eigenschaft der Leistungsempfänger als Personen mit subsidiärem Schutzstatus zusammen. Diesen Gesichtspunkten soll in dem in Vorbereitung befindlichen **Integrationsgesetz** Rechnung getragen werden.

Die aufenthaltsrechtliche **Umsetzung der Altfälle** ist in § 104 Abs. 9 AufenthG geregelt. Die Umstellung der Aufenthaltstitel geschieht von Amts wegen.

5.3. Übergangsvorschrift, § 104 Abs. 9 AufenthG

Die Übergangsvorschrift über die Erteilung einer Aufenthaltserlaubnis nach Einführung des internationalen subsidiären Schutzes vom alten Recht auf das neue Recht nach Art. 2 Nr. 12 des Gesetzes zur Umsetzung der Richtlinie 2011/95/EU vom 28.08.2013 (BGBl. I S. 3474) findet sich in § 104 Abs. 9 AufenthG.

§ 104 Abs. 9 AufenthG regelt die Umstellung der bislang erteilten Aufenthaltstitel von § 25 Abs. 3 auf § 25 Abs. 2 Satz 1 Alt. 2 AufenthG. Danach gelten Ausländern, denen Abschiebungsschutz nach § 60 Abs. 2, 3 oder Abs. 7 Satz 2 AufenthG vor Inkrafttreten des Gesetzes am 01.12.2013 gewährt worden ist, als subsidiär Schutzberechtigte im Sinne von § 4 Abs. 1 AsylG. Sie erhalten an Stelle der Aufenthaltserlaubnis nach § 25 Abs. 3 AufenthG von Amts wegen eine Aufenthaltserlaubnis nach § 25 Abs. 2 Satz 1 Alt. 2 AufenthG, sofern nicht Ausschlusstatbestände des § 25 Abs. 3 Satz 1 Nr. 1 bis 4 (früher Buchst. a bis d) AufenthG nach Mitteilung des BAMF vorliegen.

Zum Berechtigungsinhalt der auf § 25 Abs. 2 Satz 1 Alt. 2 AufenthG umgestellten Aufenthaltserlaubnis gehört auch die Ausübung einer Erwerbstätigkeit (§ 25 Abs. 2 Satz 2 AufenthG).

Die Zeit des Besitzes dieser umstellungsbedürftigen Aufenthaltserlaubnis nach § 25 Abs. 3 AufenthG vor dem 01.12.2013 steht der Zeit des Besitzes einer Aufenthaltserlaubnis nach § 25 Abs. 2 Satz 1 Alt. 2 AufenthG gleich und darf daher in den Fällen des § 9a Abs. 2 Satz 1 Nr. 1 AufenthG angerechnet werden.

Die Regelung über den **Widerruf und die Rücknahme des subsidiären Schutzes** gilt in den Fällen des § 104 Abs. 9 AufenthG entsprechend.

6. Erwerbstätigkeit

Besitzt der Ausländer eine Aufenthaltserlaubnis nach § 25 Abs. 2 Satz 1 Alt. 1 oder Alt. 2 AufenthG, ist er zur Ausübung einer selbständigen oder unselbständigen Erwerbstätigkeit berechtigt (§ 25 Abs. 2 Satz 2 i. V. m. Abs. 1 Satz. 4 AufenthG). Einer Zustimmung der Bundesagentur für Arbeit bedarf es nicht (vgl. auch § 4 Abs. 2 und 3 AufenthG).

Siehe auch

Fachbeiträge:

Erwerbstätigkeit / International Schutzberechtigte / Subsidiär Schutzberechtigte

Weiterführende Literatur:

Welte, Asylbewerber im Bundesgebiet – Einreise und Aufenthalt, SächsVBl. 2016, 1-7.

Aufenthaltsermittlung

Rechtsnormen: § 66 AsylG

1. Ausschreibung zur Aufenthaltsermittlung im Ausländerzentralregister (AZR) und in den Fahndungshilfsmitteln der Polizei (INPOL)

1.1. Tatbestand des § 66 Abs. 1 Halbsatz 1 AsylG

Nach § 66 Abs. 1 Halbsatz 1 AsylG können Ausländer zur Aufenthaltsermittlung im Ausländerzentralregister (AZR) und in den Fahndungshilfsmitteln der Polizei (INPOL, vgl. § 12 BKAG) **ausgeschrieben** werden, wenn ihr Aufenthaltsort unbekannt ist und sie

- innerhalb einer Woche nicht in der Aufnahmeeinrichtung eintreffen, an die sie weitergeleitet worden sind,
- die Aufnahmeeinrichtung verlassen haben und innerhalb einer Woche nicht zurückgekehrt sind,
- einer Zuweisungsverfügung oder einer Verfügung nach § 60 Abs. 2 Satz 1 AsylG innerhalb einer Woche nicht Folge geleistet haben oder
- unter der von ihnen angegebenen Anschrift oder der Anschrift der Unterkunft, in der sie Wohnung zu nehmen haben, nicht erreichbar sind.
  Diese Voraussetzungen liegen vor, wenn der Ausländer eine an die Anschrift bewirkte Zustellung nicht innerhalb von zwei Wochen in Empfang genommen hat.

Diese Regelung soll eine möglichst zügige Durchführung des Asylverfahrens und die Erreichbarkeit des Ausländers sicherstellen.

Von einem unbekannten Aufenthalts- oder Wohnort kann erst dann ausgegangen werden, wenn alle zumutbaren Maßnahmen zur Feststellung des Aufenthaltsortes (z. B. Nachfrage beim Bundesamt oder bei der Meldebehörde) getroffen worden sind. Zudem müssen die Voraussetzungen einer der Tatbestandsalternativen des § 66 Abs. 1 Halbsatz 1 Nr. 1 – 4 AsylG gegeben sein.

Für Ausländer, die einen Zweitantrag nach § 71a AsylG gestellt haben, gilt § 66 AsylG entsprechend. Der Aufenthalt dieser Ausländer gilt als geduldet (§ 71a Abs. 3 AsylG; § 60a Abs. 2 AufenthG).

1.1.1. § 66 Abs. 1 Halbsatz 1 Nr. 1 AsylG

§ 66 Abs. 1 Halbsatz 1 Nr. 1 AsylG knüpft an die Weiterleitung des Ausländers durch die Ausländerbehörde, Grenzbehörde oder Polizei an die Aufnahmeeinrichtung nach den §§ 18, 19, 22 Abs. 1 Satz 2 AsylG an. Der Betreffende hat der Weiterleitung nach § 20 Abs. 1 AsylG unverzüglich Folge zu Leisten und sich bei der Aufnahmeeinrichtung zu melden, § 22 AsylG. Die Behörde, die den Ausländer an eine Aufnahmeeinrichtung weiterleitet, hat der Aufnahmeeinrichtung die Weiterleitung samt Stellung des Asylgesuchs und des Hinweises auf die Rechtfolgen einer Verletzung der Pflicht, der Weiterleitung Folge zu leisten (§ 20 Abs. 2 Satz 3 AsylG), unverzüglich schriftlich mitzuteilen, § 20 Abs. 3 AsylG.

Unabhängig von den Gründen ist für die Ausschreibung allein die Tatsache des Nichteintreffens in der Aufnahmeeinrichtung maßgeblich.

1.1.2. § 66 Abs. 1 Halbsatz 1 Nr. 2 AsylG

§ 66 Abs. 1 Halbsatz 1 Nr. 2 AsylG setzt voraus, dass der Ausländers die Aufnahmeeinrichtung verlassen hat und innerhalb einer Woche nicht zurückgekehrt ist. Dies setzt eine Kontrollpflicht der Aufnahmeeinrichtung voraus. Der Tatbestand greift naturgemäß nur dann, wenn der Betroffene zum Wohnen in der Aufnahmeeinrichtung verpflichtet ist. Eine Wohnpflicht kann sich aus den §§ 47 ff. AsylG ergeben. Der Grund für die Abwesenheit ist auch hier irrelevant.

1.1.3. § 66 Abs. 1 Halbsatz 1 Nr. 3 AsylG

Eine Ausschreibung kann auch erfolgen, wenn der Ausländer einer Zuweisungsverfügung (§ 50 Abs. 6 AsylG) oder einer Verfügung nach § 60 Abs. 2 Satz 1 AsylG (Wohnsitz- oder Umzugsauflage) innerhalb einer Woche nicht Folge geleistet hat, § 66 Abs. 1 Halbsatz 1 Nr. 3 AsylG. Die Zuweisungsverfügung muss vollziehbar sein. Entsprechende Verstöße sind auch strafbewehrt (§ 85 Nr. 1 und 4 AsylG).

1.1.4. § 66 Abs. 1 Halbsatz 1 Nr. 4 AsylG

§ 66 Abs. 1 Halbsatz 1 Nr. 4 AsylG setzt voraus, dass der Ausländer unter der von ihm angegebenen Anschrift oder der Anschrift der Unterkunft, in der er Wohnung zu nehmen hat, nicht erreichbar ist und knüpft damit in der 1. Alternative an § 10 Abs. 1 AsylG und in der 2. Alternative an § 60 Abs. 2 Nr. 1 und 2 AsylG an (z. B. verdecktes Kirchenasyl).

2. Ermessen

Die Ausschreibung setzt nach § 66 Abs. 1 AsylG eine Ermessensentscheidung voraus. Entfallen die Voraussetzungen für die Ausschreibung, ist diese im Ausländerzentralregister und in den Fahndungshilfsmitteln der Polizei zu löschen.

3. Zuständigkeit/Register

Zuständig für die Ausschreibung im Ausländerzentralregister und in den Fahndungshilfsmitteln der Polizei sind

- die Aufnahmeeinrichtung,
- die Ausländerbehörde, in deren Bezirk sich der Ausländer aufzuhalten oder Wohnung zu nehmen hat und
- das Bundesamt.

Die Ausschreibung darf nur von besonders ermächtigten Personen dieser Stellen veranlasst werden.

4. Ausländerzentralregister (AZR)

Die erstmalige Meldung zum Ausländerzentralregister (AZR-Meldung) erfolgt durch das Bundesamt, wenn der Asylbewerber bisher noch nicht im AZR erfasst ist (§ 2 Abs. 2 Nr. 1, § 6 Abs. 1 Nr. 4 AZRG). Meldet sich ein Asylsuchender oder Asylbewerber, der sich bei einer Behörde zu melden hat oder von einer anderen Behörde an diese weitergeleitet wurde, bei der Zielbehörde nicht, nimmt diese unverzüglich die AZR-Meldung vor. Ist die Zielbehörde nicht selbst Ausländerbehörde, obliegt die AZR-Meldung der für die Zielbehörde örtlich zuständigen Ausländerbehörde. Im Übrigen erfolgen AZR-Meldungen durch die Ausländerbehörde, in deren Zuständigkeitsbereich der Ausländer zu wohnen verpflichtet ist bzw. die nach Antreffen eines illegal eingereisten Ausländers eine Zurückschiebung oder Abschiebung veranlasst oder in deren Bereich er weiterverteilt wird (§ 15a AufenthG).

Siehe auch

Fachbeiträge:

Meldepflicht / Aufnahmeeinrichtung / Mitwirkungspflichten

Aufenthaltsgestattung

Rechtsnormen: § 55 AsylG; § 63 AsylG; § 63a AsylG; § 64 AsylG; § 67 AsylG

1. Allgemeines

Das Entstehen der Aufenthaltsgestattung wurde durch Art. 6 Nr. 18 Buchst. a und b IntG neu geregelt. Durch die Neuregelung der Aufenthaltsgestattung in § 55 Abs. 1 AsylG entfällt die Unterscheidung zwischen verschiedenen Personengruppen, was die Prüfung der an die Aufenthaltsgestattung anknüpfenden Rechte erheblich vereinfacht. Eine bereits entstandene Aufenthaltsgestattung bleibt bestehen. Die Rechtslage im Hinblick auf § 18 Abs. 2 und 3 AsylG – Einreiseverweigerung, Zurückschiebung – bleibt unverändert.

2. Gesetzeszweck

Die Zeit zwischen Asylgesuch und Antragstellung auf Grund der hohen Zahl der Asylsuchenden weicht 2016 deutlich vom gesetzlichen Leitbild – Antragstellung spätestens zwei Wochen nach Äußerung des Asylgesuchs, § 67 Abs. 1 Satz 1 Nr. 2 AsylG a. F. – ab. Dies führt dazu, dass abgeleitete Rechte – etwa beim Arbeitsmarktzugang gemäß § 61 Abs. 2 AsylG – teilweise erst zu einem deutlich nach dem Asylgesuch liegenden Zeitpunkt entstehen können. Dies kann ungewollte Unterschiede in der Behandlung verschiedener Ausländergruppen bewirken und die Integration erschweren. Die Unterscheidung zwischen Asylsuchenden, die unerlaubt aus einem sicheren Drittstaat einreisen und anderen Asylsuchenden wird im Hinblick auf das Entstehen der Aufenthaltsgestattung aufgegeben (§ 55 Abs. 1 AsylG).

3. Entstehen der Aufenthaltsgestattung

Die Aufenthaltsgestattung entsteht grundsätzlich einheitlich und frühzeitig mit der Ausstellung des Ankunftsnachweises. Der Ankunftsnachweis ist gemäß § 63a Abs. 1 AsylG unverzüglich auszustellen. Durch eine Übergangsregelung in § 87c AsylG wird Rechtssicherheit für diejenigen geschaffen, die vor dem Inkrafttreten der Neuregelung im Bundesgebiet um Asyl nachgesucht haben.

Der Aufenthalt des Asylbewerbers, der gemäß § 13 AsylG um Asyl nachsucht (Asylsuchender), ist im Bundesgebiet dann gestattet, wenn ihm ein Ankunftsnachweis nach § 63a Abs. 1 AsylG ausgestellt wird (§ 55 Abs. 1 Satz 1 AsylG). Bei Ausländern, denen kein Ankunftsnachweis ausgestellt wird, entsteht die Aufenthaltsgestattung nach der förmlichen Asylantragstellung i. S. v. § 14 AsylG ein (§ 55 Abs. 1 Satz 3 AsylG).

Dem (unerlaubt eingereisten) Asylsuchenden wird beim Asylgesuch nach § 13 AsylG ein Ankunftsnachweis nach § 63b Abs. 1 AsylG ausgestellt, mit dem jedoch nicht der Pass- oder Ausweispflicht nach § 3 Abs. 1 AufenthG nachgekommen werden kann (§ 6 Abs. 2 AKNV ; vgl. dagegen § 64 AsylG).

4. Ausnahmen

§ 55 Abs. 1 Satz 3 AsylG trägt dem Umstand Rechnung, dass nach der gesetzlichen Systematik nicht in allen Fällen ein Ankunftsnachweis ausgestellt wird. Dies gilt für Ausländer gemäß § 14 Abs. 2 Nr. 1 bis 3 AsylG sowie für die Folgeantragsteller gemäß § 71 AsylG, die das Bundesgebiet zwischenzeitlich nicht verlassen haben. Für Ausländer nach § 14 Abs. 2 Nr. 1 bis 3 AsylG entsteht die Aufenthaltsgestattung mit der Asylantragstellung. Im Falle der Folgeantragsteller, die das Bundesgebiet zwischenzeitlich nicht verlassen haben, entsteht sie wie bisher mit der Entscheidung, dass ein weiteres Asylverfahren durchgeführt wird (§ 71 Abs. 5 AsylG).

5. Ausfüllhinweise

Nach § 63 Abs. 5 Nr. 1 AsylG muss das Datum der „Ausstellung des Ankunftsnachweises" aus der Bescheinigung über die Aufenthaltsgestattung (§ 63 Abs. 1 AsylG) ersichtlich sein. Nur so kann dieser Anknüpfungspunkt in der Praxis rechtssicher als Ausgangspunkt für die Inanspruchnahme verschiedener Rechte dienen, die an einen gestatteten Aufenthalt anknüpfen. Zwar ist das Datum der Ausstellung des Ankunftsnachweises im Ausländerzentralregister gespeichert (§ 3 Abs. 2 Nr. 3 AZRG). Jedoch haben nicht alle Stellen, für die dieses Datum relevant ist, Zugriff auf das Ausländerzentralregister. Der Ankunftsnachweis selbst wird bei Ausstellung der Bescheinigung über die Aufenthaltsgestattung eingezogen (§ 63a Abs. 4 Satz 2 AsylG) und kann daher auch nicht mehr als Nachweis dienen. Soweit das Datum der Antragstellung relevant sein kann, wird dieses ebenfalls auf der Bescheinigung über die Aufenthaltsgestattung vermerkt (§ 63 Abs. 5 Nr. 2 AsylG).

Der neue Anknüpfungspunkt „Ausstellung des Ankunftsnachweises" muss aus der Bescheinigung über die Aufenthaltsgestattung nach § 63 AsylG ersichtlich sein. Nur so kann er in der Praxis rechtssicher als Ausgangspunkt für die Inanspruchnahme verschiedener Rechte dienen (vgl. § 61 Abs. 2 AsylG; §§ 25a, 25b AufenthG), die an einen gestatteten Aufenthalt anknüpfen. Zwar ist das Datum der Ausstellung des Ankunftsnachweises im Ausländerzentralregister gespeichert (§ 3 Abs. 2 Nr. 3 AZRG). Jedoch haben nicht alle Stellen, für die dieses Datum relevant ist, Zugriff auf das Ausländerzentralregister. Der Ankunftsnachweis selbst wird bei Ausstellung der Bescheinigung über die Aufenthaltsgestattung eingezogen (§ 63a Abs. 4 Satz 2 AsylG) und kann daher auch nicht mehr als Nachweis dienen. Soweit das Datum der Antragstellung relevant sein kann, wird dieses ebenfalls auf der Bescheinigung über die Aufenthaltsgestattung vermerkt.

6. Übergangsregelung

Die Übergangsregelungen in einem neuen § 87c AsylG ergänzen die Regelung zum Entstehen der Aufenthaltsgestattung in Anknüpfung an den Ankunftsnachweis in § 55 Abs. 1 AsylG. Durch diese Übergangsregelungen in § 87c AsylG wird Rechtssicherheit für diejenigen geschaffen, die vor dem Inkrafttreten der Neuregelung im Bundesgebiet um Asyl nachgesucht haben. Der Aufenthalt eines Ausländers, der vor dem 05.02.2016 im Bundesgebiet um Asyl nachgesucht hat, gilt ab dem Zeitpunkt der Aufnahme in der für ihn zuständigen Aufnahmeeinrichtung oder, sofern sich dieser Zeitpunkt nicht bestimmen lässt, ab dem 05.02.2016 als gestattet (§ 87c Abs. 2 AsylG).

Der Aufenthalt eines Ausländers, der nach dem 04.02.2016 und vor dem 01.11.2016 um Asyl nachgesucht hat und dem aus Gründen, die er nicht zu vertreten hat, nicht unverzüglich ein Ankunftsnachweis ausgestellt worden ist, gilt mit Ablauf von zwei Wochen nach dem Zeitpunkt, in dem er um Asyl nachgesucht hat, als gestattet. Die fehlende Ausstellung des Ankunftsnachweises hat der Ausländer insbesondere dann nicht zu vertreten, wenn in der für die Ausstellung seines Ankunftsnachweises zuständigen Stelle die technischen Voraussetzungen für die Ausstellung von Ankunftsnachweisen nicht vorgelegen haben (§ 87c Abs. 4 AsylG).

Unbegleitete minderjährige Asylbewerber – Sondersituation

Unbegleitete minderjährige Ausländer werden nach den §§ 42, 42a SGB VIII nach ihrer Einreise durch das jeweils zuständige Jugendamt zunächst vorläufig und dann gegebenenfalls nach einer Verteilung endgültig in Obhut genommen. Sie werden zunächst in einer Jugendhilfeeinrichtung im Sinne des § 14 Abs. 2 Nr. 2 AsylG untergebracht und nicht an eine Erstaufnahmeeinrichtung weitergeleitet, so dass ihnen auch kein Ankunftsnachweis ausgestellt werden kann. Vor diesem Hintergrund kann die Aufenthaltsgestattung erst mit Stellung des Asylantrags entstehen. Dieser kann im Namen der unbegleiteten minderjährigen Ausländerinnen und Ausländer formlos und schriftlich direkt beim BAMF gestellt werden. Die Vergabe eines Termins zur Antragstellung durch das BAMF ist nicht erforderlich. Mit Zugang des Antrags beim BAMF entsteht wie bisher die Aufenthaltsgestattung.

Die Klärung der asyl- und aufenthaltsrechtlichen Situation des Minderjährigen ist durch das zuständige Jugendamt im Rahmen der Notvertretung im Rahmen der vorläufigen Inobhutnahme nach § 42a Abs. 3 SGB VIII bzw. im Rahmen der Inobhutnahme nach § 42 Absatz 2 SGB VIII unter Berücksichtigung des Wohls des Minderjährigen (Art. 24 Abs. 2 GRCh, zum Kindeswohlvorrang) möglichst zeitnah einzuleiten und voranzutreiben; nach bereits erfolgter Vormundbestellung ist es Sache des Vormunds, Möglichkeit und Notwendigkeit ausländerrechtlichen Vorgehens zügig im Interesse des Betroffenen (weiter) zu prüfen.

Vor Stellung eines förmlichen Asylantrags nach § 14 AsylG besteht für unbegleitete minderjährige Ausländer ein Anspruch auf Duldung nach § 60a Abs. 2 Satz 1 AufenthG i. V. m. § 58 Abs. 1a AufenthG, sofern er im Rückkehrstaat nicht einem Mitglied seiner Familie, einer zur Personensorge berechtigten Person oder einer geeigneten Aufnahmeeinrichtung übergeben werden kann (vgl. auch § 80 Abs. 3 AufenthG, zur Rückführung). Über die Duldung ist nach § 60a Abs. 4 AufenthG eine Bescheinigung auszustellen. Die förmliche Asylantragstellung bewirkt die Aufenthaltsgestattung nach § 55 Abs.1 Satz 3 AsylG. Wird kein förmlicher Asylantrag gestellt, besteht nach unerlaubter Einreise weiterhin vollziehbare Ausreisepflicht nach § 58 Abs. 2 Satz 1 Nr. 1 AufenthG. Vor einer etwaigen Abschiebung unter den Voraussetzungen des § 58 Abs. 1a AufenthG ist eine angreifbare Rückkehrentscheidung nach Art. 6 Abs. 1 RL 2008/115/EG (Abschiebungsandrohung nach § 58 Abs. 1 Satz 1 AufenthG), in der das Einreise- und Aufenthaltsverbot nach § 11 Abs. 1 und 2 RFRL i. V. m. § 11 Abs. 1 und 2 AufenthG befristet wird, zu treffen.

7. Funktion der Aufenthaltsgestattung

Die Aufenthaltsgestattung räumt dem Asylbewerber ein Aufenthaltsrecht zur Geltendmachung und Verfolgung des Grundrechts auf Asyl (Art. 16a Abs. 1 GG; § 1 Abs. 1 Nr. 1 AsylG) und des Rechts auf internationalen Schutz (§ 1 Abs. 1 Nr. 2 AsylG) im Bundesgebiet ein (funktionelles Aufenthaltsrecht).

Solange die Aufenthaltsgestattung nicht kraft Gesetzes erlischt (vgl. § 67 Abs. 1 AsylG), ist der Aufenthalt rechtmäßig und es besteht keine Ausreisepflicht nach § 50 Abs. 1 AufenthG. Stellt der Ausländer nicht innerhalb von zwei Wochen nach seinem Asylgesuch i. S. v. § 13 AsylG den förmlichen Asylantrag nach § 14 AsylG, erlischt die Aufenthaltsgestattung kraft Gesetzes (§ 67 Abs. 1 Satz 1 Nr. 2 AsylG – „Desinteressefall"), zugleich wird er ausreisepflichtig. Sie tritt wieder in Kraft, wenn der Asylantrag später gestellt wird (§ 67 Abs. 2 AsylG). Liegt jedoch in den Fällen des § 23 Abs. 1 AsylG der dem Ausländer genannte Termin bei der Außenstelle des BAMF nach der sich aus § 67 Abs. 1 Satz 1 Nr. 2 AsylG ergebenden Frist, dann erlischt die Aufenthaltsgestattung erst, wenn der Ausländer bis zu diesem Termin keinen Asylantrag stellt.

8. Bescheinigung über die Aufenthaltsgestattung

Über die Aufenthaltsgestattung wird dem Ausländer – innerhalb von drei Tagen nach der Asylantragstellung beim BAMF (§ 14 AsylG) – eine amtliche (deklaratorische) Bescheinigung ausgestellt (§ 63 AsylG), die befristet wird (drei Monate während des Aufenthalts in der Aufnahmeeinrichtung; im Übrigen bis sechs Monate von der Ausländerbehörde). Dies gilt nicht, wenn der Ausländer bereits einen Aufenthaltstitel (§ 4 Abs. 1 Satz 2 AufenthG) besitzt.

Siehe auch § 10 Abs. 1 und 2 AufenthG hinsichtlich der Sperrwirkung eines Asylantrags bei Aufenthaltstitelbeantragung bzw. der Verlängerung eines Aufenthaltstitels nach Asylantragstellung.

In den Fällen, in denen dem Ausländer vor der förmlichen Asylantragstellung ein Ankunftsnachweis nach § 63a Abs. 1 AsylG ausgestellt wird, entsteht die Aufenthaltsgestattung mit der Ausstellung dieses Dokuments (§ 55 Abs. 1 Satz 1 AsylG). Ist die Aufenthaltsgestattung nach § 67 Abs. 1 AsylG erloschen, sollen die Bescheinigungen eingezogen werden (§ 63 Abs. 4 AsylG).

Zuständig für die Ausstellung der Bescheinigung über die Aufenthaltsgestattung nach § 63 AsylG während des Aufenthalts in der Aufnahmeeinrichtung ist das BAMF, das von Amts wegen innerhalb von drei Arbeitstagen nach Asylantragstellung zu handeln hat, während des Aufenthalts in der Aufnahmeeinrichtung, ansonsten die Ausländerbehörde, auf deren Bezirk die Aufenthaltsgestattung gemäß § 56 Abs. 2 AsylG beschränkt ist (Residenzpflicht) oder in deren Bezirk der Ausländer Wohnung zu nehmen hat (Wohnpflicht). Der Antrag ist auf entsprechenden Hinweis innerhalb von drei Tagen nach der Asylantragstellung bei der Ausländerbehörde zu stellen (§ 63 Abs. 1 Satz 2 und Abs. 3 Satz 2 AsylG). Während des Asylverfahrens dient die Bescheinigung der Ausweispflicht (Identitätsnachweis nach § 64 AsylG).

9. Auflagen

Die Aufenthaltsgestattung kann mit Auflagen und einer Nebenbestimmung versehen werden (§ 60 AsylG):

- Wohnsitzauflage,
- Ortswechsel in eine bestimmte Gemeinde oder Unterkunft (Auflage),
- Umzugsauflage hinsichtlich eines Wohnortwechsels in den Bezirk einer anderen Ausländerbehörde (Auflage),
- Zulassung oder Beschränkung einer Beschäftigung (= Beschäftigungserlaubnis nach § 61 Abs. 2 AsylG – Nebenbestimmung).

In der Bescheinigung werden die Auflagen, die räumliche Beschränkung und die Nebenbestimmung sowie deren Anordnung bzw. Änderung auch von der Behörde vermerkt, die sie verfügt hat (§ 63 Abs. 3 Satz 3 AsylG).

10. Erlöschen der Aufenthaltsgestattung

Die Aufenthaltsgestattung erlischt in den in § 67 Abs. 1 Nr. 1 bis 6 AsylG genannten Fällen kraft Gesetzes. Dies ist etwa der Fall, wenn die Entscheidung des BAMF über den Asylantrag unanfechtbar geworden ist (§ 67 Abs. 1 Satz 1 Nr. 6 AsylG). Sie erlischt vorher, wenn z. B. eine gegen den Ausländer erlassene Abschiebungsandrohung vollziehbar ist oder wenn er nicht innerhalb von zwei Wochen nach dem Asylgesuch den Asylantrag stellt („Desinteressefälle"; vgl. jedoch § 67 Abs. 2 AsylG, zum wieder in Kraft treten). Die Bescheinigung über die Aufenthaltsgestattung soll nach deren Erlöschen eingezogen werden (§ 63 Abs. 4 AsylG).

Liegt in den Fällen des § 23 Abs. 1 AsylG der dem Ausländer genannte Termin bei der Außenstelle des BAMF nach der sich aus § 67 Satz 1 Nr. 2 AsylG ergebenden Frist, dann erlischt die Aufenthaltsgestattung nach dieser Bestimmung erst, wenn der Ausländer bis zu diesem Termin keinen Asylantrag stellt.

§ 67 Abs. 2 AsylG regelt, in welchen Fällen die erloschene Aufenthaltsgestattung wieder automatisch in Kraft tritt:

1. Ein nach § 33 Abs. 5 Satz 1 AsylG eingestelltes Verfahren wegen Nichtbetreiben des Verfahrens oder wegen Reise in den Herkunftsstaat, derentwegen der Asylantrag als zurückgenommen gilt (Rücknahmefiktion), wird wieder aufgenommen.
2. Nach Ablauf der in den „Desinteressefällen" des § 67 Abs. 1 Satz 1 Nr. 2 AsylG genannten Frist oder des in § 67 Abs. 1 Satz 2 AsylG genannten Termins wird der Asylantrag nach § 14 AsylG gestellt.

11. Wiedereinreise – Zurückweisung, Abschiebung

Solange die Aufenthaltsgestattung nicht nach § 67 Abs. 1 AsylG erloschen ist, darf der Ausländer nicht an der Grenze zurückgewiesen werden (§ 15 Abs. 4 Satz 2 AufenthG).

Gilt jedoch der Asylantrag nach § 33 Abs. 2 AsylG als zurückgenommen, da der Ausländer in seinen Herkunftsstaat gereist ist, wird er nach § 33 Abs. 3 Satz 1 AsylG an der Grenze zurückgewiesen. In diesem Fall ist die Aufenthaltsgestattung nach § 67 Abs. 1 Nr. 1a AsylG kraft Gesetzes erloschen.

Falls der Ausländer ach unanfechtbarer Ablehnung des Asylantrags abgeschoben wird, tritt kraft Gesetzes ein Einreise- und Aufenthaltsverbot ein, das zu befristen ist (§ 11 Abs. 1 und 2 AufenthG).

In den Fällen des § 11 Abs. 7 Satz 1 Nr. 1 und 2 AufenthG kann das BAMF ein befristetes Einreise- und Aufenthaltsverbot im Ermessenswege anordnen. Die Anordnung des Einreise- und Aufenthaltsverbots nach § 11 Abs. 7 Satz 1 AufenthG liegt im Ermessen des BAMF (vgl. VG Regensburg, 13.05.2016 – RN 5 S 16.30756, AuAS 2016, 139, zur Länge der Befristung und dem Vorliegen schützenswerter Belange). In die Ermessensentscheidung dürfen – ähnlich wie in den Fällen des § 10 AufenthG – generalpräventive Erwägungen in Bezug auf die **Überlastung der Asylverfahren** wegen Asylantragstellung von offensichtlich nicht schutzbedürftigen Personen, um die entsprechenden Kapazitäten eher für die Prüfung begründeter Asylanträge von tatsächlich schutzbedürftigen Personen einsetzen zu können, eingebunden werden (vgl. BT-Drucks. 18/4097, S. 38).

Siehe auch

Weiterführende Literatur:

Welte, Der Familienschutz in der Dublin III-Verordnung, InfAuslR 2016, 157-162.

Welte, Asylbewerber im Bundesgebiet – Einreise und Aufenthalt, SächsVBl. 2016, 1-7.

Pelzer/Pichl, Wohnsitzauflage und Residenzpflicht: Aktuelle Einschränkungen der Freizügigkeit von Flüchtlingen, ZAR 2016, 96-101.

Ruge, Residenzpflicht als Voraussetzung für Integration, ZAR 2016, 89-96.

Lehner/Lippold, Wohnsitzauflagen für anerkannte Flüchtlinge und subsidiär Schutzberechtigte: Was lässt das (Europa-) recht zu?, ZAR 2016, 81-89.

Welte, Neue Steuerungsinstrumente zur Bestimmung des Aufenthalts der Asylbewerber, ZAR 2015, 219-226.

Rosenstein, Neuregelung der Residenzpflicht – Die Analyse des Gesetzes aus der Sicht der ausländerbehördlichen Praxis, ZAR 2015, 226-230.

Scheidler, Verteilung von Asylbewerbern in Deutschland – dargestellt am Beispiel der Rechtslage in Bayern, KommJur, 2015, 321-326.

Aufnahmeeinrichtung

Rechtsnormen: § 5 Abs. 3 und 5 AsylG; § 20 AsylG; § 33 Abs. 1, 5 und 6 AsylG; §§ 44 – 52 AsylG; § 59 Asyl; § 60 AsylG

1. Einrichtung und Unterhaltung einer Aufnahmeeinrichtung

Die Länder sind nach § 44 Abs. 1 AsylG verpflichtet, Aufnahmeeinrichtungen für Asylbegehrende zu schaffen und zu unterhalten und im Hinblick auf den monatlichen Zugang Asylbegehrender die notwendige Zahl von Unterbringungsplätzen bereit zu stellen. Den Ländern wird monatlich die Zahl der Zugänge von Asylbegehrenden, die voraussichtliche Entwicklung und der voraussichtliche Bedarf an Unterbringungsplätzen mitgeteilt (§ 44 Abs. 2 AsylG).

Nach § 5 Abs. 3 Satz 1 AsylG soll bei jeder zentralen Aufnahmeeinrichtung für Asylbewerber mit mindestens 1 000 dauerhaften Unterbringungsplätzen in Abstimmung mit dem Land eine Außenstelle des BAMF eigerichtet werden. Die Entscheidung über die Einrichtung von Außenstellen verbleibt beim BAMF. Das betroffene Land ist zu beteiligen, damit das BAMF die dortigen Belange bei seiner Entscheidung berücksichtigen kann.

Eine Aufnahmeeinrichtung ist eine vom Land geschaffene und unterhaltene Unterbringungseinrichtung für Asylbegehrende, in der diese grundsätzlich bis zu sechs Wochen, längstens bis zu sechs Monaten – mit Ausnahme der in § 47 Abs. la Satz 1 AsylG genannten Fälle in Bezug auf Ausländer aus einem sicheren Herkunftsstaat i. S. v. § 29a AsylG – wohnen müssen, vgl. §§ 44 Abs. 1, 47 Abs. 1 Satz 1 AsylG. Die Anzahl der Unterbringungsplätze bestimmt sich nach der für das Land geltenden Aufnahmequote nach § 45 AsylG und dem monatlichen Zugang.

Die Organisation und die Ausstattung und die Belegung der Aufnahmeeinrichtungen richten sich nach den landesrechtlichen Vorschriften. Hierzu gehört auch die Kostentragung, die vom Bund finanziell unterstützt werden kann.

Die **Beschäftigungvon Personen in einer Aufnahmeeinrichtung**, die mit der Beaufsichtigung, Betreuung, Erziehung oder Ausbildung Minderjähriger oder mit ähnlichen Tätigkeiten betraut sind, setzt nach § 44 Abs. 3 Satz 2 AsylG eine **Eignungsprüfung** durch den Träger der Einrichtung vor der Einstellung oder vor der Aufnahme einer dauerhaften ehrenamtlichen Tätigkeit voraus. Die Prüfung erfolgt nach Vorlage eines Führungszeugnisses nach § 30 Abs. 5 und § 30a Abs. 1 BZRG. Eine Beschäftigung ist ausgeschlossen, wenn die Person wegen einer der in § 44 Abs. 3 Satz 2 AsylG genannten Straftaten rechtskräftig verurteilt worden ist . Die Eignungsprüfung erfolgt in regelmäßigen Abständen nach Vorlage eines Führungszeugnisses .

2. Besondere Aufnahmeeinrichtungen

Nach § 5 Abs. 5 Satz 1 AsylG können die Länder mit dem Leiter des Bundesamts besondere Aufnahmeeinrichtungen, in denen Asylverfahren beschleunigt nach § 30a AsylG bearbeitet werden, vereinbaren. Bei diesen besonderen Aufnahmeeinrichtungen werden dann Außenstellen des Bundesamts eingerichtet bzw. diese werden den besonderen Aufnahmeeinrichtungen zugeordnet.

Die für die allgemeinen Aufnahmeeinrichtungen geltenden Regelungen finden auch auf die besonderen Aufnahmeeinrichtungen Anwendung, soweit nicht etwas anderes durch das Asylgesetz oder einer anderen Rechtsvorschrift bestimmt ist (§ 5 Abs. 5 Satz 3 AsylG).

§ 30a Abs. 1 Nr. 1 bis 7 AsylG regelt, in welchen Fällen ein beschleunigtes Verfahren in einer besonderen Aufnahmeeinrichtung durchgeführt werden kann. Das Bundesamt entscheidet innerhalb einer Woche ab Stellung des Asylantrags (§ 14 AsylG), ob ein beschleunigtes Verfahren durchgeführt wird. Ansonsten führt es das Verfahren als nicht beschleunigtes Asylverfahren durch (§ 30a Abs. 2 AsylG).

Für Ausländer, deren Asylantrag im beschleunigten Verfahren nach § 30a Abs. 1 AsylG bearbeitet wird, besteht nach § 30a Abs. 4 Satz 1 Wohnpflicht in der besonderen Aufnahmeeinrichtung bis zur Entscheidung über den Asylantrag. Die Wohnpflicht verlängert sich in den Fällen des § 30a Abs. 3 Satz 2 AsylG bis zur Ausreise oder bis zum Vollzug der Abschiebungsandrohung oder -anordnung.

Da diese Asylbewerber gesetzlich verpflichtet sind, in der für ihre Aufnahme zuständigen besonderen Aufnahmeeinrichtung zu wohnen, ist ihr Aufenthalt insoweit nach § 56 Abs. 1 i. V. m. § 59a Abs. 1 Satz 2 AsylG räumlich beschränkt. In dieser Zeit kann eine Erwerbstätigkeit nicht erlaubt werden (§ 61 Abs. 1 AsylG).

3. Weiterleitung an eine Aufnahmeeinrichtung

Ein Ausländer, der gemäß § 13 AsylG um Asyl nachsucht, ist von der Grenzbehörde, der Ausländerbehörde oder der Polizei auch mit dem Ziel der Ausstellung eines Ankunftsnachweises gemäß § 63a AsylG unverzüglich an die zuständige, oder sofern dies nicht bekannt ist, an die nächstgelegene Aufnahmeeinrichtung zur Meldung weiterzuleiten (§§ 18 Abs. 1, 19 Abs. 1 AsylG). Er ist nach § 20 Abs. 1 Satz 1 AsylG verpflichtet, der Weiterleitung unverzüglich oder bis zu einem ihm von der Behörde genannten Zeitpunkt Folge zu leisten.

Der Ausländer ist nach § 15 Abs. 2 Nr. 3 AsylG verpflichtet, seiner Meldepflicht nach § 20 Abs. 1 Satz 1 AsylG nachzukommen. Eine gröbliche Verletzung dieser Meldepflicht hat unter den Voraussetzungen des § 30 Abs. 3 Nr. 5 AsylG zur Folge, dass ein unbegründeter Asylantrag als offensichtlich unbegründet abgelehnt wird, was Rechtsnachteile mit sich bringt. Bei entsprechenden Verstößen handelt es sich um Verstöße gegen Rechtsvorschriften i. S. v. § 54 Abs. 2 Nr. 9 AufenthG, die ein schwer wiegendes Ausweisungsinteresse bewirken (siehe auch § 53 Abs. 4 AufenthG, zur Ausweisung während des Asylverfahrens).

Bei Pflichtverstößen finden nach § 20 Abs. 1 Satz 2 AsylGdie Verfahrensregelungen des § 33 Abs. 1, 5 und 6 AsylG entsprechend Anwendung. Kommt der Ausländer der Verpflichtung nach § 20 Abs. 1 Satz 1 AsylGnicht nach, so gilt sein Asylgesuch – wie in den Desinteressefällen des § 33 Abs. 1 AsylG – als zurückgenommen (§ 20 Abs. 1 Satz 2 AsylG). Das Bundesamt stellt das Asylverfahren entsprechend § 33 Abs. 5 Satz 1 AsylG ein. Eine Fortführung des Asylverfahrens setzt gemäß § 33 Abs. 5 Satz 2 und

3 AsylG einen Wiederaufnahmeantrag des Ausländers bei der bisher für ihn zuständigen Außenstelle des Bundesamts voraus. In diesem Fall wird ein neu gestellter Asylantrag nach § 33 Abs. 5 Satz 4 AsylG als Wiederaufnahmeantrag behandelt. Das Asylverfahren wird in dem Verfahrensabschnitt fortgeführt, in dem die Prüfung eingestellt wurde (§ 33 Abs. 5 Satz 5 AsylG). Dies gilt auch hinsichtlich beschleunigter Verfahren nach § 30a AsylG (§ 33 Abs. 5 Satz 7 AsylG).

§ 33 Abs. 5 Satz 5 AsylG findet hinsichtlich des Fortführung des bisherigen Asylverfahrens im erreichten Verfahrensabschnitt in den Fällen des Satzes 6 Nr. 1 und 2 keine Anwendung. In diesen Fällen ist der Wiederaufnahmeantrag (nur) als Folgeantrag nach § 71 AsylG mit verfahrensrechtlichen Nachteilen zu behandeln und die Wohnpflicht regelt sich nach § 71 Abs. 2 AsylG.

Auch für Folgeantragsteller soll nach § 71 Abs. 2 Satz 2 AsylG eine Wohnverpflichtung in der Erstaufnahmeeinrichtung bestehen, wenn sie das Bundesgebiet vor der Folgeantragstellung verlassen hatten. Dadurch sollen die Kommunen entlastet werden. Eine Rechtspflicht der Länder, diese Personengruppe in einer solchen Einrichtung unterzubringen, ist damit nicht verbunden. Die Länder handeln im Rahmen ihrer verfügbaren Kapazitäten.

Die für die Weiterleitung nach §§ 18 Abs. 1, 19 Abs. 1 AsylG zuständige Behörde hat den Ausländer auf die Verpflichtung nach § 20 Abs. 1 Satz 1 AsylG sowie auf die Rechtsfolgen einer Verletzung dieser Pflicht nach Satz 2 schriftlich und gegen Empfangsbestätigung hinzuweisen (§ 20 Abs. 1 Satz 4 AsylG). Kann dieser Hinweis (z. B. mangels Übersetzung) nicht erfolgen, ist der Ausländer zur Aufnahmeeinrichtung zu begleiten (§ 20 Abs. 1 Satz 5 AsylG).

Außerdem wird die Aufnahmeeinrichtung von der für die Weiterleitung nach §§ 18 Abs. 1, 19 Abs. 1 AsylG zuständigen Behörde gemäß § 20 Abs. 2 AsylG über das Asylgesuch und den erforderlichen Hinweis nach § 20 Abs. 1 Satz 4 AsylG unverzüglich unterrichtet.

Der Ausländer bleibt bei einer Verletzung der Pflicht nach § 20 Abs. 1 Satz 1 AsylGvon den einschneidenden Maßnahmen nach Satz 2 verschont, wenn er unverzüglich (glaubhaft und plausibel) nachweist, dass das Versäumnis auf Umstände (z. B. Reiseunfähigkeit) zurückzuführen war, auf die er keinen Einfluss hatte (§ 20 Abs. 1 Satz 3 AsylG).

4. Asylantragstellung bei der Außenstelle des Bundesamtes

Der förmliche Asylantrag nach § 14 Abs. 1 Satz 1 AsylG ist bei der Außenstelle des Bundesamtes zu stellen, die der für die Aufnahme des Ausländers zuständigen Aufnahmeeinrichtung zugeordnet ist. Der in eine Aufnahmeeinrichtung aufgenommenen Ausländer ist verpflichtet, zur Stellung des Asylantrags bei der Außenstelle des Bundesamtes unverzüglich oder zu dem von der Aufnahmeeinrichtung genannten Termin persönlich zu erscheinen (§ 23 Abs. 1 AsylG).

Kommt der Ausländer der Verpflichtung nach § 23 Abs. 1 AsylG nicht nach, finden nach § 23 Abs. 2 Satz 1 AsylGdie Verfahrensregelungen des § 33 Abs. 1, 5 und 6 AsylG entsprechend Anwendung. Bei einer entsprechenden Pflichtverletzung gilt sein Asylgesuch – wie in den Desinteressefällen des § 33 Abs. 1 AsylG – als zurückgenommen

(§ 23 Abs. 2 Satz 1 AsylG). Das Bundesamt stellt das Asylverfahren entsprechend § 33 Abs. 5 Satz 1 AsylG ein. Eine Fortführung des Asylverfahrens setzt gemäß § 33 Abs. 5 Satz 2 und 3 AsylG einen Wiederaufnahmeantrag des Ausländers bei der bisher für ihn zuständigen Außenstelle des Bundesamtes voraus. In diesem Fall wird ein neu gestellter Asylantrag nach § 33 Abs. 5 Satz 4 AsylG als Wiederaufnahmeantrag behandelt. Das Asylverfahren wird in dem Verfahrensabschnitt fortgeführt, in dem die Prüfung eingestellt wurde (§ 33 Abs. 5 Satz 5 AsylG). Dies gilt auch hinsichtlich beschleunigter Verfahren in der besonderen Aufnahmeeinrichtung nach § 30a AsylG (§ 33 Abs. 5 Satz 7 AsylG).

§ 33 Abs. 5 Satz 5 AsylG findet hinsichtlich des Fortführung des bisherigen Asylverfahrens im erreichten Verfahrensabschnitt in den Fällen des Satzes 6 Nr. 1 und 2 keine Anwendung. In diesen Fällen ist der Wiederaufnahmeantrag (nur) als Folgeantrag nach § 71 AsylG zu behandeln und die Wohnpflicht regelt sich nach § 71 Abs. 2 AsylG.

Auch für Folgeantragsteller soll nach § 71 Abs. 2 Satz 2 AsylG eine Wohnverpflichtung in der Erstaufnahmeeinrichtung bestehen, wenn sie das Bundesgebiet vor der Folgeantragstellung verlassen hatten. Dadurch sollen die Kommunen entlastet werden. Eine Rechtspflicht der Länder, diese Personengruppe in einer solchen Einrichtung unterzubringen, ist damit nicht verbunden. Die Länder handeln im Rahmen ihrer verfügbaren Kapazitäten.

Der Ausländer bleibt bei einer Verletzung der Pflicht nach § 23 Abs. 1 AsylGvon den o. g. einschneidenden Maßnahmen verschont, wenn er unverzüglich (glaubhaft und plausibel) nachweist, dass das Versäumnis auf Umstände zurückzuführen war, auf die er keinen Einfluss hatte (§ 23 Abs. 2 Satz 2 AsylG).

5. Zuständige Aufnahmeeinrichtung

5.1. Primäre Zuständigkeit

Für die Aufnahme eines Ausländers, bei dem die Voraussetzungen für ein beschleunigtes Verfahren nach § 30a Abs. 1 AsylG vorliegen, ist nach § 46 Abs. 1 Satz 1 AsylG diejenige besondere Aufnahmeeinrichtung (§ 5 Abs. 5 AsylG) zuständig,

- die über einen freien Unterbringungsplatz im Rahmen der Quote nach § 45 AsylG (Königsteiner Schlüssel) verfügt und
- bei der die ihr zugeordnete Außenstelle des Bundesamtes Asylanträge aus dem Herkunftsland dieses Ausländer bearbeitet.

Bei mehreren nach § 46 Abs. 1 Satz 1 AsylG in Betracht kommenden besonderen Aufnahmeeinrichtungen i. S. v. § 5 Abs. 5 AsylG gilt § 46 Abs. 2 AsylG für die Bestimmung der zuständigen besonderen Aufnahmeeinrichtung entsprechend.

Im Übrigen ist nach § 46 Abs. 1 Satz 2 AsylG die Aufnahmeeinrichtung zuständig, bei der sich der Ausländer gemeldet hat (§ 22 Abs. 1 AsylG), wenn sie

- die über einen freien Unterbringungsplatz im Rahmen der Quote nach § 45 AsylG (Königsteiner Schlüssel) verfügt und
- die ihr zugeordnete Außenstelle des Bundesamtes Asylanträge aus dem Herkunftsland des Ausländers bearbeitet.

5.2. Subsidiäre Zuständigkeit

Liegen die in § 46 Abs. 1 Satz 1 und 2 AsylG genannten Voraussetzungen nicht vor, ist die nach § 46 Abs. 2 AsylG bestimmte Aufnahmeeinrichtung (Verteilungsverfahren) für die Aufnahme des Ausländers zuständig (§ 46 Abs. 1 Satz 3 AsylG).

Die Asylbewerber werden durch das BAMF nach bestimmten Aufnahmequoten auf die Länder verteilt (vgl. § 45 AsylG, Königsteiner Schlüssel).

Nach § 45 Abs. 2 AsylG können zwei oder mehr Länder vereinbaren, dass Asylbegehrende, die von einem Land entsprechend seiner Aufnahmequote aufzunehmen sind, von einem anderen Land aufgenommen werden. Die Vereinbarung sieht mindestens Angaben zum Umfang der von der Vereinbarung betroffenen Personengruppe sowie einen angemessenen Kostenausgleich vor.

Mit Hilfe des bundesweiten Verteilungssystems EASY (Erstverteilung von Asylbewerbern) wird die für die Unterbringung zuständige Aufnahmeeinrichtung, der eine Außenstelle des BAMF zugeordnet ist, ermittelt (§ 46 Abs. 2 AsylG).

6. Wohnpflicht

Die an das vorläufige Bleiberecht aus Art. 16a Abs. 1 GG, das mit der Aufenthaltsgestattung konkretisiert wird, anknüpfende staatliche Unterbringungspflicht bei Asylbewerbern besteht grundsätzlich bis zur unanfechtbaren Asylentscheidung (vgl. BVerwG, 20.01.2010, NVwZ-RR 2010, 452). Die Pflicht, in einer Aufnahmeeinrichtung nach § 47 AsylG oder einer Gemeinschaftsunterkunft im Wege der Anschlussunterbringung nach § 53 Abs. 2 AsylG zu wohnen, kann daher grundsätzlich nicht weiter gehen.

Ein Ausländer, der den Asylantrag nach § 14 Abs. 1 AsylG bei einer Außenstelle des Bundesamtes zu stellen hat, fällt – unbeschadet einer räumlichen Aufenthaltsbeschränkung nach § 56 AsylG- unter die Wohnpflicht in der für seine Aufnahme zuständigen Aufnahmeeinrichtung (§ 47 Abs. 1 Satz 1 AsylG). Er ist verpflichtet, bis zu sechs Wochen, längstens jedoch bis zu sechs Monaten in der Aufnahmeeinrichtung zu wohnen (§ 47 Abs. 1 AsylG). In dieser Zeit darf er keine Erwerbstätigkeit ausüben (§ 61 Abs. 1 AsylG).

Nach § 47 Abs. 1a AsylG sind Ausländer aus einem sicheren Herkunftsstaat (§ 29a AsylG) abweichend von Absatz 1 verpflichtet, bis zur Entscheidung des BAMF über den Asylantrag und im Falle der Ablehnung des Asylantrags nach § 29a, § 36 AsylG als offensichtlich unbegründet oder nach § 29 Abs. 1 AsylG als unzulässig bis zur Ausreise oder bis zum Vollzug der Abschiebungsandrohung oder -anordnung in der für ihre Aufnahme zuständigen Aufnahmeeinrichtung zu wohnen. Die räumliche Beschränkung des Aufenthalts nach § 56 Abs. 1 AsylG erlischt in diesen Fällen nicht, da die Verpflichtung des Ausländers, in der für seine Aufnahme zuständigen Aufnahmeeinrichtung zu wohnen, fortbesteht (§ 59a Abs. 1 Satz 2 AsylG).

Die räumliche Beschränkung erlischt nicht, solange die Verpflichtung des Ausländers, in der für seine Aufnahme zuständigen Aufnahmeeinrichtung zu wohnen, fortbesteht (§ 59a Abs. 1 Satz 2 AsylG).

Nach § 47 Abs. 1a AsylG sind – abweichend von Abs. 1 – Ausländer aus einem sicheren Herkunftsstaat (§ 29a AsylG) verpflichtet, bis zur Entscheidung des BAMF über den Asylantrag und im Falle der Ablehnung des Asylantrags mangels internationalen Schutzes oder Asylrecht (§ 1 Abs. 1 AsylG) nach § 29a AsylG als offensichtlich unbegründet bis zur Ausreise oder bis zum Vollzug der Abschiebungsandrohung in der für ihre Aufnahme zuständigen Aufnahmeeinrichtung zu wohnen. Die §§ 48 bis 50 AsylG bleiben unberührt.

Da Asylbewerber aus sicheren Herkunftsstaaten nach § 47 Abs. 1a AsylG gesetzlich verpflichtet sind, bis zur Entscheidung des Bundesamts in der für ihre Aufnahme zuständigen Aufnahmeeinrichtung zu wohnen, ist ihr Aufenthalt insoweit nach § 56 Abs. 1 i. V. m. § 59a Abs. 1 Satz 2 AsylG räumlich beschränkt. In dieser Zeit kann eine Erwerbstätigkeit ungeachtet dessen, dass Ausländern aus sicheren Herkunftsstaaten Beschäftigung nicht ermöglicht werden darf, nicht erlaubt werden (§ 61 Abs. 1 AsylG).

An die Wohnpflicht knüpft die Pflicht an, für die im Asylverfahren zuständigen Behörden und Gerichte erreichbar zu sein (§ 47 Abs. 3 AsylG). Dies dient der beschleunigten Durchführung des Asylverfahrens. In einer Aufnahmeeinrichtung gelten erleichterte Zustellungsvoraussetzungen, vgl. § 10 Abs. 4 AsylG.

Sind die Eltern eines minderjährigen ledigen Kindes verpflichtet, in einer Aufnahmeeinrichtung zu wohnen, kann auch ihr Kind zusammen mit den Eltern in dieser Einrichtung wohnen, ohne dass es einen Asylantrag stellen muss (§ 47 Abs. 2 AsylG).

Hinweispflicht

Der Ausländer ist innerhalb von 15 Tagen nach der Asylantragstellung schriftlich und in einer ihm verständlichen Sprache auf seine Rechte und Pflichten nach dem Asylbewerberleistungsgesetz hinzuweisen. Ihm werden auch ein Rechtsbeistand und Beratungsstellen über seine künftige Unterbringung und medizinische Versorgung benannt.

Befindet sich der Ausländer in Haft oder sonstigem öffentlichen Gewahrsam, in einem Krankenhaus, einer Heil- oder Pflegeanstalt oder in einer Jugendhilfeeinrichtung (vgl. § 14 Abs. 2 Satz 1 Nr. 2 AsylG) und hatte er daher den Asylantrag unmittelbar beim Bundesamt zu stellen, besteht eine entsprechende Wohnpflicht in einer Aufnahmeeinrichtung, wenn die bisherige Form der Unterbringung vor der Entscheidung des Bundesamts über den Asylantrag entfällt (§ 47 Abs. 1 Satz 2 AsylG). §§ 48, 49 AsylG sind als Gründe für die (vorzeitige) Beendigung der Verpflichtung, in einer Aufnahmeeinrichtung zu wohnen, zu berücksichtigen. § 48 AsylG regelt, in welchen Fällen die Wohnpflicht bereits vor Ablauf von sechs Monaten kraft Gesetzes entfällt. § 49 AsylG bestimmt, in welchen Fällen der Ausländer aus der Aufnahmeeinrichtung zu entlassen ist (Abs. 1) und unter welchen Voraussetzungen die Wohnpflicht im Ermessenswege beendet werden kann (Abs. 2).

Der Wegfall der Wohnpflicht in der Aufnahmeeinrichtung ist u. a. die Voraussetzung für die Anordnung einer Wohnsitzauflage nach § 60 Abs. 1 AsylG .

Bis zum Wegfall der Pflicht, in einer Aufnahmeeinrichtung zu wohnen, bedarf es einer Erlaubnis des Bundesamts, den Geltungsbereich der Aufenthaltsgestattung vorübergehend verlassen zu dürfen (Verlassenserlaubnis nach § 57 Abs. 1 AsylG). Liegen zwingende

Gründe vor, kann die Erlaubnis im Ermessenswege erteilt werden. Die Erlaubnis soll erteilt werden zur Wahrnehmung von Terminen bei Bevollmächtigten, beim UNCHR und bei Flüchtlingsorganisationen (§ 57 Abs. 2 AsylG). Erlaubnisfrei ist die Wahrnehmung von Terminen bei Behörden und Gerichten, bei denen der Asylbewerber persönlich zu erscheinen hat; er hat diese Termine der Aufnahmeeinrichtung und dem Bundesamt anzuzeigen (§ 57 Abs. 3 AsylG).

Während der Dauer der Pflicht, in einer Aufnahmeeinrichtung zu wohnen – was bis zu sechs Monate dauern kann –, ist die Aufnahme und Ausübung einer Erwerbstätigkeit i. S. v. § 2 Abs. 3 AufenthG gesetzlich ausgeschlossen (§ 61 Abs. 1 AsylG).

Eine Ausschreibung zur Aufenthaltsermittlung im Ausländerzentralregister (AZR) und in den Fahndungshilfsmitteln der Polizei (INPOL) wird veranlasst, wenn der Aufenthalt des Asylbewerbers unbekannt ist und er

- nicht in der für ihn zuständigen Aufnahmeeinrichtung innerhalb einer Woche nach der Weiterleitung (§§ 18, 19, 20 Abs. 1 AsylG) eintrifft,
- die Aufnahmeeinrichtung verlässt und dorthin nicht innerhalb einer Woche zurück kehrt,
- einer Zuweisungsverfügung oder einer Verfügung nach § 60 Abs. 2 Satz 1 AsylG innerhalb einer Woche nicht Folge leistet, oder
- ist unter der von ihm angegebenen Anschrift oder der Anschrift der Unterkunft, in der er Wohnung zu nehmen hat, nicht erreichbar.

Die in § 66 Abs. 2 AsylG genannten Behörden sind für die Ausschreibung, die nur durch eine besonders ermächtigte Person veranlasst werden darf, zuständig.

Im Anschluss an den Aufenthalt in der Aufnahmeeinrichtung erfolgt eine landesinterne Zuweisung (sog. Anschlussunterbringung) oder länderübergreifende Verteilung nach den §§ 50 bzw. 51 AsylG. Insoweit können anschließend auch eine Unterbringung in einer Gemeinschaftsunterkunft oder eine private Unterbringung in Betracht kommen (§ 53 AsylG). Die an das vorläufige Bleiberecht aus Art. 16a Abs. 1 GG anknüpfende staatliche Unterbringungspflicht bei Asylbewerbern besteht nur bis zur unanfechtbaren Asylablehnung (vgl. BVerwG, 20.01.2010 – 1 B 1.09, EZAR NF 95 Nr. 18).

Die Wohnpflicht endet nach § 49 Abs. 1 AsylG zwingend, wenn

- eine Abschiebungsandrohung zwar vollziehbar ist, die Abschiebung jedoch nicht kurzfristig möglich ist (z. B. wegen Schwangerschaft, Reiseunfähigkeit wegen Erkrankung),
- dem Ausländer eine Aufenthaltserlaubnis nach § 24 AufenthG erteilt werden soll.

7. Ausstellung einer Bescheinigung über die Aufenthaltsgestattung oder einer Bescheinigung über die Meldung als Asylsuchender (Ankunftsnachweis)

Nach der Einreise in das Bundesgebiet genießen Asylsuchende unter der Vorwirkung des Art. 16a Abs. 1 GG grundsätzlich ein verfassungskräftiges vorläufiges Bleiberecht, das in der Aufenthaltsgestattung nach § 55 Abs. 1 Satz 1 AsylG verkörpert und in der

Bescheinigung über die Aufenthaltsgestattung nach § 63 Abs. 1 Satz 1 oder 3 AsylG innerhalb von drei Arbeitstagen nach der förmlichen Asylantragstellung (§ 14 AsylG) durch die Außenstelle des BAMF dokumentiert wird, wenn der Ausländer nicht im Besitz eines Aufenthaltstitels nach § 4 Abs. 1 Satz 2 und Abs. 5 Satz 1 AufenthG ist.

Nach § 12 AsylG sind nur noch volljährige Ausländer handlungsfähig und können daher den Asylantrag stellen. Nach § 14a Abs. 1 AsylG gilt mit der Asylantragstellung ein Asylantrag auch für jedes minderjährige ledige Kind des Ausländers als gestellt, das sich zu diesem Zeitpunkt im Bundesgebiet aufhält, ohne freizügigkeitsberechtigt oder im Besitz eines Aufenthaltstitels zu sein, wenn es zuvor noch keinen Asylantrag gestellt hatte.

Bis zur Ausstellung einer Bescheinigung über die Aufenthaltsgestattung nach § 63 AsylG wird dem Asylsuchenden nach § 63a Abs. 1 AsylG ein Ankunftsnachweis durch die in § 18 Abs. 1 und § 19 Abs. 1 AsylG bezeichneten Behörden oder die Aufnahmeeinrichtungen unverzüglich ausgestellt.

Siehe auch

Fachbeiträge:

Ankunftsnachweis / Aufenthaltsermittlung / Asylgrundrecht / Dublin III-VO / Meldepflicht

Rechtsprechung:

BVerwG, 20.01.2010 – 1 B 1.09, EZAR NF 95 Nr. 18 – Zur Dauer der staatlichen Unterbringungspflicht

Weiterführende Literatur:

Pelzer/Pichl, Wohnsitzauflage und Residenzpflicht: Aktuelle Einschränkungen der Freizügigkeit von Flüchtlingen, ZAR 2016, 96-101.

Ruge, Residenzpflicht als Voraussetzung für Integration, ZAR 2016, 89-96.

Lehner/Lippold, Wohnsitzauflagen für anerkannte Flüchtlinge und subsidiär Schutzberechtigte: Was lässt das (Europa-) recht zu?, ZAR 2016, 81-89.

Amon, Die Finanzierung der Unterbringung und Versorgung von Asylbewerbern in Bayern, KommP spezial 2015, 137-140.

Portz/Düsterdiek, Neue Erleichterungen zur Unterbringung von Flüchtlingen im Bauplanungsrecht, KommP spezial 2015, 151-156.

Welte, Neue Steuerungselemente zur Bestimmung des Aufenthalts der Asylbewerber, ZAR 2015, 219-226.

Scheidler, Verteilung von Asylbewerbern in Deutschland – dargestellt am Beispiel der Rechtslage in Bayern, KommJur, 2015, 321-326.

Dublin III-VO

Rechtsnormen: VO 604/2013; Art. 16a Abs. 5 GG; § 18 Abs. 2 Nr. 2, Abs. 3 i. V. m. Abs. 2 Nr. 2, Abs. 4 Nr. 1 AsylG; § 22a Satz 1 AsylG; § 26a Abs. 1 Satz 3 Nr. 2 AsylG; § 29 AsylG; § 29 AsylG; § 34a AsylG; § 71a Abs. 1AsylG; § 88 Abs. 1 AsylG; § 57 Abs. 2 AufenthG

1. Allgemeines

Die VO 604/2013 – **Dublin III-VO** – ist am 19.07.2013 in Kraft getreten und ersetzt gem. ihrem Art. 49 mit Wirkung vom 01.01.2014 die Dublin II-VO (vgl. BVerwG, 16.11.2015 – 1 C 4.15, Rn. 12, InfAuslR 2016, 120 = ZAR 2016, 113). Die Verordnung übernimmt weitgehend das Zuständigkeitssystem der Dublin II-VO.

Die Dublin III-VO

- regelt die Kriterien und Verfahren zur Bestimmung des Mitgliedstaats, der für die Prüfung eines Antrags auf Flüchtlingsschutz (Art. 13 RL 2011/95 Qualifikationsrichtlinie – QRL) oder internationalen subsidiären Schutz (Art. 18 QRL) zuständig ist, und
- enthält Normen über die Aufnahmebedingungen von Personen, die Asyl oder internationalen subsidiären Schutz beantragen und legt in Bezug auf systemische Schwachstellen in den Aufnahmebedingungen und im Asylverfahren der Mitgliedstaaten die Grenzen für die Aufnahmefähigkeit fest (vgl. Art. 3 Abs. 2 Unterabs. 1 und Art. 33 Dublin III-VO).

In diesen Fällen handelt es sich um Ausländer, die internationalen Schutz (§ 1 Abs. 1 Nr. 2 AsylG; § 2 Abs. 13 AufenthG, zum Begriff) beantragen und daher ein Asylgesuch nach § 13 AsylG vorbringen, anschließend förmlichen Asylantrag nach § 14 AsylG stellen, über den das BAMF im Asylverfahren (§ 31 Abs. 2 AsylG) entscheidet. Die Entscheidung des BAMF hat auch für die Ausländerbehörde Bindungswirkung (§ 6 Satz 1 AsylG). Falls kein internationaler Schutz als Flüchtling (§ 3 Abs. 1 AsylG) oder internationaler subsidiärer Schutz nach § 4 Abs. 1 AsylG gewährt werden kann, entscheidet das BAMF auch, ob ein zielstaatsbezogenes subsidiäres Abschiebungsverbot nach § 60 Abs. 5 oder 7 AufenthG vorliegt (vgl. § 31 Abs. 1 und 5 AsylG).

Das Asylverfahren in Deutschland weist dann systemische Mängel auf, wenn die Entgegennahme eines Asylantrags, für die das BAMF bzw. dessen Außenstelle nach § 14 AsylG zuständig ist, auf eine Aufnahmeeinrichtung (§ 47 AsylG) delegiert wird vgl. VG Wiesbaden, 05.08.2015 – 6 L 982/15.WI.A, InfAuslR 2015, 406).

2. Neuerungen der Dublin III-VO

Die Dublin III-VO übernimmt im Wesentlichen die Systematik der Dublin III-VO (Art. 78 AEUV) und soll bisherige Defizite beseitigen. Die Verordnung hat eine bessere Berücksichtigung der Familieneinheit zum Ziel. Sie enthält auch eine Zuständigkeitsregelung für Fälle, in denen der ansonsten aufnahmepflichtige Staat im Asylverfahren und in den Aufnahmebedingungen **systemische Schwachstellen** aufweist (Art. 3 Abs. 2 Unterabs. 1 und Art. 33 Dublin III-VO).

Wesentliche Neuerungen sind:

- Der Anwendungsbereich des Verfahrens wird auf den internationalen Schutz ausgedehnt (Zuerkennung der Flüchtlingseigenschaft sowie subsidiären Schutz; vgl. Nr. 10, 11 der Präambel, Art. 3 Dublin III-VO),
- Stärkung persönlicher (Informations-) Rechte,
- Stärkung der Rechte von Kindern und Minderjährigen,
- Straffung des Verfahrens und Stärkung der Verfahrensrechte,
- Einschränkung der Inhaftnahme.

3. Anwendungsvorrang

Als Verordnung i. S. v. Art. 288 Abs. 2 AEUV ist die Dublin III-VO Bestandteil des sekundären Unionsrechts und – wie ein nationales Gesetz – unmittelbar anwendbar, ohne dass es noch eines nationalen Umsetzungsaktes bedarf (vgl. Anwendungsvorrang des Unionsrechts im Migrationsbereich, Welte, SächsVBl. 2013, 170-172). Die Verordnung stützt sich ausdrücklich auf Primärrecht der EU, nämlich auf den Vertrag über die Arbeitsweise der Europäischen Union – AEUV, dort insbesondere auf Art. 78 Abs. 2 Buchst. e und f AEUV und setzt diese Ermächtigungsgrundlagen um.

Der Vorrang der Dublin III-VO im Verhältnis zum nationalen Recht folgt aus dem Vorrang von Unionsrecht gegenüber nationalem Recht gemäß Art. 288 Abs. 2 AEUV und Art. 23 GG.

Nach Art. 16 Abs. 5 GG berührt die vorrangige Anwendung der Dublin III-VO nicht die Asylrechtsgewahrleistungen der Absätze 1 bis 4 (vgl. BVerfG, 30.07.2003 – 2 BvR 1880/00, NVwZ Beil. 2003, 97). Ist der **Asylbewerber über einen anderen EU-Mitgliedstaateingereist**, ist vom Vorrang der Dublin III-VO auszugehen, wenn der Ausländer Antrag auf internationalen Schutz (Art. 2 Buchst. b Dublin III-VO, zum Begriff) stellt. Im Asylverfahrensgesetz wird an mehreren Stellen auf Zuständigkeitsregelungen auf Grund eines völkerrechtlichen Vertrages hingewiesen (vgl. §§ 18 Abs. 4 Nr. 1, 22a Satz 1, 26a Abs. 1 Satz 3 Nr. 2, 29 Abs. 1, 29 Abs. 1 Nr. 1 Buchst. a, 34a, 71a Abs. 1, 88 Abs. 1). Kommt die Dublin III-VO bei Asylbewerbern wegen Unzuständigkeit Deutschlands zur Anwendung, ist der Asylantrag nach § 29 Abs. 1 Nr. 1 Buchst. a AsylG als unzulässig einzustufen.

Nach Art. 4 Abs. 2 2008/115/EG findet die Rückführungsrichtlinie (RFRL) auf Maßnahmen nach der Dublin III-VO (z. B. Überstellung nach Art. 28 ff., Haft nach Art. 28) dann nicht Anwendung, wenn die entsprechenden Regelungen der der Dublin III-VO günstiger sind.

4. Anwenderstaaten

Mit Ausnahme von Dänemark wenden die EU-Mitgliedstaaten die Dublin III-VO an (vgl. Erwägungsgrund 42). Solange die bisherigen Dublin II-VO-Anwenderstaaten die Dublin III-VO noch nicht in innerstaatliches Recht transformiert haben, findet bei ihnen die Dublin II-VO weiterhin Anwendung. Von der Anwendung der neuen Qualifikationsrichtlinie 2011/95/EU, durch die internationaler Schutz gewährleistet wird, ist Dänemark ebenfalls ausgenommen (vgl. Erwägungsgrund 51).

Da die sicheren Drittstaaten (vgl. § 26a AsylG) Anwenderstaaten der vorrangigen Dublin III-VO sind, finden hinsichtlich der Zurückweisung oder Zurückschiebung in den zuständigen Mitgliedstaat die auf die Dublin III-VO bezogenen Regelungen in § 18 Abs. 2 Nr. 2 bzw. § 18 Abs. 3 i. V. m. Nr. 2 AsylG Anwendung. Daher setzt die Zurückweisung oder Zurückschiebung die Durchführung eines formalisierten „Dublin-Anbieter- und Überstellungsverfahrens" (Art. 20 ff. Dublin III-VO) zwischen den Zentralbehörden der beteiligten Staaten voraus (vgl. Schott-Mehrings, Das Einschleusen Asylsuchender über Griechenland, ZAR 2014, 142, 143).

5. Personenkreis

Die Dublin III-VO entfaltet im Rang eines innerstaatlichen Gesetzes auch subjektive Rechte und Pflichten für die Antragsteller (vgl. Art. 26 und Art. 27 Dublin III-VO, zur Überstellungsentscheidung und zu den Rechtsmitteln). Die Dublin III-VO findet auf Antragsteller Anwendung (vgl. § 1 Abs. 1 Nr. 2 AsylG), die Drittstaatsangehörige oder Staatenlose sind und um Schutz

- vor politischer Verfolgung i. S. v. § 3 Abs. 1 AsylG nachsuchen und daher die Zuerkennung der Flüchtlingseigenschaft nach Art. 13 QRL beantragen (vgl. § 60 Abs. 1 AufenthG) oder
- vor ernsthaftem Schaden i. S. v. Art. 15 QRL bzw. § 4 Abs. 1 AsylG nachsuchen und daher die Zuerkennung internationalen subsidiären Schutzes nach Art. 18 QRL beantragen (§ 60 Abs. 2 und 3 AufenthG).

Die Dublin III-VOist auch auf einen Ausländer anwendbar, dem in einem anderen Mitgliedstaat (z. B. Italien) ein Aufenthaltstitel etwa aus humanitären Gründen, jedoch nicht aufgrund internationaler Schutzgewährung erteilt worden ist, da dessen Asylantrag auf Zuerkennung internationalen Schutzes in diesem Staat keinen Erfolg hatte. Dieser Mitgliedstaat ist nach Art. 12 Abs. 1 Dublin III-VO für die Prüfung des im anderen Mitgliedstaat (z. B. Deutschland) gestellten Asylantrags (Folge- oder Zweitantrag i. S. d. §§ 71, 71a AsylG) zuständig und hat den Asylbewerber im Wege der Überstellung nach Art. 29 Dublin III-VO wiederaufzunehmen, um eine Mehrfachantragstellung in verschiedenen Mitgliedstaaten zu vermeiden und somit Asylmissbrauch zu verhindern. So bestimmt Art. 3 Abs. 1 Satz 2 Dublin III-VO, dass der Asylantrag von einem einzigen Mitgliedstaat, der nach den Kriterien des Kapitels III der Dublin III-VO als zuständiger Staat bestimmt wird, geprüft wird. Dies gilt auch für den Asylantrag eines Ausländers, der in einem anderen Mitgliedstaat geprüft und teilweise abgelehnt worden ist (Art. 18 Abs. 1 Buchst. d Dublin III-VO). Dieser schon für den Erstantrag zuständige Mitgliedstaat ist daher auch für die Prüfung des in einem anderen Mitgliedstaat später gestellten Asylantrags zuständig, es sei denn, dass das Wiederaufnahmegesuch an den ersuchten Mitgliedstaat nicht fristgerecht innerhalb von zwei bzw. drei Monaten gestellt (Art. 23 Abs. 2 und 3 Dublin III-VO) oder die Überstellungsfrist von sechs Monaten gemäß Art. 29 Abs. 1 Alt. 1 oder Alt. 2 Dublin III-VO fruchtlos verstrichen ist (vgl. VG Minden, 07.05.2015 – 10 K 476/14.A, AuAS 2015, 140).

Die Asylverfahrensrichtlinie 2013/32/EU bestimmt, dass das Dublin-Regime auch bei Folgeanträgen Anwendung findet. Nach Art. 40 Abs. 7 dieser Richtlinie prüft der gemäß Dublin III-VO zuständige Mitgliedstaat weitere Angaben und Folgeanträge des Antragstellers (vgl. VG Berlin, 31.10.2014 – 33 K 155.14A).

Die Dublin III-VO findet nicht auf Drittstaatsangehörige oder Staatenlose Anwendung, bei denen es um ein zielstaatsbezogenes Abschiebungsverbot nach § 60 Abs. 5 oder 7 AufenthG (nationaler subsidiärer Schutz) geht oder die ihr Schutzbegehren auf ein inlandsbezogenes Ausreisehindernis nach § 60a Abs. 2 AufenthG stützen (z. B. nach Art. 7 GRCh; Art. 8 EMRK; Art. 6 GG; Reiseunfähigkeit).

Bei Überstellungen nach Dublin III-VO im Wege der Abschiebungsanordnung § 34a Abs. 1 AsylG ist jedoch auch vom BAMF zu prüfen, ob ein inlandsbezogenes Ausreisehindernis (z. B. Reiseunfähigkeit), das der Überstellung entgegenstehen könnte, vorliegt.

Die Dublin III-VOumfasst nicht Drittstaatsangehörige, die ihr Schutzbegehren auf die Europäische Menschenrechtskonvention (EMRK) oder andere internationale oder nationale Vorschriften beschränken.

6. Verfahren

6.1. Allgemeines

Das Verfahren zur Ermittlung des zuständigen Mitgliedstaats gemäß der Dublin III-VO ist ein **eigenständiges Verwaltungsverfahren** zwischen den Mitgliedstaaten, in welchem – je nach Fallkonstellation – das BAMF im Falle der Unzulässigkeit einer Rückführung in den von ihm als zuständig bestimmten Staat zur Fortführung der Prüfung der Zuständigkeit eines anderen Mitgliedstaats verpflichtet sein kann (vgl. EuGH, 14.11.2013 – C-4/11, InfAuslR 2014, 68, zur Dublin II-VO).

Gegen die Entscheidungen des BAMF wegen Unzulässigkeit des Asylantrags nach § 29 Abs. 1 Nr. 1 Buchst. a AsylG und Abschiebungsanordnung nach § 34a AsylG, die zur Überstellung in den zuständigen Mitgliedstaat führen, ist die isolierte Anfechtungsklage auch dann statthaft, wenn ein Zweitantrag nach § 71a Abs. 1 AsylG gestellt worden ist (vgl. OVG Hamburg, 02.02.2015 – 1 Bf 208/14.AZ, AuAS 2015, 103).

Bis zur Entscheidung des Gerichts im Eilverfahren nach § 34a Abs. 2 AsylG besteht ein Vollstreckungshindernis, das eine **Verfahrensduldung** wegen rechtlicher Unmöglichkeit der Abschiebung bzw. Überstellung nach § 60a Abs. 2 Satz 1 AufenthG bewirkt. Stellt der Ausländer jedoch in einem anderen EU-Mitgliedstaat, in den er sich freiwillig begibt, einen weiteren Asylantrag und erlischt daher die Duldung (§ 60a Abs. 5 Satz 1 AufenthG), fehlt es am Rechtsschutzbedürfnis gegen die Ablehnung seines in Deutschland gestellten unzulässigen Asylantrags nach § 29 Abs. 1 Buchst. a AsylG (vgl. OVG Weimar, 13.06.2015 – ZKO 449/12, AuAS 2015, 60 L).

Die Dublin III-VO enthält keine abschließenden und ins Detail gehenden Vorschriften über das Überstellungsverfahren, das der einzelne Mitgliedstaat gegenüber den Antragstellern durchzuführen hat, wenn er nach der Verordnung nicht für die Prüfung des Asylantrags zuständig ist und demnach die Betroffenen auf das Verfahren im anderen zuständigen Mitgliedstaat verweisen will, nachdem der ersuchte Mitgliedstaat der **Aufnahme** zugestimmt hat (vgl. BVerwG, 17.09.2015 – 1 C 26.14, InfAuslR 2016, 21 – zur Überstellung ohne Verwaltungszwang).

Bezugnahmen in anderen Rechtsakten der EU auf die aufgehobene Dublin II-VO gelten als Bezugnahmen auf die Dublin III-VO und sind nach Maßgabe der Entsprechungstabelle in Anhang II der Dublin III-VO auszulegen (Art. 48 Abs. 2 Dublin III-VO).

6.2. Informationsrecht des Antragstellers

Die Asylantragstellung i. S. v. Art. 20 Abs. 2 Dublin III-VO ist nach Art. 4 Dublin III-VO mit einem **Informationsrecht** des Antragstellers verknüpft. So wird der Antragsteller zugleich mit der Antragstellung unterrichtet über

1. die Anwendung der Dublin III-VO und insbesondere deren Ziele,
2. die Folgen einer weiteren Antragstellung in einem anderen Mitgliedstaat sowie die Folgen eines Umzugs in dem zuständigen Mitgliedstaat,
3. die Kriterien, die für diese Prüfung maßgebend sind,
4. das persönliche Gespräch in diesem Verfahren (Art. 5 Dublin III-VO) und die Möglichkeit, Angaben über die Anwesenheit von Familienangehörigen, Verwandten oder Personen jeder anderen verwandtschaftlichen Beziehung im Unionsgebiet zu machen einschließlich der (Glaubhaftmachungs- und Beweis-) Mittel, mit denen der Antragsteller diese Angaben unterstützen kann,
5. die Möglichkeit zur Einlegung eines Rechtsbehelfs gegen eine Überstellungsentscheidung und ggf. zur Beantragung einer Aussetzung des Verfahrens (Art. 4 Abs. 2 Dublin III-VO).

Die Unterrichtung wird grundsätzlich in der Form eines einheitlichen **Merkblatts** (Art. 4 Abs. 3 Dublin III-VO) in der Sprache des Antragstellers, die er verstehen kann, schriftlich durchgeführt (und in den Akten vermerkt).

6.3. Verfahrenseinleitung

Dem Asylantragsteller wird grundsätzlich kein subjektives Recht auf Wahl des Staats, der internationalen Schutz zu gewähren hat, eingeräumt. Sobald der Antrag auf internationalen Schutz (förmlicher Asylantrag nach § 13 AsylG) gestellt ist, wird das Verfahren zur Bestimmung des zuständigen Mitgliedstaats eingeleitet (Art. 20 Abs. 1 und 2 Dublin III-VO). Unter diesem Gesichtspunkt obliegt dem Mitgliedstaat, in dessen Hoheitsgebiet, an dessen Land- oder Seegrenze oder bei dem in einer Transitzone eines Flughafens erstmals ein Asylantrag gestellt wird (Art. Art. 3 Abs. 1 Dublin III-VO), die Einleitung des Verfahrens zur Zuständigkeitsprüfung. Bei einem nicht schriftlich abgegebenen Asylantrag ist ein Protokoll in kürzester Zeit, um den aktuellen Sachverhalt festhalten zu können, aufzunehmen (Art. 20 Abs. 2 Satz 2 Dublin III-VO).

6.4. Zuständigkeit für die Prüfung eines Antrags

Gemäß Erwägungsgrund 9 sowie Art. 8 bis 15 Dublin III-VO sind die Kriterien über die Bestimmung der Zuständigkeit der Mitgliedstaaten für die Prüfung des Antrags auf internationalen Schutz (Asylantrag nach § 14 AsylG) im Vergleich zur Dublin II-VO grundsätzlich unverändert geblieben.

Art. 12 Dublin III-VO enthält Zuständigkeitsregelungen, die grundsätzlich darauf abstellen, dass der Mitgliedstaat für die legale Einreise und einen rechtmäßigen Aufenthalt des Antragstellers die Verantwortung trägt. Art. 3 Abs. 1 Satz 2 Dublin III-VO bezüglich der **Zuständigkeit** eines einzigen Mitgliedstaats für die Prüfung eines Antrags auf internationalen Schutz sowie Art. 18 Dublin III-VO hinsichtlich der Pflichten des zuständigen Mitgliedstaats richten sich nach ihrem Wortlaut gezielt nur an die EU-Mitgliedstaaten. Die Zuständigkeit für die Prüfung des Antrags richten sich nach den Kriterien des Kapitels III der Dublin III-VO.

Die **Pflichten** nach Art. 18 Dublin III-VO obliegen dem Mitgliedstaat, der dem Antragsteller einen Aufenthaltstitel erteilt, es sei denn, er ist seit mindestens drei Monaten aus den Mitgliedstaaten ausgereist und der Aufenthaltstitel ist nicht mehr gültig (Art. 19 Abs. 1 und 2 Dublin III-VO). In diesem Fall ist ihm die Zuständigkeit für den Antragsteller übertragen.

Überschreitet ein Antragsteller aus einem Drittstaat kommend die Land-, See- oder Luftgrenze eines EU-Mitgliedstaats **illegal** und kann dies auf Grund von Beweismitteln, Indizien oder Fingerabdruckdaten, die gemäß der in Art. 22 Abs. 3 Dublin III-VO genannten Verzeichnisse und der Eurodac-Verordnung Nr. 603/2013 festgestellt werden, ist dieser Mitgliedstaat für die Prüfung des Antrags auf internationalen Schutz gemäß Art. 13 Abs. 1 Satz 1 Dublin III-VO zuständig. Diese Zuständigkeit endet zwölf Monate nach dem Tag des illegalen Grenzübertritts (Art. 13 Abs. 1 Satz 2 Dublin III-VO). Entfällt die Zuständigkeit nach diesem Kriterium, muss derjenige Mitgliedstaat die Prüfung des Asylbegehrens übernehmen, in dem sich der Antragsteller zuvor bereits fünf Monate aufgehalten hat (Art. 13 Abs. 2 VO 604/2013).

Das Kriterium der „illegalen Einreise" für die Zuständigkeit nach Art. 13 Abs. 1 Satz 1 Dublin III-VObestimmt sich nicht allein nach dem Verursacherprinzip, sondern hat nach der in Art. 7 Abs. 1 Dublin III-VO festgeschriebenen Rangfolge, die humanitäre Erwägungen bei der Bestimmung des zuständigen Mitgliedstaats in den Vordergrund stellt, lediglich subsidiäre Bedeutung. In der Dublin III-VO haben humanitäre Aspekte bei der Bestimmung des zuständigen Mitgliedstaats Priorität (vgl. Welte, Der Familienschutz in der Dublin III-Verordnung, InfAuslR 2016, 162-166).

Von dem Kriterium der „illegalen Einreise" abzuweichen, könnte mit dem Diskriminierungsverbot insoweit kollidieren, als von jedem Ausländer verlangt wird, in die EU an den zugelassen Grenzübergangsstellen mit Pass und Visum einzureisen. Eine Abkehr von diesem Kriterium wäre der Tätigkeit der Schleuser- und Schlepperbanden förderlich und der organisierten Kriminalität zuträglich (vgl. Aktionsplan 6621/1/02).

Ein Asylantrag auf internationalen Schutz nach § 14 AsylG ist unzulässig, wenn ein anderer Mitgliedstaat nach der Dublin III-VO für die Durchführung des Asylverfahrens zuständig ist (§ 29 Abs. 1 Buchst. a AsylG). Wird der Antragsteller jedoch nicht innerhalb der Überstellungsfristen in den zuständigen Staat überstellt und wird dadurch Deutschland zuständig, ist der Asylantrag nicht mehr unzulässig und als Zweitantrag zu behandeln. In diesem Fall gilt der Aufenthalt des Ausländers nach § 71a Abs. 1 Satz 1 AsylG als geduldet. Wird ein weiteres Asylverfahren nicht durchgeführt, ist gemäß § 71a Abs. 4 i. V. m. § 34 AsylG eine Abschiebungsandrohung zu erlassen. Eine Abschiebungsanordnung nach § 34a AsylG hat dann keinen Bestand mehr (vgl. VG Berlin, 10.06.2015 – 33 K 386.13 A, AuAS 2015, 183, keine Umdeutung in einen Zweitantrag).

Grundsätzlich ist nur ein einziger Mitgliedstaat für die Prüfung eines Antrags auf internationalen Schutz (Asylantrag i. S. v. § 13 AsylG) zuständig (Art. 3 Abs. 1 Satz 2 Dublin III-VO). Lehnt das BAMF die Durchführung des Asylverfahrens nach § 27 a AsylG wegen der Zuständigkeit eines anderen Mitgliedstaats ab, kann der Asylbewerber dagegen geltend machen, seine Überstellung in diesen Staat sei wegen systemischer Schwachstellen im Asylverfahren oder in den Aufnahmebedingungen nach Art. 3 Abs. 2 Unterabs. 1 Dublin III-VO unzulässig. Trifft dies zu, hat das BAMF nach der in Kapitel III Dublin III-VO genannten Rangfolge zu prüfen, ob noch ein anderer Mitgliedstaat für die Prüfung des Asylbegehrens zuständig ist (Art. 7 Abs. 1 Dublin III-VO). Ist nach dem Ergebnis dieser Zuständigkeitsprüfung (formell-rechtliche Prüfung) ein anderer Mitgliedstaat nicht zuständig, so ist nach Art. 3 Abs. 2 Dublin III-VO der erste Mitgliedstaat, in dem der Antrag auf internationalen Schutz gestellt wurde, für die Entscheidung über den Asylantrag zuständig (materiell-rechtliche Prüfung; vgl. EuGH, 14.11.2013 – C-4/11 – *Puid*, NVwZ 2014, 129; EuGH, 21.12.2011 – C-411/10 u. a. N. S., Rn. 96, 97, 107, NVwZ 2012, 417).

Ist bei dieser Rechtslage Deutschland für die Prüfung des Asylantrags zuständig, da der Antrag beim BAMF gestellt worden ist, kann dies vom Antragsteller auf dem Verwaltungsrechtsweg durch eine Anfechtungsklage geltend gemacht werden (vgl. OVG Nordrhein-Westfalen, 07.03.2014 – 1 A 21/12.A, AuAS 2014, 118). In diesen Fällen erübrigt sich ein Selbsteintritt der Bundesrepublik nach der Souveränitätsklausel des Art. 17 Dublin III-VO; insoweit besteht auch keine Verpflichtung zum Selbsteintritt für Deutschland (vgl. *Thym*, NVwZ 2014, 130). Dem steht jedoch nicht entgegen, dass ein anderer Mitgliedstaat den Selbsteintritt erklärt.

6.5. Aufnahmeverfahren zur Überstellung des Antragstellers

Das an den zuständigen Mitgliedstaat ist in den Art. 21, 22 VO 604/201 geregelt. Im Aufnahmeverfahren ist zunächst eine **Zuständigkeitsprüfung** durchzuführen. Der Mitgliedstaat, bei dem der Asylantrag i. S. v. Art. 20 Abs. 2 Dublin III-VO Art. 21, 22 VO 604/201erstmals gestellt wird, hat zu prüfen, welcher Mitgliedstaat für die Prüfung des Asylantrags bzw. die Durchführung des Asylverfahrens zuständig ist. Hält er einen anderen Mitgliedstaat für die Prüfung des Antrags zuständig, kann er innerhalb von drei Monaten nach Antragstellung diesen Staat durch Übersendung eines Formblatts (Art. 21 Abs. 3 Dublin III-VO Art. 21, 22 VO 604/201) ersuchen, den Antragsteller aufzunehmen (Aufnahmegesuch nach Art. 21 Abs. 1 Dublin III-VO Art. 21, 22 VO 604/201).
Dieses Ersuchen soll so bald wie möglich erfolgen. Die Frist für die Einreichung dieses Aufnahmegesuchs an den für die Prüfung des Antrags auf internationalen Schutz

(Asylantrag nach § 13 AsylG) zuständigen Mitgliedstaat beträgt mit Ausnahme der in Art. 21 Abs. 1 Unterabs. 1 Dublin III-VO Art. 21, 22 VO 604/201 genannten Fälle – drei Monate, gerechnet vom Zeitpunkt der Stellung des Asylantrags im Aufenthaltsstaat. Bei der Antragsfrist handelt es sich um eine Ausschlussfrist (Art. 21 Abs. 1 Unterabs. 2 Dublin III-VO Art. 21, 22 VO 604/201).

Ein Asylantrag auf internationalen Schutz nach § 14 AsylG ist unzulässig, wenn ein anderer Mitgliedstaat nach der Dublin III-VO für die Durchführung des Asylverfahrens zuständig ist (§ 29 Abs. 1 Nr. 1 Buchst. a AsylG). Wird der Antragsteller jedoch nicht innerhalb der Überstellungsfristen in den zuständigen Staat überstellt und wird dadurch Deutschland zuständig, ist der Asylantrag nicht mehr unzulässig. Der Antrag darf jedoch wegen der ungünstigeren Rechtsfolgen nicht in eine (negative) Zweitantragsentscheidung nach § 71a AsylG umgedeutet werden (vgl. BVerwG, 16.11.2015 – 1 C 4.15, InfAuslR 2016, 120 = ZAR 2016, 113). Eine Abschiebungsanordnung nach § 34a Abs. 1 AsylG hat keinen Bestand mehr (vgl. VG Berlin, 10.06.2015 – 33 K 386.13 A, AuAS 2015, 183).

6.6. Wiederaufnahmeverfahren

Das Wiederaufnahmeverfahren ist in Art. 23 bis 25 VO 604/201 geregelt. In diesem Verfahren wird durch den Mitgliedstaat, in dem

- ein erneuter Antrag auf internationalen Schutz gestellt wurde (Art. 23 VO 604/201) oder
- sich der nunmehr Betroffene, ohne Aufenthaltstitel und ohne einen Asylantrag zu stellen, aufhält Art. 24 VO 604/201),

geprüft, ob er ein Ersuchen an den (bislang) für den Antragsteller zuständigen Mitgliedstaat um Wiederaufnahme stellen kann (VO Art. 23 Abs. 1 VO 604/201). Der Antragsteller muss sich daher zuvor in einem anderen Mitgliedstaat, der für ihn hinsichtlich der Durchführung des Asylverfahrens zuständig war und in dem er einen Antrag gestellt hat oder hatte, aufgehalten haben.

Die Wiederaufnahme umfasst **drei Fallgruppen**. Danach ist ein Mitgliedstaat verpflichtet, einen Asylantragsteller gemäß Art. 23 bis 25 VO 604/201 wieder aufzunehmen, der

1. während der Antragsprüfung den zuständigen Mitgliedstaat verlassen hat,
2. während der Antragsprüfung den Asylantrag zurückgenommen hat oder
3. nach Ablehnung des Asylantrags den zuständigen Mitgliedstaat verlassen hat

und sich unerlaubt in einen anderen Mitgliedstaat begeben hat (Art. 23 Abs. 1 i. V. m. Art. 18 Abs. 1 Buchst. b und c VO 604/201).

Ist ein **Mitgliedstaat als sicherer Drittstaat** i. S. v. § 26 a AsylG zur **Wiederaufnahme** eines Ausländers gemäß Art. 25 Dublin III-VO bereit, besteht grundsätzlich die innerhalb der Europäischen Union festgelegte Sicherheit gegen Verfolgung nach der Dublin III-VO fort.

6.7. Überstellung in den zuständigen Mitgliedstaat

Art. 26 Abs. 1 Dublin III-VO bestimmt, dass nach erfolgter Zustimmung zur Aufnahme oder Wiederaufnahme durch den ersuchten Staat der ersuchende Mitgliedstaat den Antragsteller von der Entscheidung, dass er in den zuständigen Staat überstellt und daher sein Antrag auf internationalen Schutz nicht geprüft wird, in Kenntnis setzt. Die Zustimmung des ersuchten Mitgliedstaats entfaltet hinsichtlich der Zuständigkeitsbegründung zur Durchführung des Asylverfahrens gleichsam konstitutive Wirkung. Nimmt der Antragsteller den Asylantrag zurück und beschränkt er sein Gesuch auf subsidiären Schutz, ändert sich dadurch nichts an der Zuständigkeit des ersuchten Mitgliedstaats (vgl. VGH Bayern, 21.05.2015 – 14 B 12.30323, InfAuslR 2015, 403).

Mit dem Antragsteller wird vor einer bevorstehenden Überstellung, über die noch nicht entschieden ist, grundsätzlich ein **persönliches Gespräch** in einem vertraulichen Rahmen zeitnah durchgeführt, dessen Ergebnis schriftlich zusammengefasst wird (Art. 5 Abs. 1 Dublin III-VO). Dieses Gespräch dient auch der Sondierung, ob die Durchführung eines Wiederaufnahmeverfahrens (Art. Art. 23 bis 25 Dublin III-VO) sowie eine Überstellung (Art. 29 Dublin III-VO) erforderlich ist.

Nach Art. 26 Abs. 2 Dublin III-VO ist die **Überstellungsentscheidung** mit einer Rechtsbehelfsbelehrung zu versehen, zu begründen und dem Antragsteller die Frist für die Durchführung und gegebenenfalls Zeit sowie Ort der Überstellung mitzuteilen. Gegen diese Entscheidung muss ein Rechtsbehelf eröffnet sein, dem jedoch nur aufschiebende Wirkung zukommt, soweit dies nach innerstaatlichem Recht (§ 34a Abs. 2 AsylVfG) zulässig ist.

Die Abschiebung bzw. Überstellung in den für die Durchführung des Asylverfahrens zuständigen anderen Mitgliedstaat erfordert eine Abschiebungsanordnung nach § 34a Abs. 1 AsylG, die nach Absatz 2 im vorläufigen Rechtsschutzverfahren nach § 80 Abs. 5 VwGO unter Einhaltung bestimmter Fristen angreifbar ist, wenn Klage erhoben wurde (vgl. BVerfG, 17.09.2014 – 2 BvR 732/14, AuAS 2014, 244, zur ausschließlichen Zuständigkeit des BAMF für die Prüfung zielstaatsbezogener Abschiebungsverbote und inlandsbezogener Abschiebungshindernisse beim Erlass einer Abschiebungsanordnung gemäß § 34a AsylG (vgl. *Marx*, Ausgewählte Probleme des Eilrechtsschutzes im Dublin-Verfahren, InfAuslR 2015, 164-168 und 204-207).

Zwar hat der Rechtsbehelf gegen die Überstellungsentscheidung nach § 75 Abs. 1 AsylG keine aufschiebende Wirkung. Nach § 34a Abs. 2 AsylG tritt jedoch mit der Beantragung vorläufigen Rechtsschutzes nach § 80 Abs. 5 VwGO ein **Vollstreckungshindernis** ein, das eine Unterbrechung bzw. einen Aufschub der Überstellungsfrist bewirkt. Wird dem Eilantrag entsprochen, beginnt die unterbrochene Frist mit dem Eintritt der Rechtskraft der im gerichtlichen Hauptsacheverfahren getroffenen Entscheidung, wenn es nach dem Ergebnis des Verfahrens bei der Überstellung bleibt (vgl. EuGH, EZAR NF 96 Nr. 2 = InfAuslR 2009, 139 = NVwZ 2009, 139, 140; VGH Mannheim, AuAS 2012, 213, 215). Wird dem Eilantrag jedoch nicht entsprochen, beginnt die im vorläufigen Rechtsschutzverfahren unterbrochene Frist mit der Zustellung des Gerichtsbeschlusses. Konnte eine Fristunterbrechung unter diesen Umständen wegen vorherigen Ablaufs der Frist nicht eintreten, liegen die Voraussetzungen für eine Überstellung nach Eintritt der Vollziehbarkeit der Entscheidung sofort vor.

Da in Griechenland ein faires Asylverfahren (z. Zt.) nicht stattfindet, verbietet es Art. 3 Abs. 2 Unterabs. 1 Dublin III-VO, den Ausländer dorthin im Wege der Zurückschiebung (§ 57 Abs. 2 AufenthG) oder Abschiebungsanordnung (§ 34a Abs. 1 AsylG) zu überstellen. Eine Überstellung nach der Dublin III-VO ist wegen unzureichenden Rechtsschutzes im Asylverfahren in Griechenland nicht zulässig (vgl. EGMR, 21.01.2011 – 30.696/09, InfAuslR 2011, 221 = ZAR 2011, 395).

Rechtsprechung um Problemkreis:

- BVerfG, 30.04.2015 – 2 BvR 746/15, AuAS 2015, 139, zum effektiven Rechtsschutz bei Abschiebung nach Italien.
- VG Düsseldorf, Beschl. v. 05.06.2015 – 13 L 1253/15.A, AuAS 2015, 186, keine systemischen Mängel im ungarischen Asylverfahren.
- VG Magdeburg, Beschl. v. 14.04.2015 – 5 B 125/15, AuAS 2015, 128, Überstellung nach Polen bejaht.

Die **Überstellung** vollzieht sich **nach nationalem Recht** (Art. 29 Abs. 1 Dublin III-VO). Vgl. dazu § 29 Abs. 1 Nr. 1 Buchst. a, § 34a AsylG zur Abschiebungsanordnung und § 57 Abs. 2 AufenthG zur Zurückschiebung.

Die Dublin III-VO wird soweit nicht aufgehoben (vgl. dazu Art. 48 Abs. 1) – in verfahrensrechtlicher Hinsicht ergänzt und konkretisiert durch die VO 1560/2003/EG. In Art. 7 Abs. 1 dieser Durchführungsbestimmungen ist als eine von drei **Modalitäten der Überstellung** die Ermöglichung einer **freiwilligen Ausreise** des Antragstellers innerhalb einer vorgegebenen Frist genannt; in diesem Fall erhält der Antragsteller einen **Passagierschein(Laissez Passer)**, damit er sich in den zuständigen Staat begeben und sich an dem Ort innerhalb der Frist, die ihm bei der Mitteilung der Entscheidung über seine Aufnahme bzw. Wiederaufnahme durch den zuständigen Staat genannt wurde, ausweisen kann (vgl. VG Gießen, 03.02.2006 – 4 G 227/06 A, AuAS 2006, 67). Zum Zweck, dass sich der Asylantragsteller freiwillig bzw. auf eigene Initiative in den zuständigen Mitgliedstaat begeben will, werden ihm auch Zeitpunkt oder Ort, in bzw. an dem er sich dort zu melden hat, in der Überstellungsentscheidung angegeben (Art. 26 Abs. 2 Unterabs. 1 Dublin III-VO).

Der Möglichkeit der freiwilligen Ausreise ist zwar der Vorrang einzuräumen. Bei **Fluchtgefahr** (vgl. Art. 28 Abs. 2 Dublin III-VO, zur Inhaftnahme) kommt jedoch eine (zwangsweise) Überstellung in den zuständigen Mitgliedstaat in der Form einer kontrollierten Ausreise oder in Begleitung in Betracht (Art. 29 Abs. 1 Unterabs. 1 Dublin III-VO). Der zuständige Mitgliedstaat teilt dem vollziehenden Mitgliedstaat mit, dass der Antragsteller eingetroffen oder nicht innerhalb der gesetzten Frist erschienen ist (Art. 29 Abs. 1 Unterabs. 3 Dublin III-VO).

Wird die **Überstellung nicht innerhalb der Frist von sechs Monaten** durchgeführt, ist der zuständige Mitgliedstaat nicht mehr zur Aufnahme oder Wiederaufnahme verpflichtet und wird von seinen Pflichten nach Art. 18 Abs. 1 Dublin III-VO befreit. Die Zuständigkeit und damit auch die Pflichten gehen auf den ersuchenden Staat über

(Art. 29 Abs. 2 Dublin III-VO). Gleiches gilt, wenn die Jahresfrist bei Inhaftierten oder die Achtzehnmonatefrist bei Flüchtigen abgelaufen ist.

Eine **Verlängerung der Überstellungsfrist** setzt eine ausdrückliche Entscheidung des ersuchenden Mitgliedstaats über die Verlängerung vor Ablauf der Sechsmonatsfrist voraus, die er im ausdrücklichen Einvernehmen (vorherige Zustimmung) mit dem ersuchten Mitgliedstaat zu treffen hat. Für eine automatische Verlängerung unten den genannten Voraussetzungen ist daher kein Raum (vgl. OVG Weimar, 28.12.2009 – 3 EO 469/09).

Bei **irrtümlichen Überstellungen** oder in Fällen, in denen dem Rechtsbehelf gegen eine Überstellungsentscheidung entsprochen wurde, nimmt der Mitgliedstaat, der die Überstellung durchgeführt hat, den Antragsteller wieder auf (Art. 29 Abs. 3 Dublin III-VO) und wird zuständiger Mitgliedstaat für die Prüfung des Asylantrags.

Hat sich der Asylantragsteller nachweislich **länger als sechs Monate in einem Mitgliedstaat** aufgehalten oder hat ihm ein Mitgliedstaat einen **Aufenthaltstitelerteilt**, geht die Verantwortung für die Prüfung des Antrags auf diesen Staat über (Art. 19 Abs. 1 Dublin III-VO).

7. Familieneinheit

Die Dublin III-VO enthält Regelungen zur Herstellung und Einhaltung der Familieneinheit und zum Schutz von unbegleiteten minderjährigen Antragstellern in dem für die Prüfung des Asylbegehrens zuständigen Mitgliedstaat (Art. 8 bis 11, Art. 16; dazu BVerfG, 14.10.2004 – 2 BvR 1481/04, NJW 2004, 3407; BVerwG, 16.11.2015 – 1 C 4.15, InfAuslR 2016, 120 = ZAR 2016, 113). Dem **Grundsatz der Familieneinheit** kommt besondere Bedeutung zu (vgl. Art. 14 Erwägungsgrund; BVerwG, AuAS 2001, 7, 8 = InfAuslR 2000, 364). Dies erfordert, dass Anträge gemeinsam durch denselben Mitgliedstaat geprüft werden, um eine Trennung der Familie möglichst zu vermeiden (Erwägungsgrund 15; vgl. auch Art. 17 Abs. 2 Dublin III-VO, humanitäre Klausel). Art. 9 bis Art. 11 Dublin III-VO regeln die Wahrung der Familieneinheit im Asylverfahren (vgl. Welte, Der Familienschutz in der Dublin III-Verordnung, InfAuslR 2016, 157-162).

Bei der Anwendung der humanitären Klauseln in Art. 16 Abs. 1 und Art. 17 Abs. 2 Dublin III-VO hat der primärrechtliche Schutz des Familienlebens (Art. 7 GRCh; Art. 8 EMRK) besondere Bedeutung (Erwägungsgrund 14). Dies erfordert eine entsprechende Prüf- und Begründungspflicht bei der Bestimmung des zuständigen Mitgliedstaats hinsichtlich der Wahrung des Familieneinheit und dient einer grundrechtskonformen Auslegung und Anwendung der Dublin III-VO (Art. 52 GRCh; vgl. EuGH, NVwZ 2012, 417, 429, Rn. 99 ff.).

Nach der Rechtsprechung des Europäischen Gerichtshofs für Menschenrechte (vgl. EGMR, Urt. v. 04.11.2014, Nr. 29217/12 – Tarakhel, NVwZ 2015, 127) und des Bundesverfassungsgerichts (vgl. BVerfG, Beschl. v. 17.04.2015 – 2 BvR 602/15; BVerfG, Beschl. v. 17.09.2014 – 2 BvR 939/14, NVwZ 2014, 1511) muss vor der Überstellung von Familien mit Kleinstkindern (nach Italien) vom BAMF eine konkrete und einzelfallbezogene Zusicherung der (italienischen) Behörden eingeholt werden, dass die Familie (in Italien) eine gesicherte Unterkunft für alle Familienmitglieder erhalten werde. Danach reicht die bloße Erklärung des BAMF nicht aus, dass es eine solche Zusicherung der (italienischen) Behörden einholen und ohne diese eine Überstellung nicht veranlassen werde.

Zur Familie gehören **Angehörige** i. S. v. Art. 2 Buchst. g Dublin III-VO, deren Familie bereits im Herkunftsland bestanden hat und für die internationaler Schutz Flüchtlingsschutz und subsidiärer Schutz (§ 3 Abs. 1 und § 4 Abs. 1 AsylG) – gewährt werden kann. Auch der nicht verheiratete Lebenspartner, der mit dem Antragsteller eine dauerhafte Beziehung führt, kann zur Familie gehören (Art. 2 Buchst. g erster Spiegelstrich Dublin III-VO).

Wurde einem Familienangehörigen in einem EU-Mitgliedstaat bereits die internationaler Schutz (§ 1 Abs. 1 Nr. 2 AsylG, zum Begriff) zuerkannt, ist dieser Staat für die Prüfung der Anträge auf internationalen Schutz für die anderen Familienangehörigen zuständig, wenn dies der Betroffene schriftlich wünscht (Art. 9 Dublin III-VO).

Die humanitäre Klausel des Art. 16 Abs. 1 Dublin III-VO ermöglicht eine freiwillige Übernahme der Prüfung eines Asylbegehrens auf Grund des Ersuchens eines anderen EU-Mitgliedstaates. Dies erfolgt um Familienmitglieder und andere abhängige Familienangehörige aus humanitären Gründen, die sich insbesondere aus dem familiären oder kulturellen Kontext ergeben, zusammenzuführen. Im Regelfall soll eine Trennung von Antragstellern, deren familiäre Bindung bereits im Herkunftsstaat bestanden hat, vermieden werden. Eine Zusammenführung nach der Flucht kommt in Betracht, wenn die betroffene Person wegen

- Schwangerschaft,
- eines neugeborenen Kindes,
- einer schweren Krankheit,
- einer ernsthaften Behinderung oder
- hohen Alters

auf die Unterstützung des anderen Familienmitglieds angewiesen ist.

Droht den Angehörigen einer besonders schutzwürdigen Gruppe durch den Vollzug einer Abschiebungsanordnung nach § 34a Abs. 1 AsylG oder einer Zurückschiebung nach § 57 Abs. 2 Halbsatz 2 AufenthG (Überstellungen) ein schwerer und nicht ohne weiteres wieder gutzumachender Nachteil (vgl. auch Art. 3 Abs. 2 Unterabs. 1 Dublin III-VO, zu systemischen Mängeln im Asylverfahren und in den Aufnahmebedingungen) und ist in diesem Fall das Recht auf effektiven Rechtsschutz aus Art. 19 Abs. 4 Satz 1 GG verletzt, ist der Erlass einer einstweiligen Anordnung gerechtfertigt. Etwaige Nachteile infolge eines vorübergehenden längeren Aufenthalts in Deutschland wiegen demgegenüber weniger schwer, auch wenn es zu einem Ablauf der Überstellungsfrist von sechs Monaten nach Art. 29 Abs. 1 Dublin III-VO kommen sollte (vgl. BVerfG, 30.04.2015 – 2 BvR 746/15, AuAS 2015, 139, zum effektiven Rechtsschutz bei Abschiebung nach Italien; vgl. Lübbe, Prinzipien der Zuordnung von Flüchtlingsverantwortung und Individualrechtsschutz im Dublin-System, ZAR 2015, 125-132). Diesem Rechtsgedanken trägt auch § 34a Abs. 2 AsylVfG über die Gewährung vorläufigen Rechtsschutzes nach § 80 Abs. 5 VwGO Rechnung.

Art. 8 Dublin III-VO enthält eine verbindliche und eine individualschützende Regelung für **unbegleitete minderjährigeAntragsteller** mit der Maßgabe, dass der Mitgliedstaat, in dem sich ein Familienangehöriger (zum Begriff vgl. Art. 2 Buchst. g Dublin III-VO) des Minderjährigen (zum Begriff vgl. Art. 2 Buchst. j Dublin III-VO) oder eines seiner (Stief-) Geschwister aufhält, für die Prüfung des Asylbegehrens zuständig ist, wenn dies dem Wohl des Minderjährigen dient (vgl. Art. 24 Abs. 2 GRCh). Diese Regelung regelt nicht nur die Beziehungen zwischen den Mitgliedstaaten, sondern dient auch dem Grundrechtsschutz nach Art. 7 GRCh (vgl. BVerwG, 16.11.2015 – 1 C 4.15, InfAuslR 2016, 120 = ZAR 2016, 113).

Für die Prüfung, ob die Zusammenführung dem **Kindeswohl** dient, sind nach Art. 6 Abs. 3 Buchst. b Dublin III-VO insbesondere folgende Gesichtspunkte maßgebend:

- Die Geeignetheit der Bezugspersonen für die Betreuung des Minderjährigen,
- frühere familiäre Bindungen,
- der Grad der verwandtschaftlichen Beziehung,
- das (künftige) Wohlergehen und die soziale Entwicklung des Minderjährigen unter Berücksichtigung seines persönlichen Hintergrunds.

8. Selbsteintrittsrecht

Art. 17 Abs. 1 Dublin III-VO (Souveränitätsklausel) eröffnet den EU-Mitgliedstaaten die Möglichkeit, die Prüfung eines Antrags auf internationalen Schutz unabhängig von den Zuständigkeitsregelungen nach Art. 3 Abs. 1 an Stelle eines anderen Mitgliedstaates zu übernehmen (**Selbsteintrittsrecht**). Es kann sich um politische, humanitäre oder praktische Erwägungen aus Sicht des Staates aus eigener Machtvollkommenheit (Souveränität) handeln und setzt nicht die Zustimmung des Antragstellers voraus. Es besteht kein Rechtsanspruch auf Prüfung des Selbsteintritts nach Art. 17 Dublin III-VO.

Nach Art. 17 Abs. 1 Dublin III-VO kann ein Mitgliedstaat nur für einen bei ihm gestellten Antrag auf internationalen Schutz die Zuständigkeit übernehmen. Der Antragsteller muss sich daher in seinem Hoheitsgebiet (noch) aufhalten. Hält er sich nicht mehr im Bundesgebiet auf, kann die Bundesrepublik Deutschland nicht die Zuständigkeit für die Prüfung des Antrags im Wege des Selbsteintritts eigenmächtig übernehmen.

Aus Art. 17 Abs. 1 Dublin III-VO ergibt sich kein Anhaltspunkt, unter welchen Voraussetzungen das Selbsteintrittsrecht von den Mitgliedstaaten ausgeübt werden sollte; es liegt in ihrer Souveränität (Souveränitätsklausel). Es kann sich um politische, humanitäre oder praktische Erwägungen handeln (vgl. KOM 2001, 447 ende., ABl. EG Nr. C 304E v. 30.10.2001, S. 11). Das Selbsteintrittsrecht setzt auch nicht die Zustimmung des Antragstellers voraus. Die Antragstellung in dem betreffenden Staat ist konkludent als Einwilligung auf Prüfung des Antrags auf internationalen Schutz in diesem Staat zu sehen.

Das Selbsteintrittsrecht kann sich zu einer Selbsteintrittspflicht verdichten, wenn das für eine Überstellung in den zuständigen Mitgliedstaat zuständige BAMF die Entscheidung über eine Abschiebungsanordnung ohne sachlichen Grund etwa länger als 18 Monate verzögert und dies auch nicht auf das Verhalten des Ausländers zurückzuführen ist (vgl. OVG Niedersachsen, 09.10.2015 – 8 LA 146/15, InfAuslR 2016, 35; VG Sigmaringen,

22.10.2014 – A 7 K 2250/13, EZAR NF 95 Nr. 41). Eine Verfahrensdauer von etwas mehr als neun Monaten – gerechnet von der Asylantragstellung bis zur Erteilung der Zustimmung zur Wiederaufnahme – kann nicht als unangemessen lang angesehen werden und gebiet daher nicht den Selbsteintritt nach Art. 17 Dublin III-VO (vgl. BVerwG, Beschl. v. 07.12.2015 – 1 B 66.15, InfAuslR 2016, 124).

Um einen Selbsteintritt nach Art. 17 Abs. 1 Dublin III-VO handelt es sich nicht, wenn ein anderer Mitgliedstaat aus den in Art. 3 Abs. 2 Unterabs. 1 Dublin III-VO genannten Gründen (systemische Schwachstellen im Asylverfahren und bei den Aufnahmebedingungen, Gefahr einer unmenschlichen oder entwürdigenden Behandlung i. S. d. Art. 4 GRCh; Art. 3 EMRK) für die Aufnahme und Durchführung des Asylverfahrens nicht in Betracht kommt (vgl. EGMR, 07.05.2014 – 44.689/09 – *Safaii*, InfAuslR 2014, 398, zur Prüfpflicht bei Rückschiebung nach Griechenland; EuGH, 14.11.2013 – C-4/11 – *Kaveh Puid*, InfAuslR 2014, 68). In diesem Fall bestimmt sich die Zuständigkeit nach Art. 3 Abs. 2 Unterabs. 2 Dublin III-VO, wonach die Zuständigkeit für die Prüfung des Antrags auf internationalen Schutz auf den die Zuständigkeit prüfenden Mitgliedstaat zwingend übergeht (rechtlich gebundene Entscheidung). Bei dieser subsidiären Zuständigkeitsregelung handelt es sich jedoch nicht um eine Zuständigkeitsübernahme im Wege des Selbsteintrittsrechts nach Ermessen.

9. Prüfung des Asylantrags

Die Prüfung des Asylantrags nach § 13 AsylG und die Entscheidung des BAMF nach § 31 Abs. 2 und 3 AsylG umfasst die Asylanerkennung nach Art. 16a Abs. 1 GG, die Zuerkennung des Flüchtlingsschutzes i. S. v. § 3 Abs. 1 AsylVfG und des subsidiären Schutzes nach§ 4 Abs. 1 AsylVfG (= internationaler Schutz nach § 60 Abs. 1, 2 und 3 AufenthG) sowie die Feststellung von zielstaatsbezogenen Abschiebungsverboten nach § 60 Abs. 5 oder 7 AufenthG (= nationaler subsidiärer Schutz). Auch wenn der Asylbewerber behauptet, nach seinem Aufenthalt in einem sicheren Drittstaat in seiner Heimat gewesen zu sein, besteht kein Anspruch auf Durchführung eines Asylverfahrens, wenn die jetzige Einreise auf dem Landweg erfolgt ist.

Ein **Asylantrag** auf internationalen Schutz nach § 13 AsylG ist **unzulässig**, wenn ein anderer Mitgliedstaat nach der Dublin III-VO für die Durchführung des Asylverfahrens zuständig ist (§ 29 Abs. 1 Nr. 1 Buchst. a AsylG). Gegen die Feststellung der Unzulässigkeit eines Asylantrags nach § 29 Abs. 1 AsylG ist die Anfechtungsklage statthaft (vgl. OVG Rheinland-Pfalz, 05.08.2015 – 1 A 11020/14.OVG, InfAuslR 2016, 29).

Siehe auch

Fachbeiträge:

Aufenthaltsermittlung / Asylgrundrecht / Meldepflicht

Weiterführende Literatur:

Welte, Der Familienschutz in der Dublin III-Verordnung, InfAuslR 2016, 157-162.

Welte, Asylbewerber im Bundesgebiet – Einreise und Aufenthalt, SächsVBl. 2016, 1-7.

Kluth, Begrenzung der Schutzgewährung versus alternative Formen der Migrationssteuerung, ZAR 2016, 1, 5.

Lübbe, Prinzipien der Zuordnung von Flüchtlingsverantwortung und Individualrechtsschutz im Dublin-System, ZAR 2015, 125-132.

Thränhardt, Europäische Abschottung und deutscher Asylstau: Gibt es Wege aus dem Dilemma?, ZAR 2014, 177-181.

Schott-Mehrings, Das Einschleusen Asylsuchender über Griechenland, ZAR 2014, 142, 146.

Maiani/Hruschka, Der Schutz der Familieneinheit in Dublin-Verfahren, ZAR 2014, 69-75.

Marx, Ausgewählte Probleme des Eilrechtsschutzes im Dublin-Verfahren, InfAuslR 2015, 164-168 und 204-207.

Marx, Änderungen im Dublin-Verfahren nach der Dublin III-Verordnung, ZAR 2014, 5-12.

Marx, Dublin III-VO schränkt Haft ein, InfAuslR 2013, 436-440.

Welte, Anwendungsvorrang des Unionsrechts im Migrationsbereich, SächsVBl. 2013, 170-172.

Bethäuser, Aufgreifen eines Asylbewerbers im grenznahen Bereich keine Asylentscheidung durch des Bundesamt für Migration und Flüchtlinge?, InfAuslR 2013, 165-168.

Thym, Menschenrechtliche Feinjustierung des Dublin-Systems zur Asylzuständigkeitsabgrenzung – Zu den Folgewirkungen des Straßburger M.S.S.-Urteils, ZAR 2011, 368-378.

Piotrowicz, Dublin II und zukünftige Perspektiven eines gemeinsamen europäischen Asylsystems, ZAR 2003, 383.

Einreise wegen Verfolgung

Rechtsnormen: Art. 16a GG; § 18 AsylG; § 55 AsylG; § 63 AsylG; § 63a AsylG; § 67 AsylG; VO (EU) 604/2013

1. Zugang zum Bundesgebiet

Die Bundesrepublik Deutschland gestattet ebenso wie andere Staaten in Europa Flüchtlingen, die durch Bürgerkriege oder schwere innere Unruhen zur Flucht veranlasst worden sind, aus humanitären Gründen den Aufenthalt, auch wenn die Voraussetzungen für eine Anerkennung als politisch Verfolgter nicht gegeben sind (§§ 22 ff. AufenthG; § 4 Abs. 1 Satz 2 Nr. 3 AsylG; vgl. BVerfGE 74, 51, 66 f. = EZAR 200 Nr. 18; BVerfGE 80, 315, 346).

Wird der Ausländer nach dem im Asylgesetz vorgeschriebenen Statusverfahren als Asylberechtigter nach Art. 16a Abs. 1 GG (vgl. § 1 Abs. 1 Nr. 1 AsylG) unanfechtbar anerkannt oder ihm internationaler Schutz i. S. v. § 1 Abs. 1 Nr. 2 AsylG zuerkannt, hat er nach § 25 Abs. 1 Satz 1 bzw. Abs. 2 Satz 1 Alt. 1 oder 2 AufenthG einen gesetzlichen Anspruch auf Erteilung einer Aufenthaltserlaubnis (vgl. BVerwG, 17.12.2015 – 1 C 31.14, zum Vorliegen eines gesetzlichen Anspruchs).

Im Schutzbereich des Asyl- und Flüchtlingsrechts räumt der Gesetzgeber einen gesetzlichen Anspruch ein, während zur Verwirklichung des Familienschutzes z. B. nach Art. 7 GRCh, Art. 6 GG und Art. 8 EMRK eine Ermessenserteilung (§ 25 Abs. 5 Satz 1 AufenthG) und – im Falle der Duldung seit 18 Monaten – ein Regelanspruch für ausreichend gehalten wird (§ 25 Abs. 5 Satz 2 AufenthG). Die Aussetzung der Abschiebung seit 18 Monaten nach § 25 Abs. 5 Satz 2 AufenthG ist nur ein Tatbestandsmerkmal (vgl. BVerwG, 27.06.2006, – 1 C 14.05, EZAR NF 33 Nr. 4 = ZAR 2006, 408). Diese unterschiedliche Zuordnung von Aufenthaltsrechten im nationalen Bereich liegt im Gestaltungsspielraum des Gesetzgebers, der im subsidiären Schutzbereich der Art. 7 GRCh, Art. 6 GG und Art. 8 EMRK bezüglich der inhaltlichen Gestaltung von Aufenthaltsrechten weitgehend frei ist. Verfassungsrechtlich besteht zur Verwirklichung des Asylgrundrechts nach Art. 16a Abs. 1 GG die Pflicht, ein Aufenthaltsrecht „im Asyl" zu gewähren, wie dies in § 25 Abs. 1 Satz 1 AufenthG normiert ist (vgl. Parusel, Europäische und nationale Formen der Schutzgewährung in Deutschland, Working Paper 30 des Bundesamtes für Migration und Flüchtlinge. Nürnberg, 2010).

2. Einreise in das Bundesgebiet zur Geltendmachung eines Asylanspruchs

Nach der Einreise in das Bundesgebiet genießen Asylsuchende unter der Vorwirkung des Art. 16a Abs. 1 GG grundsätzlich ein verfassungskräftiges vorläufiges Bleiberecht in der Form der Aufenthaltsgestattung nach § 55 Abs. 1 Satz 1 AsylG, das mit der Ausstellung des Ankunftsnachweises dokumentiert wird. Nach förmlicher Asylantragstellung i. S. v. § 14 AsylG wird die Aufenthaltsgestattung in der Bescheinigung nach § 63 Abs. 1

AsylG innerhalb von drei Arbeitstagen dokumentiert, es sei denn, der Ausländer ist im Besitz eines Aufenthaltstitels nach § 4 Abs. 1 Satz 2 oder Abs. 5 Satz 1 AufenthG ist.

Bis zum 01.02.2016 wurde einem Asylsuchenden, der noch keinen Asylantrag nach § 14 AsylG gestellt hatte, nach § 63a Abs. 1 Satz 1 AsylG a.F. unverzüglich eine Bescheinigung über die Meldung als Asylsuchender (BÜMA) mit dem in Satz 2 genannten Inhalt ausgestellt. Auch die BÜMA fungiert als Aufenthaltsgestattung gemäß der Übergangsvorschrift des § 87c Abs. 3 AsylG.

Bis zur Ausstellung dieser Bescheinigung nach § 63 AsylG wird dem Asylsuchenden nach § 63a Abs. 1 AsylG unverzüglich eine Bescheinigung über die Meldung als Asylsuchender (Ankunftsnachweis; vorher BÜMA) durch die in § 18 Abs. 1 und § 19 Abs. 1 AsylG bezeichneten Behörden oder die Aufnahmeeinrichtungen ausgestellt.

Mit der Aufenthaltsgestattung wird dem Ausländer ein „funktionelles" Aufenthaltsrecht zur Geltendmachung und Verfolgung eines Asylanspruchs grundsätzlich solange eingeräumt, bis das Asylverfahren beendet ist. Er ist bis zum Erlöschen der Aufenthaltsgestattung (§ 67 AsylG) nicht gemäß § 50 Abs. 1 AufenthG ausreispflichtig.

3. Zuständigkeit für die Prüfung eines Asylantrags nach der Dublin III-VO

Art. 12 Dublin III-VO (VO (EU) 604/2013) enthält Zuständigkeitsregelungen, die grundsätzlich darauf abstellen, dass der Mitgliedstaat für die „legale" Einreise und einen rechtmäßigen Aufenthalt des Ausländers die Verantwortung trägt. Der Umstand, dass es ihm gelingt, in den Mitgliedstaat illegal einreisen, wirkt sich daher zuständigkeitsbegründend für diesen Staat aus (Art. 13 Dublin III-VO).

Nach § 12 AsylG sind nur noch volljährige Ausländer handlungsfähig und können daher den Asylantrag stellen. Nach § 14a Abs. 1 AsylG gilt mit der Asylantragstellung ein Asylantrag auch für jedes minderjährige ledige Kind des Ausländers als gestellt, das sich zu diesem Zeitpunkt im Bundesgebiet aufhält, ohne freizügigkeitsberechtigt oder im Besitz eines Aufenthaltstitels zu sein, wenn es zuvor noch keinen Asylantrag gestellt hatte.

Die Regelungen des Art. 3 Abs. 1 Satz 2 Dublin III-VO bezüglich der (einzigen) Zuständigkeit für die Prüfung eines Antrags auf internationalen Schutz sowie Art. 18 Dublin III-VO hinsichtlich der Pflichten des zuständigen Mitgliedstaats richten sich nach ihrem Wortlaut gezielt nur an die Mitgliedstaaten der Dublin III-VO, zu denen z. B. das Vereinigte Königreich nicht gehört. Die Zuständigkeit für die Prüfung des Asylantrags richtet sich nach den Kriterien des Kapitels III der Dublin III-VO und der in diesem Kapitel geregelten Rangfolge.

So nehmen Familienangehörige von Asylantragstellern oder international Schutzberechtigten in Deutschland ungeachtet der Familiennachzugsregelungen des Aufenthaltsgesetzes (§§ 27 ff. AufenthG) eine bevorzugte Rangstellung nach Art. 9 und Art. 10 Dublin III-VO ein.

Die Souveränitätsklausel des Art. 17 Dublin III-VO begründet ein Selbsteintrittsrecht eines Mitgliedstaats, in dem der Antrag auf internationalen Schutz nach der Einreise gestellt wird. In diesem Fall führt dieser ansonsten nach der Dublin III-VO zuständige Staat das Asylverfahren durch (vgl. auch § 18 Abs. 4 Nr. 2 AsylG).

Nach Art. 3 Abs. 2 Unterabs. 1 Dublin III-VO ist die Überstellung eines Asylbewerbers in den für das Asylverfahren zuständigen Mitgliedstaat u. a. nicht zulässig, wenn die Aufnahmebedingungen in diesem Staat systemische Schwachstellen aufweisen, die die Gefahr einer unmenschlichen oder entwürdigenden Behandlung i. S. d. Art. 4 der EU-Grundrechtecharta (GRCh) mit sich bringen.

4. Verteilung von Flüchtlingen in den Mitgliedstaaten bei Massenzustrom

Zu einer ausgewogenen Verteilung von Flüchtlingen in den Mitgliedstaaten könnte möglicherweise eine Aktivierung der Richtlinie 2001/95 für den Fall eines Massenzustroms von Vertriebenen, deren Anwendung einen Beschluss des Rates der EU voraussetzt, beitragen (vgl. § 2 Abs. 6 AufenthG, zum Begriff; § 24 AufenthG, zur innerstaatlichen Umsetzung).

5. Einreise aus einem sicheren Dritt- bzw. Mitgliedstaat

Ausländer, die entgegen der nach der Dublin III-VO festgelegten Zuständigkeit eines Mitgliedstaats für die Prüfung des Asylantrags unerlaubt in das Bundesgebiet einreisen (§ 14 Abs. 1 AufenthG, zum Begriff unerlaubte Einreise) und Asylgründe vorbringen,

- sind vollziehbar ausreisepflichtig (§ 58 Abs. 2 Satz 1 Nr. 1 AufenthG),
- ihnen „ist" gemäß § 18 Abs. 2 AsylG die Einreise durch die Grenzbehörde (Bundespolizei) zu verweigern oder
- sie sind nach der Einreise nach § 18 Abs. 3 AsylG zurückzuschieben.

Für die Zurückschiebung ist die Grenzbehörde nach § 71 Abs. 3 Nr. 1 AufenthG zuständig. Zu den Aufgaben der mit der polizeilichen Kontrolle des grenzüberschreitenden Verkehrs beauftragten Behörden gehört auch die Zurückschiebung in Form der Überstellung auf Grundlage der Dublin III-VO.

In den Fällen des § 18 Abs. 4 AsylG – Zuständigkeit nach der Dublin III-VO oder völkerrechtliche, humanitäre oder politische Gründe auf Anordnung des Bundesministeriums des Innern – wird dem Ausländer nicht die Einreise verweigert und er wird nicht zurückgeschoben.

Erfolgt die unerlaubte Einreise aus einem der sicheren Drittstaaten i. S. v. Art. 16a Abs. 2 Satz 1 GG i. V. m. § 26a AsylG, zu denen auch die EU-Mitgliedstaaten gehören (§ 26a Abs. 2 AsylG), und wird der eingereiste Ausländer nicht nach § 18 Abs. 3 AsylG vor der Antragstellung zurückgeschoben (oder abgeschoben), ist sein Aufenthalt erst mit der förmlichen Stellung eines Asylantrages gestattet (§ 55 Abs. 1 Satz 3 AsylG). Dabei ist die förmliche Asylantragstellung nach § 14 AsylG beim Bundesamt für Migration und Flüchtlinge – BAMF – gemeint (vgl. BGH, 21.11.2002, BGHZ 153, 18). In den Fällen des § 55 Abs. 1 Satz 3 AsylG ist der Aufenthalt des Ausländers im Bundesgebiet bis zur Asylantragstellung geduldet und er macht sich daher nicht nach § 95 Abs. 1 Nr. 1 AufenthG strafbar.

Der Ankunftsnachweis nach § 63a Abs. 1 AsylG dokumentiert eineAufenthaltsgestattung gemäß § 55 Abs. 1 Satz 1 AsylG. bis zur Klärung des für die Prüfung des Asylantrags zuständigen Mitgliedstaats nach Art. 3 Abs. 2 Dublin III-VO oder des Selbsteintritts nach Art. 17 Dublin III-VO bzw. bis zur Entscheidung nach § 29 Abs. 1 AsylG. Die Aufenthaltsgestattung erlischt bei Einreise aus einem sicheren Drittstaat nach § 67 Abs. 1 Satz 1 Nr. 5 AsylG.

In den Fällen des § 25a Abs. 1 Satz 1 Nr. 1, § 25b Abs. 1 Satz 2 Nr. 1 oder § 61 Abs. 1b AufenthG sowie nach § 32 Abs. 4 BeschV ist der gestattete Aufenthalt anrechenbar.

Solange der Aufenthalt eines unerlaubt eingereisten Ausländers (vgl. § 18 Abs. 3 AsylG, zur unerlaubten Einreise) mangels nicht nach § 55 Abs. 1 Satz 1 AsylG gestattet ist und ihm daher (noch) kein Ankunftsnachweis ausgestellt worden ist, bleibt er nach § 50 Abs. 1 AufenthG ausreisepflichtig. Mit dem Eintritt der Aufenthaltsgestattung kraft Gesetzes infolge Ausstellung eines Ankunftsnachweises nach § 55 Abs. 1 Satz 1 AsylG entfällt eine wegen unerlaubter Einreise bestehende vollziehbare Ausreisepflicht nach § 58 Abs. 2 Satz 1 Nr. 1 AufenthG. Wird der Ausländer bis zur Ausstellung eines Ankunftsnachweises nach § 63a Abs. 1 AsylG nicht nach § 57 Abs. 2 AufenthG zurückgeschoben oder nach § 58 Abs. 1 AufenthG abgeschoben, ist sein Aufenthalt nach § 60a Abs. 2 Satz 1 AufenthG zumindest aus verfahrensrechtlichen Gründen geduldet (Aussetzung der Abschiebung).

6. Frage der Asylgewährung bei Einreise aus einem EU-Mitgliedstaat oder sonstigem sicheren Drittstaat

Nach § 26a Abs. 2 AsylG sind außer den EU-Mitgliedstaaten auch die in der Anlage I zum Asylgesetz genannten Staaten sichere Drittstaaten i. S. v. Art. 16a Abs. 2 Satz 1 GG.

Ein Ausländer kann sich nach der Einreise aus einem sicheren EU-Mitgliedstaat i. S. v. § 26a Abs. 2 AsylG nur dann auf das Asylrecht berufen, wenn Deutschland nach der Dublin III-VO für die Durchführung des Asylverfahrens unmittelbar zuständig ist (§ 26a Abs. 1 Satz 2 Nr. 2 AsylG), wenn er zur Durchführung des Asylverfahrens übernommen worden ist (§ 18 Abs. 4, § 22a AsylG) oder das BAMF das Selbsteintrittsrecht nach Art. 17 Dublin III-VO ausübt.

Das Selbsteintrittsrecht kann sich zu einer Selbsteintrittspflicht verdichten, wenn das für eine Überstellung in den zuständigen Mitgliedstaat zuständige BAMF die Entscheidung über eine Abschiebungsanordnung ohne sachlichen Grund etwa länger als 18 Monate verzögert und dies auch nicht auf das Verhalten des Ausländers zurückzuführen ist (vgl. VG Sigmaringen, 22.10.2014 – A 7 K 2250/13, EZAR NF 95 Nr. 41). Eine Verfahrensdauer von etwas mehr als neun Monaten – gerechnet von der Asylantragstellung bis zur Erteilung der Zustimmung zur Wiederaufnahme – kann nicht als unangemessen lang angesehen werden und gebiet daher nicht den Selbsteintritt nach Art. 17 Dublin III-VO (vgl. BVerwG, Beschl. v. 7.12.2015 – 1 B 66.15, InfAuslR 2016, 124).

Andernfalls wird eine Überstellungsentscheidung nach Art. 26 Dublin III-VO und eine Abschiebungsanordnung nach § 34a Abs. 1 AsylG wegen Unzulässigkeit des Asylantrags nach § 29 Abs. 1 Nr. 1 Buchst. a AsylG in den für die Prüfung des Asylantrags nach

Art. 3 Abs. 1 Dublin III-VO zuständigen Staat erforderlich, es sei denn, dass sich die Überstellung in den ansonsten zuständigen Staat nach Art. 3 Abs. 2 Unterabs. 1 Dublin III-VO wegen systemischer Schwachstellen im Asylverfahren und in den Aufnahmebedingungen als unmöglich erweist.

Die Dublin III-VO enthält keine abschließenden und ins Detail gehenden Vorschriften über das Überstellungsverfahren, das der einzelne Mitgliedstaat gegenüber den Antragstellern durchzuführen hat, wenn er nach der Verordnung nicht für die Prüfung des Asylantrags zuständig ist und demnach die Betroffenen auf das Verfahren im anderen zuständigen Mitgliedstaat verweisen will, nachdem der ersuchte Mitgliedstaat der Aufnahme zugestimmt hat (vgl. BVerwG, Urt. v. 17.9.2015 – 1 C 26.14, InfAuslR 2016, 21 – Zur Überstellung ohne Verwaltungszwang).

Bei rechtzeitig gestelltem Antrag auf vorläufigen Rechtsschutz gegen die Abschiebungsanordnung nach § 80 Abs. 5 VwGO besteht ein gesetzliches Vollstreckungshindernis in Bezug auf die Abschiebung bis zum Abschluss des Eilverfahrens (§ 34a Abs. 2 Satz 2 AsylG). Dieses Vollstreckungshindernis wird dem vollziehbar ausreispflichtigen Ausländer in einer sogenannten Verfahrensduldung (Duldung wegen rechtlicher Unmöglichkeit der Abschiebung nach § 60a Abs. 2 Satz 1 AufenthG) bescheinigt (§ 60a Abs. 4 AufenthG). Nach Abschluss des Eilverfahrens richtet sich das weitere Verfahren in Bezug auf die angefochtene Abschiebungsanordnung nach dem Ergebnis der richterlichen Entscheidung. In dieser Phase des Verfahrens ist die nach der förmlichen Asylantragstellung nach § 55 Abs. 1 Satz 3 AsylG eingetretene Aufenthaltsgestattung mit der Bekanntgabe der Abschiebungsanordnung kraft Gesetzes erloschen (§ 67 Abs. 1 Nr. 5 AsylG). Hat der Antrag des Ausländers auf vorläufigen Rechtsschutz gegen die Abschiebungsanordnung Erfolg, bewirkt dies den Neueintritt der Aufenthaltsgestattung nach § 55 Abs. 1 AsylG, da in diesen Fallen der gesetzliche Erlöschenstatbestand nicht mehr erfüllt ist. Durch die Rechtmäßigkeit des Aufenthalts aufgrund der Aufenthaltsgestattung wird die Abschiebungsanordnung gegenstandslos, da nach dem Wegfall der Ausreisepflicht deren belastende Wirkung entfällt und somit kein angreifbarer Verwaltungsakt mehr vorliegt.

Wird beim Vollzug der Abschiebungsanordnung nach § 34a Abs. 1 AsylG zugleich ein befristetes Einreise- und Aufenthaltsverbot nach § 11 Abs. 1 und 2 AufenthG durch das nach § 75 Nr. 12 AufenthG zuständige BAMF angeordnet, hat die nach § 83c AsylG statthafte Klage dagegen nach § 84 Abs. 1 Satz 1 Nr. 7 AufenthG keine aufschiebende Wirkung. Ein Antrag auf vorläufigen Rechtsschutz nach § 80 Abs. 5 VwGO gegen die Befristung des gesetzlichen Einreise- und Aufenthaltsverbots des BAMF nach § 11 Abs. 2 AufenthG ist innerhalb einer Woche nach Bekanntgabe beim Verwaltungsgericht zu stellen (§ 34a Abs. 2 Satz 3 AsylG). Dieser Antrag lässt die Vollziehbarkeit der Abschiebungsanordnung unberührt (§ 34a Abs. 2 Satz 4 AsylG) und hemmt daher – im Gegensatz zum Eilantrag gegen die Abschiebungsanordnung nach § 34a Abs. 2 Satz 2 AsylG- nicht den Vollzug der Abschiebungsanordnung bis zur gerichtlichen Entscheidung. Über den Eilantrag gegen Befristungsentscheidung nach § 34a Abs. 2 Satz 3 AsylG kann daher auch noch nach dem Vollzug der Abschiebungsanordnung entschieden werden.

Entsprechendes gilt nach § 36 Abs. 3 Satz 10 und 11 AsylG für den Fall, dass dem Ausländer die Abschiebung nach § 34 AsylG angedroht wird. Ein Antrag auf vorläufigen Rechtsschutz nach § 80 Abs. 5 VwGO gegen die Befristung des gesetzlichen Einreise- und Aufenthaltsverbots des BAMF nach § 11 Abs. 2 AufenthG und gegen die Anordnung und Befristung eines Einreise- und Aufenthaltsverbots nach § 11 Abs. 7 AufenthG durch das nach § 75 Nr. 12 AufenthG zuständige BAMF ist innerhalb einer Woche nach Bekanntgabe beim Verwaltungsgericht zu stellen (§ 36 Abs. 3 Satz 10 AsylG). Dieser Antrag lässt die Vollziehbarkeit der Abschiebungsandrohung unberührt (§ 36 Abs. 3 Satz 11 AsylG) und hemmt daher nicht die Abschiebung nach Ablauf der Ausreisefrist.

Nach der Rechtsprechung des Europäischen Gerichtshofs für Menschenrechte (vgl. 04.11.2014, Nr. 29217/12 – *Tarakhel*, NVwZ 2015, 127) und des Bundesverfassungsgerichts (vgl. 17.04.2015 – 2 BvR 602/15 –; 17.09. 2014, NVwZ 2014, 1511) muss vor der Überstellung von Familien mit Kleinstkindern (nach Italien) vom BAMF eine konkrete und einzelfallbezogene Zusicherung der (italienischen) Behörden eingeholt werden, dass die Familie (in Italien) eine gesicherte Unterkunft für alle Familienmitglieder erhalten werde. Danach reicht die bloße Erklärung des BAMF nicht aus, dass es eine solche Zusicherung der (italienischen) Behörden einholen und ohne diese eine Überstellung nicht veranlassen werde. Bei entsprechenden Schwachstellen in Vertragsstaaten der EMRK kann auch ein Überstellungsverbot nach Art. 3 Abs. 2 Unterabs. 1 und 2 Dublin III-VO bestehen (vgl. EGMR, Urt. v. 21.01.2011, InfAuslR 2011, 221, zu den unmenschlichen und erniedrigenden Haftbedingungen entgegen Art. 3 EMRK auf dem Flughafen von Athen/Griechenland; BVerfG, NJW 1996, 1665; BVerfG, 13.09.1993 – 2 BvR 1938/93-, DVBl 1994, 44; OVG Niedersachsen, 02.08.2012, AuAS 2012, 240 L, zur Aussetzung der Abschiebung nach Italien; VG Frankfurt, 11.06.2012, AuAS 2012, 177, zur Aussetzung der Abschiebung nach Italien; dazu *Huber*, InfAuslR 2012, 376). In Bulgarien, Polen und Rumänien bestehen keine systemischen Schwachstellen im Asylverfahren und in den Aufnahmebedingungen i. S. v. Art. 3 Abs.2 Unterabs.1 Dublin III-VO (vgl. VG Berlin, 06.05.2014, AuAS 2014, 125, zu Bulgarien; VG Karlsruhe, 29.10.2013, AuAS 2014, 128, zu Polen; VG Karlsruhe, 10.02.2014, AuAS 2014, zu Rumänien). Vgl. VG Düsseldorf, 05.06.2015, AuAS 2015, 186, keine systemischen Mängel im ungarischen Asylverfahren; VG Magdeburg, 14.04.2015, AuAS 2015, 128, keine systemischen Mängel in Polen; *Lübbe*, ZAR 2015, 125; *Schott-Mehrings*, ZAR 2014, 142, 146; *Maiani/Hruschka*, ZAR 2014, 69. Handelt es sich um einen Ausländer, dem internationaler Schutz in einem Staat zuerkannt worden ist, in dem entsprechende Schwachstellen i. S. v. Art. 3 Abs. 2 Unterabs. 2 Dublin III-VO bestehen, begründet dies keinen Verbleib in einem für die Prüfung eines Asylantrags ansonsten zuständigen Staats, da die Dublin III-VO insoweit lediglich auf Asylantragsteller und nicht auf anerkannte Flüchtlinge oder subsidiär Schutzberechtigte Anwendung findet (vgl. VG Cottbus, 11.07.2014, AuAS 2014, 176).

Die Fokussierung der Prognose auf systemische Schwachstellen ist dabei Ausdruck der Vorhersehbarkeit solcher Defizite (vgl. EuGH, 21.12.2011, NVwZ 2012, 417) weil sie im Rechtssystem des zuständigen Mitgliedstaates angelegt sind oder dessen Vollzugspraxis strukturell prägen. Solche Mängel treffen den Einzelnen in dem zuständigen Mitgliedstaat nicht unvorhersehbar oder schicksalhaft, sondern lassen sich aus Sicht der deutschen Behörden und Gerichte wegen ihrer systemimmanenten Regelhaftigkeit verlässlich prognostizieren. Die Widerlegung der Vermutung wegen systemischer Schwachstellen setzt voraus, dass das Asylverfahren oder die Aufnahmebedingungen im zuständigen Mitgliedstaat aufgrund größerer Funktionsstörungen regelhaft so defizitär sind, dass anzunehmen ist, dass dort auch dem Asylbewerber im konkret zu entscheidenden Einzelfall mit beachtlicher Wahrscheinlichkeit eine unmenschliche oder entwürdigende Behandlung droht.

Ein Asylantrag auf internationalen Schutz (§ 1 Abs. 1 Nr. 2 AsylG, zum Begriff) nach § 14 AsylG ist unzulässig, wenn ein anderer Mitgliedstaat nach der Dublin III-VO für die Durchführung des Asylverfahrens zuständig ist (§ 29 Abs. 1 Nr. 1 Buchst. a AsylG). Wird der Antragsteller jedoch nicht innerhalb der Überstellungsfristen in den zuständigen Staat überstellt und wird dadurch Deutschland zuständig, ist der Asylantrag nicht mehr unzulässig (vgl. BVerwG, 16.11.2015 – 1 C 4.15, InfAuslR 2016, 120 – Zur rechtswidrigen Ablehnung eines Asylantrags als unzulässig). Wird ein weiteres Asylverfahren nicht durchgeführt, ist gemäß § 71a Abs. 4 i. V. m. § 34 AsylG eine Abschiebungsandrohung zu erlassen (vgl. dazu § 59 Abs. 1 AufenthG). Eine Abschiebungsanordnung nach § 34a Abs. 1 Satz 1 und 2 oder – sekundär – Abschiebungsandrohung nach § 34a Abs. 1 Satz 3 AsylG haben keinen Bestand mehr (vgl. VG Berlin, 10.06.2015, AuAS 2015, 183). Die Abschiebungsandrohung kommt in Betracht, wenn im Einzelfall inlandbezogene Ausreisehindernisse nach § 60a Abs. 2 Satz 1 AufenthG vorliegen (z. B. Reiseunfähigkeit) und daher eine Abschiebungsanordnung nicht umsetzbar wäre.

Siehe auch

Fachbeiträge:

Erwerbstätigkeit / Aufenthaltserlaubnis – Asylberechtigte / Abschiebungsverbot – polit. Verfolgungsgründe / Qualifikationsrichtlinie-EU

Rechtsprechung:

BVerwG, 16.11.2015 – 1 C 4.15, InfAuslR 2016, 120 – Zur rechtswidrigen Ablehnung eines Asylantrags als unzulässig

BVerwG, 17.06.2014 – 10 C 7.13, InfAuslR 2014, 400 – zum Asylantrag eines im Ausland anerkannten international Schutzberechtigten

BGH, 21.11.2002 – V ZB 49/02 – Zum Asylantrag

BVerwG, 21.11.2006 – C 5.06, 8.06, 10.06 und 20.06 – Zur fiktiven Antragstellung eines vor dem 01.01.2005 geborenen Kindes (bejaht)

VGH Hessen, 24.06.2003 – 10 UE 843/03.A, InfAuslR 2003, 402 – Zur unverzüglichen Beantragung von Familienasyl

Weiterführende Literatur:

Welte, Der Familienschutz in der Dublin III-Verordnung, InfAuslR 2016, 157-162.

Welte, Asylbewerber im Bundesgebiet – Einreise und Aufenthalt, SächsVBl. 2016, 1-7.

Kluth, Begrenzung der Schutzgewährung versus alternative Formen der Migrationssteuerung, ZAR 2016, 1, 5.

Kluth, Das Asylverfahrensbeschleunigungsgesetz, ZAR 2015, 337-342.

Scheidler, Verteilung von Asylbewerbern in Deutschland – dargestellt am Beispiel der Rechtslage in Bayern, KommJur 2015, 321-326.

Hirseland, Asyl und Flüchtlingsschutz in Deutschland: Entwicklungen und Herausforderungen, KommP spezial 2015, 114-118.

Amon, Die Finanzierung der Unterbringung und Versorgung von Asylbewerbern in Bayern, KommP spezial 2015, 137-140.

Portz/Düsterdiek, Neue Erleichterungen zur Unterbringung von Flüchtlingen im Bauplanungsrecht, KommP spezial 2015, 151-156.

Welte, Neue Steuerungselemente zur Bestimmung des Aufenthalts der Asylbewerber, ZAR 2015, 219-226.

Rosenstein, Neuregelung der Residenzpflicht – Die Analyse des Gesetzes aus der Sicht der ausländerbehördlichen Praxis, ZAR 2015, 226-230.

Bethäuser, Aufgreifen eines Asylbewerbers im grenznahen Bereich – keine Asylentscheidung durch des Bundesamt für Migration und Flüchtlinge?, InfAuslR 2013, 165 – 168.

Duchrow, Flüchtlingsrecht und Zuwanderungsgesetz unter Berücksichtigung der sog. Qualifikationsrichtlinie, ZAR 2004, 339.

Lehnert/Markard, Mittelmeerroulette – Das Hirsi-Urteil des EGMR und die europäische Grenzpolitik auf See, ZAR 2012, 194, 196.

Parusel, Europäische und nationale Formen der Schutzgewährung in Deutschland, Working Paper 30 des Bundesamtes für Migration und Flüchtlinge. Nürnberg, 2010.

Erwerbstätigkeit

Rechtsnormen: § 61 AsylG; § 25 Abs. 1 und 2 AufenthG; § 4 Abs. 3 AufenthG; §§ 39 bis 42 AufenthG; § 31 BeschV; § 32 BeschV

1. Ausübung einer Beschäftigung während des Asylverfahrens

1.1. Beschäftigungsmöglichkeiten

Hat sich der Asylbewerber in einer staatlichen Aufnahmeeinrichtung (nicht Gemeinschaftsunterkunft) aufzuhalten (vgl. §§ 48, 49 AsylG), ist ihm nach § 61 Abs. 1 AsylG die Ausübung einer Erwerbstätigkeit i. S. v. § 2 Abs. 2 AufenthG kraft Gesetzes untersagt.

Bei Arbeitsgelegenheiten nach § 5a Abs. 1 AsylbLG handelt es sich nicht um eine Beschäftigung i. S. v. § 2 Abs. 2 AufenthG.

Einem Asylbewerber mit Aufenthaltsgestattung kann nach einer Wartezeit von drei Monaten grundsätzlich ein nachrangiger Arbeitsmarktzugang im Wege einer Beschäftigungserlaubnis durch die Ausländerbehörde gewährt werden (§ 61 Abs. 2 AsylG).

Die §§ 39, 40 Abs. 1 Nr. 1 und Abs. 2 und die §§ 41 und 42 AufenthG gelten entsprechend. Die Leiharbeit ist nicht (mehr) ausgegrenzt.

Die Versagung ist in eine für Asylsuchende und Geduldete gemeinsame Regelung in § 32 Abs. 4 BeschV, der auf Absätze 2 und 3 verweist, überführt worden.

Geduldete (z. B. auch Zeit des Besitzes eines Ankunftsnachweises) und rechtmäßige Voraufenthalte werden auf diese Wartezeit angerechnet (§ 32 Abs. 4 BeschV). Die Wartezeit muss lediglich vor der erstmaligen Erteilung der Erlaubnis erfüllt sein.

Hingegen wird nach § 61 Abs. 2 Satz 4 AsylG einem Ausländer aus einem sicheren Herkunftsstaat gemäß § 29a AsylG, der nach dem 31.08.2015 einen Asylantrag gestellt hat, während des Asylverfahrens die Ausübung einer Beschäftigung nicht erlaubt.

Asylbewerber aus sicheren Herkunftsstaaten sind nach § 47 Abs. 1a AsylG gesetzlich verpflichtet, bis zur Entscheidung des Bundesamts in der für ihre Aufnahme zuständigen Aufnahmeeinrichtung zu wohnen; der Aufenthalt ist insoweit nach § 56 Abs. 1 i. V. m. § 59a Abs. 1 Satz 2 AsylG räumlich beschränkt. In dieser Zeit kann eine Erwerbstätigkeit nicht erlaubt werden (§ 61 Abs. 2 AsylG).

Die Aufnahme einer Beschäftigung durch Asylbewerber bedarf grundsätzlich der Zustimmung der Arbeitsverwaltung, die nach § 39 Abs. 2 AufenthG eine Vorrangprüfung durchführt. Eine Vorrangprüfung ist – im Gegensatz zur Vergleichbarkeitsprüfung – durch die Arbeitsverwaltung nach 15 Monaten des ununterbrochenen erlaubten, geduldeten oder gestatteten Aufenthalts oder für eine Beschäftigung nach § 2 Abs. 2, § 6 oder § 7 BeschV nicht mehr erforderlich (§ 32 Abs. 5 BeschV; gilt bis 09.11.2017).

Zur Vermeidung einer unzulässigen oder unbegründeten Asylantragstellung wurden für Ausländer aus „sicheren Balkanstaaten“ Möglichkeiten für einen erleichterten Zugang zum deutschen Arbeitsmarkt geschaffen (vgl. Art. 1 Nr. 1 der Verordnung zum

Asylverfahrensbeschleunigungsgesetz v. 24.10.2015 (BGBl. I S. 1789). Nach § 26 Abs. 2 BeschV können für Staatsangehörige von Albanien, Bosnien und Herzegowina, Kosovo, Mazedonien, Montenegro und Serbien in den Jahren 2016 bis einschließlich 2020 Zustimmungen zur Ausübung – jeder – Beschäftigung erteilt werden. Insoweit wurde für den begünstigten Personenkreis der in § 18 AufenthG gesetzlich fixierte und in der Beschäftigungsverordnung positiv abgegrenzte Anwerbestopp für ausländische Arbeitnehmer zweitweise aufgehoben. Die Zustimmung darf nur erteilt werden, wenn der Antrag auf Erteilung des Aufenthaltstitels bei der jeweils zuständigen deutschen Auslandsvertretung im Herkunftsstaat (Visumantrag vor der Einreise) gestellt wurde und der Ausländer daher noch nicht in das Bundesgebiet eingereist ist (§ 5 Abs. 2 Satz 1 AufenthG). Die Zustimmung darf nicht erteilt werden, wenn der Antragsteller in den letzten 24 Monaten vor Antragstellung Leistungen nach dem Asylbewerberleistungsgesetz bezogen hat. Dies gilt nicht für Antragsteller, die nach dem 01.01.2015 und vor dem 24.10.2015 einen Asylantrag gestellt haben, sich am 24.10.2015 gestattet, mit einer Duldung oder als Ausreisepflichtige im Bundesgebiet aufgehalten haben und unverzüglich ausreisen.

1.2. Datenübermittlung des BAMF an die Arbeitsverwaltung

Die Datenübermittlung des BAMF an die Arbeitsverwaltung nach § 8 Abs. 3 Satz 3 AsylG bezweckt, eine erfolgreiche aktive Arbeitsmarktpolitik für geduldete Ausländer und Ausländer, deren Aufenthalt gestattet ist, mit hoher Bleibeperspektive durchführen zu können. Bislang war eine Datenübermittlung dann erlaubt, soweit dies für die Aufdeckung und Verfolgung von unberechtigtem Bezug von Leistungen erforderlich ist und wenn tatsächliche Anhaltspunkte für einen unberechtigten Bezug vorliegen. Ausländer, die dauerhaft in Deutschland bleiben, müssen rasch ins Berufsleben integriert werden können. Daher ist es erforderlich, Ausländer mit hoher Bleibeperspektive bei den Integrationsbemühungen in den Arbeitsmarkt zu berücksichtigen (vgl. § 131 SGB III). Um die Agenturen für Arbeit in die Lage zu versetzen, die Bleibeperspektive beurteilen zu können, muss die Möglichkeit der Datenübermittlung vom BAMF an die Arbeitsverwaltung geschaffen werden.

Regelmäßig wird die Nachfrage nach dem Stand des Asylverfahrens vor dem Beginn konkreter Maßnahmen der Arbeitsverwaltung erforderlich sein. So kann beispielsweise die Förderung von Personen ausgeschlossen werden, die ihr Asylverfahren nach der Dublin III-VO in einem anderen Mitgliedstaat durchzuführen haben oder bereits ausreisepflichtig sind. Dadurch kann ein widersprüchliches Verhalten öffentlicher Stellen ausgeschlossen werden.

2. Ausübung einer Erwerbstätigkeit nach Asylanerkennung und Zuerkennung internationalen Schutzes

Wird dem Asylberechtigten i. S. v. Art. 16a Abs. 1 GG, dem Flüchtling oder dem international subsidiär Schutzberechtigten i. S. v. § 1 Abs. 1 Nr. 2 AsylG eine Aufenthaltserlaubnis nach § 25 Abs. 1 Satz 1 oder nach § 25 Abs. 2 Satz 1 Alt. 1 oder 2 AufenthG eine Aufenthaltserlaubnis erteilt, enthält die Aufenthaltserlaubnis nicht nur das Aufenthaltsrecht im Bundesgebiet (§ 4 Abs. 1 Satz 1, § 12 Abs. 1 AufenthG), sondern auch die Berechtigung zur Ausübung einer Erwerbstätigkeit i. S. v. § 2 Abs. 2 AufenthG (§ 4 Abs. 3, § 25 Abs. 1 Satz 4, § 25 Abs. 2 Satz 2 AufenthG). Einer Zustimmung der Arbeitsverwaltung nach § 39 AufenthG ist nicht erforderlich.

Ausländer, bei denen ein zielstaatsbezogenes Abschiebungsverbot nach § 60 Abs. 5 oder 7 AufenthG vorliegt (national subsidiär Schutzberechtigte) und die einen Regelanspruch auf Erteilung einer Aufenthaltserlaubnis nach § 25 Abs. 3 Satz 1 AufenthG haben, kann mit der Erteilung einer Aufenthaltserlaubnis die Ausübung einer Beschäftigung nach § 31 BeschV durch die Ausländerbehörde ohne Zustimmung der Arbeitsverwaltung erlaubt werden (Beschäftigungserlaubnis). Die Ausübung einer selbstständigen Tätigkeit richtet sich nach § 21 Abs. 6 AufenthG.

3. Wegfall der Vorrangprüfung für drei Jahre

Asylbewerber mit guter Bleibeperspektive (vgl. z. B. § 44 Abs. 4 Satz 2 Nr. 1 AufenthG, zu positiven Tatbestandsmerkmalen) sollen unter erleichterten Voraussetzungen eine Beschäftigung (§ 2 Abs. 2 AufenthG, zum Begriff) nach § 61 Abs. 2 AsylG unter Einhaltung der bisherigen Wartezeit von drei Monaten aufnehmen können. Deshalb sieht die Bundesagentur für Arbeit (Arbeitsverwaltung) nach § 32 Abs. 5 Nr. 3 BeschV i. d. F. des Art. 1 Nr. 3 der Verordnung zum Integrationsgesetz vom 31.07.2016 (BGBl. I S. 1950) in bestimmten Regionen und abhängig von der Arbeitsmarktlage in den jeweiligen Bundesländern (vgl. Anlage zu § 32 BeschV) von der Vorrangprüfung nach § 39 AufenthG generell ab. Die Regelung ist auf drei Jahre befristet.

Die bereits geltende Ausnahmeregelung nach § 32 Abs. 5 BeschV in Engpassberufen und für Hochqualifizierte wird verlängert.

Siehe auch

Fachbeiträge:

Asylgrundrecht / Asylantrag / Asylberechtigung – Widerruf / Asylbewerber / Vor- und Nachfluchtgründe / Qualifikationsrichtlinie-EU

Weiterführende Literatur:

Hirseland, Asyl und Flüchtlingsschutz in Deutschland: Entwicklungen und Herausforderungen, KommP spezial 2015, 114-118

Duchrow, Flüchtlingsrecht und Zuwanderungsgesetz unter Berücksichtigung der sog. Qualifikationsrichtlinie, ZAR 2004, 339

Eurodac

Rechtsnormen: Verordnung (EU) Nr. 603/2013 des Europäischen Parlaments und des Rates vom 26.06.2013 über die Einrichtung von Eurodac für den Abgleich von Fingerabdruckdaten zum Zwecke der effektiven Anwendung der Verordnung (EU) Nr. 604/2013

1. Allgemeines

Seit 1999 arbeitet die EU an einem Gemeinsamen Europäischen Asylsystem (GEAS) und an der Verbesserung des Rechtsrahmens. Dabei wurden EU-Vorschriften vereinbart, die gemeinsame hohe Standards und eine stärkere Zusammenarbeit in der EU festlegen, um zu gewährleisten, dass Asylbewerber in einem offenen und gerechten System gleich behandelt werden. Dazu gehört auch die Eurodac-VO.

Das **Europäische Fingerabdruck-Identifizierungssystem**, Eurodac, wurde am 15.01.2003 in Betrieb genommen. Mit der Eurodac-Verordnung (1) wird eine EU-Fingerabdruck-Datenbank ist im Bereich Asyl eingerichtet worden. Die Asylantragstellung in einem Mitgliedstaat löst die Übermittlung von Fingerabdrücke an das zentrale Eurodac-System aus. Beim Eurodac handelt es sich um ein System zum Vergleich der Fingerabdrücke von Asylbewerbern und illegal eingereisten Personen zur Unterstützung der Bestimmung des für Asylanträge zuständigen Mitgliedstaates gemäß der Dublin III-VO (Art. 78 Abs. 1 und 2 AUEV). Es wird ohne Dänemark, aber mit Island und Norwegen betrieben.

Eurodac steht i. V. m. dem deutschen Fingerabdruck-Identifizierungssystem (AFIS). Die Beitrittskandidaten der EU streben eine Eurodac – Beteiligung mit dem Zeitpunkt des Beitritts an.

Es dient u. a. zur Sicherung der Fingerabdrücke von Asylbewerbern und bestimmten Gruppen illegal in einem „Dublin-Staat" aufhältiger Drittstaatsangehöriger und Staatenloser. Mit Hilfe des neuen Systems kann die Dublin III-VO effektiver angewandt werden (z. B. Bestimmung des Mitgliedstaats für die Prüfung des Asylantrags, Art. 78 Abs. 2 Buchst. e AEUV).

2. Rechtsgrundlagen

- Das Eurodac-System wurde aufgrund der Verordnung (EG) Nr. 2725/2000 des Rates vom 11.12.2000 über die Einrichtung von „Eurodac" für den Vergleich von Fingerabdrücken zum Zwecke der effektiven Anwendung des Dubliner Übereinkommens eingerichtet.
- Diese Verordnung wurde durch die Verordnung (EU) Nr. 603/2013 des Europäischen Parlaments und des Rates vom 26.06.2013 über die Einrichtung von Eurodac für den Abgleich von Fingerabdruckdaten zum Zwecke der effektiven Anwendung der Verordnung (EU) Nr. 604/2013 zur Festlegung der Kriterien und Verfahren zur Bestimmung des Mitgliedstaats, der für die Prüfung eines von einem Drittstaatsangehörigen oder Staatenlosen in einem Mitgliedstaat gestellten Antrags

auf internationalen Schutz zuständig ist und über der Gefahrenabwehr und Strafverfolgung dienende Anträge der Gefahrenabwehr- und Strafverfolgungsbehörden der Mitgliedstaaten und Europols auf den Abgleich mit Eurodac-Daten sowie zur Änderung der Verordnung (EU) Nr.1077/2011 zur Errichtung einer Europäischen Agentur für das Betriebsmanagement von IT-Großsystemen im Raum der Freiheit, der Sicherheit und des Rechts (Neufassung) abgelöst (anwendbar ab 20.07.2015).

3. Standort

Die Zentraleinheit von Eurodac ist organisatorisch bei der EU-Kommission angesiedelt. Der technische Standort von Eurodac ist in Luxemburg.

4. Aufgaben

Bisher konnte die Eurodac-Datenbank nur für Asylzwecke genutzt werden. Die neue Verordnung vom 26.06.2013 gestattet es auch nationalen Polizeikräften und Europol, Fingerabdrücke in Verbindung mit strafrechtlichen Untersuchungen mit den in Eurodac enthaltenen zu vergleichen. Dies findet nur unter streng kontrollierten Umständen und nur zum Zweck der Verhütung, Aufdeckung und Untersuchung schwerer Verbrechen und von Terrorismus statt.

- Spezielle Garantien sehen unter anderem vor, dass zuerst alle Strafregisterdatenbanken durchsucht und die Abfragen auf besonders schwere Verbrechen, wie Mord und Terrorismus, beschränkt werden müssen.
- Zusätzlich müssen die Strafvollzugsbehörden vor einer Eurodac-Abfrage einen Abgleich der Fingerabdrücke mit dem Visa-Informationssystem (wenn gestattet) vornehmen.
- Strafvollzugsabfragen dürfen nicht systematisch erfolgen, sondern nur als letztes Mittel, wenn alle Zugangsbedingungen erfüllt sind.
- Keine Daten aus Eurodac dürfen an Drittstaaten weitergeleitet werden.

5. Umsetzung

Die **Erfassung der Fingerabdrücke** erfolgt in Deutschland im Zuge der ed-Behandlung (= erkennungsdienstliche Behandlung bzw. Identitätsfeststellung; vgl. auch § 49 AufenthG) von Asylbewerbern durch das BAMF, bei Asylsuchenden ggf. durch die Polizei oder die Grenzbehörde (§ 19 Abs. 3 AsylG). Die Daten werden an das Bundeskriminalamt (vgl. auch § 89 Abs. 1 AufenthG) weitergeleitet und dort vor der Weitergabe an Eurodac auf nationaler Ebene abgeglichen.

Siehe auch

Fachbeiträge:

Asylgrundrecht / Meldepflicht / Mitwirkungspflichten / Aufenthaltsermittlung

Handlungsfähigkeit – Asylverfahren

Rechtsnormen: § 80 AufenthG; § 12 AsylG

1. Handlungsfähigkeit

Nach § 12 AsylG sind nur volljährige Ausländer handlungsfähig und können daher um Asyl nachsuchen (§ 13 AsylG) und den förmlichen Asylantrag nach § 14 AsylG stellen sowie Rechtsbehelfe einlegen (z. B. Klage, Antrag auf vorläufigen Rechtsschutz nach § 80 Abs. 5 VwGO beim Verwaltungsgericht).

Die Parallelregelung in § 80 Abs. 1 AufenthG wurde durch Art. 2 des Gesetzes zur Verbesserung der Unterbringung, Versorgung und Betreuung ausländischer Kinder und Jugendlicher vom 28.10.2015 (BGBl. I S. 1802) entsprechend angepasst.

Die mangelnde Handlungsfähigkeit eines Minderjährigen steht der Zurückweisung und Zurückschiebung nicht entgegen (§ 80 Abs. 2 Satz 1 AufenthG). Gleiches gilt für die Androhung und Durchführung der Abschiebung in den Herkunftsstaat, wenn sich ein gesetzlicher Vertreter nicht im Bundesgebiet aufhält oder dessen Aufenthaltsort im Bundesgebiet unbekannt ist (§ 80 Abs. 2 Satz 2 AufenthG).

Nach § 14a Abs. 1 AsylG gilt mit der Asylantragstellung ein Asylantrag auch für jedes minderjährige ledige Kind des Ausländers als gestellt, das sich zu diesem Zeitpunkt im Bundesgebiet aufhält, ohne freizügigkeitsberechtigt oder im Besitz eines Aufenthaltstitels zu sein, wenn es zuvor noch keinen Asylantrag gestellt hatte.

Siehe auch

Fachbeiträge:

Mitwirkungspflichten

Weiterführende Literatur:

Kluth, Das Asylverfahrensbeschleunigungsgesetz, ZAR 2015, 337, 338.

Gutmann, Handlungsfähigkeit Minderjähriger im Ausländerrecht und Elternrechte, InfAuslR 2003, 223

Integrationsgesetz im Asylbereich

Rechtsnormen: Art. 6 IntG v. 31.07.2016 (BGBl. I S. 1939); § 5 AsylG; § 55 Abs. 1 AsylG; § 63 Abs. 5 Nr. 1 AsylG; § 63a Abs. 1 AsylG; § 87c AsylG; § 12a AufenthG; § 18a Abs. 1a AufenthG; § 32 Abs. 5 Nr. 3 BeschV; Verordnung zum Integrationsgesetz v. 31.07.2016 (BGBl. I S. 1950)

1. Allgemeines

Bundestag und Bundesrat haben am 07./08.07.2016 das Integrationsgesetz – IntG – vom 31.07.2016 (BGBl. I S. 1939) beschlossen. Durch Art. 6 IntG ist das Asylgesetz geändert worden. Das Integrationsgesetz ist nach Art. 8 in wesentlichen Teilen am 06.08. 2016 in Kraft getreten.

2. Gesetzeszweck

Das Integrationsgesetz bezweckt die Verbesserung der Integration von Schutzberechtigten in die Gesellschaft, insbesondere in den Arbeitsmarkt (vgl. z. B. § 5a AsylbLG), und die weitere Beschleunigung der Asylverfahren. Das Gesetz hat auch zum Ziel, die Integration der zu uns gekommenen schutzbedürftigen Menschen in die Gesellschaft und in den Arbeitsmarkt durch staatliche Angebote gezielt zu fördern.

Asylbewerber sollen schon während des Asylverfahrens einer sinnvollen Betätigung nachgehen. Der Bund legt ein Programm „Flüchtlingsintegrationsmaßnahmen" (FIM) für 100.000 Asylbewerber auf. Das Arbeitsmarktprogramm umfasst zusätzliche, gemeinnützige Arbeitsgelegenheiten. Nach § 5a Abs. 1 Satz 1 AsylbLG können Arbeitsfähige, nicht erwerbstätige Leistungsberechtigte, die das 18. Lebensjahr vollendet haben und nicht der Vollzeitschulpflicht unterliegen, von den nach dem AsylbLG zuständigen Behörden zu ihrer Aktivierung in Arbeitsgelegenheiten zugewiesen werden, die im Rahmen des von der Bundesagentur für Arbeit (Bundesagentur) durchgeführten Arbeitsmarktprogramms „Flüchtlingsintegrationsmaßnahmen" gegen Mehraufwandsentschädigung bereitgestellt werden (Flüchtlingsintegrationsmaßnahme). Asylbewerber können in den Unterkünften mitarbeiten: bei der Essensausgabe, in der Kleiderkammer oder bei der Reinigung. Zum überwiegenden Teil sollen Flüchtlinge außerhalb der Unterkünfte arbeiten – zum Beispiel dabei helfen, Grünanlagen zu pflegen. Sie erhalten eine Aufwandsentschädigung von 80 Cent pro Stunde. Die FIM können bis zu sechs Monate dauern und bis zu 30 Stunden die Woche umfassen.

Gleichzeitig werden aber auch Eigenbemühungen des Ausländers im Integrationsprozess eingefordert: Das Integrationsgesetz setzt hierfür Anreize. So erlischt künftig der Teilnahmeanspruch an einem Integrationskurs nach einem statt nach bisher zwei Jahren (§ 44 Abs. 2 AufenthG). Zusätzlich werden in der Integrationskursverordnung die Voraussetzungen für höhere Kurskapazitäten, mehr Transparenz und eine effizientere Steuerung des Integrationskurssystems geschaffen. Der Orientierungskurs wird von bisher 60 auf 100 Unterrichtseinheiten aufgestockt und inhaltlich stärker auf die Wertevermittlung ausgerichtet.

§ 5b AsylbLG regelt die Verpflichtung zur Teilnahme an Integrationskursen und die hieran anknüpfenden Entscheidungen über Leistungseinschränkungen, falls der Heranziehung pflichtwidrig nicht Folge geleistet wird (vgl. § 44a Abs. 1 Nr. 4 AufenthG). Mit diesen Entscheidungen sind auch Kooperations- und Überwachungspflichten verbunden.

Für den Fall, dass eine Mitwirkung der Betroffenen unterbleibt, sind Sanktionsregelungen vorgesehen.

3. Effizientere Prozesse im Bundesamt für Migration und Flüchtlinge (BAMF)

Die Änderungen im Asylgesetz ermöglichen, dass die Prozesse im Bundesamt für Migration und Flüchtlinge – BAMF – (§ 5 AsylG) effizienter ausgestaltet werden können, unter anderem durch

- die Flexibilisierung der Einrichtung von Außenstellen (§ 5 Absatz 3 Satz 1 AsylG),
- die Schaffung der Möglichkeit, freie Kapazitäten bei anderen Außenstellen des BAMF und anderen Behörden für die Antragstellung zu nutzen (§ 14 Abs. 1 Satz 2, § 24 Abs. 1a AsylG),
- durch die Klarstellung, dass sich die widerlegliche Vermutung bei Asylantragstellern aus sicheren Herkunftsstaaten auch auf den subsidiären Schutz bezieht (§ 29a Abs. 1, § 30 Abs. 1 AsylG), sowie
- die Abschaffung der Pflicht zur förmlichen Zustellung nach Verwaltungszustellungsgesetz für vollständig stattgebende Bescheide (§ 31 Abs. 1 Satz 2 AsylG).

4. Übertragung der Zuständigkeit für die Anhörung vor der Asylantragstellung auf andere Behörden

Sucht eine große Zahl von Ausländern gleichzeitig um Asyl nach und wird es dem BAMF dadurch unmöglich, die Anhörung in zeitlichem Zusammenhang mit der Antragstellung durchzuführen, so kann es nach § 24 Abs. 1a AsylG die Anhörung vorübergehend von einer anderen Behörde, die Aufgaben nach diesem Gesetz oder dem Aufenthaltsgesetz wahrnimmt, durchführen lassen.

Seit 1953 stellten rd. 4,6 Millionen Menschen in Deutschland einen Asylantrag, davon rd. 3,7 Millionen seit 1990. Im Jahr 2015 kamen etwa 1.100.000 Ausländer auf dem Fluchtwege nach Deutschland und suchten um Asyl nach. Im Jahr 2015 haben 476.649 Menschen in Deutschland Asyl beantragt. Allein 162.510 Asylbewerber kamen aus Syrien; das waren 34 Prozent aller Asylanträge. Im ersten Halbjahr 2016 wurden beim BAMF insgesamt 396.947 Asylanträge gestellt. Dies bedeutet einen Anstieg um 121,7 Prozent gegenüber dem ersten Halbjahr 2015.

Dabei handelt es sich weiterhin um eine Anhörung des BAMF in eigener Zuständigkeit. Die Anhörung darf nur von einem dafür geschulten Bediensteten durchgeführt werden. Die Anhörung zur Zulässigkeit des Asylantrags kann gemäß § 24 Abs. 1a AsylG dafür geschulten Bediensteten anderer Behörden übertragen werden (§ 29 Abs. 4 AsylG). Die Bediensteten dürfen bei der Anhörung keine Uniform tragen. § 5 Abs. 4 AsylG gilt entsprechend.

Die übernommenen Anhörungen sind weiterhin Anhörungen des BAMF als eigene Verfahrenshandlungen und die Bediensteten der unterstützenden Behörde unterliegen dem Weisungsrecht und der Fachaufsicht des BAMF.

Eine Übertragung ist nur an Behörden möglich, die Aufgaben nach dem Asylgesetz oder dem Aufenthaltsgesetz (z. B. Ausländerbehörden) wahrnehmen. Die Bundesagentur für Arbeit und die Zollbehörden sind hiervon ausgenommen. Voraussetzung ist zudem eine vorherige Schulung der Bediensteten der anderen Behörden. Die Inhalte der Schulung richten sich unter anderem nach europarechtlichen Vorgaben (Art. 37 QRL).

5. Einheitliche Regelung zur Entstehung der Aufenthaltsgestattung

5.1. Neuregelung

Durch die Neuregelung der Aufenthaltsgestattung in § 55 Abs. 1 AsylG entfällt die Unterscheidung zwischen verschiedenen Personengruppen, was die Prüfung der an die Aufenthaltsgestattung anknüpfenden Rechte erheblich vereinfacht. Eine bereits entstandene Aufenthaltsgestattung bleibt bestehen. Die Rechtslage im Hinblick auf § 18 Abs. 2 und 3 AsylG – Einreiseverweigerung, Zurückschiebung – bleibt unverändert.

5.2. Gesetzeszweck

Die Zeit zwischen Asylgesuch und Antragstellung auf Grund der hohen Zahl der Asylsuchenden derzeit deutlich vom gesetzlichen Leitbild – Antragstellung spätestens zwei Wochen nach Äußerung des Asylgesuchs, § 67 Abs. 1 Satz 1 Nr. 2 AsylG – abweicht. Dies führt dazu, dass abgeleitete Rechte – etwa beim Arbeitsmarktzugang gemäß § 61 Abs. 2 AsylG – teilweise erst zu einem deutlich nach dem Asylgesuch liegenden Zeitpunkt entstehen können. Dies kann ungewollte Unterschiede in der Behandlung verschiedener Ausländergruppen bewirken und die Integration erschweren. Die Unterscheidung zwischen den Fallgruppen wird daher aufgehoben.

5.3. Entstehen der Aufenthaltsgestattung

Die Aufenthaltsgestattung entsteht grundsätzlich einheitlich und frühzeitig mit der Ausstellung des Ankunftsnachweises. Der Ankunftsnachweis ist gemäß § 63a Abs. 1 AsylG unverzüglich auszustellen.

Die Unterscheidung zwischen Asylsuchenden, die unerlaubt aus einem sicheren Drittstaat einreisen und anderen Asylsuchenden wird im Hinblick auf das Entstehen der Aufenthaltsgestattung aufgegeben (§ 55 Abs. 1 AsylG). Die Aufenthaltsgestattung entsteht grundsätzlich einheitlich mit Ausstellung des Ankunftsnachweises. Durch eine Übergangsregelung in § 87c AsylG wird Rechtssicherheit für diejenigen geschaffen, die vor dem Inkrafttreten der Neuregelung im Bundesgebiet um Asyl nachgesucht haben.

5.4. Ausnahmen

§ 55 Abs. 1 Satz 3 AsylG trägt dem Umstand Rechnung, dass nach der gesetzlichen Systematik nicht in allen Fällen ein Ankunftsnachweis ausgestellt wird. Dies gilt für

Ausländer gemäß § 14 Abs. 2 Nr. 1 bis 3 AsylG sowie für die Folgeantragsteller gemäß § 71 AsylG, die das Bundesgebiet zwischenzeitlich nicht verlassen haben. Für Ausländer nach § 14 Abs. 2 Nr. 1 bis 3 AsylG entsteht die Aufenthaltsgestattung mit der Asylantragstellung. Im Falle der Folgeantragsteller, die das Bundesgebiet zwischenzeitlich nicht verlassen haben, entsteht sie wie bisher mit der Entscheidung, dass ein weiteres Asylverfahren durchgeführt wird (§ 71 Abs. 5 AsylG).

5.5. Ausfüllhinweise

Nach § 63 Abs. 5 Nr. 1 AsylG muss das Datum der „Ausstellung des Ankunftsnachweises" aus der Bescheinigung über die Aufenthaltsgestattung ersichtlich sein. Nur so kann dieser Anknüpfungspunkt in der Praxis rechtssicher als Ausgangspunkt für die Inanspruchnahme verschiedener Rechte dienen, die an einen gestatteten Aufenthalt anknüpfen. Zwar ist das Datum der Ausstellung des Ankunftsnachweises im Ausländerzentralregister gespeichert (§ 3 Abs. 2 Nr. 3 AZRG). Jedoch haben nicht alle Stellen, für die dieses Datum relevant ist, Zugriff auf das Ausländerzentralregister. Der Ankunftsnachweis selbst wird bei Ausstellung der Bescheinigung über die Aufenthaltsgestattung eingezogen (§ 63a Abs. 4 Satz 2 AsylG) und kann daher auch nicht mehr als Nachweis dienen. Soweit das Datum der Antragstellung relevant sein kann, wird dieses ebenfalls auf der Bescheinigung über die Aufenthaltsgestattung vermerkt (§ 63 Abs. 5 Nr. 2 AsylG).

Der neue Anknüpfungspunkt „Ausstellung des Ankunftsnachweises" muss aus der Bescheinigung über die Aufenthaltsgestattung nach § 63 AsylG ersichtlich sein. Nur so kann er in der Praxis rechtssicher als Ausgangspunkt für die Inanspruchnahme verschiedener Rechte dienen (vgl. § 61 Abs. 2 AsylG; §§ 25a, 25b AufenthG), die an einen gestatteten Aufenthalt anknüpfen. Zwar ist das Datum der Ausstellung des Ankunftsnachweises im Ausländerzentralregister gespeichert (§ 3 Abs. 2 Nr. 3 AZRG). Jedoch haben nicht alle Stellen, für die dieses Datum relevant ist, Zugriff auf das Ausländerzentralregister. Der Ankunftsnachweis selbst wird bei Ausstellung der Bescheinigung über die Aufenthaltsgestattung eingezogen (§ 63a Abs. 4 Satz 2 AsylG) und kann daher auch nicht mehr als Nachweis dienen. Soweit das Datum der Antragstellung relevant sein kann, wird dieses ebenfalls auf der Bescheinigung über die Aufenthaltsgestattung vermerkt.

5.6. Übergangsregelung

Die Übergangsregelungen in einem neuen § 87c AsylG ergänzen die Regelung zum Entstehen der Aufenthaltsgestattung in Anknüpfung an den Ankunftsnachweis in § 55 AsylG. Durch diese Übergangsregelungen in § 87c AsylG wird Rechtssicherheit für diejenigen geschaffen, die vor dem Inkrafttreten der Neuregelung im Bundesgebiet um Asyl nachgesucht haben. Der Aufenthalt eines Ausländers, der vor dem 05.02.2016 im Bundesgebiet um Asyl nachgesucht hat, gilt ab dem Zeitpunkt der Aufnahme in der für ihn zuständigen Aufnahmeeinrichtung oder, sofern sich dieser Zeitpunkt nicht bestimmen lässt, ab dem 5. Februar 2016 als gestattet (§ 87c Abs. 2 AsylG).Der Aufenthalt eines Ausländers, der nach dem 04.02.2016 und vor dem 01.11.2016 um Asyl nachgesucht hat und dem aus Gründen, die er nicht zu vertreten hat, nicht unverzüglich ein Ankunftsnachweis ausgestellt worden ist, gilt mit Ablauf von zwei Wochen nach dem Zeitpunkt, in dem er um Asyl nachgesucht hat, als gestattet. Die fehlende Ausstellung des Ankunftsnachweises hat der Ausländer insbesondere dann nicht zu vertreten, wenn in der für die Ausstellung seines Ankunftsnachweises zuständigen Stelle die technischen Voraussetzungen für die Ausstellung von Ankunftsnachweisen nicht vorgelegen haben (§ 87c Abs. 4 AsylG).

5.7. Unbegleitete minderjährige Asylbewerber – Sondersituation

Unbegleitete minderjährige Ausländer werden nach den §§ 42, 42a SGB VIII nach ihrer Einreise durch das jeweils zuständige Jugendamt zunächst vorläufig und dann gegebenenfalls nach einer Verteilung endgültig in Obhut genommen. Sie werden zunächst in einer Jugendhilfeeinrichtung im Sinne des § 14 Abs. 2 Nr. 2 AsylG untergebracht und nicht an eine Erstaufnahmeeinrichtung weitergeleitet, so dass ihnen auch kein Ankunftsnachweis ausgestellt werden kann. Vor diesem Hintergrund kann die Aufenthaltsgestattung erst mit Stellung des Asylantrags entstehen. Dieser kann im Namen der unbegleiteten minderjährigen Ausländerinnen und Ausländer formlos und schriftlich direkt beim BAMF gestellt werden. Die Vergabe eines Termins zur Antragstellung durch das BAMF ist nicht erforderlich. Mit Zugang des Antrags beim BAMF entsteht wie bisher die Aufenthaltsgestattung.

Die Klärung der asyl- und aufenthaltsrechtlichen Situation des Minderjährigen ist durch das zuständige Jugendamt im Rahmen der Notvertretung im Rahmen der vorläufigen Inobhutnahme nach § 42a Abs. 3 SGB VIII bzw. im Rahmen der Inobhutnahme nach § 42 Absatz 2 SGB VIII unter Berücksichtigung des Wohls des Minderjährigen (Art. 24 Abs. 2 GRCh, zum Kindeswohlvorrang) möglichst zeitnah einzuleiten und voranzutreiben; nach bereits erfolgter Vormundbestellung ist es Sache des Vormunds, Möglichkeit und Notwendigkeit ausländerrechtlichen Vorgehens zügig im Interesse des Betroffenen (weiter) zu prüfen.

Vor Stellung eines förmlichen Asylantrags nach § 14 AsylG besteht für unbegleitete minderjährige Ausländer ein Anspruch auf Duldung nach § 60a Abs. 2 Satz 1 AufenthG i. V. m. § 58 Abs. 1a AufenthG, sofern er im Rückkehrstaat nicht einem Mitglied seiner Familie, einer zur Personensorge berechtigten Person oder einer geeigneten Aufnahmeeinrichtung übergeben werden kann (vgl. auch § 80 Abs. 3 AufenthG, zur Rückführung). Über die Duldung ist nach § 60a Abs. 4 AufenthG eine Bescheinigung auszustellen. Die förmliche Asylantragstellung bewirkt die Aufenthaltsgestattung nach § 55 Abs.1 Satz 3 AsylG. Wird kein förmlicher Asylantrag gestellt, besteht nach unerlaubter Einreise weiterhin vollziehbare Ausreisepflicht nach § 58 Abs. 2 Satz 1 Nr. 1 AufenthG. Vor einer etwaigen Abschiebung unter den Voraussetzungen des § 58 Abs. 1a AufenthG ist eine angreifbare Rückkehrentscheidung nach Art. 6 Abs. 1 RL 2008/115/EG (Abschiebungsandrohung nach § 58 Abs. 1 Satz 1 AufenthG), in der das Einreise- und Aufenthaltsverbot nach § 11 Abs. 1 und 2 RFRL i. V. m. § 11 Abs. 1 und 2 AufenthG befristet wird, zu treffen.

6. Befristete Wohnsitzregelung

Mit der befristeten Wohnsitzregelung nach § 12a AufenthG, die nach Art. 8 Abs. 5 IntG bis 06.08.2019 gilt, wird eine wichtige Voraussetzung für eine gelingende Integration von Schutzberechtigten geschaffen. Länder und Kommunen bekommen damit ein Instrument an die Hand, um eine integrationsfreundliche Verteilung zu organisieren. Die Wohnsitzzuweisung ermöglicht, Schutzberechtigte gleichmäßig auf das Bundesgebiet zu verteilen. Mit der Zuweisung will die Bundesregierung die Integration erleichtern und vermeiden, dass beispielsweise soziale Brennpunkte entstehen.

7. Wegfall der Vorrangprüfung für drei Jahre

Asylbewerber mit guter Bleibeperspektive (vgl. z. B. § 44 Abs. 4 Satz 2 Nr. 1 AufenthG, zu positiven Tatbestandsmerkmalen) sollen unter erleichterten Voraussetzungen eine Beschäftigung (§ 2 Abs. 2 AufenthG, zum Begriff) nach § 61 Abs. 2 AsylG unter Einhaltung der bisherigen Wartezeit von drei Monaten aufnehmen können. Deshalb sieht die Bundesagentur für Arbeit (Arbeitsverwaltung) nach § 32 Abs. 5 Nr. 3 BeschV i. d. F. des Art. 1 Nr. 3 der Verordnung zum Integrationsgesetz v. 31.07.2016 (BGBl. I S. 1950) in bestimmten Regionen und abhängig von der Arbeitsmarktlage in den jeweiligen Bundesländern (vgl. Anlage zu § 32 BeschV) von der Vorrangprüfung nach § 39 AufenthG generell ab. Die Regelung ist auf drei Jahre befristet.

Die bereits geltende Ausnahmeregelung in Engpassberufen und für Hochqualifizierte wird verlängert.

Aus der Beschäftigung von türkischen Asylbewerbern nach § 61 Abs. 2 AsylG und von geduldeten Türken nach § 32 BeschV kann kein Assoziationsrecht nach Art. 6 Abs. 1 ARB 1/80 hergeleitet werden, da es an einer ordnungsgemäßen Beschäftigung auf dem deutschen Arbeitsmarkt fehlt. Hingegen kann aus einer Beschäftigung auf der Grundalge einer Aufenthaltserlaubnis nach § 18a Abs. 1a AufenthG gemäß Art. 6 Abs. 1 ARB 1/80 ein Assoziationsrecht hergeleitet werden, das auf Antrag durch Ausstellung einer Aufenthaltserlaubnis nach § 4 Abs. 5 Satz 1 AufenthG dokumentiert wird.

International Schutzberechtigte

Rechtsnormen: § 1 Abs. 1 Nr. 2 AsylG; § 2 Abs. 13 AufenthG; § 3 bis § 3e AsylG; § 4 Abs. 1 AsylG; § 25 Abs. 2 AufenthG; § 26 Abs. 3 AufenthG; § 29 AsylG; § 60 Abs. 1 bis 3 AufenthG; § 104 Abs. 9 AufenthG; Art. 1 VO (EU) 604/2013 – Dublin III-VO; Art. 1 RL 2011/95/EU – Qualifikationsrichtlinie – QRL; Art. 13 ff. QRL; Art. 24 QRL

1. Allgemeines

Ziel der Weiterentwicklung des Flüchtlingsrechts in der EU ist u. a. die aufenthaltsrechtliche Gleichstellung der Konventionsflüchtlinge und der subsidiär Schutzberechtigten mit Drittstaatsangehörigen und Staatenlosen, die sich nicht aus Verfolgungsgründen in den Mitgliedstaaten rechtmäßig aufhalten. Dazu gehört, dass Konventionsflüchtlinge i. S. v. § 3 Abs. 1 AsylG sowie international subsidiär Schutzberechtigte i. S. v. § 4 Abs. 1 AsylG einen Anspruch auf Erteilung eines Aufenthaltstitels haben (Art. 24 RL2011/95/EU – QRL), den Status eines langfristig Aufenthaltsberechtigten (§ 2 Abs. 7 AufenthG, zum Begriff) erhalten und somit in den Genuss eines transnationalen Mobilitätsrechts (vgl. § 38a AufenthG) kommen können.

Die Entscheidungsmodalitäten und Kriterien für die Zuerkennung der Flüchtlingseigenschaft und des subsidiären Schutzes (Art. 4 bis Art. 10 und Art. 15 RL2011/95/EU) wurden konkretisiert (vgl. §§ 3, 3a, 3b, 3c, 3d, 3e und § 4 AsylG). Dazu gehören die Berücksichtigung einer nichtstaatlichen oder einer geschlechtsspezifischen Verfolgung (Art. 6 Buchst. c bzw. Art. 10 Abs. 1 Buchst. d RL2011/95/EU im Rahmen der Flüchtlingsanerkennung, die Zuerkennung subsidiären Schutzes im Asylverfahren sowie die Anwendung von Ausschlussklauseln z. B. bei Straffälligkeit im Rahmen der Schutzgewährung (Art. 12, 17 RL2011/95/EU).

2. International Schutzberechtigter – Begriff

Der Begriff des international Schutzberechtigten ist nach der neuen **Qualifikationsrichtlinie** 2011/95/EU in den EU-Mitgliedstaaten einheitlich (Art. 2 Buchst. a). § 1 Abs. 1 Nr. 2 AsylG und § 2 Abs. 13 Nr. 2 AufenthG definieren den Begriff des Ausländers, der nach Art. 2 Buchst. a Qualifikationsrichtlinie 2011/95/EU – QRL – „internationalen Schutz" genießt und unter den

- anerkannte Konventionsflüchtlinge (Art. 2 Buchst. e, Art. 13 QRL) und
- anerkannte subsidiär Schutzberechtigte (Art. 2 Buchst. g, Art. 18 QRL)

zu subsumieren sind.

So fallen unter den Anwendungsbereich der Dublin III-VO Drittstaatsangehörige und Staatenlose, die einen Antrag auf internationalen Schutz stellen (Art. 3 Abs. 1). In Deutschland handelt es sich hierbei um Asylanträge i. S. v. § 14AsylG, über die das Bundesamt für Migration und Flüchtlinge (BAMF) nach § 5 Abs. 1 AsylG entscheidet. Die Entscheidung des Bundesamts ist nach § 6 AsylG verbindlich.

International Schutzberechtigte sind Ausländer, denen im Verfahren nach den §§ 12 ff. AsylG vom Bundesamt für Migration und Flüchtlinge oder einer verwaltungsgerichtlichen Instanz die Rechtsstellung als **Konventionsflüchtling** i. S. v. § 3 Abs. 1 AsylG oder als **subsidiär Schutzberechtigter** i. S. v. § 4 Abs. 1 AsylG zuerkannt worden ist. Bei international Schutzberechtigten liegen zielstaatsbezogene Abschiebungsverbote nach § 60 Abs. 1 (Flüchtlingsschutz) oder nach § 60 Abs. 2 und 3 AufenthG (subsidiärer Schutz) vor. Beide Personengruppen sind aufenthaltsrechtlich weitgehend gleichgestellt und haben einen Anspruch auf Erteilung einer Aufenthaltserlaubnis und Ausübung einer Erwerbstätigkeit (vgl. § 25 Abs. 2 Satz 1 Alt. 1 oder Alt. 2 AufenthG).

Die aufenthaltsrechtliche **Umsetzung der Altfälle** ist in § 104 Abs. 9 AufenthG geregelt. Die Umstellung der Aufenthaltstitel geschieht von Amts wegen.

3. Rechtsstellung im Asylverfahren

Während des Asylverfahrens (vgl. § 31 AsylG) ist der Aufenthalt nach § 55 Abs. 1 Satz 1 und 3 AsylG grundsätzlich gestattet und entsprechend zu bescheinigen (§ 63 AsylG). Die Aufenthaltsgestattung tritt frühestens mit der Ausstellung eines Ankunftsnachweises nach § 63a AsylG ein. In den Fällen des § 67 AsylG erlischt die Aufenthaltsgestattung kraft Gesetzes. Die Ausübung einer Beschäftigung richtet sich nach § 61 Abs. 2 AsylG.

Bis zur Ausstellung einer Bescheinigung über die Aufenthaltsgestattung nach § 63 AsylG wird eine Bescheinigung über die Meldung als Asylsuchender (Ankunftsnachweis) nach § 63a AsylG in einem besonderen Verfahren nach der Ankunftsnachweisverordnung – AKNV – vom 05.02.2016 (BGBl. I S. 162) ausgestellt .

Die Bestimmung, ob Deutschland für die Entscheidung über den Asylantrag auf Zuerkennung des Status als international Schutzberechtigter zuständig ist, richtet sich nach der in der Dublin III-VO festgelegen Rangfolge, die Familienangehörige von Asylantragstellern bevorzugt behandelt (vgl. Art. 2 Buchst. f, zum Begriff, Art. 3, 7, 13). Ein Ausländer, der auf Grund der Dublin III-VO zur Durchführung des Asylverfahrens nach Deutschland übernommen worden ist, ist nach § 22a AsylG dem Asylsuchenden i. S. d. Asylgesetzes gleichgestellt, hat sich zu der für ihn bestimmten Stelle zu begeben und wird entsprechend behandelt (z. B. Registrierung, Ausstellung des Ankunftsnachweises oder der Aufenthaltsgestattung, Verteilung, Unterbringung).

Eine **Ausweisung** während des Asylverfahrens richtet sich nach § 53 Abs. 4 AufenthG.

4. Schutzgewährung

Die Gewährung internationalen Schutzes i. S. v. § 1 Abs. 1 Nr. 2 AsylG, der den Flüchtlingsschutz nach § 3 Abs. 1 AsylG sowie den internationalen subsidiären Schutz nach § 4 Abs. 1 AsylG umfasst, erfordert die Durchführung eines Asylverfahren beim BAMF. Eine zulässige Asylantragstellung setzt voraus, dass die Bundesrepublik Deutschland für den Asylsuchenden nach Maßgabe der Dublin III-VO zuständig ist (§ 29 Abs. 1 Nr. 1 Buchst. aAsylG) und daher eine Abschiebungsanordnung nach § 34a Abs. 1 Satz 1 und 2 AsylGoder eine Abschiebungsandrohung nach § 34a Abs. 1 Satz 3 AsylG nicht erforderlich werden (vgl. Welte, Der Familienschutz in der Dublin III-VO, InfAuslR 2016, 157-162).

Ein Asylantrag auf internationalen Schutz nach § 14 AsylG ist unzulässig, wenn ein anderer Mitgliedstaat nach der Dublin III-VO für die Durchführung des Asylverfahrens zuständig ist (§ 29 Abs. 1 Nr. 1 Buchst. a AsylG). Gegen die Feststellung der Unzulässigkeit eines Asylantrags nach § 29 Abs. 1 AsylG ist die Anfechtungsklage statthaft (vgl. OVG Rheinland-Pfalz, 05.08.2015 – 1 A 11020/14.OVG, InfAuslR 2016, 29).

Dem geäußerten Willen des Ausländers (Asylsuchenden) muss sich entnehmen lassen, dass er im Bundesgebiet Schutz vor Abschiebung oder einer sonstigen Rückführung in einen Staat begehrt, in dem ihm eine Verfolgung i. S. v. § 3 Abs. 1 AsylG (vgl. auch Art. 33 GK, § 60 Abs. 1 AufenthG) oder ein ernsthafter Schaden i. S. d. § 4 Abs. 1 AsylG droht (vgl. auch Art. 15 RL 2011/95/EU; § 60 Abs. 2 und 3 AufenthG). Dementsprechend entscheidet das BAMF nach § 31 Abs. 2 AsylG.

Der Verfolgungsschutz umfasst auch die **Verfolgung einer bestimmten sozialen Gruppe**, die auf Grund ihrer sexuellen Orientierung in Übereinstimmung mit Art. 10 Abs. 1 Buchst. d QRL bzw. § 3b Abs. 1 Nr. 4 Buchst aund Buchst. b AsylG Verfolgungshandlungen (Art. 9 QRL; § 3a AsylG) ausgesetzt ist (vgl. OVG Niedersachsen, 21.09.2015 – 9 LB 20/14, InfAuslR 2016, 25 – Zur Flüchtlingseigenschaft durch westliche Prägung; VG Karlsruhe, 13.06.2013 – A 9 K 1859/12, InfAuslR 2014, 310, zu Frauen als verfolgte soziale Gruppe).

Falls ein Asylantrag nach § 13 Abs. 1 AsylG gestellt wird, obliegt nach § 24 Abs. 2 i. V. m. § 31 Abs. 3 AsylG dem BAMF im Asylverfahren grundsätzlich auch die Entscheidung, ob ein Abschiebungsverbot nach § 60 Abs. 5 oder 7 AufenthG (nationaler subsidiärer Schutz) vorliegt. Ansonsten ist die Ausländerbehörde für diese Entscheidung nach § 71 Abs. 1 AufenthG unter Beteiligung des BAMF nach § 72 Abs. 2 AufenthG zuständig.

Im Falle der **Ablehnung des Asylantrags** erlässt das BAMF die Abschiebungsandrohung nach § 59 Abs. 1 oder § 60 Abs. 10 AufenthG, wenn der Ausländer keinen Aufenthaltstitel besitzt (§ 34 Abs. 1 AsylG).

Die positive oder negative Entscheidung des BAMF im Asylverfahren über die Zuerkennung internationalen Schutzes ist nach § 6 Satz 1 AsylG auch für ausländerrechtliche Entscheidungen verbindlich.

5. Ausschluss der Schutzgewährung

Art. 12 und Art. 17 QRL enthalten Ausschlussklauseln, die der Flüchtlingsanerkennung und der subsidiären Schutzgewährung entgegenstehen (z. B. bei Straffälligkeit im Rahmen der Schutzgewährung). Entsprechendes ist in § 3 Abs. 2 AsylG in Bezug auf die Zuerkennung der Flüchtlingseigenschaft und in § 4 Abs. 2 AsylG in Bezug auf die Zuerkennung subsidiären Schutzes geregelt.

Gewichtige ideologische und propagandistische Aktivitäten zugunsten einer terroristischen Organisation (z. B. PKK) kommen als Beteiligung an Zuwiderhandlungen gegen die Ziele und Grundsätze der Vereinten Nationen gemäß § 3 Abs. 2 Satz 1 Nr. 3 i. V. m.

Satz 2 AsylG auch dann in Betracht, wenn der Asylbewerber weder eine tatsächliche Einflussmöglichkeit auf die Begehung von Terrorakten hatte noch solche Taten öffentlich gebilligt oder dazu aufgerufen hat. Dies kann einen Ausschluss von der Zuerkennung der Flüchtlingseigenschaft zur Folge haben (vgl. BVerwG, 19.11.2013 – 10 C 26.12, EZAR NF 68 Nr. 17 = NVwZ-RR 2014, 283).

6. Erteilung einer Aufenthaltserlaubnis und Niederlassungserlaubnis

§ 25 Abs. 2 Satz 1 Alt. 1 oder 2 AufenthG i. d. F. des Art. 2 Nr. 2 Buchst. b des Gesetzes zur Umsetzung der Richtlinie 2011/95/EU (QRL) vom 28.08.2013 (BGBl. I S. 3474) bezweckt in Übereinstimmung mit Art. 24 QRL eine **aufenthaltsrechtliche Gleichstellung** von Konventionsflüchtlingen und subsidiär Schutzberechtigten hinsichtlich des **Anspruch auf Erteilung einer Aufenthaltserlaubnis**.

Die Anspruchsvoraussetzungen für die Erteilung einer Aufenthaltserlaubnis nach § 25 Abs. 2 Satz 1 Alt. 1 oder 2 AufenthG liegen dann vor, wenn das BAMF etwa im Anschluss an ein im Asylgerichtsverfahren rechtkräftig gewordenes Verpflichtungsurteil (vgl. § 121 VwGO) einen Bescheid über die Zuerkennung internationalen Schutzes (§ 1 Abs. 1 Nr. 2, § 3 Abs. 1 oder § 4 Abs. 1 AsylG) erlassen hat, dieser Bescheid bestandkräftig bzw. unanfechtbar geworden und daher das Verwaltungsverfahren i. S. v. § 9 VwVfG beendet ist (vgl. OVG Berlin-Brandenburg, 27.02.2015, InfAuslR 2015, 231, 232).

International subsidiär Schutzberechtigte, die eine Aufenthaltserlaubnis nach § 25 Abs. 2 Satz 1 Alt. 2 AufenthG besitzen, sind jedoch bei der Erteilung einer Niederlassungserlaubnis nach § 26 Abs. 3 Satz 1 oder 3 AufenthG nicht den Asylberechtigten (Art. 16a Abs. 1 GG) und Konventionsflüchtlingen (§ 3 Abs. 1 AsylG) gleichgestellt worden. Daher haben nur Asylberechtigte nach Art. 16a Abs. 1 GG und Konventionsflüchtlinge i. S. v. § 3 Abs. 1 AsylG, die seit drei Jahren eine Aufenthaltserlaubnis besitzen und die deutsche Sprache beherrschen (§ 2 Abs. 12 AufenthG, zum Begriff, GER C 1), gemäß § 26 Abs. 3 Satz 3 AufenthG einen Anspruch auf Erteilung einer unbeschränkten Niederlassungserlaubnis. Bei lediglich hinreichenden Kenntnissen der deutschen Sprache (§ 2 Abs. 10 AufenthG, zum Begriff, GER A 2) muss der Ausländer die Aufenthaltserlaubnis seit fünf Jahren besitzen. In beiden Fällen ist die vorangegangene Asylverfahrenszeit auf die Dauer des Besitzes einer Aufenthaltserlaubnis anrechenbar. International subsidiär Schutzberechtigte nach § 4 Abs. 1 AsylG können nach fünf Jahren ebenfalls unter Anrechnung der vorangegangenen Asylverfahrenszeit eine Niederlassungserlaubnis nach § 26 Abs. 4 AufenthG erhalten, wenn bei ihnen die Voraussetzungen des § 9 Abs. 2 AufenthG vorliegen.

Durch Art. 3 Nr. 5 des **Integrationsgesetzes** vom 31.07.2016 (BGBl. I S. 1939) sind die Voraussetzungen für die Erteilung einer Niederlassungserlaubnis nach § 26 Abs. 3 AufenthG verschärft worden (z. B. Nachweis bestimmter Kenntnisse der deutschen Sprache und von Grundkenntnissen der Rechts- und Gesellschaftsordnung) sowie die Möglichkeit einer Wohnsitzregelung nach § 12a AufenthG (vgl. auch EuGH, 01.03.2016 C-443/14 und C-444/14 – *Ibrahim Alo und Amira Osso*, zur Anordnung einer räumlichenBeschränkung oder Wohnsitzauflage).

§ 25 Abs. 2 Satz 1 Alt. 1 AufenthG findet auf **Konventionsflüchtlinge** und § 25 Abs. 2 Satz 1 Alt. 2 AufenthG auf subsidiär Schutzberechtigte Anwendung. In beiden Fällen besteht ein gesetzlicher Anspruch auf Erteilung einer Aufenthaltserlaubnis.

Die begünstigten Ausländer haben auch ein Recht auf Ausübung einer **Erwerbstätigkeit** (§ 25 Abs. 2 Satz 2 AufenthG), das ihnen im Aufenthaltstitel dokumentiert wird (Trägervordruck). Die Arbeitsverwaltung ist nicht nach § 39 AufenthG zu beteiligen.

Von der Erteilung einer Erlaubnis zum Daueraufenthalt – EU sind die international Schutzberechtigten – im Gegensatz zu den Asylberechtigten i. S. v. Art. 16a Abs. 1 GG – nicht ausgenommen (§ 9a Abs. 3 Nr. 1 AufenthG i. d. F. von Art. 1 Nr. 5 Buchst. b des Gesetzes zur Verbesserung der Rechte von International Schutzberechtigten und ausländischen Arbeitnehmern vom 29.08.2013 BGBl. I S. 3484).

Auf Ausländer, bei denen ein zielstaatsbezogenes Abschiebungsverbot nach § 60 Abs. 5 oder 7 AufenthG (nationaler subsidiärer Schutz) vorliegt, findet § 25 Abs. 3 AufenthG Anwendung. Sie sind von der Erteilung einer Erlaubnis zum Daueraufenthalt-EU ausgenommen (§ 9a Abs. 3 Nr. 1 AufenthG).

7. Reiseausweis für Ausländer

Die international subsidiär Schutzberechtigten i. S. v. § 4 Abs. 1 AsylG haben nicht in gleicher Weise wie anerkannte Konventionsflüchtlinge i. S. v. § 3 Abs. 1 AsylG und Asylberechtigte nach Art. 16a Abs. 1 GG Anspruch auf Ausstellung eines Reiseausweises für Flüchtlinge nach Art. 28 GK (Art. 25 Abs. 1 QRL; § 1 Abs. 3 AufenthV).

Hingegen wird subsidiär Schutzberechtigten, die gemäß § 48 Abs. 3 AufenthG einen Nationalpass nicht auf zumutbare Weise erhalten können (vgl. OVG Nordrhein-Westfalen, 17.05.2016 – 18 A 951/15, AuAS 2016, 134, zur Zumutbarkeit der Vorsprache beim Konsulat), ein Reiseausweis für Ausländer als Passersatz, der auch für Reisen ins Ausland dienen kann, ausgestellt (Art. 25 Abs. 2 QRL; § 5 Abs. 1 AufenthV).

8. Räumliche Beschränkungen des Aufenthalts

Räumliche Beschränkungen des Aufenthalts nach § 56 AsylG, die einen tieferen Eingriff als die Wohnsitzauflage darstellen, erlöschen nach § 59a Abs. 1 AsylG, wenn sich der Ausländer seit drei Monaten ununterbrochen erlaubt, geduldet oder gestattet im Bundesgebiet aufhält.

Räumliche Beschränkungen bleiben – auch nach Erlöschen der Aufenthaltsgestattung – bestehen, bis sie aufgehoben werden, es sei denn, dass sie bereits nach § 59a Abs. 1 AsylG automatisch erloschen sind. Sie entfallen jedoch nach Erlöschen der Aufenthaltsgestattung im Fall der unanfechtbaren Anerkennung als Asylberechtigter i. S. v. Art. 16a Abs. 1 GG oder der Zuerkennung internationalen Schutzes i. S. v. § 1 Abs. 1 Nr. 2 AsylG, wenn der Aufenthalt nach § 25 Abs. Abs. 1 Satz 3, Abs. 2 Satz 2 Alt. 1 oder 2 AufenthG als erlaubt gilt oder ein Aufenthaltstitel erteilt wird (vgl. § 59a Abs. 2 Satz 2 AsylG). Die gesetzliche Möglichkeit, in den Bona fide-Fällen des § 58 Abs. 4 AsylG den Geltungsbereich der Aufenthaltsgestattung ohne Erlaubnis zu verlassen, bleibt unberührt.

9. Wohnsitzregelung

Mit der befristeten Wohnsitzregelung nach § 12a AufenthG, die nach Art. 8 Abs. 5 IntG bis 06.08.2019 gilt, soll eine wichtige Voraussetzung für eine gelingende Integration von Schutzberechtigten geschaffen werden. Länder und Kommunen bekommen damit ein Instrument an die Hand, um eine integrationsfreundliche Verteilung zu organisieren. Die Wohnsitzzuweisung ermöglicht, Schutzberechtigte nach Art. 16a Abs. 1 GG, § 3 Abs. 1 und § 4 Abs. 1 AsylG sowie Inhaber einer erstmals erteilten Aufenthaltserlaubnis nach § 22, 23, oder § 25 Abs. 3 AufenthG gleichmäßig auf das Bundesgebiet zu verteilen. Mit der Zuweisung will die Bundesregierung die Integration erleichtern und vermeiden, dass beispielsweise soziale Brennpunkte entstehen.

Die auf drei Jahre befristete Wohnsitzregelung ist daher ein in wichtiges Instrument zur Vermeidung von integrationshemmender Segregation ist. Nach § 12a AufenthG werden Schutzberechtigte verpflichtet, im Bundesland ihrer Erstzuweisung Wohnsitz zu nehmen. Die Schutzberechtigten müssen in den ersten drei Jahren in dem Bundesland bleiben, dem sie nach ihrer Ankunft zugewiesen wurden. Den Ländern wird die Möglichkeit eröffnet, Neuankömmlinge darauf zu verpflichten, ihren Wohnsitz an einem bestimmten Ort zu nehmen. Die Länder können Schutzberechtigten in diesen drei Jahren einen konkreten Wohnsitz zuweisen. Sie können den Flüchtlingen außerdem verbieten, in Ballungsräume zu ziehen. Es gibt eine Härtefallregelung. Dieses System gilt bereits rückwirkend für Personen, die nach dem 01.01.2016 als Schutzberechtigte anerkannt wurden.

10. Wohnsitzauflage

Bei international Schutzberechtigten (§ 1 Abs. 1 Nr. 2 AsylG), die eine Aufenthaltserlaubnis nach § 25 Abs. 2 Satz 1 Alt. 1 oder 2 AufenthG besitzen, ist nach Maßgabe des Art. 29, 33 QRL eine Wohnsitzauflage gemäß § 12 Abs. 2 Satz 2 AufenthG nur dann zulässig, wenn sie nicht nur auf fiskalische Erwägungen (z. B. gleichmäßige finanzielle Belastung der Sozialleistungsträger) gestützt wird (vgl. EuGH, 01.03.2016- C443/14 und C444/14 – Alo/Osso). Sie kann jedoch auf wichtige Maßnahmen, die insbesondere der Integrationsförderung im Einzelfall dienen(z. B. sozialer Wohnungsbau; Vermeidung von Parallelgesellschaften, Ghettobildung, sozialen Brennpunkten), angeordnet werden.

Bei der Anordnung einer Wohnsitzauflage im Ermessenswege sind auch die Haushaltsgemeinschaft mit Familienangehörigen (Art. 6 Abs. 1 GG; Art. 7 GRCh; Art. 8 EMRK) und sonstige humanitäre Gründe von vergleichbarem Gewicht angemessen zu berücksichtigen.

Im Gegensatz zur räumlichen Beschränkung des Aufenthalts kann der Ausländer den in der Wohnsitzauflage genannten Ort des gewöhnlichen Aufenthalts (§ 30 Abs. 3 Satz 2 SGB I, zum Begriff) ohne Erlaubnis vorübergehend verlassen.

Die Anordnung einer Wohnsitzauflage stellt im Vergleich zur räumlichen Beschränkung des Aufenthalts einen geringeren Eingriff dar. Sie ordnet zwar eine Wohnpflicht an einem bestimmten Ort an, schränkt die Bewegungs- und Reisefreiheit im Bundesgebiet im Übrigen aber nicht ein. Eine Verlassenserlaubnis nach § 12 Abs. 5 AufenthG ist daher nicht erforderlich (vgl. § 71 Abs. 5 AufenthG, zur Durchsetzung der Verlassenspflicht).

Siehe auch

Fachbeiträge:

Asylgrundrecht / Asylantrag / Asylberechtigung – Widerruf / Asylbewerber / Subsidiär Schutzberechtigte / Vor- und Nachfluchtgründe / Qualifikationsrichtlinie-EU

Rechtsprechung:

BVerwG, 15.01.2008 – 1 C 17.07, EZAR NF 27 Nr. 2 – Zur Anordnung einer Wohnsitzauflage mit Anmerkung Pfersich

BVerwG, 17.12.2002 – 1 C 10/02, EZAR 215 Nr. 24 – Zur Gewährung von Familienasyl.

OVG Nordrhein-Westfalen, 17.05.2016 – 18 A 951/15, AuAS 2016, 134 – Zur Zumutbarkeit der Vorsprache beim Konsulat

OVG Niedersachsen, 21.09.2015 – 9 LB 20/14, InfAuslR 2016, 25 – Zur Flüchtlingseigenschaft durch westliche Prägung

OVG Berlin-Brandenburg, 27.02.2015, InfAuslR 2015, 231, 232 – Zum Zeitpunkt der Anerkennung bzw. Zuerkennung

OVG Nordrhein-Westfalen, 27.06.2000 – 8 A 609/00 – Zur Einbürgerung eines asylberechtigten PKK-Sympathisanten.

VG Stuttgart, 07.01.2003 – A 5 K 11226/01, AuAS 2003, 82 = EZAR 214 Nr. 14 – Zum unverzüglichen Widerruf.

Weiterführende Literatur:

Welte, Der Familienschutz in der Dublin III-VO, InfAuslR 2016, 157-162

Welte, Asylbewerber im Bundesgebiet – Einreise und Aufenthalt, SächsVBl. 2016, 1-7

Depenheuer/Grabenwarter (Hg.): „Der Staat in der Flüchtlingskrise“. Zwischen gutem Willen und geltendem Recht. 1. Aufl. 2016

Duchrow, Flüchtlingsrecht und Zuwanderungsgesetz unter Berücksichtigung der sog. Qualifikationsrichtlinie, ZAR 2004, 339

Alexandre Ho, Nichtstaatliche Verfolgung, FoR 2002, 25

Meldepflicht in der Aufnahmeeinrichtung

Rechtsnormen: § 13 Abs. 3 Satz 2 AsylG; § 33 Abs. 1, 5 und 6 AsylG; § 15 Abs. 2 Nr. 3 AsylG; § 22 AsylG; § 30 Abs. 3 AsylG

1. Meldepflicht bei unerlaubter Einreise

Bei einer unerlaubten Einreise, die nicht eine Zurückweisung an der Grenze zur Folge hat (vgl. § 18 Abs. 2 und 3 AsylG), hat sich der Ausländer unverzüglich bei der Aufnahmeeinrichtung zu melden (§ 22 AsylG), wenn er nicht bei der Ausländerbehörde oder der Polizei um Asyl nachsucht (§ 13 Abs. 3 Satz 2 AsylG). In beiden letztgenannten Fällen wird er an die Aufnahmeeinrichtung weitergeleitet (§§ 18, 19 AsylG) und ist verpflichtet, der Weiterleitung unverzüglich oder bis zu einem bestimmten Zeitpunkt zu folgen (§ 20 Abs. 1 Satz 1 AsylG).

2. Meldepflicht bei Weiterleitung in eine Aufnahmeeinrichtung

Nach § 22 Abs. 1 Satz 1 AsylG hat sich ein Ausländer, der den Asylantrag nach § 14 Abs. 1 AsylGbei einer Außenstelle des Bundesamtes zu stellen hat, in einer Aufnahmeeinrichtung persönlich zu melden. Durch diese Meldepflicht soll die Unterbringung des Ausländers und damit die Erfüllung der Aufnahmepflicht nach § 22 Abs. 1 Satz 2 AsylG sowie der anschließenden Wohnpflicht nach § 47 AsylG sichergestellt werden. Ist für den Ausländer eine andere Aufnahmeeinrichtung zuständig, wird er an diese weitergeleitet; vorher sollte möglichst erkennungsdienstlich behandelt werden (§ 22 Abs. 1 Satz 2 Halbsatz 2 AsylG).

Da die Meldung nach § 22 Abs. 1 Satz 1 AsylG nur die Aufnahme und Unterbringung in der Aufnahmeeinrichtung bezweckt und nicht mit dem Asylantrag (§ 13 AsylG) oder der Asylantragstellung nach § 14 AsylG gleichzusetzen ist, beschränkt sie sich die Wahrnehmung der Meldepflicht auf die Angaben zur Identität des Ausländers und zur Bestimmung der zuständigen Aufnahmeeinrichtung i. S. d. § 46 AsylG.

Die Meldung muss persönlich, also in Anwesenheit des Ausländers, erfolgen (vgl. § 15 Abs. 2 Nr. 3 AsylG); eine Vertretung ist ebenso unzureichend wie eine schriftliche Meldung. Zuständig für die Meldung ist entweder irgendeine Aufnahmeeinrichtung nach § 22 Abs. 1 AsylG oder im Falle des § 22 Abs. 2 AsylG die als zuständig bestimmte Aufnahmeeinrichtung.

3. Weiterleitung an die zuständige Aufnahmeeinrichtung

Die Aufnahmeeinrichtung, bei der sich der Ausländer meldet, hat ihn nach § 22 Abs. 1 Satz 2 AsylG aufzunehmen oder an die für seine Aufnahme zuständige Stelle weiterzuleiten. Im Fall der Weiterleitung ist der Ausländer, soweit möglich, erkennungsdienstlich (§ 16 AsylG) zu behandeln.

4. Erkennungsdienstliche Behandlung

Asylantragsteller, die das 14. Lebensjahr vollendet haben, werden **erkennungsdienstlich behandelt** (§ 16 Abs. 1 AsylG). Ihre Fingerabdrücke werden in der beim Bundeskriminalamt geführten Datei „AFIS-A“ gespeichert (§ 16 Abs. 4 AsylG).

Durch einen Abgleich der Fingerabdrücke, die in diesen Fällen zur Feststellung der Identität abgenommen werden dürfen (§ 49 Abs. 2 AufenthG), mit den in der „AFIS-A“;-Datei gespeicherten Fingerabdrücken lässt sich auf die Personalien des angelehnten Asylbewerbers schließen, mit denen er im AZR erfasst ist. Auf diese Weise kann die zuständige Ausländerbehörde ermittelt werden, bei der ggf. der in amtliche Verwahrung genommene Pass vorhanden ist und der Pass zugeordnet werden.

5. Erfassung im Ausländerzentralregister

Gleichzeitig sind Asylantragsteller im Ausländerzentralregister (AZR) erfasst (§ 2 Abs. 2 Nr. 1 AZRG). Aus diesem ergibt sich die aktenführende Ausländerbehörde.

Vor diesem Hintergrund können in behördliche Verwahrung genommene Pässe von abgelehnten Asylbewerbern, die sich ihrer Ausreisepflicht etwa dadurch entziehen, dass sie sich in die Illegalität begeben haben und jeglichen behördlichen Kontakt vermeiden, im Falle ihres Aufgreifens zugeordnet werden. Daher werden sie auch nicht in die **Fundpapierdatenbank** gemäß § 49a Abs. 1 Satz 1 AufenthG aufgenommen.

6. Verletzung der Meldepflicht

Der Ausländer ist nach § 15 Abs. 2 Nr. 3 AsylG verpflichtet, seiner Meldepflicht nach § 22 Abs. 1 AsylG nachzukommen. Eine gröbliche Verletzung dieser Meldepflicht hat unter den Voraussetzungen des § 30 Abs. 3 Nr. 5 AsylG zur Folge, dass ein unbegründeter Asylantrag als offensichtlich unbegründet abgelehnt wird, was Rechtsnachteile mit sich bringt. Bei entsprechenden Verstößen handelt es sich um Verstöße gegen Rechtsvorschriften i. S. v. § 54 Abs. 2 Nr. 9 AufenthG, die ein schwer wiegendes Ausweisungsinteresse bewirken (siehe auch § 53 Abs. 4 AufenthG, zur Ausweisung während des Asylverfahrens).

Der Ausländer ist nach § 22 Abs. 3 Satz 1 AsylG verpflichtet, der Weiterleitung an die für ihn zuständige Aufnahmeeinrichtung nach § 22 Abs. 1 Satz 2 oder Abs. 2 AsylG unverzüglich oder bis zu einem ihm von der Behörde genannten Zeitpunkt Folge zu leisten. Bei einer Verletzung dieser Meldepflicht finden nach § 22 Abs. 3 Satz 2 AsylGdie Verfahrensregelungen des § 33 Abs. 1, 5 und 6 AsylG entsprechend Anwendung. Kommt der Ausländer der Verpflichtung nach § 22 Abs. 3 Satz 1 AsylGnicht nach, so gilt sein Asylgesuch – wie in den Desinteressefällen des § 33 Abs. 1 AsylG – als zurückgenommen (§ 22 Abs. 3 Satz 2 AsylG). Das Bundesamt stellt das Asylverfahren entsprechend § 33 Abs. 5 Satz 1 AsylG ein. Eine Fortführung des Asylverfahrens setzt gemäß § 33 Abs. 5 Satz 2 und 3 AsylG einen Wiederaufnahmeantrag des Ausländers bei der bisher für ihn zuständigen Außenstelle des Bundesamtes voraus. In diesem Fall wird ein neu gestellter Asylantrag nach § 33 Abs. 5 Satz 4 AsylG als Wiederaufnahmeantrag behandelt. Das

Asylverfahren wird in dem Verfahrensabschnitt fortgeführt, in dem die Prüfung eingestellt wurde (§ 33 Abs. 5 Satz 5 AsylG). Dies gilt auch hinsichtlich beschleunigter Verfahren nach § 30a AsylG (§ 33 Abs. 5 Satz 7 AsylG).

§ 33 Abs. 5 Satz 5 AsylG findet hinsichtlich des Fortführung des bisherigen Asylverfahrens im erreichten Verfahrensabschnitt in den Fällen des Satzes 6 Nr. 1 und 2 keine Anwendung. In diesen Fällen ist der Wiederaufnahmeantrag (nur) als Folgeantrag nach § 71 AsylG zu behandeln und die Wohnpflicht regelt sich nach § 71 Abs. 2 AsylG.

Auch für Folgeantragsteller soll nach § 71 Abs. 2 Satz 2 AsylG eine Wohnverpflichtung in der Erstaufnahmeeinrichtung bestehen, wenn sie das Bundesgebiet vor der Folgeantragstellung verlassen hatten. Dadurch sollen die Kommunen entlastet werden. Eine Rechtspflicht der Länder, diese Personengruppe in einer solchen Einrichtung unterzubringen, ist damit nicht verbunden. Die Länder handeln im Rahmen ihrer verfügbaren Kapazitäten.

Die für die Weiterleitung zuständige Außenstelle hat den Ausländer auf die Verpflichtung nach § 22 Abs. 1 Satz 2oder Abs. 2 AsylG sowie auf die Rechtsfolgen einer Verletzung dieser Pflicht schriftlich und gegen E mpfangsbestätigung hinzuweisen (§ 22 Abs. 3 Satz 4 AsylG).

Der Ausländer bleibt bei einer Verletzung der Pflicht nach § 22 Abs. 3 Satz 1 AsylGvon den einschneidenden Maßnahmen verschont, wenn er unverzüglich (glaubhaft und plausibel) nachweist, dass das Versäumnis auf Umstände (z. B. Reiseunfähigkeit) zurückzuführen war, auf die er keinen Einfluss hatte (§ 22 Abs. 3 Satz 3 AsylG).

Siehe auch

Fachbeiträge:

Mitwirkungspflichten / Aufnahmeeinrichtung / Aufenthaltsermittlung / Eurodac

Mitwirkungspflichten

Rechtsnormen: § 15 AsylG; § 63a Abs. 5 AsylG

Die Mitwirkungspflichten des Ausländers sind vor dem Hintergrund der Sachverhaltsaufklärung des Bundesamtes und ihrer Modifikation im Asylverfahrensrecht nach § 24 Abs. 1 und 2 AsylG zu sehen. Die Darlegung der tatsächlichen Voraussetzungen für die Inanspruchnahme des Asylrechts oder der Geltendmachung eines zielstaatsbezogenen Abschiebungsverbots ist letztlich Sache des Asylsuchenden. Insoweit hat der Asylsuchende eine Mitwirkungspflicht, Verfolgungsgründe in den Fällen des Art. 16a Abs. 1 GG und des § 60 Abs. 1, 2, 3, 5 und 7 AufenthG konkret und ernsthaft geltend zu machen (§ 25 Abs. 1 und 2 AsylG). Neben den allgemeinen in § 15 AsylG bezeichneten Mitwirkungspflichten sieht das Gesetz weitere besondere Mitwirkungspflichten vor. Hier sind insbesondere die § 10, § 13 Abs. 3, § 22, § 47 Abs. 3 und § 50 Abs. 6 AsylG zu nennen.

Erklärungspflichten §§ 15 Abs. 2 Nr. 1, 25 AsylG Stellung eines Asylantrags innerhalb von zwei Wochen nach dem Asyl-Ersuchen. Sanktion: Gemäß § 67 Abs. 1 Nr. 2 AsylG erlischt die Aufenthaltsgestattung; sie lebt jedoch mit Stellung des Asylantrags wieder auf (§ 67 Abs. 2 AsylG).	**Vorlagepflichten** § 15 Abs. 2 Nr. 4, 5 und 6, Abs. 3, §§ 64, 65 AsylG Pass i. S. d. § 3 AufenthG. Die Mitwirkung bei der Beschaffung der Identitätspapiere muss dem Asylsuchenden jedoch zumutbar sein. Dies ist grundsätzlich erst nach der Entscheidung des Bundesamtes der Fall. Eine sog. Passvorlageanordnung zur Durchsetzung der einem rechtskräftig abgelehnten Asylbewerber obliegenden Ausreiseverpflichtung findet ihre Rechtsgrundlage in § 15 AsylG. Bei einem sich anschließenden Rechtsstreit handelt es sich um ein Asylstreitverfahren im Sinne der §§ 11, 74 ff. und 80 AsylG (OVG Rheinland-Pfalz, 24.01.2007 – 6 E 11.489/06, AuAS 2007, 43).
Unterrichtungspflicht § 15 Abs. 2 Nr. 2 AsylG	**Duldungspflicht** Duldung der erkennungsdienstlichen Behandlung, § 15 AsylG. Sanktion: Strafbarkeit nach § 85 Nr. 1 AsylG. Duldung der Gesundheitsuntersuchung nach § 62 AsylG.
Melde- und Anzeigepflichten §§ 13 Abs. 3 Satz 2, 14a Abs. 2, 15 Abs. 2 Nr. 3, 22 AsylG	**Pflichten zur Erreichbarkeit** § 10 AsylG betrifft die Entgegennahme von Mitteilungen. § 47 Abs. 3 AsylG betrifft die persönliche Erreichbarkeit zu anderen Zwecken. Der Betreffende muss innerhalb kurzer Zeit zur Verfügung stehen
Wohnpflicht § 47 Abs. 1 AsylG	

Pflicht zum Ortwechsel § 20 Abs. 1 AsylG Weiterleitung zur Aufnahmeeinrichtung, § 22 Abs. 3, § 22a Satz 2, § 60 Abs. 2 AsylG
Pflicht zur persönlichen Anwesenheit § 23 Abs. 1 AsylG zur Stellung des Asylantrags
Ausweispflicht § 64 AsylG

Aus der Nichterfüllung der Mitwirkungspflichten ergeben sich besondere **Rechtsfolgen**. Hervorzuheben sind insbesondere

- die Straftatbestände des § 85 AsylG
- die Möglichkeit der Ablehnung des Asylantrags als offensichtlich unbegründet nach § 30 Abs. 3 AsylG sowie
- einige eigenständige Sanktionsvorschriften, wie z. B.
  - § 10 Abs. 2 AsylG bei Zustellungen,
  - § 20 Abs. 2 und § 22 Abs. 3 AsylG beim Verstoß, der Weiterleitung nachzukommen,
  - § 23 Abs. 2 AsylG kein persönliches Erscheinen bei der Asylantragstellung,
  - § 25 Abs. 4 AsylG Entscheidung nach Aktenlage wegen unentschuldigten Fehlens bei der Anhörung,
  - § 25 Abs. 5 Satz 3 AsylG im Falle der Nichtmitwirkung.

Die Mitwirkungspflichten nach § 15 AsylG entfallen nicht durch die Rücknahme des Asylantrags (§ 15 Abs. 5 AsylG).

Erlaubnispflicht

- Das Verlassen des Aufenthaltsbereichs einer staatlichen Aufnahmeeinrichtung aus zwingenden Gründen kann das Bundesamt nach § 57 Abs. 1 AsylG erlauben.
- Das Verlassen eines zugewiesenen Aufenthaltsbereichs außerhalb einer staatlichen Aufnahmeeinrichtung und des Bereichs der räumlichen Aufenthaltsgestattung kann die Ausländerbehörde nach § 58 Abs. 1 Satz 1 AsylG erlauben. Die Erlaubnis „ist" in den Fällen des § 58 Abs. 1 Satz 2 AsylG (dringendes öffentliches Interesse, zwingende Gründe, unbillige Härte) zu erteilen. In den Fällen des § 58 Abs. 2 AsylG (Wahrung von Terminen bei Bevollmächtigten, beim Hohen Flüchtlingskommissar der Vereinten Nationen – UNCHR, und bei Organisationen für die Betreuung von Flüchtlingen) „soll" die Erlaubnis erteilt werden.

Mitwirkungspflichten der Inhaber von Ankunftsnachweisen

Nach § 63a Abs. 5 AsylG ist der Inhaber des Ankunftsnachweises verpflichtet, der zuständigen Aufnahmeeinrichtung, dem Bundesamt oder der Ausländerbehörde unverzüglich

- den Ankunftsnachweis vorzulegen, wenn eine Eintragung unrichtig ist,
- auf Verlangen den Ankunftsnachweis beim Empfang eines neuen Ankunftsnachweises oder der Aufenthaltsgestattung abzugeben,
- den Verlust des Ankunftsnachweises anzuzeigen und im Falle des Wiederauffindens diesen vorzulegen,

- auf Verlangen den Ankunftsnachweis abzugeben, wenn er eine einwandfreie Feststellung der Identität des Nachweisinhabers nicht zulässt oder er unerlaubt verändert worden ist.

Siehe auch

Fachbeiträge:

Asylgrundrecht / Meldepflicht / Aufenthaltsermittlung / Eurodac

Rechtsprechung:

OVG Rheinland-Pfalz, 24.01.2007 – 6 E 11.489/06, AuAS 2007, 43 – Zur Passvorlageanordnung.

Qualifikationsrichtlinie-EU

Rechtsnormen: § 1 Abs. 1 Nr. 2 AsylG; §§ 3, 3a, 3b, 3c, 3d, 3e und 4 AsylG; § 29 Abs. 1 AsylG; § 34a AsylG; § 2 Abs. 13 AufenthG; § 25 Abs. 2 AufenthG; § 26 Abs. 3 und 4 AufenthG; § 60 Abs. 1 bis 3 AufenthG; Richtlinie 2011/95/EU

1. Weiterentwicklung der Qualifikationsrichtlinie

Mehr als zehn Jahre nach der Schaffung einer umfassenden Rechtssetzungskompetenz der Europäischen Union für das Migrationsrecht durch den Vertrag von Amsterdam stellte sich die Problematik der Weiterentwicklung der inzwischen aufgehobenen Qualifikationsrichtlinie 2004/83/EG (vgl. Art. 40 Abs. 1 QRL), die im Stockholmer Programm in der Formulierung weiterer Ziele für den Ausbau des Gemeinsamen Europäischen Asylsystems hinsichtlich einer Änderung bzw. Ergänzung dieser Richtlinie aufgegriffen worden ist. Ziel der Weiterentwicklung ist u. a. die aufenthaltsrechtliche Gleichstellung der Konventionsflüchtlinge und subsidiär Schutzberechtigten mit Drittstaatsangehörigen und Staatenlosen, die sich nicht aus Verfolgungsgründen in den Mitgliedstaaten rechtmäßig aufhalten. Dazu gehört, dass Konventionsflüchtlinge (§ 3 Abs. 1 AsylG) sowie subsidiär Schutzberechtigte (§ 4 Abs. 1 AsylG) den Status eines langfristig Aufenthaltsberechtigten (§ 2 Abs. 7 AufenthG, zum Begriff; § 9a AufenthG, Erlaubnis zum Daueraufenthalt – EU) erhalten und somit in den Genuss eines transnationalen Mobilitätsrechts (vgl. § 38a AufenthG; § 39 Nr. 6 AufenthV) kommen können.

2. Regelungsbereich

Der Weiterentwicklung ist insbesondere im Wege der Neufassung der Qualifikationsrichtlinie durch die Richtlinie 2011/95/EU des Europäischen Parlaments Rates vom 13.12.2011 über Normen für die Anerkennung von Drittstaatsangehörigen oder Staatenlosen als Personen mit Anspruch auf internationalen Schutz, für einen einheitlichen Status für Flüchtlinge oder für Personen mit Anrecht auf subsidiären Schutz und für den Inhalt des zu gewährenden Schutzes – Qualifikationsrichtlinie, QRL – Rechnung getragen worden.

Mit der Richtlinie werden insbesondere der **Begriff des international Schutzberechtigten** eingeführt (Art. 2 Buchst. a und b), die materiell-rechtlichen Voraussetzungen der Flüchtlingsanerkennung nach der Genfer Flüchtlingskonvention (Art. 13) und der subsidiären Schutzgewährung (Art. 18) sowie die an diese Schutzgewährung anknüpfenden Statusrechte (Art. 20 ff.) geregelt. Dies betrifft den Regelungsbereich des geltenden § 3 Abs. 1 und § 4 Abs. 1 AsylG sowie des § 60 Abs. 1, 2 oder 3 AufenthG, nicht aber die Asylberechtigung nach Art. 16a Abs. 1 GG.

Kernelemente der Qualifikationsrichtlinie sind zuletzt mit Art. 1 und Art. 2 des **Gesetzes zur Umsetzung der Richtlinie** 2011/95/EU vom 28.08.2013 (BGBl. I S. 3474) in das Asylverfahrensgesetz und in das Aufenthaltsgesetz übernommen worden. Die Entscheidungsmodalitäten und – kriterien für die Zuerkennung der Flüchtlingseigenschaft und des subsidiären Schutzes (Art. 4 bis Art. 10 und Art. 15) wurden konkretisiert (vgl.

§§ 3, 3a, 3b. 3c, 3d, 3e und § 4 AsylG). Dazu gehören die Berücksichtigung einer nichtstaatlichen oder einer geschlechtsspezifischen Verfolgung (Art. 6 Buchst. c bzw. Art. 10 Abs. 1 Buchst. d) im Rahmen der Flüchtlingsanerkennung, die Zuerkennung subsidiären Schutzes im Asylverfahren sowie die Anwendung von Ausschlussklauseln z. B. bei Straffälligkeit im Rahmen der Schutzgewährung (Art. 12, 17).

Die weitgehend **aufenthaltsrechtliche Gleichstellung** von international Schutzberechtigten i. S. v. § 1 Abs. 1 Nr. 2 AsylG (§ 2 Abs. 13 AufenthG, zum Begriff), zu denen Konventionsflüchtlinge i. S. v. § 3 Abs. 1 AsylG (vgl. § 60 Abs. 1 AufenthG) und subsidiär Schutzberechtigte i. S. v. § 4 Abs. 1 AsylG (vgl. § 60 Abs. 2 und 3, § 104 Abs. 9 – Übergangsvorschrift – AufenthG) gehören, wurde durch das **Gesetz zur Verbesserung der Rechte von international Schutzberechtigten** und ausländischen Arbeitnehmern vom 29.08.2013 (BGBl. I S. 3484) bewirkt. Dazu gehört auch die Ausübung einer Erwerbstätigkeit sowie die Erlangung des Status eines langfristig Aufenthaltsberechtigten (§ 2 Abs. 7, zum Begriff, § 9a AufenthG) mit Mobilitätsrecht (§ 38a AufenthG).

3. Personeller Anwendungsbereich

3.1. Drittstaatsangehörige und Staatenlose

Die Qualifikationsrichtlinie findet auf Drittstaatsangehörige und Staatenlose Anwendung, die ihr Herkunftsland verlassen haben und einen Antrag auf internationalen Schutz (§ 1 Abs. 1 Nr. 2 AsylG) in Deutschland stellen. Ob Deutschland für diese Ausländer zur Prüfung des Antrags zuständig ist, regelt sich grundsätzlich nach der Dublin III-VO (§ 22a, § 26a Abs. 1 Satz 3 Nr. 2 AsylG).

3.2. Minderjährige

Als minderjährig gelten Drittstaatsangehörige oder Staatenlose unter 18 Jahren (Art. 2 Buchst. k QRL). Unmittelbar nach Zuerkennung des internationalen Schutzes muss Minderjährigen in gleicher Weise wie deutschen Staatsangehörigen Zugang zu Bildung gewährt werden (Art. 27 QRL). Die Rechte unbegleiteter Minderjähriger werden besonders geregelt, wie etwa die Bestellung eines Vormunds, die Art der Unterbringung oder die Suche nach Angehörigen (Art. 31 QRL).

4. Internationaler Schutz

Dieser internationale Schutz umfasst den

- Schutz vor politischer Verfolgung nach der Genfer Flüchtlingskonvention vom 28.07.1951 (§ 3 Abs. 1 AsylG; § 60 Abs. 1 AufenthG) und
- subsidiären Schutz i. S. v. Art. 15 der Qualifikationsrichtlinie 2011/95/EU (§ 4 Abs. 1 AsylG; § 60 Abs. 2 und 3 AufenthG).

Der nach der aufgehobenen Qualifikationsrichtlinie 2004/83/EG gewährte Schutz für Konventionsflüchtlinge steht dem internationalen Schutz i. S. d. Qualifikationsrichtlinie 2011/95/EU gleich (§ 2 Abs. 13 AufenthG; Altfälle).

Eine zulässiger Antrag auf Gewährung internationalen Schutzes setzt voraus, dass die Bundesrepublik Deutschland für den Asylsuchenden nach Maßgabe der Dublin III-VO zuständig ist (§ 29 Abs. 1 Nr. 1 Buchst. a AsylG) und daher eine Abschiebungsanordnung nach § 34a Abs. 1 AsylG oder eine Zurückweisung nach § 57 Abs. 2 Halbsatz 2 AufenthG nicht erforderlich werden.

5. Begriff des international Schutzberechtigten

§ 2 Abs. 13 Nr. 2 AufenthG definiert den Begriff des Ausländers, der nach Art. 2 Buchst. a RL 2011/95/EU „internationalen Schutz" genießt und unter den

- anerkannte Konventionsflüchtlinge (Art. 2 Buchst. e, Art. 13 RL; § 3 Abs. 1 AsylG) und
- anerkannte subsidiär Schutzberechtigte (Art. 2 Buchst. g, Art. 18 RL; § 4 Abs. 1 AsylG)

zu subsumieren sind (vgl. § 1 Abs. 1 Nr. 2 AsylG).

Unter den Begriff des international Schutzberechtigten sind nach § 2 Abs. 13 Nr. 1 AufenthG auch Ausländer zu subsumieren, die als Konventionsflüchtlinge den Schutz nach der aufgehobenen Qualifikationsrichtlinie 2004/83/EG (vgl. Art. 40 RL 2011/95/EU) genießen (Altfälle).

Die Anerkennung setzt einen Asylantrag (Art. 2 Buchst. h QRL; § 13 AsylG) voraus, über den das Bundesamt für Migration und Flüchtlinge (BAMF) nach dem Asylverfahrensgesetz entscheidet.

6. Entscheidung im Asylverfahren

Da nach § 13 AsylG jeder Antrag auf Anerkennung als Asylberechtigter (Art. 16a Abs. 1 GG) auch das Begehren auf Gewährung internationalen Schutzes i. S. v. § 1 Abs. 1 Nr. 2 AsylG enthält (§ 13 Abs. 1 AsylG), ergeht grundsätzlich auch zu beiden Punkten eine Entscheidung des BAMF (§ 31 AsylG). Zusätzlich hat das BAMF im Asylverfahren noch festzustellen, ob ein Abschiebungsverbot nach § 60 Abs. 5 oder 7 AufenthG vorliegt (§ 24 Abs. 2, § 31 Abs. 3 AsylG), was ansonsten Aufgabe der Ausländerbehörde ist und der Beteiligung des BAMF bedarf (§ 72 Abs. 2 AufenthG). Beide Entscheidungen des BAMF haben für die anderen Behörden Bindungswirkung (§§ 6, 42 Satz 1 AsylG).

Der Begriff des Antragstellers ist in Art. 2 Buchst. i QRL definiert:

Eine Entscheidung über einen Asylantrag ist eine Entscheidung über einen Antrag auf internationalen Schutz gemäß der Definition in Art. 2 Buchst. h der Richtlinie und schließt Anträge auf Flüchtlingsstatus oder auf subsidiären Schutzstatus ein, wobei unerheblich ist, ob der Antrag bei der Ankunft an der Grenze oder im Land gestellt wurde und ob die Person legal (d. h. als Tourist) oder illegal eingereist ist.

Entscheidung in erster Instanz bezeichnet eine Entscheidung als Antwort auf einen Asylantrag auf der Ebene der ersten Instanz des Asylverfahrens.

Im Asylverfahren obliegt dem BAMF auch die Entscheidung, ob internationaler Schutz nach § 1 Abs. 1 Nr. 2 AsylG (§ 1 Abs. 1 Nr. 2 AsylG; § 2 Abs. 13 AufenthG, zum Begriff, § 60 Abs. 1, 2 oder 3 AufenthG) zuerkannt wird und auch zielstaatsbezogene Abschiebungsverbote aus humanitären Gründen nach § 60 Abs. 5 oder 7 AufenthG vorliegen (§ 24 Abs. 2, § 31 Abs. 2 und 3 AsylG).

Die Frage der Duldung wegen Vorliegens zielstaatsbezogener Abschiebungsverbote nach § 60a Abs. 2 Satz 1 AufenthG oder der Erteilung einer Aufenthaltserlaubnis nach § 25 Abs. 3 AufenthG richtet sich gemäß § 42 Satz 1 AsylG allein nach der Entscheidung im Asylverfahren (vgl. BVerwG, AuAS 2000, 38).

Im Falle der Ablehnung des Asylantrags erlässt das BAMF die Abschiebungsandrohung nach § 59 Abs. 1 oder § 60 Abs. 10 AufenthG, wenn der Ausländer keinen Aufenthaltstitel besitzt (§ 34 Abs. 1 AsylG).

7. Subsidiäre Schutzgewährung

Der **Eingriff in den Kernbereich der Religionsfreiheit** stellt eine schwerwiegende Verletzung eines grundlegenden Menschenrechts i. S. d. Art. 10 Abs. 1 RL dar.

Ob und unter welchen Voraussetzungen unter Kernbereich der Religionsfreiheit auch religiöse Betätigungen in der Öffentlichkeit fallen, stellt eine gemeinschaftsrechtliche Zweifelsfrage dar, die letztlich vom EuGH durch eine Vorabentscheidung zu klären ist (vgl. BVerwG, 05.03.2009 10 C 51.07, EZAR NF 62 Nr. 19 = ZAR 2009, 352, mit Anmerkung Pfersich).

Art. 10 Abs. 1 Buchst. b der Richtlinie definiert den Begriff des Verfolgungsmerkmals *„Religionsausübung"*. Dieser Begriff umfasst nach der genannten Richtlinienbestimmung auch die Teilnahme an religiösen Riten im privaten oder öffentlichen Bereich, allein oder in Gemeinschaft mit anderen (vgl. LG Leipzig, 21.03.2007 - 30746/03, AuAS 2007, 180 L). Die Richtlinie legt ein weites Verständnis von Religion zu Grunde (vgl. VG Gießen, 18.01.2007 – 5 E 3970/06.A, AuAS 2007, 5) und geht über die in der deutschen Rechtsprechung entwickelte Definition des Verfolgungsmerkmals Religion hinaus (vgl. BVerfG, 01.07.1987 – 2 BvR 478/86, DVBl. 1988, 45). Die Richtlinie lehnt sich insoweit an Art. 9 Abs. 1 EMRK an, wonach die jedermann zustehende Religionsfreiheit insbesondere die Freiheit des Einzelnen zum Wechsel der Religion sowie die Freiheit, seine Religion einzeln oder in Gemeinschaft mit anderen öffentlich oder privat durch Gottesdienst, Unterricht sowie durch die Ausübung und Beachtung religiöser Bräuche auszuüben, umfasst (vgl. VG Karlsruhe, 19.10.2006 – A 6 K 10463/04, AuAS 2007, 57).

Der Begriff der Religion umfasst nach der genannten Richtlinienbestimmung auch die **Teilnahme an religiösen Riten** im privaten oder öffentlichen Bereich, allein oder in Gemeinschaft mit anderen. Die Richtlinie legt ein weites Verständnis von Religion zugrunde, das jedoch nicht unmittelbar die Auslegung des Asylgrundrechts nach Art. 16a GG beeinflusst (vgl. VGH Baden-Württemberg, 20.11.2007 A10 S 70/06, InfAuslR 2008, 97; VG Gießen, 18.01.2007 5 E 3970/06.A, AuAS 2007, 5) und geht über die in der deutschen Rechtsprechung entwickelte Definition des Verfolgungsmerkmals

Religion hinaus (vgl. BVerfG, 01.07.1987 2 BvR 478/86, DVBl. 1988, 45). Hierunter fällt nur das sogenannte religiöse Existenzminimum, also die Glaubensbetätigung im privaten und nachbarschaftlich-kommunikativen Bereich.

Nach Art. 15 der Richtlinie ist subsidiärer Schutz zu gewähren, wenn eine der folgenden Voraussetzungen vorliegt:

- Verhängung oder Vollstreckung der Todesstrafe, Art. 15 Buchst. a),
- Folter oder unmenschliche oder erniedrigende Behandlung oder (unverhältnismäßige) Bestrafung eines Ausländers im Herkunftsland, Art. 15 Buchst. b),
- ernsthafte individuelle Bedrohung des Lebens oder der Unversehrtheit einer Zivilperson infolge willkürlicher Gewalt im Rahmen eines internationalen oder innerstaatlichen bewaffneten Konflikts, Art. 15 Buchst. c). Subsidiärer Schutz wird in diesen Fällen nur Angehörigen der Zivilbevölkerung gewährt, nicht aber Personen mit Kombattantenstatus. Die Schutzgewährung setzt kriegerische Auseinandersetzungen zwischen zwei oder mehr Staaten oder innerhalb eines Staates voraus. Der völkerrechtliche Begriff „bewaffneter Konflikt" wurde gewählt, um klarzustellen, dass nur Auseinandersetzungen ab einer bestimmten Größenordnung in den Regelungsbereich der Vorschrift fallen. Für innerstaatliche bewaffnete Konflikte ist ein bestimmtes Maß an Intensität und Dauerhaftigkeit erforderlich. Typische Beispiele sind Bürgerkriegsauseinandersetzungen und Guerillakämpfe. Örtlich und zeitlich begrenzte Bandenkriege fallen regelmäßig nicht darunter. Allgemeine mit dem bewaffneten Konflikt in Zusammenhang stehende Gefahren genügen allein nicht. Es muss für den Betroffenen eine ernsthafte individuelle Bedrohung für Leib oder Leben gegeben sein. Eine Verletzung der genannten Rechtsgüter muss gleichsam unausweichlich sein.

Schutzgewährungen aus anderen als den genannten Gründen fallen nicht in den Regelungsbereich der Richtlinie und bleiben damit in der nationalen Zuständigkeit. Ausländern, denen aus humanitären oder familiären Ermessensgründen ein Bleiberecht gewährt wird, sind nicht vom Geltungsbereich der Richtlinie erfasst. Dazu zählen etwa krankheitsbedingte Abschiebungshindernisse oder allgemeine wirtschaftliche Notlagen im Herkunftsland.

Im **Irak** findet gegenwärtig ein innerstaatlicher bewaffneter Konflikt statt, der nach § 60 Abs. 7 Satz 2 AufenthG zur Gewährung „nur" nationalen subsidiären Schutzes verpflichtet (VG Stuttgart, 21.05.2007 – 4 K 2563/07, InfAuslR 2007, 321).

8. Ausschluss der Schutzgewährung

Art. 12 und Art. 17 RL enthalten Ausschlussklauseln, die der Flüchtlingsanerkennung und der Gewährung subsidiären Schutzes entgegenstehen (z. B. bei Straffälligkeit im Rahmen der Schutzgewährung). Entsprechendes ist in § 3 Abs. 2 AsylG in Bezug auf die Zuerkennung der Flüchtlingseigenschaft und in § 4 Abs. 2 AsylG in Bezug auf die Zuerkennung subsidiären Schutzes geregelt.

Gewichtige ideologische und propagandistische Aktivitäten zugunsten einer terroristischen Organisation (z. B. PKK) kommen als Beteiligung an Zuwiderhandlungen gegen die

Ziele und Grundsätze der Vereinten Nationen gemäß § 3 Abs. 2 Satz 1 Nr. 3 i. V. m. Satz 2 AsylG auch dann in Betracht, wenn der Asylbewerber weder eine tatsächliche Einflussmöglichkeit auf die Begehung von Terrorakten hatte noch solche Taten öffentlich gebilligt oder dazu aufgerufen hat. Dies kann einen Ausschluss von der Zuerkennung der Flüchtlingseigenschaft zur Folge haben (vgl. BVerwG, 19.11.2013 – 10 C 26.12, EZAR NF 68 Nr. 17 = NVwZ-RR 2014, 283).

9. Aufenthaltserlaubnis für international Schutzberechtigte (§ 25 Abs. 2 Satz 1 Alt. 1 und 2 AufenthG)

Den international Schutzberechtigten wird im Asylverfahren (§ 31 Abs. 2 AsylG) u. a. die Eigenschaft als Konventionsflüchtling nach § 3 Abs. 1 AsylG) oder als subsidiär Schutzberechtigter i. S. v. § 4 Abs. 1 AsylG zuerkannt. Diese Entscheidungen des BAMF sind nach § 6 AsylG auch für die Ausländerbehörde verbindlich. Das BAMF hat – im Gegensatz zu den in § 24 Abs. 2 AsylG genannten Fällen des § 60 Abs. 5 oder 7 AufenthG (vgl. § 24 Abs. 3 Nr. 2 Buchst. b AsylG, zur Unterrichtungspflicht der Ausländerbehörde) – bereits im Asylverfahren zu entscheiden, ob Ausschlusstatbestände einer Zuerkennung der Eigenschaft als Konventionsflüchtling oder als subsidiär Schutzberechtigter entgegenstehen (§ 3 Abs. 2 bzw. § 4 Abs. 2 AsylG). In diesem Fall kommt es nicht mehr zu einem Aufenthaltsrecht nach § 25 Abs. 2 Satz 1 AufenthG.

§ 25 Abs. 2 AufenthG i. d. F. des Art. 2 Nr. 2 Buchst. b des Gesetzes zur Umsetzung der Richtlinie 2011/95/EU vom 28.08.2013 (BGBl. I S. 3474) bezweckt in Übereinstimmung mit Art. 24 RL eine aufenthaltsrechtliche Gleichstellung von Konventionsflüchtlingen und subsidiär Schutzberechtigten hinsichtlich des Anspruch auf Erteilung einer Aufenthaltserlaubnis. § 25 Abs. 2 Satz 1 Alt. 1 AufenthG findet auf Konventionsflüchtlinge und § 25 Abs. 2 Satz 1 Alt. 2 AufenthG auf subsidiär Schutzberechtigte Anwendung. In beiden Fällen besteht grundsätzlich ein gesetzlicher Anspruch auf Erteilung einer Aufenthaltserlaubnis. Die begünstigten Ausländer haben auch ein Recht auf Ausübung einer Erwerbstätigkeit (§ 25 Abs. 2 Satz 2 AufenthG).

International subsidiär Schutzberechtigte nach § 4 Abs. 1 AsylG, die eine Aufenthaltserlaubnis nach § 25 Abs. 2 Satz 1 Alt. 2 AufenthG besitzen, sind jedoch bei der Erteilung einer Niederlassungserlaubnis nicht den Konventionsflüchtlingen (§ 3 Abs. 1 AsylG) gleichgestellt worden, nach § 26 Abs. 3 AufenthG bevorzugt behandelt werden. Von der Erteilung einer Erlaubnis zum Daueraufenthalt – EU sind die International Schutzberechtigten nicht (mehr) ausgenommen (§ 9a Abs. 3 Nr. 1 AufenthG i. d. F. von Art. 1 Nr. 5 Buchst. b des Gesetzes zur Verbesserung der Rechte von International Schutzberechtigten und ausländischen Arbeitnehmern vom 29.8.2013 – BGBl. I S. 3484).

Auf Ausländer, bei denen ein zielstaatsbezogenes Abschiebungsverbot nach § 60 Abs. 5 oder 7 AufenthG (nationaler subsidiärer Schutz) vorliegt, finden § 25 Abs. 3 und § 26 Abs. 4 AufenthG Anwendung.

Im Gegensatz zu national Schutzberechtigten (z. B. nach § 60 Abs. 5 oder 7 AufenthG) ist international Schutzberechtigten der Zugang zur Rechtsstellung eines langfristig Aufenthaltsberechtigten (§ 2 Abs. 7 AufenthG, zum Begriff) eingeräumt worden.

Sie sind nicht mehr von der Erteilung einer Erlaubnis zum Daueraufenthalt – EU ausgeschlossen und können am Mobilitätsrecht gemäß § 38a AufenthG i. V. m. § 39 Nr. 6 AufenthV teilnehmen (vgl. Art. 3 Abs. 2 Buchst. c DaueraufenthaltRL 2003/109/EG i. d. F. der RL 2011/51/EU; § 9a Abs. 3 Nr. 1 AufenthG). Bei ihnen wird die Zeit des Asylverfahrens auf die nach § 9a Abs. 1 Satz 1 Nr. 1 AufenthG erforderliche Dauer des Besitzes eines Aufenthaltstitels von fünf Jahren im Bundesgebiet angerechnet (§ 9b Abs. 1 Satz 1 Nr. 5 AufenthG).

10. Geltungsdauer des Aufenthaltstitels

Die Qualifikationsrichtlinie trägt den unterschiedlichen Schutzbedürfnissen von Konventionsflüchtlingen und international subsidiär Schutzberechtigten u. a. bei der Bemessung der Dauer der zu erteilenden Aufenthaltstitel Rechnung. Für Konventionsflüchtlinge wird in der Regel von einem längerfristigen Schutzbedürfnis ausgegangen. Dagegen wird subsidiärer Schutz auch Ausländern gewährt, die nur für einen vorübergehenden Zeitraum Schutz benötigen, so etwa Ausländer, die vor bewaffneten Konflikten fliehen. Während einem Konventionsflüchtling nach Art. 24 Abs. 1 der RL bei der erstmaligen Erteilung ein **Aufenthaltstitel von mindestens dreijähriger Dauer** zu gewähren ist, erhält ein subsidiär Schutzberechtigter erstmals einen **Aufenthaltstitel von mindestens einjähriger Dauer**, der um mindestens zwei Jahre verlängert wird (vgl. § 26 Abs. 1 AufenthG). Diese Vorgaben sind in § 26 Abs. 1 Satz 2 und 3 AufenthG umgesetzt worden. Wie bisher werden Asylberechtigte und Konventionsflüchtlinge bei der Aufenthaltsgewährung aufenthaltsrechtlich gleich behandelt.

11. Aufenthaltsrechtliche Position

Die aufenthaltsrechtliche Gleichstellung der international subsidiär Schutzberechtigten i. S. v. § 4 Abs. 1 AsylG mit Konventionsflüchtlingen i. S. v. § 3 Abs. 1 AsylG gilt insbesondere hinsichtlich der Anspruchsvoraussetzungen für die Erteilung einer Aufenthaltserlaubnis (Art. 24 RL; § 25 Abs. 2 Alt. 1 und Alt. 2 AufenthG).

Die Ausübung einer Erwerbstätigkeit ist kraft Gesetzes erlaubt (Art. 26 QRL; § 25 Abs. 2 Satz 2 AufenthG); einer Zustimmung der Arbeitsverwaltung nach § 39 AufenthG bedarf es nicht. Die international Schutzberechtigten haben im Gegensatz zu Ausländern, bei denen lediglich nationale Schutztatbestände nach § 60 Abs. 5 oder 7 AufenthG vorliegen, einen Teilnahmeanspruch am Integrationskurs nach § 44 Abs. 1 Satz 1 Nr. 1 Buchst. c AufenthG (vgl. auch Art. 26 Abs. 2 und 3 RL).

Bei der Bestimmung der Gültigkeitsdauer einer Aufenthaltserlaubnis wird jedoch nach § 26 Abs. 1 Satz 2 und 3 AufenthG differenziert zwischen anerkannten Konventionsflüchtlingen i. S. v. § 3 Abs. 1 AufenthG und international subsidiär Schutzberechtigten i. S. v. § 4 Abs. 1 AsylG; insoweit werden nur die Asylberechtigten i. S. v. Art. 16a Abs. 1 GG und die anerkannten Konventionsflüchtlinge i. S. v. § 3 Abs. 1 AsylG gleich behandelt, wie dies auch bei der Erteilung einer Niederlassungserlaubnis nach § 26 Abs. 3 Satz 1 oder 2 bzw. Abs. 4 AufenthG sowie im Rahmen des Ausweisungsschutzes nach § 53 Abs. 3 AufenthG der Fall ist.

Die subsidiär Schutzberechtigten i. S. v. § 4 Abs. 1 AsylG haben nicht wie anerkannte Konventionsflüchtlinge Anspruch auf Erteilung eines Reiseausweises für Flüchtlinge nach Art. 28 GK (Art. 25 Abs. 1 RL; § 1 Abs. 3 AufenthV). Hingegen wird subsidiär Schutzberechtigten, die keinen Nationalpass (auf zumutbare Weise) erhalten können (vgl. OVG Nordrhein-Westfalen, 17.05.2016 – 18 A 951/15, AuAS 2016, 134, zur Zumutbarkeit der Vorsprache beim Konsulat), zur Erfüllung der Passpflicht nach § 3 Abs. 1 AufenthG entweder ein Ausweisersatz oder ein Reiseausweis für Ausländer (§ 48 Abs. 3 AufenthG) für Reisen ins Ausland ausgestellt (Art. 25 Abs. 2 QRL; § 5 Abs. 1 AufenthV).

Räumliche Beschränkungen des Aufenthalts, die einen tieferen Eingriff als die Wohnsitzauflage darstellen, entfallen nach Erlöschen der Aufenthaltsgestattung im Fall der unanfechtbaren Zuerkennung internationalen Schutzes, wenn der Aufenthalt nach § 25 Abs. 2 Satz 2 Alt. 1 oder 2 AufenthG als erlaubt gilt oder ein entsprechender Aufenthaltstitel erteilt wird (vgl. § 56 Abs. 3 Satz 2 AsylG). Die gesetzliche Möglichkeit, in den Bona fide-Fällen des § 58 Abs. 4 AsylG den Geltungsbereich der Aufenthaltsgestattung ohne Erlaubnis zu verlassen, bleibt unberührt.

Bei subsidiär Schutzberechtigten (§ 4 Abs. 1 AsylG), die eine Aufenthaltserlaubnis nach § 25 Abs. 2 Satz 1 Alt. 2 AufenthG besitzen, ist nach Maßgabe des Art. 32 RL eine Wohnsitzauflage gemäß § 12 Abs. 2 Satz 2 AufenthG nur dann zulässig, wenn dies überwiegend der Integration des Ausländers dient; fiskalische Gründen dürfen nicht ausschlaggebend sein.

12. Unbegleitete Minderjährige

Unbegleitete Minderjährige, denen internationaler Schutz i. S. v. § 1 Abs. 1 Nr. 2 AsylG nach der Qualifikationsrichtlinie 2011/95/EU gewährt wurde, erhalten im Bedarfsfall einen gesetzlichen Vormund oder einen anderen geeigneten Vertreter, einschließlich eines gesetzlich vorgesehenen oder gerichtlich angeordneten Vertreters, dessen Aufgabenerfüllung hinsichtlich der Betreuung, des Wohlergehens und der Bedürfnisse des Minderjährigen von den zuständigen Behörden regelmäßig bewertet wird (Art. 31 Abs. 1 und 2 RL 2011/95/EU).

12.1. Wohnsitzauflage bzw. –regelung

Die Qualifikationsrichtlinie 2011/95/EU (Art. 32, 33) steht der Anordnung einer Wohnsitzauflage oder einer dieser Auflage entsprechenden Wohnsitzregelung grundsätzlich nicht entgegen. Sie darf jedoch bei international Schutzberechtigten (§ 2 Abs. 13 AufenthG, zum Begriff) nicht mit dem Ziel angeordnet werden, um eine angemessene Verteilung der mit der Gewährung öffentlicher Sozialleistungen verbundenen Lasten unter den Leistungsträgern aus fiskalischen Gründen zu erreichen. Denn eine entsprechende ungleichmäßige Lastenverteilung hängt nicht speziell mit der etwaigen Eigenschaft der Leistungsempfänger als Personen mit internationalem Schutzstatus zusammen.

So ist etwa bei Personen mit subsidiärem Schutzstatus nach § 4 Abs. 1 AsylG eine Wohnsitzauflage dann zulässig, wenn sie in stärkerem Maß mit Integrationsschwierigkeiten konfrontiert (vgl. Art. 34 QRL) sind als andere Drittstaatsangehörige und sich rechtmäßig in dem Mitgliedstaat aufhalten (Aufenthaltserlaubnis nach § 25 Abs. 2 Satz 1 Alt. 2 AufenthG), der diesen Schutz gewährt hat (vgl. EuGH, 01.03.2016 C-443/14 und C-444/14 – *Ibrahim Alo und Amira Osso*, InfAuslR 2016, 203).

Gleiches dürfte daher auch für Konventionsflüchtlinge nach § 3 Abs. 1 AsylG gelten, wenn durch die Auflage Ghettobildung, Parallelgesellschaften und sonstige soziale Brennpunkte vermieden werden können und etwa durch sozialen Wohnungsbau in bestimmten Landesteilen die Integration gefördert wird.

12.2. Übergangsvorschrift

Die Übergangsvorschrift über die Erteilung einer Aufenthaltserlaubnis nach Einführung des internationalen subsidiären Schutzes vom alten Recht auf das neue Recht nach Art. 2 Nr. 12 des Gesetzes zur Umsetzung der Richtlinie 2011/95/EU vom 28.08.2013 (BGBl. I S. 3474) findet sich in § 104 Abs. 9 AufenthG. Diese Vorschrift regelt die Umstellung der bislang erteilten Aufenthaltstitel von § 25 Abs. 3 auf § 25 Abs. 2 Satz 1 Alt. 2 AufenthG. Danach gelten Ausländern, denen Abschiebungsschutz nach § 60 Abs. 2, 3 oder Abs. 7 Satz 2 AufenthG vor Inkrafttreten des Gesetzes am 01.12.2013 gewährt worden ist, als subsidiär Schutzberechtigte im Sinne von § 4 Abs. 1 AsylG. Sie erhalten an Stelle der Aufenthaltserlaubnis nach § 25 Abs. 3 AufenthG von Amts wegen eine Aufenthaltserlaubnis nach § 25 Abs. 2 Satz 1 Alt. 2 AufenthG, sofern nicht Ausschlusstatbestände des § 25 Abs. 3 Satz 1 Nr. 1 bis 4 (früher Buchst. a bis d) AufenthG nach Mitteilung des BAMF vorliegen.

13. Verschlechterungsverbot

Aus Art. 288 AEUV sowie der Richtlinie selbst ergibt sich, dass die EU-Mitgliedstaaten während der Umsetzungsfrist alle Maßnahmen, insbesondere den Erlass von Vorschriften, unterlassen müssen, die geeignet sind, das in dieser Richtlinie vorgeschriebene Ziel ernstlich infrage zu stellen (vgl. EuGH, 18.12.1997, C-129/96, Slg. 1997, I-7435). Mit dem Ablauf der Umsetzungsfrist ist eine Änderung der Rechtslage insoweit eingetreten, als Regelungen der Richtlinie, die unbedingt und hinreichend bestimmt sind, bis zur deren Umsetzung in nationales Recht unmittelbar Anwendung finden (vgl. EuGH, 14.07.1994 – C-91/92, NJW 1994, 2473; VG Gießen, 18.01.2007 – 5 E 3970/06.A, AuAS 2007, 5).

Siehe auch

Fachbeiträge:

Asylgrundrecht / Asylantrag / Asylberechtigung – Widerruf / Asylbewerber / Vor- und Nachfluchtgründe

Rechtsprechung:

VGH Baden-Württemberg, 12.05.2005 – A 3 S 358/05 – zum Regelungsbedarf.

OVG Nordrhein-Westfalen, 17.05.2016 – 18 A 951/15, AuAS 2016, 134 – Zur Zumutbarkeit der Vorsprache beim Konsulat

OVG Niedersachsen, 16.06.2006 – 9 LB 104/06, AuAS 2006, 259 – zur Vereinbarkeit des § 28 Abs. 2 AsylG mit Art. 5 Abs. 3 der RL sowie zu ihrer unmittelbaren Wirkung.

Weiterführende Literatur:

Maaßen, Zum Stand der Umsetzung von elf aufenthalts- und asylrechtlichen Richtlinien der Europäischen Union, ZAR 2006, 161

Meyer/Schallenberger, Die EU-Flüchtlingsrichtlinie: Das Ende für das Forum Internum und Abschied von der Zurechnungstheorie?, NVwZ 2005, 776

Marx, Furcht vor Verfolgung wegen der Zugehörigkeit zu einer bestimmten sozialen Gruppe (Art. 10 Abs 1 Buchst. d der RL 2004/83/EG), ZAR 2005, 177

Rückführung

Rechtsnormen: Art. 16a GG; § 5 AsylG; §§ 13, 14 AsylG; § 26a AsylG; § 29 AsylG; § 29a AsylG; § 33 AsylG; §§ 34, 34a AsylG; § 35 AsylG; § 36 AsylG; § 80 AsylG; § 11 AufenthG; § 15 AufenthG; § 57 Abs. 2 AufenthG; § 80 VwGO

1. Abschiebungsandrohung, Abschiebung

Lehnt das Bundesamt (BAMF) den Asylantrag ab oder bestätigt das Gericht die Ablehnung des Asylantrags, ist der Ausländer nach Erlöschen der Aufenthaltsgestattung (§ 67 Abs. 1 Satz 1 Nr. 4 bis 6 AsylG) gemäß § 50 Abs. 1 AufenthG zur Ausreise verpflichtet, wenn er nicht einen erforderlich Aufenthaltstitel besitzt. Kommt er dieser Verpflichtung nicht nach, wird er unter den Voraussetzungen des § 58 AufenthG in sein Heimatland abgeschoben. Voraussetzung dafür ist, dass die **Abschiebung** nach § 34 Abs. 1 und 2 oder § 35 AsylG i. V. m. nach §§ 59 und 60 Abs. 10 AufenthG durch das Bundesamt im Verbund mit der Asylablehnung vorher **angedroht** worden ist.

Sachlich zuständig für die **Abschiebung** (vgl. § 58 AufenthG) sind die Ausländerbehörden nach § 71 Abs. 1 AufenthG i. V. m. § 34 Abs. 1 AsylG. Voraussetzung dafür ist die Unanfechtbarkeit oder Vollziehbarkeit der Entscheidung des Bundesamts über die Ablehnung des Asylantrags und der Ablauf der Ausreisefrist von 30 Tagen (§ 38 Abs. 1 AsylG).

Die Entscheidungsformel der Abschiebungsandrohung und die Rechtsbehelfserklärung sind dem Ausländer in eine Sprache zu übersetzen, deren Kenntnis bei ihm vernünftigerweise vorausgesetzt werden kann (§ 34 Abs. 2 Satz 2 AsylG).

2. Abschiebungsanordnung

Die Abschiebung bzw. Überstellung in den für die Durchführung des Asylverfahrens nach der Dublin III-VO zuständigen anderen Mitgliedstaat erfordert eine Abschiebungsanordnung nach § 34a Abs. 1 Satz 2 und 3 oder eine Abschiebungsandrohung nach § 34a Abs. 1 Satz 3 AsylG, die nach Absatz 2 im vorläufigen Rechtsschutzverfahren nach § 80 Abs. 5 VwGO unter Einhaltung bestimmter Fristen angreifbar sind, wenn Klage erhoben wurde (vgl. Marx, Ausgewählte Probleme des Eilrechtsschutzes im Dublin-Verfahren, InfAuslR 2015, 164-168 und 204-207).

In Fällen, in denen ein Ausländer in einen sicheren Drittstaat oder einen für die Durchführung des Asylverfahrens zuständigen Staat abgeschoben werden soll, kann das BAMF eine Abschiebungsandrohung erlassen, wenn die Voraussetzungen für eine Abschiebungsanordnung etwa wegen Vorliegens inlandsbezogener Ausreisehindernisse i. S. v. § 60a Abs. 2 Satz 1 AufenthG nicht vorliegen. In dieser ist der entsprechende Zielstaat anzugeben.

Gegen den Bescheid des BAMF, in dem ein Asylantrag nach § 29 Abs. 1 AsylG als unzulässig abgelehnt und eine Abschiebungsanordnung nach § 34a Abs. 1 Satz 1 und 2 AsylG oder eine Abschiebungsandrohung nach § 34a Abs. 1 Satz 3 AsylG (z. B. wegen

Vorliegens eines vorübergehenden inlandsbezogenen Ausreisehindernisses) erlassen werden, ist die isolierte Anfechtungsklage statthaft. Dies gilt auch in Fällen, in denen ein Zweitantrag nach § 71a Abs. 1 AsylG gestellt wurde (vgl. OVG Hamburg, 02.02.2015 – 1 Bf 208/14.AZ, AuAS 2015, 103). Die Dublin III-VO findet auf Ausländer, die in einem anderen Mitgliedstaat als international Schutzberechtigte anerkannt worden sind, keine Anwendung (vgl. VG Kassel, 08.09.2014, 5 L 1415/14.KS.A, InfAuslR 2015, 33).

Bei vertragswidrigen Verhältnissen in Vertragsstaaten der EU bzw. EMRK sowie wegen systemischer Schwachstellen in den Aufnahmebedingungen und im Asylverfahren kann auch ein Zurückschiebungs- bzw. Überstellungsverbot gemäß Art. 3 Abs. 2 Unterabs. 1 Dublin III-VO bestehen (vgl. EGMR, 21.01.2011 – 30.696/09, InfAuslR 2011, 221, zu den unmenschlichen und erniedrigenden Haftbedingungen entgegen Art. 3 EMRK auf dem Flughafen von Athen/Griechenland ; BVerfG, NJW 1996, 1665; BVerfG, 13.09.1993 – 2 BvR 1938/93; VGH Bayern, 29.01.2015 – 13a B 14.50039, AuAS 2015, 104, systemische Mängel in Bulgarien verneint; VGH Baden-Württemberg, 16.04.2014 – A11 S 1721/13 zu Italien, mit Anmerkung Gutmann; VG Hamburg, 14.01.2015 – 17 K 1758/14, AuAS 2015, 96, Italien als sicherer Drittstaat bejaht; VG Potsdam, 02.07.2014 – 6 L 492/14.A, AuAS 2014, 190, zu den Verhältnissen in Italien; VG Sigmaringen, 17.12.2015 – A 3 K 2767/13, EZAR NF 66 Nr. 3, – Zur Abschiebung eines in Ungarn anerkannten Flüchtlings; VG Bremen, 01.04.2015 – 3 V 145/15, AuAS 2015, 115, systemische Mängel in Ungarn bejaht; VG Minden, 10.02.2015, 10 K 1660/14.A, AuAS 2015, 92, Überstellung nach Bulgarien bejaht; dazu Huber, Das Urteil des EuGH vom 21.12.2011 zur grundrechtskonformen Anwendung der Dublin II-Verordnung, InfAuslR 2012, 376-380). In diesen Fällen wird von einer Abschiebungsanordnung in den nach Art. 3 Abs. 1 Dublin III-VO für die Durchführung des Asylverfahrens ansonsten zuständigen Staat abgesehen und das Asylverfahren in Deutschland geführt.

Nach der Rechtsprechung des Europäischen Gerichtshofs für Menschenrechte (vgl. EGMR, 04.11.2014, Nr. 29217/12 – Tarakhel, NVwZ 2015, 127) und des Bundesverfassungsgerichts (vgl. BVerfG, 17.04.2015 – 2 BvR 602/15; BVerfG, 17.09.2014 – 2 BvR 939/14, NVwZ 2014, 1511) muss vor der Überstellung von Familien mit Kleinstkindern (nach Italien) vom BAMF eine konkrete und einzelfallbezogene Zusicherung der (italienischen) Behörden eingeholt werden, dass die Familie (in Italien) eine gesicherte Unterkunft für alle Familienmitglieder erhalten werde. Danach reicht die bloße Erklärung des BAMF nicht aus, dass es eine solche Zusicherung der (italienischen) Behörden einholen und ohne diese eine Überstellung nicht veranlassen werde.

Die Dublin III-VO deckt auf § 62 Abs. 3 Satz 1 Nr. 5 i. V. m. § 2 Abs. 14 und 15 AufenthG gestützte **Haftmaßnahmen zum Zweck der Überstellung** in einen anderen EU-Mitgliedstaat. Da in § 2 Abs. 14 und 15 AufenthG in Bezug auf die Anwendung des § 62 Abs. 3 Satz 1 Nr. 5 AufenthG objektive Kriterien für die Annahme von Fluchtgefahr normiert sind, genügt dieser Haftgrund den in Art. 2n Dublin III-VO gestellten Anforderungen. Insoweit besteht eine nationale Rechtsgrundlage für Haftanordnungen zum Zweck der Überstellung von Ausländern in einen anderen EU-Mitgliedstaat nach Art. 28 Abs. 2 Dublin III-VO.

3. Zurückweisung

Art. 16a Abs. 1 GG gewährt Ausländern ein subjektiv-öffentliches Recht auf Schutz vor politischer Verfolgung im Bundesgebiet, wenn sie beim oder nach dem Grenzübertritt politische Verfolgung durch den Heimatstaat plausibel geltend machen (§ 18 Abs. 1 AsylG; vgl. auch Art. 18, 19 GRCh; Art. 13 Abs. 1 Satz 2 Var. 1 SGK) und noch Verfolgungsbetroffenheit besteht (Subsidiaritätsprinzip). Nach Art. 5 Rückführungsrichtlinie 2008/115/EG halten die Mitgliedstaaten den (im Flüchtlingsrecht gefestigten) Grundsatz der Nichtzurückweisung ein (vgl. Lehnert/Markard, Mittelmeerroulette – Das Hirsi-Urteil des EGMR und die europäische Grenzpolitik auf See, ZAR 2012, 194, 196). Die Voraussetzung für den freien Zugang zum Bundesgebiet ist nicht erfüllt, wenn der Ausländer im Drittstaat vor Verfolgung sicher ist (Art. 16a Abs. 2 GG; §§ 18 Abs. 2 Nr. 1, 26a AsylG). Nach Art. 11 GG wird das Recht auf Einreise nur Deutschen gewährt (BVerfG, NJW 1988, 626).

4. Zurückschiebung

Die Voraussetzungen für eine Zurückschiebung nach § 57 Abs. 2 Halbsatz 2 AufenthG durch die Grenzbehörde (§ 71 Abs. 3 Nr. 1 AufenthG) liegen vor, wenn

- es an einem Asylantrag (§ 13 AsylG) des Ausländers im Bundesgebiet fehlt,
- er ein Asylbegehren in einem anderen Mitgliedstaat der Dublin III-VO, der für ihn zuständig ist, geltend gemacht hat,
- er unerlaubt in das Bundesgebiet eingereist ist (§ 14 Abs. 1 AufenthG, zum Begriff),
- noch kein förmlicher Asylantrag nach § 14 AsylG, der die Aufenthaltsgestattung nach § 55 Abs. 1 Satz 3 AsylG bewirkt, gestellt worden ist und
- er sich noch im grenznahen Raum befindet.

5. Sicherungshaft bei Asylantragstellung

Befindet sich der Ausländer in Polizeigewahrsam und damit in sonstigem öffentlichen Gewahrsam i. S. v. § 14 Abs. 2 Satz 1 Nr. 2 AsylG, steht ein daraus gestellter Asylantrag der Anordnung oder Aufrechterhaltung der Sicherungshaft entgegen (vgl. BGH, 01.03.2012 – V ZB 206/11, InfAuslR 2012, 271). In diesem Fall bewirkt die förmliche Asylantragstellung nach § 55 Abs. 1 Satz 1 oder 3 AsylG kraft Gesetzes eine Aufenthaltsgestattung, die ein von Amts wegen zu berücksichtigendes Hafthindernis darstellt, da mit dem Eintritt der Aufenthaltsgestattung die gesetzliche Ausreisepflicht und deren Vollziehbarkeit entfallen (vgl. BGH, 14.10.2010 – V ZB 78/10, FGPrax 2011, 39 Rn. 18). Die Voraussetzungen des § 14 Abs. 3 Satz 1 Nr. 5 AsylG für die Anordnung oder Aufrechterhaltung der Sicherungshaft liegen mangels Vorliegens eines Sicherungshaftgrundes nach § 62 Abs. 3 Satz 1 Nr. 1 bis 5 AufenthG nicht (mehr) vor.

6. Wiedereinreise – Zurückweisung, Abschiebung

Solange die Aufenthaltsgestattung nicht nach § 67 AsylG erloschen ist, darf der Ausländer bei einer Wiedereinreise in das Bundesgebiet nicht an der Grenze zurückgewiesen werden (§ 15 Abs. 4 Satz 2 AufenthG).

Gilt jedoch der Asylantrag nach § 33 Abs. 2 AsylG als zurückgenommen, da der Ausländer in seinen Herkunftsstaat gereist ist, wird er nach § 33 Abs. 3 Satz 1 AsylG an der Grenze zurückgewiesen. In diesem Fall ist die Aufenthaltsgestattung nach § 67 Abs. 1 Nr. 1a AsylG kraft Gesetzes erloschen.

Falls der Ausländer ach unanfechtbarer Ablehnung des Asylantrags abgeschoben wird, tritt kraft Gesetzes ein Einreise- und Aufenthaltsverbot ein, das zu befristen ist (§ 11 Abs. 1 und 2 AufenthG).

In den Fällen des § 11 Abs. 7 Satz 1 Nr. 1 und 2 AufenthG kann das BAMF ein befristetes Einreise- und Aufenthaltsverbot im Ermessenswege anordnen.

Siehe auch

Fachbeiträge:

Asylantrag / Asylberechtigter / Asylbewerber / Qualifikationsrichtlinie-EU

Rechtsprechung:

BVerwG, 25.09.1997 – 1 C 6/97, NVwZ 1998, 299 = InfAuslR 1998, 15

VGH Hessen, 31.03.2003 – 10 TG 808/03.A, InfAuslR 2003, 261

VGH Hessen, 08.08.2002 – 10 ZU 2217/98.A, AuAS 2003, 28 – Zum sicheren Drittstaat und Nachfluchtgründen.

VGH Hessen, 17.05.2002 – 10 TG 1194/02

OVG Sachsen, 01.06.1999 – A 4 S 358/98, SächsVBl. 2000, 37

VG Sigmaringen, 17.12.2015 – A 3 K 2767/13, EZAR NF 66 Nr. 3 – Zur Abschiebung eines in Ungarn anerkannten Flüchtlings

Weiterführende Literatur:

Marx, Ausgewählte Probleme des Eilrechtsschutzes im Dublin-Verfahren, InfAuslR 2015, 164-168 und 204-207

Bank/Hruschka, Die EuGH-Entscheidung zu Überstellungen nach Griechenland und ihre Folgen für Dublin-Verfahren (nicht nur) in Deutschland, ZAR 2012, 182-188

Huber, Das Urteil des EuGH vom 21.12.2011 zur grundrechtskonformen Anwendung der Dublin II-Verordnung, InfAuslR 2012, 376-380

Renner, Europäische Mindestnormen für Asylverfahren, ZAR 2003, 88

Sicherer Drittstaat

Rechtsnormen: Art. 16a Abs. 2 GG; § 26a AsylG; § 27 AsylG; § 29 AsylG; § 34a AsylG; § 25 AufenthG; § 26 Abs. 4 AufenthG; RL 2013/32/EU

1. Begriff

Als Drittstaat wird ein anderer Staat als die Bundesrepublik Deutschland oder ein Mitgliedstaat der Europäischen Union (EU) bezeichnet. Daher gehören einem Drittstaat Ausländer bzw. Drittstaatsangehörige an, die nicht Bürger der EU i. S. v. Art. 20 Abs. 1 AEUV sind (vgl. Art. 2 Buchst. a Dublin III-VO; Art. 2 Nr. 6 SGK, Art. 2 Nr. 1 VK, zum Begriff).

2. Schutzberechtigter Personenkreis

In der Bundesrepublik Deutschland werden das Asylgrundrecht nach Art. 16a GG (vgl. § 1 Abs. 1 Nr. 1 AsylG) und internationaler bzw. unionsrechtlicher Schutz i. S. v. § 1 Abs. 1 Nr. 2 AsylG gewährt. Außerdem gewähren die anderen Mitgliedstaaten der Europäischen Union in Umsetzung der Qualifikationsrichtlinie 2011/95/EU ebenfalls internationalen bzw. unionsrechtlichen Schutz für Asylsuchende, die einem Drittstaat angehören oder Staatenlos sind.

Zum schutzberechtigten Personenkreis können daher grundsätzlich nur Ausländer gehören, die die Staatsangehörigkeit eines Drittstaates besitzen oder Staatenlos sind. Beim Heimat- oder Herkunftsland eines asylsuchenden Ausländers muss es sich daher um einen Drittstaat handeln.

3. Einreise aus einem sicheren Drittstaat

Wenn ein asylsuchender Ausländer bereits einen anderen Staat erreicht hat, in dem er gleichfalls Schutz nach der Genfer Flüchtlingskonvention erhalten kann (sicherer Drittstaat i. S. v. § 26a AsylG), ist ihm die Einreise in die Bundesrepublik Deutschland bereits an der Grenze zu verweigern (§ 18 Abs. 2 Nr. 1 AsylG). Denn wer aus einem „sicheren Drittstaat" einreist, kann sich nicht mehr erfolgreich auf das Grundrecht auf Asyl i. S. v. Art. 16a Abs. 1 GG berufen (vgl. Art. 16a Abs. 2 GG; § 26a Abs. 1 Satz 1 AsylG). „Sichere Drittstaaten" sind nach den verfassungsrechtlichen Vorgaben die Mitgliedstaaten der Europäischen Union sowie weitere europäische Staaten, in denen die Einhaltung der Genfer Flüchtlingskonvention und der Europäischen Menschenrechtskonvention (EMRK) sichergestellt ist (vgl. dazu § 26a AsylG).

Art. 38 und Art. 39 RL 2013/32/EU legen detaillierte Kriterien fest, die die spätere Erstellung von Listen sicherer Drittstaaten erlauben (vgl. EuGH, 06.05.2008 – C-133/06, InfAuslR 2008, 283).

Die „Richtlinie 2013/32/EU des Europäischen Parlaments und des Rates vom 26.06.2013 zum gemeinsamen Verfahren für die Zuerkennung und Aberkennung des internationalen Schutzes" (Verfahrensrichtlinie) legt Mindestnormen für die Durchführung von

Asylverfahren fest. Mit der Neufassung wurde die vorhergehende Fassung der Verfahrensrichtlinie (2005/85/EG) mit Wirkung vom 15.07.2015 aufgehoben (Art. 53 RL 2013/32/EU).

4. Einreise auf dem Luftweg

Bei Ausländern, die über einen Flughafen einreisen wollen und aus einem sicheren Herkunftsstaat stammen (z. B. Ghana, Senegal) oder sich nicht mit einem gültigen Pass oder Passersatz ausweisen, wird das Asylverfahren vor der Entscheidung über die Einreise am Flughafen durchgeführt (Flughafenverfahren nach § 18a AsylG).

Beispiele:

Hatte ein Asylbewerber vor der Einreise in das Bundesgebiet auf dem Luftwege die Möglichkeit, das Flugzeug während eines (halbstündigen) Zwischenstopps auf dem Flughafen eines Nachbarstaates der Bundesrepublik Deutschland zu verlassen und ein Schutzgesuch dort anzubringen, greift die Drittstaatenregelung nach Art. 16a Abs. 2 GG ein (vgl. VGH Hessen, 06.11.2000 – 10 ZU 4042/98.A, AuAS 2001, 104).

Auch bei einem **Voraufenthalt im Transitbereich eines Flughafens im sicheren Drittstaat** ist grundsätzlich eine Einreise i.S.v. Art. 16a Abs. 2 Satz 1 GG gegeben. Typisch in diesen Fällen ist, dass eine Kontaktaufnahme mit dem Drittstaat zum Zwecke der Asylantragstellung objektiv möglich ist und diese deshalb zumutbar ist (vgl. OVG Nordrhein-Westfalen, 13.12.1996 – 25 A 6103/96.A, NVwZ 1997, 1143 = EZAR 208 Nr. 11). Insoweit bleiben vom Ausländer selbst zu verantwortende Hindernisse, ein Schutzgesuch im sicheren Drittstaat anbringen zu können, in Bezug auf eine Asylanerkennung in Deutschland außer Betracht (vgl. BVerfG, 14.05.1996 – 2 BvR 1938/93, 2315/93, BVerfGE 94, 49, 94).

5. Aufenthaltsgestattung nach Asylantragstellung

Die förmliche Asylantragstellung des Asylsuchenden nach § 14 AsylG ist für den Eintritt der gesetzlichen Aufenthaltsgestattung bei der unerlaubten Einreise aus einem sicheren Drittstaat maßgeblich (§ 55 Abs. 1 Satz 3 AsylG; vgl. dazu Art. 9 Abs. 1 RL 2013/32/EU).

Die deklaratorische Bescheinigung über die gesetzliche Aufenthaltsgestattung nach § 63 AsylG wird erst mit der förmlichen Asylantragstellung nach § 14 AsylG ausgestellt und mit Nebenbestimmungen (z. B. räumliche Beschränkung) versehen. Vorher erhält der Ausländer eine Bescheinigung über die Meldung als Asylsuchender (Ankunftsnachweis) nach § 63a Abs. 1 AsylG.

Sucht ein Ausländer um Asyl bzw. internationalen Schutz (§ 1 Abs. 1 AsylG) nach oder wird er gemäß der Dublin III-VO nach Deutschland überstellt (§ 22a AsylG), ist sein Aufenthalt im Bundesgebiet zur Geltendmachung und Verfolgung des Asylanspruchs – funktionelles Aufenthaltsrecht – kraft Gesetzes gestattet (§ 55 Abs. 1 Satz 1 AsylG). Hingegen wird in den Fällen der unerlaubten Einreise aus einem sicheren Drittstaat (§ 26a AsylG) die Aufenthaltsgestattung nach § 55 Abs. 1 Satz 1 AsylG nur durch die förmliche Stellung eines Asylantrags i. S. v. § 14 AsylG bewirkt (§ 55 Abs. 1 Satz 3

AsylG). Bis zum Eintritt der Aufenthaltsgestattung nach § 55 Abs. 1 Satz 3 AsylG kann geprüft werden, ob der Ausländer in den für ihn nach der Dublin III-VO zuständigen Mitgliedstaat aufgrund vollziehbarer Ausreisepflicht nach § 57 Abs. 2 AufenthG zurückgeschoben werden kann.

6. Asylausschluss

Auf Art. 16a Abs. 1 GG kann sich nicht berufen, wer aus einem sicheren Drittstaat einreist (§ 26a Abs. 1 Satz 1 AsylG). Zu den sicheren Drittstaaten gehören nach Art. 16a Abs. 2 Satz 1 GG i. V. m. § 26a Abs. 2 AsylG

- die Mitgliedstaaten der EU sowie
- die in der Anlage I zu § 26a AsylG aufgeführten Staaten.
  Die sicheren Drittstaaten werden nach dem Konzept der normativen Vergewisserung (BVerfG) bestimmt, können jedoch **systemische Schwachstellen** aufweisen (Art. 3 Abs. 2 Unterabs. 1 Dublin III-VO) und daher unter diesen Umständen nicht die Funktion eines sicher Drittstaates übernehmen (vgl. § 34a Abs. 2 AsylG, zum vorläufigen Rechtsschutz).

Beispiele:

Vgl. EGMR, 21.01.2011 – 30.696/09, InfAuslR 2011, 221, Überstellung nach der Dublin II-VO wegen unzureichender Asylverfahren in **Griechenland** und drohender Rückführung verneint; BVerfG, AuAS 1993, 235 = InfAuslR 1993, 388 – Zu Griechenland in Bezug auf einen Iraker, der nicht unmittelbar aus dem behaupteten Verfolgerstaat nach Griechenland eingereist ist.

Vgl. VG Chemnitz, AuAS 1994, 216 – Zu **Frankreich**.

Vgl. OVG Nordrhein-Westfalen, 07.02.2014 – 15 B 143/14.A, InfAuslR 2014, 236 – Zur zweifelhaften Rückführung nach **Italien**; VG Frankfurt a. M., 11.06.2012 – 1 L 1994/12.F.A., AuAS 2012, 177 – Zu Italien; VG Freiburg, 24.01.2011 – A 1 K 117/11, InfAuslR 2011, 215, zu Italien, mit Anmerkung Münch.

Systemische Schwachstellen im Asylverfahren und in den Aufnahmebedingungen sind nicht festzustellen in

- **Bulgarien** (vgl. VG Berlin, 06.05.2014 – VG 9 L 147.14 A, AuAS 2014, 125),
- **Polen** (vgl. VG Karlsruhe, 29.10.2013 – A 1 K 1565/13, AuAS 2014, 128),
- **Ungarn** (vgl. VG Düsseldorf, 05.06.2015 – 13 L 1253/15.A, AuAS 2015, 186),
- **Rumänien** (vgl. VG Karlsruhe, 10.02.2014 – A 1 K 3800/13, AuAS 2014, 127).

Reist der Ausländer aus einem Mitgliedstaat der EU oder einem anderen durch Gesetz als sicher bestimmten Drittstaat ein, so steht ihm auf Grund des Art. 16a Abs. 2 GG ein Anspruch auf Asyl grundsätzlich nicht zu, es sei denn, er unterliegt in dem Drittstaat einer **mittelbaren Verfolgung** (z. B. Zurückschiebung in den Verfolgerstaat) oder Deutschland ist für ihn zur Durchführung des Asylverfahrens nach der Dublin III-VO zuständig (§ 22a, § 26a Abs. 1 Satz 3 Nr. 2 AsylG). Art. 16a Abs. 2 GG stellt unbeschadet entsprechender Regelung in der Dublin III-VO nicht darauf ab, dass sich der Ausländer „eine bestimmte Zeit" im sicheren Drittstaat aufgehalten hat oder sich dort nicht aufhalten wollte. Auch die Durchreise durch einen solchen Staat gilt als Einreise, da der Asylsuchende die von ihm geplante Reise hätte unterbrechen können, um Schutz im Drittstaat in Anspruch zu nehmen. Dies gilt jedoch nicht bei einer Durchreise mit einem öffentlichen Verkehrsmittel ohne Halt. Ein etwaiger Aufenthalt in einem sicheren Drittstaat im Rahmen eines früheren, gescheiterten Ausreiseversuchs ist unerheblich, wenn der Ausländer danach in sein Heimatland zurückgekehrt ist (OVG Nordrhein-Westfalen, 21.11.2005 – 8 A 1020/05.A, InfAuslR 2006, 153).

Für die Anwendbarkeit der Drittstaatenregelung (Art. 16a Abs. 2 GG; § 26a Abs. 1 AsylG) kommt es auf den konkreten Reiseweg, auf dem der Asylbewerber in das Bundesgebiet gekommen ist, und dessen Verlauf an. Aus welchem sicheren Drittstaat der Ausländer einreist, muss nicht geklärt werden. Bleibt der **Einreisewegunaufklärbar**, trägt der Asylbewerber die materielle Beweislast für die Behauptung, ohne Berührung eines sicheren Drittstaats nach Art. 16a Abs. 2 GG, § 26a AsylG auf dem Luft- oder Seeweg nach Deutschland eingereist zu sein (vgl. ordnet das Bundesamt die Rückführung bzw. Überstellung nach der Dublin III-VO (Art. 29) BVerwG, 29.06.1999 – 9 C 36/98, DÖV 1999, 957).

Vom Ausschlusstatbestand des Art. 16a Abs. 2 GG nicht umfasst sind Umstände, die wegen ihrer Eigenart und besonderen Fallkonstellation nicht vorneweg vom Konzept der normativen Vergewisserung kraft Verfassung oder Gesetzes berücksichtigt werden können. Diese können dem Grunde nach zu einer Anerkennung als politisch Verfolgter oder zur Feststellung eines Abschiebungsverbots i. S. d. § 60 Abs. 1 – 7 AufenthG führen.

Beispiele:

1. Dem Ausländer droht im Drittstaat die Todesstrafe.
2. Dem Ausländer droht die erhebliche, konkrete Gefahr eines Verbrechens in unmittelbarem Zusammenhang mit der Rückführung in den Drittstaat.
3. Die für die Qualifizierung als sicher maßgeblichen Verhältnisse im Drittstaat haben sich schlagartig geändert.
4. Der Drittstaat selbst ergreift Verfolgungsmaßnahmen.
5. Nichteinhaltung der Verpflichtungen aus dem Abkommen über die Rechtsstellung der Flüchtlinge (Genfer Konvention – FlüchtlAbk), der Grundrechtscharta (vgl. Art. 4) und der Konvention zum Schutze der Menschenrechte und Grundfreiheiten (vgl. Art. 3 EMRK) im Ausnahmefall.

7. Rückführung in einen sicheren Drittstaat

Ist ein anderer sicherer Drittstaat für den Ausländer zuständig, ordnet das Bundesamt die Rückführung bzw. Überstellung nach der Dublin III-VO (Art. 29) in den sicheren Drittstaat bzw. EU-Mitgliedstaaten (Abschiebungsanordnung nach § 34a AsylG), über den die Einreise erfolgt ist oder der nach der Dublin III-VO für die Prüfung des Asylantrags zuständig ist. Die Rückführung in den sicheren Drittstaat darf während der Dauer des vorläufigen Rechtsschutzverfahrens nach § 34a Abs. 2 AsylG nicht vollzogen werden (Verfahrensduldung).

Die Dublin III-VO enthält keine abschließenden und ins Detail gehenden Vorschriften über das Überstellungsverfahren, das der einzelne Mitgliedstaat gegenüber den Antragstellern durchzuführen hat, wenn er nach der Verordnung nicht für die Prüfung des Asylantrags zuständig ist und demnach die Betroffenen auf das Verfahren im anderen zuständigen Mitgliedstaat verweisen will, nachdem der ersuchte Mitgliedstaat der **Aufnahme** zugestimmt hat (vgl. BVerwG, 17.09.2015 – 1 C 26.14, InfAuslR 2016, 21 – Zur Überstellung ohne Verwaltungszwang).

Ist der sichere Drittstaat nicht konkret festzustellen, was mangels entsprechender Angaben des Asylbewerbers und wegen der Vorenthaltung diesbezüglicher Unterlagen häufig vorkommt, wird das Asylverfahren grundsätzlich fortgeführt, es sei denn, nach der Dublin III-VO ist ein anderer EU-Mitgliedstaat dafür zuständig. Wird politische Verfolgung bejaht, kann zwar eine Asylanerkennung nach Art. 16a Abs. 1 GG wegen der Einreise über einen – wenn auch unbekannten – sicheren Drittstaat nicht erfolgen; dem Asylbewerber wird dann jedoch die Flüchtlingseigenschaft i. S. v. § 3 Abs. 1 AsylG zuerkannt und Abschiebungsschutz gemäß § 60 Abs. 1 AufenthG gewährt.

In diesem Fall kommt die Erteilung einer Aufenthaltserlaubnis nach § 25 Abs. 2 Satz 1 Alt. 1 AufenthG in Betracht.

Hinsichtlich des **Rechtsschutzes** sind insbesondere Art. 16a Abs. 2 Satz 3 GG und die §§ 18, 19, 26a, 31 und 34a Abs. 2 AsylG zu berücksichtigen.

Ein Asylantrag auf internationalen Schutz nach § 14 AsylG ist unzulässig, wenn ein anderer Mitgliedstaat nach der Dublin III-VO für die Durchführung des Asylverfahrens zuständig ist (§ 29 Abs. 1 Nr. 1 Buchst. a AsylG). Gegen die Feststellung der Unzulässigkeit eines Asylantrags nach § 29 Abs. 1 AsylG ist die Anfechtungsklage statthaft (vgl. OVG Rheinland-Pfalz, 05.08.2015 – 1 A 11020/14.OVG, InfAuslR 2016, 29).

8. Vorliegen von Nachfluchtgründen

Nachfluchtgründe, die nach der Einreise des Ausländers ohne dessen Einflussnahme entstehen, führen – mit Ausnahme der in § 26a Abs. 1 Satz 3 AsylG genannten Fälle – nicht zur Asylanerkennung nach Art. 16a Abs. 1 GG, wenn der Ausländer etwa vor oder nach dem die Gefahr einer politischen Verfolgung auslösenden Umsturz über einen sicheren Drittstaat i.S.v. Art. 16a Abs. 2 Satz 1 GG in das Bundesgebiet eingereist ist. Die Drittstaatenregelung ist auch dann anwendbar, wenn der asylsuchend eingereiste Ausländer Nachfluchtgründe geltend macht, die zur Annahme einer politischen Verfolgung i. S. v. § 3 Abs. 1 AsylG führen können (vgl. VGH Hessen, 08.08.2002 – 10 ZU 2217/98.A, AuAS 2003, 28; OVG Sachsen, 01.06.1999 – A 4 S 358/98, SächsVBl. 2000, 37). In diesem Fall kann allenfalls Abschiebungsschutz im „Kleinen Asyl" nach § 60 Abs. 1 AufenthG gewährt werden.

9. Aufenthalt im Bundesgebiet

Ist kein Drittstaat zur Übernahme des Ausländers bereit, ist in diesem Fall die Abschiebung nach § 60a Abs. 2 AufenthG ausgesetzt und der Ausländer kann unter den

Voraussetzungen des § 25 Abs. 5 AufenthG bei einem nicht über einen überschaubaren Zeitraum fortbestehenden Ausreisehindernis eine Aufenthaltserlaubnis erhalten (vgl. OVG Niedersachsen, 16.01.2003 – 13 ME 28/03, AuAS 2003, 50).

Siehe auch

Fachbeiträge:

Asylantrag / Asylberechtigter / Asylbewerber / Sicherer Herkunftsstaat

Rechtsprechung:

EuGH, 06.05.2008 – C-133/06, InfAuslR 2008, 283 – Zur EU-Drittstaatenregelung.

BVerwG, 17.09.2015 – 1 C 26.14, InfAuslR 2016, 21 – Zur Überstellung ohne Verwaltungszwang

BVerwG, 27.04.2010 – 10 C 5.09, Rn. 22, BVerwGE 136, 377 = Buchholz 451.902 Europ. Ausl.- u. Asylrecht Nr. 39 – Zu systemischen Schwachstellen.

VGH Hessen, 08.08.2002 – 10 ZU 2217/98.A, AuAS 2003, 28 – Zum sicheren Drittstaat und Nachfluchtgründen.

Weiterführende Literatur:

Bank/Hruschka, Die EuGH-Entscheidung zu Überstellungen nach Griechenland und ihre Folgen für Dublin-Verfahren (nicht nur) in Deutschland, ZAR 2012, 182-188.

Bethäuser, Aufgreifen eines Asylbewerbers im grenznahen Bereich – keine Asylentscheidung durch des Bundesamt für Migration und Flüchtlinge?, InfAuslR 2013, 165-168.

Holz-Dahrenstaedt, Asyl in Österreich – ein sicherer Drittstaat?, ZAR 1993, 174.

Lübbe, Prinzipien der Zuordnung von Flüchtlingsverantwortung und Individualrechtsschutz im Dublin-System, ZAR 2015, 125-132.

Maiani/Hruschka, Der Schutz der Familieneinheit in Dublin-Verfahren, ZAR 2014, 69-75

Marx, Änderungen im Dublin-Verfahren nach der Dublin III-Verordnung, ZAR 2014, 5-12.

Thym, Zulässigkeit von Dublin-Überstellungen nach Italien, ZAR 2013, 331-334.

Sicherer Herkunftsstaat

Rechtsnormen: Art. 16a Abs. 3 GG; § 29a AsylG i. V. m. Anlage II; § 33 Abs. 3 AsylG; § 47 Abs. 1a AsylG; § 61 Abs. 1 und 2 AsylG

1. Begriff

Herkunftsstaat ist derjenige Staat,

1. dem der Ausländer als Staatsangehöriger vor der Ausreise angehört hat, ungeachtet dessen, ob er nach der Ausreise staatenlos geworden ist, oder
2. in dem er als Staatenloser vor der Einreise in das Bundesgebiet seinen gewöhnlichen Aufenthalt (§ 30 Abs. 3 Satz 2 SGB I, zum Begriff) hatte.

2. Sicherer Herkunftsstaat

Gemäß Art. 16a Abs. 3 GG können durch Gesetz sichere Herkunftsstaaten bestimmt werden, bei denen auf Grund der Rechtslage, der Rechtsanwendung und der allgemeinen politischen Verhältnisse gewährleistet erscheint, dass dort weder Verfolgung i. S. d. § 3 Abs. 1 AsylG oder ein ernsthafter Schaden i. S. d. § 4 Abs. 1 AsylG noch unmenschliche oder erniedrigende Bestrafung oder Behandlung stattfindet. Bei Ausländern aus diesen Staaten wird widerlegbar vermutet, dass sie nicht verfolgt werden. Zur Widerlegung der Vermutung bedarf es des schlüssigen und substantiierten Vorbringens einer individuellen Gefahr politischer Verfolgung. Ansonsten ist der Asylantrag als offensichtlich unbegründet abzulehnen (§ 29a Abs. 1 AsylG).

Sichere Herkunftsstaaten sind die in Anlage II zum AsylG genannten Staaten.

In Deutschland gelten z. Zt. folgende Länder als sichere Herkunftsstaaten:

- die Mitgliedstaaten der Europäischen Union
- Albanien
- Bosnien und Herzegowina
- Ghana
- Kosovo
- Mazedonien, ehemalige jugoslawische Republik
- Montenegro
- Senegal
- Serbien

Der Gesetzgeber erklärte die Westbalkanstaaten zu sicheren Herkunftsländern, da dort gewährleistet erscheint, dass die Voraussetzungen für die Gewährung von Flüchtlingsschutz (vgl. § 3 Abs. 1 AsylG), Asyl und subsidiärem Schutz (vgl. § 4 Abs. 1 AsylG) für Staatsangehörige dieser Staaten nur in Einzelfällen vorliegen. Dabei zählt Armut nach der Genfer Flüchtlingskonvention nicht zu den asylrelevanten Gründen. Des Weiteren war Hintergrund für die Prüfung, ob die Voraussetzungen bei den Westbalkanstaaten zur Bestimmung als sichere Herkunftsländer vorliegen, dass in den ersten neun Monaten des Jahres 2015 40,8% der gesamten Anträge (aller Herkunftsländer) von Asylsuchenden aus dem Westbalkan gestellt wurden und lediglich 0,3% die Voraussetzungen der Schutzgewährung erfüllten.

Die Bundesregierung beabsichtigt, im sog. Asylpaket III die Staaten Algerien, Marokko und Tunesien als sichere Herkunftsstaaten einzustufen.

Nach dem EU-Beitritt gehören die betreffenden mittel- und osteuropäischen Staaten sowie Malta auch zu den sicheren Drittstaaten nach Art. 16a Abs. 2 GG. Die Drittstaatenregelung des Art. 16a Abs. 2 GG findet jedoch keine Anwendung in Fällen (mehr), in denen sich die Zuständigkeit für die Prüfung des Antrags auf internationalen Schutz i. S. v. § 1 Abs. 1 Nr. 2 AsylG (vgl. § 2 Abs. 13 AufenthG) nach der Dublin III-Verordnung richtet (§ 22a, § 29 Abs. 1 Nr. 1 Buchst. a AsylG).

Hinsichtlich des Rechtsschutzes sind insbesondere Art. 16a Abs. 4 GG und die §§ 18a, 29a, 34a Abs. 2 AsylG zu berücksichtigen.

3. Prüfung des Asylantrags

Ein Asylbewerber aus einem sicheren Herkunftsstaat hat im Asylverfahren während der Anhörung die Möglichkeit, Tatsachen oder Beweismittel vorzubringen, dass ihm abweichend von der gesetzlichen Regelvermutung im Herkunftsstaat Verfolgung droht. Bei Vorliegen der rechtlichen Voraussetzungen steht ihm Verfolgungsschutz in der Bundesrepublik zu. Reichen Tatsachen oder Beweismittel nicht zur Widerlegung der Regelvermutung aus, ist der Asylantrag als offensichtlich unbegründet abzulehnen (§ 29a Abs. 1 AsylG).

Somit wirkt sich die Regelung über die sicheren Herkunftsstaaten beschleunigend auf die Asylverfahren aus, da in zahlreichen Verfahren der Sachvortrag zur Widerlegung der Regelvermutung (Beweislastumkehr) nicht ausreichend ist und dadurch zeitaufwändige Beweiserhebungen und Sachverhaltsaufklärungen entfallen.

Nach § 67 Abs. 2 Nr. 1 AsylG tritt die erloschene Aufenthaltsgestattung wieder automatisch in Kraft tritt, wenn ein nach § 33 Abs. 5 Satz 1 AsylG eingestelltes Verfahren wegen Reise in den Herkunftsstaat, dessentwegen der Asylantrag als zurückgenommen gilt (Rücknahmefiktion), vom Bundesamt wieder aufgenommen wird.

4. Wohnverpflichtung – Erwerbstätigkeit

Asylbewerber aus sicheren Herkunftsstaaten sind nach § 47 Abs. 1a AsylG gesetzlich verpflichtet, bis zur Entscheidung des Bundesamts in der für ihre Aufnahme zuständigen Aufnahmeeinrichtung zu wohnen; der Aufenthalt ist insoweit nach § 56 Abs. 1 i. V. m. § 59a Abs. 1 Satz 2 AsylG räumlich beschränkt. In dieser Zeit darf die Person auch keine Erwerbstätigkeit ausüben (§ 61 Abs. 2 AsylG).

Asylbewerber aus einem sicheren Herkunftsstaat, die nach § 1 Abs. 1 Nr. 1 AsylbLG leistungsberechtigt sind, kommen nach § 5a Abs. 1 Satz 2 AsylbLG nicht in den Genuss einer Arbeitsgelegenheit auf der Grundlage des Arbeitsmarktprogramms Flüchtlingsintegrationsmaßnahmen (§ 5a Abs. 1 Satz 2 AsylbLG).

Siehe auch

Fachbeiträge:

Asylgrundrecht / Sicherer Drittstaat / Asylantrag

Weiterführende Literatur:

Bader, Sichere Herkunftsstaaten, InfAuslR 2015, 69

Subsidiär Schutzberechtigte

Rechtsnormen: § 1 Abs. 1 Nr. 2 AsylG; § 4 Abs. 1 und 2 AsylG; § 2 Abs. 13 AufenthG; § 25 Abs. 2 AufenthG; § 26 Abs. 3 und 4 AufenthG; § 104 Abs. 9 und 13AufenthG; Art. 15 RL 2011/95/EU (Qualifikationsrichtlinie – QRL)

1. Allgemeines

Ziel der Weiterentwicklung des Flüchtlingsrechts in der EU ist u. a. die aufenthaltsrechtliche Gleichstellung der Konventionsflüchtlinge und der international subsidiär Schutzberechtigten mit Drittstaatsangehörigen und Staatenlosen, die sich nicht aus Verfolgungsgründen in den EU-Mitgliedstaaten rechtmäßig aufhalten (vgl. Art. 78 AEUV). Dazu gehört, dass außer den Konventionsflüchtlingen auch subsidiär Schutzberechtigte i. S. v. § 4 Abs. 1 AsylG und Art. 15 RL 2011/95/EU (Qualifikationsrichtlinie – QRL) einen Anspruch auf Erteilung eines Aufenthaltstitels haben (Art. 24 QRL; § 25 Abs. 2 Satz 1 Alt. 2 AufenthG), den Status eines langfristig Aufenthaltsberechtigten (§ 2 Abs. 7 AufenthG, zum Begriff) erhalten und somit in den Genuss eines transnationalen Mobilitätsrechts (vgl. § 38a AufenthG) kommen können.

Die Entscheidungsmodalitäten und -kriterien für die Zuerkennung des subsidiären Schutzes (Art. 4 bis Art. 10 und Art. 15 RL2011/95/EU) wurden konkretisiert (vgl. §§ 3, 3a, 3b, 3c, 3d, 3e und § 4 AsylG). Dazu gehören die Zuerkennung subsidiären Schutzes im Asylverfahren bei Eintritt eines ernsthaften Schadens (Art. 15 QRL) sowie die Anwendung von Ausschlussklauseln z. B. bei Straffälligkeit im Rahmen der Schutzgewährung (Art. 17 QRL).

Kriegs- und Bürgerkriegsflüchtlinge kommen nur dann in den Genuss des subsidiären Schutzes i. S. v. § 4 Abs. 1 AsylG, wenn bei ihnen ein ernsthafter Schaden wegen konkreter individueller Bedrohung des Leben s infolge willkürlicher Gewalt im Falle der Rückkehr in das Gebiet, in dem der internationale oder innerstaatliche bewaffnete Konflikt andauert, mit beachtlicher Wahrscheinlichkeit eintritt. Bei der Prüfung kommt dem Gesichtspunkt, ob interner Schutz in einem Teil des Herkunftslandes i. S. v. § 4 Abs. 3 Satz 1 i. V. m. § 3e AsylG (vgl. Art. 8 QRL) besteht, besondere Bedeutung zu. Es muss daher im Einzelfall eine entsprechende konkret-individuelle Gefahrenlage bestehen. Für eine generalisierende Betrachtungsweise, dass jeder Ausländer aus einem Kriegsge biet automatisch verfolgt ist, daher kein Raum.

2. Subsidiär Schutzberechtigter – Begriff

Der Begriff des international Schutzberechtigten ist nach der neuen **Qualifikationsrichtlinie** 2011/95/EU in den EU-Mitgliedstaaten einheitlich (Art. 2 Buchst. g). § 2 Abs. 13 Nr. 2 AufenthG und § 1 Abs. 1 Nr. 2 AsylG definieren den Begriff des Ausländers, der nach Art. 2 Buchst. a Qualifikationsrichtlinie 2011/95/EU – QRL – „internationalen Schutz" genießt und unter den Begriff des subsidiär Schutzberechtigten (Art. 2 Buchst. g, Art. 8, 18 QRL) zu subsumieren ist (vgl. auch § 4 Abs. 1 AsylG).

So fallen unter den Anwendungsbereich der Dublin III-VO Drittstaatsangehörige und Staatenlose, die einen Antrag auf Zuerkennung des subsidiären Schutzstatus nach Art. 18 QRL stellen. In Deutschland handelt es sich hierbei um Asylanträge i. S. v. § 13 Abs. 2 AsylG, über die das Bundesamt für Migration und Flüchtlinge (BAMF) nach § 5 Abs. 1 AsylG entscheidet.

International Schutzberechtigte sind Ausländer, denen im Verfahren nach den §§ 12 ff. AsylG vom Bundesamt für Migration und Flüchtlinge (BAMF) oder einer verwaltungsgerichtlichen Instanz die Rechtsstellung als international **subsidiär Schutzberechtigter** i. S. v. § 4 Abs. 1 AsylG zuerkannt worden ist (Art. 18 QRL). Bei subsidiär Schutzberechtigten liegen zielstaatsbezogene Abschiebungsverbote nach § 60 Abs. 2 und 3 AufenthG (subsidiärer Schutz) vor, da ihnen ein ernsthafter Schaden i. S. v. § 4 Abs. 1 Satz 2 AsylG und Art. 15 QRL im Falle der Rückkehr in das Herkunftsland droht.

Ein nationaler subsidiärer Schutz besteht dann, wenn bei dem Ausländer ein zielstaatsbezogenes Abschiebu ng sverbot nach § 60 Abs. 5 oder 7 AufenthG vorliegt und ihm daher eine Aufenthaltserlaubnis nach § 25 Abs. 3 Satz 1 AufenthG erteilt werden soll.

In gleicher Weise wie Konventionsflüchtlinge haben subsidiär Schutzberechtigte einen Anspruch auf Erteilung einer Aufenthaltserlaubnis und Ausübung einer Erwerbstätigkeit (vgl. § 25 Abs. 2 Satz 1 Alt. 2 AufenthG). Die Aufenthaltserlaubnis für subsidiär Schutzberechtigte wird jedoch nicht für drei Jahre, sondern nur mit einer Geltungsdauer von einem Jahre erteilt und anschließend zwei Jahre verlängert (§ 26 Abs. 1 Satz 4 AufenthG). Danach kann ihnen nach fünf Jahren unter Anrechnung der Aufenthaltszeit des vorangegangenen Asylverfahrens eine Niederlassungserlaubnis nach § 26 Abs. 4 AufenthG erteilt werden.

Die aufenthaltsrechtliche **Umsetzung der Altfälle** ist in § 104 Abs. 9 AufenthG geregelt. Die Umstellung der Aufenthaltstitel geschieht von Amts wegen.

3. Rechtsstellung im Asylverfahren

Während des Asylverfahrens (vgl.§ 31 AsylG) ist der Aufenthalt nach § 55 Abs. 1 Satz 1 und 3 AsylG grundsätzlich gestattet und entsprechend zu bescheinigen (§ 63 AsylG). Vorher erhält der Ausländer nach Vorbringen eines Asylgesuchs gemäß § 13 AsylG eine Bescheinigung über die Meldung als Asylsuchender (Ankunftsnachweis) nach § 63a Abs. 1 AsylG.

Die Bestimmung, ob Deutschland für die Entscheidung über den Asylantrag auf Zuerkennung des Status als subsidiär Schutzberechtigter zuständig ist, richtet sich nach der Dublin III-VO (vgl. Art. 2 Buchst. f, zum Begriff, Art. 3, 7, 13). Ein Ausländer, der auf Grund der Dublin III-VO zur Durchführung des Asylverfahrens nach Deutschland übernommen worden ist, ist nach § 22a AsylG dem Asylsuchenden i. S. d. Asylverfahrensgesetzes gleichgestellt, hat sich zu der für ihn bestimmten Stelle (Aufnahmeeinrichtung) zu begeben und wird entsprechend behandelt (z. B. Aufenthaltsgestattung, Verteilung, Unterbringung).

Die Ausweisung während des Asylverfahrens richtet sich nach § 53 Abs. 4 AufenthG.

4. Schutzgewährung

Die Gewährung subsidiären Schutzes nach § 4 Abs. 1 AsylG erfordert die **Durchführung eines Asylverfahrens** nach förmlicher Asylantragstellung (§ 14 AsylG) bei der zuständigen Außenstelle des BAMF. Die Stellung eines förmlichen Asylantrags nach § 14 AsylG wird zwingend voraussetzt (Zulässigkeitsvoraussetzung). Ein zulässiger Asylantrag setzt voraus, dass die Bundesrepublik Deutschland für den Asylsuchenden nach Maßgabe der Dublin III-VO zuständig ist (§ 29 Abs. 1 Nr. 1 Buchst. a AsylG) und daher eine Abschiebungsanordnung nach § 34a Abs. 1 Satz 1 und 2 AsylG oder eine Abschiebungsandrohung nach § 34a Abs. 1 Satz 3 AsylG nicht erforderlich werden (vgl. Welte, Der Familienschutz in der Dublin III-VO, InfAuslR 2016, 157-162).

Der Asylbewerber hat bei einer Einstellung seines Asylverfahrens nach §§ 32, 33 Abs. 1 AsylVfG a. F. vor Inkrafttreten der Änderung des Asylverfahrensgesetzes zum 01.12.2013 weiterhin grundsätzlich einen Anspruch auf Entscheidung über unionsrechtlichen subsidiären Schutz (§ 4 Abs. 1 AsylG) und hilfsweise über nationalen Abschiebungsschutz nach § 60 Abs. 5 und 7 AufenthG (vgl. BVerwG, 13.02.2014 – 10 C 6.13, EZAR NF 95 Nr. 33 = NVwZ-RR 2014, 487).

Dem geäußerten Willen des Ausländers (Asylsuchenden) muss sich entnehmen lassen, dass er im Bundesgebiet Schutz vor Abschiebung oder einer sonstigen Rückführung in einen Staat begehrt, in dem ihm ein ernsthafter Schaden i. S. d. § 4 Abs. 1 Satz 2 AsylG droht (vgl. auch Art. 15 QRL; § 60 Abs. 2 und 3 AufenthG). Dementsprechend trifft das BAMF nach § 31 Abs. 2 AsylG eine Entscheidung, die für die Ausländerbehörde nach § 6 Satz 1 AsylG verbindlich ist.

Falls ein Asylantrag nach § 14AsylGgestellt wird, obliegt nach § 24 Abs. 2 i. V. m. § 31 Abs. 3 AsylG dem BAMF im Asylverfahren grundsätzlich auch die für die Ausländerbehörde nach § 42 Satz 1 AsylG verbindliche Entscheidung, ob ein zielstaatsbezogenes Abschiebungsverbot nach § 60 Abs. 5 oder 7 AufenthG (nationaler subsidiärer Schutz) vorliegt. Ansonsten ist die Ausländerbehörde für diese Entscheidung nach § 71 Abs. 1 AufenthG unter Beteiligung des BAMF nach § 72 Abs. 2 AufenthG zuständig.

Im Falle der **Ablehnung des Asylantrags** erlässt das BAMF die Abschiebungsandrohung nach § 59 Abs. 1 oder § 60 Abs. 10 AufenthG, wenn der Ausländer keinen Aufenthaltstitel besitzt (§ 34 Abs. 1 AsylG) und bestimmt die Dauer des gesetzlichen Einreise- und Aufenthaltsverbots nach § 11 Abs. 1 und 2 AufenthG (§ 75 Nr. 12 AufenthG).

Die positive oder negative Entscheidung des BAMF im Asylverfahren über die Zuerkennung internationalen Schutzes ist nach § 6 Satz 1 AsylG auch für ausländerrechtliche Entscheidungen verbindlich.

Die Entscheidung des BAMF, ob ein zielstaatsbezogenes Abschiebungsverbot nach § 60 Abs. 5 oder 7 AufenthG vorliegt, ist nach § 42 Satz 1 AsylG auch für ausländerrechtliche Entscheidungen ebenfalls verbindlich.

5. Verfolgungsgründe und Schutztatbestände

Beispiele

Unter den Anwendungsbereich des § 4 Abs. 1 Satz 2 Nr. 2 AsylG fallen nicht **schlechte allgemeine wirtschaftliche oder humanitäre Lebensbedingungen im Herkunftsland**, die nicht individualisierbar sind. Sie können jedoch, wenn sie die Voraussetzungen für eine „Bedrohung" infolge willkürlicher Gewalt gemäß § 4 Abs. 1 Satz 2 Nr. 3 AsylG bzw. Art. 15 Buchst. c QRL erfüllen, einen Anspruch auf internationalen subsidiären Schutz im Rahmen eines internationalen oder innerstaatlichen Konflikts begründen, sind aber mangels einer absichtlichen, zielgerichteten Maßnahme nicht als „unmenschliche Behandlung" i. S. v. Art. 3 EMRK, die eine „Verfolgung im Sinne der absichtlichen Zufügung eines ernsthaften Schadens" voraussetzt, qualifizierbar. In den Fällen des Art. 3 EMRK, in denen – wie in den Fällen des Art. 15 Buchst. a und b QRL – ein „klarer Grad der Individualisierbarkeit" als wesentliches Strukturelement gefordert wird, ist daher in Abgrenzung zu der in Art. 15 Buchst. c QRL bzw. § 4 Abs. 1 Satz 2 Nr. 3 AsylG normierten Sondersituation der „Bedrohung" des Lebens und der Unversehrtheit einer Zivilperson für eine nationale subsidiäre Schutzgewährung nach § 60 Abs. 5 oder 7 AufenthG Raum (vgl. Hailbronner, Aufnahme von Flüchtlingen aus Ländern mit prekären Lebensbedingungen und Bürgerkrieg, ZAR 2014, 306, 310).

Der **Begriff „ internationaler oder innerstaatlicher bewaffneter Konflikt"** i. S. v. § 4 Abs. 1 Satz 2 Nr. 3 AsylG ist autonom nach Sinn und Zweck, dem gewöhnlichen Sprachgebrauch und dem systematischen Zusammenhang der Vorschrift und nicht nach Maßgabe des humanitären Kriegsvölkerrechts auszulegen, da das humanitäre Völkerrecht und die Regelung des subsidiären Schutzes unterschiedliche Ziele verfolgen und klar voneinander getrennte unterschiedliche Schutzmechanismen für die Zivilbevölkerung einführen (vgl. EuGH, 30.01.2014 – C-285/12 – Aboubacar Diakite, NVwZ 2014, 573). Die Verwendung des Begriffs „Zivilperson" setzt eine (Kampf-) Situation voraus, in der bewaffnete Streitkräfte, die den unbeteiligten Zivilpersonen einen ernsthaften Schaden zufügen können, aktiv sind. Bereits die Bandbreite des internationalen und des innerstaatlichen bewaffneten Konflikts zeigt, dass nur Auseinandersetzungen einer bestimmten Größenordnung, wie sie bei Bürgerkriegsauseinandersetzungen oder Guerillakämpfen bestehen (vgl. BVerwG, 24.06.2008 – 10 C 43/07, Rn. 22, BVerwGE 131, 198 = DÖV 2009, 91 = DVBl. 2008, 1329 Ls. = NVwZ 2008, 1241; BT-Drucks. 16/5065, S. 18), unter den Anwendungsbereich der Vorschrift fallen, während bloße innere Unruhen, Tumulte, Bandenauseinandersetzungen nicht vom Begriff des bewaffneten Konflikts erfasst werden.

6. Erteilung einer Aufenthaltserlaubnis

§ 25 Abs. 2 Satz 1 Alt. 2 AufenthG i. d. F. des Art. 2 Nr. 2 Buchst. b des Gesetzes zur Umsetzung der Richtlinie 2011/95/EU (QRL) vom 28.08.2013 (BGBl. I S. 3474) bezweckt in Übereinstimmung mit Art. 24 QRL eine **aufenthaltsrechtliche Gleichstellung** von Konventionsflüchtlingen und subsidiär Schutzberechtigten hinsichtlich des **Anspruch auf Erteilung einer Aufenthaltserlaubnis**. Die aufenthaltsrechtliche Gleichstellung der international subsidiär Schutzberechtigten i. S. v. § 4 Abs. 1 AsylGmit

Konventionsflüchtlingen i. S. v. § 3 Abs. 1 AsylG gilt insbesondere hinsichtlich der Anspruchsvoraussetzungen für die Erteilung einer Aufenthaltserlaubnis (Art. 24 QRL; § 25 Abs. 2 Alt. 1 und Alt. 2 AufenthG).

Danach haben auch subsidiär Schutzberechtigte i. S. v. § 4 Abs. 1 AsylG, bei denen nach der gemäß § 6 Satz 1 AsylG verbindlichen Entscheidung des BAMF ein Abschiebungsverbot nach § 60 Abs. 2 oder 3 AufenthG vorliegt, nach § 25 Abs. 2 Satz 1 Alt. 2 AufenthG und in Übereinstimmung mit Art. 24 Abs. 2 QRL einen gesetzlichen Anspruch auf Erteilung einer Aufenthaltserlaubnis. Die **Gültigkeitsdauer der Aufenthaltserlaubnis** bestimmt sich nach § 26 Abs. 1 Satz 3 AufenthG und beträgt (mindestens) ein Jahr und im Verlängerungsfall zwei Jahre.

Bei der Bestimmung der **Gültigkeitsdauer** einer Aufenthaltserlaubnis wird jedoch nach § 26 Abs. 1 Satz 2 und 3 AufenthG differenziert zwischen anerkannten Konventionsflüchtlingen i. S. v. § 3 Abs. 1 AufenthG und subsidiär Schutzberechtigten i. S. v. § 4 Abs. 1 AsylG; insoweit werden nur die Asylberechtigten i. S. v. Art. 16a Abs. 1 GG und die anerkannten Konventionsflüchtlinge (§ 3 Abs. 1 AsylG) gleich behandelt, wie dies auch bei der Erteilung einer **Niederlassungserlaubnis** nach § 26 Abs. 3 Satz 1 oder 3 bzw. Abs. 4 AufenthG sowie im Rahmen des **Ausweisungsschutzes** nach § 53 Abs. 4 AufenthG bzw. § 55 Abs. 1 Nr. 5 AufenthGder Fall ist.

Subsidiär Schutzberechtigte, die eine Aufenthaltserlaubnis nach § 25 Abs. 2 Satz 1 Alt. 2 AufenthG besitzen, sind jedoch bei der Erteilung einer Niederlassungserlaubnis nach § 26 Abs. 3 Satz 1 und 3 AufenthG nicht den Konventionsflüchtlingen gleichgestellt worden. Da bei ihnen § 26 Abs. 4 AufenthG Anwendung findet, beträgt die Dauer des Besitzes einer Aufenthaltserlaubnis jedenfalls fünf Jahre unter Anrechnung der Aufenthaltszeit des vorausgegangenen Asylverfahrens. Asylberechtigten und Kontingentflüchtlingen wird die Niederlassungserlaubnis frühestens nach drei Jahren unter Anrechnung des vorangegangenen Asylverfahrens erteilt (§ 26 Abs. 3 Satz 3 AufenthG).

Die Ausübung einer Erwerbstätigkeit ist kraft Gesetzes erlaubt (Art. 26 QRL; § 25 Abs. 2 Satz 2 AufenthG); einer Zustimmung der Arbeitsverwaltung nach § 39 AufenthG bedarf es nicht. Die begünstigten Ausländer haben daher ein Recht auf Ausübung einer **Erwerbstätigkeit** (§ 25 Abs. 2 Satz 2 AufenthG) und einen unbeschränkten Arbeitsmarktzugang. Diese Berechtigung ist im Aufenthaltstitel einzutragen (vgl. § 4 Abs. 2 und 3 AufenthG).

Die subsidiär Schutzberechtigten haben im Gegensatz zu Ausländern, bei denen lediglich nationale Schutztatbestände nach § 60 Abs. 5 oder 7 AufenthG vorliegen, einen **Teilnahmeanspruch am Integrationskurs** nach § 44 Abs. 1 Satz 1 Nr. 1 Buchst. c AufenthG (vgl. auch Art. 26 Abs. 2 und 3 QRL).

Von der Erteilung einer Erlaubnis zum Daueraufenthalt – EU nach § 9a Abs. 1 und 2 AufenthG sind die subsidiär Schutzberechtigten nicht ausgenommen (§ 9a Abs. 3 Nr. 1 AufenthG i. d. F. von Art. 1 Nr. 5 Buchst. b des Gesetzes zur Verbesserung der Rechte von International Schutzberechtigten und ausländischen Arbeitnehmern vom 29.08.2013 BGBl. I S. 3484).

Auf Ausländer, bei denen ein zielstaatsbezogenes Abschiebungsverbot nach § 60 Abs. 5 oder 7 AufenthG (nationaler subsidiärer Schutz) vorliegt, findet hinsichtlich der Erteilung einer Aufenthaltserlaubnis § 25 Abs. 3 AufenthG Anwendung. Die Ausübung einer Beschäftigung richtet sich nach § 31 BeschV.

7. Rechtliche Verfestigung

Für international subsidiär Schutzberechtigte i. S. v. § 4 Abs. 1 AsylG (§ 60 Abs. 2 und 3 AufenthG) wird die Aufenthaltserlaubnis nach § 25 Abs. 2 Satz 1 Alt. 2 AufenthG zunächst für ein Jahr erteilt und danach um jeweils zwei Jahre verlängert (§ 26 Abs. 1 Satz 3 AufenthG); Gleiches gilt nach Art. 24 Abs. 2 QRL für die Erteilung und Verlängerung der Aufenthaltserlaubnis der Familienangehörigen von subsidiär Schutzberechtigten i. S. v. Art. 2 Buchst. j QRL.

In den Genuss einer Niederlassungserlaubnis kommen subsidiär Schutzberechtigte gemäß § 26 Abs. 4 Satz 1 AufenthG unter Anrechnung von Asylverfahrenszeiten nach fünf Jahren, wenn die in § 9 Abs. 2 Satz 1 AufenthG genannten Voraussetzzungen vorliegen. Die Regelungen in § 9 Abs. 2 Satz 2 bis 6 AufenthG gelten im Anwendungsbereich des § 26 Abs. 4 AufenthG entsprechend.

8. Reiseausweis

International subsidiär Schutzberechtigten, die keinen Nationalpass (auf zumutbare Weise) erhalten können, wird ein Reiseausweis für Ausländer für Reisen ins Ausland ausgestellt (Art. 25 Abs. 2 QRL; § 5 Abs. 1 AufenthV). Die subsidiär Schutzberechtigten i. S. v. § 4 Abs. 1 AsylG haben nicht wie anerkannte Konventionsflüchtlinge i. S. v. § 3 Abs. 1 AsylG Anspruch auf Erteilung eines Reiseausweises für Flüchtlinge nach Art. 28 GK (Art. 25 Abs. 1 QRL; § 1 Abs. 3 AufenthV; vgl. OVG Nordrhein-Westfalen, 17.05.2016 – 18 A 951/15, AuAS 2016, 134, zur Zumutbarkeit der Vorsprache beim Konsulat).

9. Räumliche Beschränkung des Aufenthalts

Eine räumliche Beschränkung des Aufenthalts, die einen tieferen Eingriff als die Wohnsitzauflage nach § 60 Abs. 1 AsylG darstellt, entfällt unbeschadet des § 59a Abs. 1 AsylG nach Erlöschen der Aufenthaltsgestattung im Fall der unanfechtbaren Zuerkennung subsidiären Schutzes, wenn der Aufenthalt nach § 25 Abs. 2 Satz 2 Alt. 2 AufenthG als erlaubt gilt oder ein Aufenthaltstitel erteilt wird (vgl. § 59a Abs. 2 Satz 2 AsylG).

10. Wohnsitzauflage

Bei international subsidiär Schutzberechtigten (§ 4 Abs. 1 AsylG), die eine Aufenthaltserlaubnis nach § 25 Abs. 2 Satz 1 Alt. 2 AufenthG besitzen, ist nach Maßgabe des Art. 29, 33 QRL eine Wohnsitzauflage gemäß § 12 Abs. 2 Satz 2 AufenthG nur dann zulässig, wenn sie nicht hat nur auf fiskalische Erwägungen (z. B. gleichmäßige finanzielle Belastung der Sozialleistungsträger) gestützt ist (vgl. EuGH, 01.03.2016- C443/14 und C444/14 – Alo/Osso). Sie kann jedoch auf wichtige Maßnahmen, die insbesondere der

Integrationsförderung im Einzelfall dienen (z. B. sozialer Wohnungsbau; Vermeidung einer Ghettobildung), angeordnet werden.

Bei der Anordnung einer Wohnsitzauflage im Ermessenswege sind auch die Haushaltsgemeinschaft mit Familienangehörigen (Art. 6 Abs. 1 GG; Art. 7 GRCh; Art. 8 EMRK) sowie sonstige humanitäre Gründe von vergleichbarem Gewicht angemessen zu berücksichtigen.

11. Wohnsitzregelung

Mit der befristeten Wohnsitzregelung nach § 12a AufenthG, die nach Art. 8 Abs. 5 IntG bis 06.08.2019 gilt, soll eine wichtige Voraussetzung für eine gelingende Integration von Schutzberechtigten geschaffen werden. Länder und Kommunen bekommen damit ein Instrument an die Hand, um eine integrationsfreundliche Verteilung zu organisieren. Die Wohnsitzzuweisung ermöglicht, Schutzberechtigte nach Art. 16a Abs. 1 GG, § 3 Abs. 1 und § 4 Abs. 1 AsylG sowie Inhaber einer erstmals erteilten Aufenthaltserlaubnis nach § 22, 23, oder § 25 Abs. 3 AufenthG gleichmäßig auf das Bundesgebiet zu verteilen. Mit der Zuweisung will die Bundesregierung die Integration erleichtern und vermeiden, dass beispielsweise soziale Brennpunkte entstehen.

Die auf drei Jahre befristete Wohnsitzregelung ist daher ein in wichtiges Instrument zur Vermeidung von integrationshemmender Segregation ist. Nach § 12a AufenthG werden Schutzberechtigte verpflichtet, im Bundesland ihrer Erstzuweisung Wohnsitz zu nehmen. Die Schutzberechtigten müssen in den ersten drei Jahren in dem Bundesland bleiben, dem sie nach ihrer Ankunft zugewiesen wurden. Den Ländern wird die Möglichkeit eröffnet, Neuankömmlinge darauf zu verpflichten, ihren Wohnsitz an einem bestimmten Ort zu nehmen. Die Länder können Schutzberechtigten in diesen drei Jahren einen konkreten Wohnsitz zuweisen. Sie können den Flüchtlingen außerdem verbieten, in Ballungsräume zu ziehen. Es gibt eine Härtefallregelung. Dieses System gilt bereits rückwirkend für Personen, die nach dem 01.01.2016 als Schutzberechtigte anerkannt wurden.

12. Familiennachzug – Aussetzung

Familienangehörige von international subsidiär Schutzberechtigten sind nach § 29 Abs. 2 Satz 1 AufenthG begünstigt, so dass beim Familiennachzug nach Kapitel 2 Abschnitt 6 des Aufenthaltsgesetzes (z. B. Ehegattennachzug nach § 30 AufenthG, Kindernachzug nach § 32 AufenthG) von den Voraussetzungen der Lebensunterhaltssicherung nach § 5 Abs. 1 Nr. 1 AufenthG) und des ausreichenden Wohnraums (§ 29 Abs. 1 Nr. 2 AufenthG) abgesehen werden kann. In den Fällen des § 29 Abs. 2 Satz 2 AufenthG ist von diesen Voraussetzungen zwingend abzuweichen.

§ 104 Abs. 12 AufenthG enthält die Aussetzung des Familiennachzugs zur subsidiär Schutzberechtigten bis zum 16.03.2018, wenn ihnen nach dem 17.03.2016 eine Aufenthaltserlaubnis nach § 25 Abs. 2 Satz 1 Alt. 2 AufenthG erteilt worden ist. Ungeachtet dessen kann den Familienangehörigen eine Aufenthaltserlaubnis unter den Voraussetzungen der §§ 22 oder 23 AufenthG aus humanitären Gründen erteilt werden.

Siehe auch

Fachbeiträge:

Asylgrundrecht / Asylantrag / Asylberechtigung – Widerruf / Asylbewerber / International Schutzberechtigte / Vor- und Nachfluchtgründe / Qualifikationsrichtlinie-EU

Rechtsprechung:

EuGH, 01.03.2016- C443/14 und C444/14 – Alo/Osso, – Zur Anordnung einer Wohnsitzauflage

BVerwG, 15.01.2008 – 1 C 17.07, EZAR NF 27 Nr. 2 – Zur Anordnung einer Wohnsitzauflage mit Auswertung Pfersich

BVerwG, 17.12.2002 – 1 C 10/02, EZAR 215 Nr. 24 – Zur Gewährung von Familienasyl

OVG Nordrhein-Westfalen, 17.05.2016 – 18 A 951/15, AuAS 2016, 134 – Zur Zumutbarkeit der Vorsprache beim Konsulat

OVG Nordrhein-Westfalen, 27.06.2000 – 8 A 609/00 – Zur Einbürgerung eines asylberechtigten PKK-Sympathisanten

VG Stuttgart, 07.01.2003 – A 5 K 11226/01, AuAS 2003, 82 = EZAR 214 Nr. 14 – Zum unverzüglichen Widerruf

Weiterführende Literatur:

Welte, Asylbewerber im Bundesgebiet – Einreise und Aufenthalt, SächsVBl. 2016, 1-7

Hirseland, Asyl und Flüchtlingsschutz in Deutschland: Entwicklungen und Herausforderungen, KommP spezial 2015, 114-118

Welte, Neue Steuerungselemente zur Bestimmung des Aufenthalts der Asylbewerber, ZAR 2015, 219-226

Rosenstein, Neuregelung der Residenzpflicht – Die Analyse des Gesetzes aus der Sicht der ausländerbehördlichen Praxis, ZAR 2015, 226-230

Hailbronner, Aufnahme von Flüchtlingen aus Ländern mit prekären Lebensbedingungen und Bürgerkrieg, ZAR 2014, 306

Duchrow, Flüchtlingsrecht und Zuwanderungsgesetz unter Berücksichtigung der sog. Qualifikationsrichtlinie, ZAR 2004, 339

Alexandre Ho, Nichtstaatliche Verfolgung, FoR 2002, 25

Vor- und Nachfluchtgründe

Rechtsnormen: Art. 16a GG; § 28 AsylG; § 60 Abs. 1 AufenthG

1. Allgemeines

Die Rechtsprechung fordert für die Gewährung des Asylrechts nach Art. 16a Abs. 1 GG einen Kausalzusammenhang zwischen politsicher Verfolgung und Flucht (sog. Vorverfolgung). In diesem Fall liegen Vorfluchtgründe vor. Das Asylgrundrecht kann auch auf das Vorliegen von Nachfluchtgründen gestützt werden, wenn der Sinn und Zweck der Asylverbürgung dies erfordert, z. B. bei sog. objektiven, nicht selbst geschaffenen bzw. subjektiven Nachfluchtgründen (BVerfG, 10.07.1989 – 2 BvR 502/86, BVerfGE 80, 315; BVerwG, 15.05.1990 – 9 C 17/89, BVerwGE 85, 139).

2. Vorfluchtgründe

Nach der Rechtsprechung sind im Rahmen des Asylgrundrechts nur Vorfluchtgründe und nur ausnahmsweise Nachfluchtgründe beachtlich. Zwischen Vor- und Nachfluchttatbeständen ist nach dem Zeitpunkt der Entstehung zu differenzieren. Entscheidend ist, ob die Ursachen für die politische Verfolgung vor oder nach Verlassen des Heimatstaates entstanden sind. Eine Vorverfolgung liegt vor, wenn der Betroffene in seinem Heimatstaat politische Verfolgung bereits in eigener Person erlitten hat oder er den Heimatstaat vor unmittelbar drohender politischer Verfolgung verlassen hat (BVerfG, 10.07.1989 – 2 BvR 502/86, BVerfGE 80, 315, 344).

3. Nachfluchtgründe

Im Rahmen der Nachfluchttatbestände ist zwischen objektiven und subjektiven Gründen zu unterschieden. Sie treten erst nach der Flucht aus dem Staat, in dem eine politische Verfolgung für den Fall der Rückkehr geltend gemacht wird, ein.

3.1. Objektive Nachfluchtgründe

Um objektive Nachfluchtgründe handelt es sich, wenn der asylerhebliche Verfolgungsgrund ohne weiteres Zutun des Betroffenen nach Verlassen des Heimatstaates entstanden ist (z. B. Änderung der politischen Verhältnisse im Heimatstaat). Objektive Nachfluchtgründe sind grundsätzlich vom grundrechtlichen Schutz umfasst, weil die Verfolgung an Gruppenmerkmale oder das frühere Verhalten des Ausländers im Heimatstaat anknüpft.

Objektive Nachfluchtgründe, die nach der Einreise des Ausländers ohne dessen Einflussnahme entstehen, führen (mit Ausnahme der in § 26a Abs. 1 Satz 3 AsylG genannten Fälle) jedoch nicht zur Asylanerkennung nach Art. 16a Abs. 1 GG, wenn der Ausländer etwa vor oder nach dem die Gefahr einer politischen Verfolgung auslösenden Umsturz über einen sicheren Drittstaat i.S.v. Art. 16a Abs. 2 Satz 1 GG in das Bundesgebiet eingereist ist. Die Drittstaatenregelung ist auch dann anwendbar, wenn der asylsuchend eingereiste Ausländer Nachfluchtgründe geltend macht, die zur Annahme einer politischen Verfolgung führen können (vgl. VGH Hessen, 08.08.2002 – 10 ZU 2217/98.A, AuAS 2003, 28; OVG Sachsen, 01.06.1999 – A 4 S 358/98, SächsVBl. 2000, 37). In diesem Fall kann er allenfalls einen Abschiebungsschutz im „Kleinen Asyl" nach § 60 AufenthG erlangen.

3.2. Subjektive Nachfluchtgründe

Subjektive Nachfluchtgründe sind dagegen die vom Ausländer nach der Ausreise aus dem Heimatstaat aus eigenem Entschluss geschaffenen Sachverhalte (z. B. politische Betätigung im Aufenthaltsstaat). In der Regel sind diese Gründe vom grundrechtlichen Schutz umfasst, wenn sie sich als Fortsetzung einer schon im Heimatstaat vorhandenen und erkennbar betätigten festen Überzeugung darstellen und zu einer politischen Verfolgung führen würden. Als weiterer subjektiver Nachfluchtgrund kommt die Asylantragstellung in Betracht, wenn sich der Asylbewerber schon vor Verlassen seines Heimatstaates in einer latenten Gefährdungslage befunden hat. Die Erstreckung auf weitere subjektive Nachfluchtgründe ist möglich, wenn sie nach dem Sinn und Zweck der Asylverbürgung gefordert ist.

Der Gesetzgeber hat in § 28 Abs. 2 AsylG Nachfluchtgründe, die nach Abschluss des ersten Asylverfahrens von dem Betreffenden selbst geschaffen wurden, unter **Missbrauchsverdacht** gestellt. Dabei kann die Kontinuität der nach außen betätigten politischen Überzeugung ein Indiz gegen einen Missbrauch des Flüchtlingsschutzes sein, ohne indessen allein zur Widerlegung der Regelvermutung auszureichen. Vielmehr muss der Asylbewerber gute Gründe dafür anführen, warum er nach einem erfolglosen Asylverfahren erstmalig exilpolitisch aktiv geworden ist oder seine bisherigen Aktivitäten intensiviert hat. Die Regelung steht auch mit den gemeinschaftsrechtlichen Vorgaben sowie der Genfer Flüchtlingskonvention in Einklang. Denn die in Deutschland geltenden Abschiebungsverbote gewähren dem Ausländer in jedem Fall ausreichenden Schutz (BVerwG, 18.12.2008 – 10 C 27.07).

Siehe auch

Fachbeiträge:

Asylgrundrecht / Sicherer Herkunftsstaat / Sicherer Drittstaat / Asylberechtigter / Asylbewerber / Asylantrag / Mitwirkungspflichten

Rechtsprechung:

VGH Hessen, 08.08.2002 – 10 ZU 2217/98.A, AuAS 2003, 28 – Zu objektiven Nachfluchtgründen.

OVG Sachsen, 01.06.1999 – A 4 S 358/98, SächsVBl. 2000, 37 – Zu objektiven Nachfluchtgründen.

Wohnsitzregelung

Rechtsnormen: § 12a AufenthG; Art. 32, 33 RL 2011/95/EU (Qualifikationsrichtlinie – QRL); Art. 5 Nr. 3 IntG

1. Allgemeines

Bundestag und Bundesrat haben am 07./08.07.2016 das Integrationsgesetz – IntG – vom 31.07.2016 (BGBl. I S. 1939) beschlossen. Durch Art. 5 Nr. 3 IntG ist § 12a in das Aufenthaltsgesetz eingefügt worden. Das Integrationsgesetz ist nach Art. 8 in wesentlichen Teilen am 06.08. 2016 in Kraft getreten. Die Wohnsitzregelung nach § 12a gilt für drei Jahre bis zum 06.08.2019 (Art. 8 Abs. 5 IntG).

Die Anordnung einer Wohnsitzregelung nach § 12a AufenthG stellt im Vergleich zur räumlichen Beschränkung der Aufenthaltserlaubnis nach § 12 Abs. 2 Satz 2 AufenthG und der damit verbundenen Residenzpflicht einen geringeren Eingriff dar. Sie ordnet zwar die Wohnsitznahme am Ort des gewöhnlichen Aufenthalts (§ 30 Abs. 3 Satz 3 SGB I, zum Begriff) an, schränkt die Reisefreiheit im Bundesgebiet im Übrigen aber nicht ein.

2. Gesetzeszweck

Mit der befristeten Wohnsitzregelung nach § 12a AufenthG, die nach Art. 8 Abs. 5 IntG bis 06.08.2019 gilt, soll eine wichtige Voraussetzung für eine gelingende Integration von Schutzberechtigten geschaffen werden. Länder und Kommunen bekommen damit ein Instrument an die Hand, um eine integrationsfreundliche Verteilung zu organisieren. Die Wohnsitzzuweisung ermöglicht, Schutzberechtigte gleichmäßig auf das Bundesgebiet zu verteilen. Mit der Zuweisung will die Bundesregierung die Integration erleichtern und vermeiden, dass beispielsweise soziale Brennpunkte entstehen.

3. Unionsrechtliche Vorgaben

Die Qualifikationsrichtlinie 2011/95/EU (Art. 32, 33) steht der Anordnung einer Wohnsitzauflage oder einer dieser Auflage entsprechenden Wohnsitzregelung grundsätzlich nicht entgegen. Sie darf jedoch bei international Schutzberechtigten (§ 2 Abs. 13 AufenthG, zum Begriff) nicht mit dem Ziel angeordnet werden, um eine angemessene Verteilung der mit der Gewährung öffentlicher Sozialleistungen verbundenen Lasten unter den Leistungsträgern aus fiskalischen Gründen zu erreichen. Denn eine entsprechende ungleichmäßige Lastenverteilung hängt nicht speziell mit der etwaigen Eigenschaft der Leistungsempfänger als Personen mit internationalem Schutzstatus zusammen.

So ist etwa bei Personen mit subsidiärem Schutzstatus nach § 4 Abs. 1 AsylG eine Wohnsitzauflage dann zulässig, wenn sie in stärkerem Maß mit Integrationsschwierigkeiten konfrontiert (vgl. Art. 34 QRL) sind als andere Drittstaatsangehörige und sich rechtmäßig in dem Mitgliedstaat aufhalten (Aufenthaltserlaubnis nach § 25 Abs. 2 Satz 1 Alt. 2 AufenthG), der diesen Schutz gewährt hat (vgl. EuGH, 01.03.2016 C-443/14 und C-444/14 – Ibrahim Alo und Amira Osso, InfAuslR 2016, 203).

Gleiches dürfte daher auch für Konventionsflüchtlinge nach § 3 Abs. 1 AsylG gelten, wenn durch die Auflage Ghettobildung, Parallelgesellschaften und sonstige soziale Brennpunkte vermieden werden können und etwa durch sozialen Wohnungsbau in bestimmten Landesteilen die Integration gefördert wird.

4. Wohnsitzregelung nach § 12a AufenthG

4.1. Wohnsitzregelung (Instrument für Länder und Kommunen um integrationsfreundliche Verteilung zu organisieren)

Die Regelungen zur Wohnsitzverpflichtung für anerkannte Flüchtlinge und Inhaberinnen und Inhaber bestimmter anderer humanitärer Aufenthaltstitel in § 12a Abs. 1 bis 9 AufenthG, die nach Art. 8 Abs. 5 des Integrationsgesetzes bis 06.08.2019 gilt, sind Teil des mit dem Gesetz verfolgten integrationspolitischen Gesamtansatzes und sollen die Integration dieser Personengruppe fördern und integrationshemmenden Segregationstendenzen entgegenwirken (sozialverantwortliche Steuerung des Aufenthalts). Sie werden durch Änderungen im Zweiten Buch Sozialgesetzbuch (SGB II), insbesondere zur örtlichen Zuständigkeit der Träger der Grundsicherung für Arbeitsuchende, sowie durch eine Änderung des Zwölften Buches Sozialgesetzbuch (SGB XII) flankiert.

Die auf drei Jahre befristete Wohnsitzregelung ist daher ein in wichtiges Instrument zur Vermeidung von integrationshemmender Segregation ist. Nach § 12a AufenthG werden Schutzberechtigte verpflichtet, im Bundesland ihrer Erstzuweisung Wohnsitz zu nehmen. Die Schutzberechtigten müssen in den ersten drei Jahren in dem Bundesland bleiben, dem sie nach ihrer Ankunft zugewiesen wurden. Den Ländern wird die Möglichkeit eröffnet, Neuankömmlinge darauf zu verpflichten, ihren Wohnsitz an einem bestimmten Ort zu nehmen. Die Länder können Schutzberechtigten in diesen drei Jahren einen konkreten Wohnsitz zuweisen. Sie können den Flüchtlingen außerdem verbieten, in Ballungsräume zu ziehen. Es gibt eine Härtefallregelung. Dieses System gilt bereits rückwirkend für Personen, die nach dem 01.01.2016 als Schutzberechtigte anerkannt wurden.

4.2. Ausnahmen

Ausgenommen von der Wohnsitzregelung sind Flüchtlinge, die bereits eine Ausbildung machen oder sozialversicherungspflichtig beschäftigt sind und damit bereits einen wichtigen eigenen Beitrag zu ihrer Integration erbringen. Die Voraussetzung dabei ist: mindestens 15 Wochenarbeitsstunden mit einem Einkommen von mindestens 712 Euro. Das ist der monatliche Durchschnittsbedarf gemäß Sozialgesetzbuch.

4.3. Zuständigkeit Leistungsträgers bei Wohnsitzregelung nach § 12a AufenthG

Mit § 36 Abs. 2 SGB II wird eine ausschließliche örtliche Zuständigkeit der Agentur für Arbeit und des kommunalen Trägers am Ort eines nach § 12a AufenthG zugewiesenen Wohnorts begründet. Auf den gewöhnlichen oder tatsächlichen Aufenthalt kommt es bei diesen Personen für die Bestimmung der Zuständigkeit nicht an. Entsprechend können leistungsberechtigte Personen einen Antrag nach § 37 SGB II auf Leistungen nach dem SGB II nur beim Jobcenter, in dessen Gebiet die leistungsberechtigte Person ihren Wohnsitz zu nehmen hat, stellen und nur dort Leistungen erhalten.

Die Leistungserbringung erfolgt unter den allgemein geltenden Voraussetzungen und Regelungen des SGB II: Insbesondere erhalten erwerbsfähige Leistungsberechtigte unter den Voraussetzungen des § 7 Abs. 4a SGB II keine Leistungen. Kommen Leistungsberechtigte einer Meldeaufforderung des zuständigen Leistungsträgers nicht nach, wird das Arbeitslosengeld II nach den Sanktionsvorschriften der §§ 31 ff. SGB II gemindert. Ist eine Wohnsitzregelung nach § 12a Abs. 1 AufenthG getroffen worden, gelten – soweit der Wohnsitz im zugewiesenen Land genommen worden ist – die allgemeinen Regelungen des Absatzes 1. Ist eine sogenannte negative Wohnsitzregelung nach § 12a Abs. 4 AufenthG getroffen worden, kann eine örtliche Zuständigkeit der Agentur für Arbeit und des kommunalen Trägers an diesem Ort nicht begründet werden. Die örtliche Zuständigkeit richtet sich im Übrigen nach den allgemeinen Regelungen des Absatzes 1.

Für den Fall eines Verstoßes gegen eine räumliche Beschränkung des Aufenthalts, Wohnsitzauflage oder Wohnsitzregelung nach § 12a AufenthG ist nach § 23 Abs. 5 Satz 2 SGB XII eine Informationspflicht des Leistungsträgers nach dem SGB XII am neuen Aufenthaltsort gegenüber dem Träger am Ort der räumlichen Beschränkung, Wohnsitzauflage oder Wohnsitzregelung eingeführt worden.

Siehe auch

Rechtsprechung:

EuGH, 01.03.2016 C-443/14 und C-444/14 – Ibrahim Alo und Amira Osso, InfAuslR 2016, 203.

Weiterführende Literatur:

Lehner/Lippold, Wohnsitzauflagen für anerkannte Flüchtlinge und subsidiär Schutzberechtigte: Was lässt das (Europa-)Recht zu?, ZAR 2016, 8.

Pelzer/Pichl, Wohnsitzauflage und Residenzpflicht: Aktuelle Einschränkungen der Freizügigkeit von Flüchtlingen, ZAR 2016, 96.

Ruge, Residenzpflicht als Voraussetzung für Integration, ZAR 2016, 89.

Wissenschaftliche Dienste des Deutschen Bundestages, Zur Vereinbarkeit der Wohnsitzregelung nach dem Integrationsgesetzentwurf der Koalitionsfraktionen mit völkerrechtlichen Freizügigkeitsvorgaben, WD 2 – 3000 – 084/16.

Zuständigkeit – Bundesamt

Rechtsnormen: § 5 AsylG; § 11 Abs. 2 und 7 AufenthG; § 71 Abs. 1 AufenthG; § 75 AufenthG

1. Allgemeines

Das Aufenthaltsgesetz legt in § 71 Abs. 1 fest, dass die Ausländerbehörden der Länder für alle aufenthalts- und passrechtlichen Maßnahmen, die in ihrem Bereich anfallen, sachlich zuständig sind. Dies jedoch nur, soweit die anderen in § 71 Abs. 2 bis 6 AufenthG genannten Behörden (deutsche Auslandsvertretungen, Grenzbehörden, Polizeien der Länder, Bundesministerium des Innern) und außerdem das Bundesamt für Migration und Flüchtlinge (BAMF) mit seinen Außenstellen für diese Aufgaben nicht speziell oder gleichzeitig zuständig sind.

Das BAMF nimmt als Bundesoberbehörde im Geschäftsbereich des Bundesministeriums des Innern Aufgaben u.a. in den Bereichen Asyl, Integration und Rückkehrförderung wahr. Es ist aus dem Bundesamt für die Anerkennung ausländischer Flüchtlinge hervorgegangen, dessen Aufgaben es weiterführt. Durch das am 01.01.2005 in Kraft getretene Zuwanderungsgesetz sind ihm im großen Umfang neue Aufgaben übertragen worden, die es als Kompetenzzentrum für Migration und Flüchtlinge durchführt.

Der **Dienstsitz** des BAMF ist seit dem 01.10.1993 in Nürnberg.

2. Einrichtung von Außenstellen

Nach § 5 Abs. 3 Satz 1 AsylG soll bei jeder zentralen Aufnahmeeinrichtung des Landes für Asylbewerber (LEA) mit mindestens 1 000 dauerhaften Unterbringungsplätzen in Abstimmung mit dem Land eine Außenstelle des BAMF eigerichtet werden. Die Entscheidung über die Einrichtung von Außenstellen verbleibt beim BAMF. Das betroffene Land ist zu beteiligen, damit das BAMF die dortigen Belange bei seiner Entscheidung berücksichtigen kann.

Die **Asylanträge** sind grundsätzlich bei den Außenstellen des BAMF bei der Aufnahmeeinrichtung des betreffenden Landes zu stellen. Es kann den Ausländer in Abstimmung mit der von der obersten Landesbehörde bestimmten Stelle verpflichten, seinen Asylantrag bei einer anderen Außenstelle zu stellen (§ 14 Abs. 1 Satz 2 AufenthG). Die Regelung dient dazu, bestehende Kapazitäten besser auszunutzen und damit einer schnelleren Antragstellung. Sie kommt somit auch den Antragstellern zugute.

3. Zuständigkeit im Asylbereich

Das BAMF ist zuständig für die Durchführung von Asylverfahren. Das heißt, es prüft bei Ausländern, die einen Asylantrag stellen, ob ein Anspruch auf Asyl nach Art. 16a Abs. 1 GG (§ 1 Abs. 1 Nr. 1 Asyl) oder auf internationalen Schutz nach §§ 3 Abs. 1 oder 4 Abs. 1 AsylG (§ 1 Abs. 1 Nr. 2 AsylG) besteht. Es entscheidet im Bereich des Asylrechtes über **Asylanträge und über das Vorliegen von zielstaatsbezogenen**

Abschiebungsverboten nach § 60 Abs. 5 oder7 AufenthG und hat bezüglich dieser Entscheidungen die Annexkompetenz für Folgemaßnahmen. So hat es nach § 75 Nr. 12 AufenthG über die Befristung des Einreise- und Aufenthaltsverbots nach § 11 Abs. 2 AufenthG und im Ermessenswege über die Anordnung eines entsprechenden Verbots nach § 11 Abs. 7 AufenthG sowie deren Aufhebung zu entscheiden. Es ist nach § 75 AufenthG auch auf dem Gebiet der **Integrationsförderung** (§§ 43 bis 45 AufenthG) zuständig. Die sachliche Zuständigkeit des BAMF erstreckt sich auch auf dessen **unselbstständige Außenstellen** in den Bundesländern (§ 5 Abs. 3 AsylG; vgl. dazu BVerfG, 13.01.1994 – 2 BvR 2479/93, AuAS 1994, 45; OVG Bremen, 10.08.1993 – 2 B 44/93, AuAS 1993, 214).

Das BAMF entscheidet nach Maßgabe des AsylG im Rahmen eines besonders ausgestalteten förmlichen Verwaltungsverfahrens, dem **Asylverfahren**, über Asylanträge (§ 13 Abs. 2, §§ 24, 25 AsylG), mit denen über die Gewährung von Asyl nach Art. 16a Abs. 1 GG und internationalem Schutz nach § 3 Abs. 1 – Flüchtlingsschutz – bzw. § 4 Abs. 1 AsylG – internationaler subsidiärer Schutz – (§ 60 Abs. 1 bis 3 AufenthG) befunden wird (§ 31 Abs. 2 AsylG).

Nach § 8 Abs. 1b AsylG kann die oberste Landesbehörde (Innenministerium) oder die von ihr bestimmte Stelle dem BAMF personenbezogene Informationen über körperliche, seelische, geistige oder Sinnesbeeinträchtigungen eines Ausländers übermitteln, deren Kenntnis für das BAMF zur ordnungsgemäßen Durchführung der Anhörung erforderlich ist. Die Daten dürfen nur zu diesem Zweck verwendet werden und sind anschließend zu löschen.

Die Vorschrift dient dazu, diese Rahmenbedingungen besser an mögliche körperliche, seelische, geistige oder Sinnesbeeinträchtigungen der einzelnen Ausländerin oder des einzelnen Ausländers anzupassen. Sie macht die Organisation von Verfahren zudem besser planbar, weil sich die oben genannten Rahmenbedingungen beispielsweise auf die notwendige Länge von Anhörungen auswirken können.

Im Asylverfahren ist das BAMF auch für die Feststellung der Voraussetzungen von zielstaatsbezogenen Abschiebungsverboten nach § 60 Abs. 5oder 7 AufenthG zuständig (§§ 24 Abs. 2, 31 Abs. 3 Satz 1 AsylG).

Weiterhin hat es gem. §§ 34 ff. AsylG Abschiebungsandrohungen bzw. -anordnungen samt Festlegung eines Einreise- und Aufenthaltsverbots nach § 11 Abs. 2 AufenthG zu erlassen (vgl. § 75 Nr. 12 AufenthG).

4. Aufgabenübertragung durch das Zuwanderungsgesetz

In folgenden Bereichen ist das BAMF nach der **Aufgabenübertragung durch das** Zuwanderungsgesetz schwerpunktmäßig tätig (vgl. § 75 AufenthG):

Integration:

- Durchführung der Integrationskurse nach dem Zuwanderungsgesetz (Entwicklung von Kurskonzepten, Zulassung der Sprachkursträger, Qualitätskontrolle), und der

Migrationserstberatung, Entwicklung eines bundesweiten Integrationsprogramms, Förderung von Integrationsprojekten.

Rückkehrförderung:

- Mitwirkung bei der Förderung der freiwilligen Rückkehr von vorübergehend aufgenommenen Flüchtlingen und anderen ausreisepflichtigen Personen nach den Programmen REAG und GARP.

Ausländerzentralregister (AZR):

- Führung des AZR als eines der bedeutendsten Register der öffentlichen Verwaltung. Das AZR besteht aus einem allgemeinen Datenbestand und einer Visadatei und enthält derzeit insgesamt fast 25 Mio. Datensätze.

Migrationsforschung:

- Betreiben wissenschaftlicher Forschungen über Migrationsfragen (Begleitforschung) zur Gewinnung analytischer Aussagen über die Steuerung der Zuwanderung.
- **Aufnahmeverfahren:** Bund und Länder haben sich im Rahmen der Innenministerkonferenz am 24.06.2005 politisch darauf verständigt, dass das **Aufnahmeverfahren für jüdische Zuwanderer** aus der ehemaligen Sowjetunion mit Ausnahme der baltischen Staaten ab dem 01.07.2006 auf Bundesebene zentralisiert und durch das BAMF durchgeführt wird. Dementsprechend ist die Neufassung des § 23 Abs. 2 AufenthG im Hinblick auf die Übertragung des Aufnahmeverfahrens für jüdische Zuwanderer aus der ehemaligen Sowjetunion mit Ausnahme der baltischen Staaten auf den Bund erforderlich geworden. Für den künftigen Bundesvollzug bedurfte es der Schaffung dieser Rechtsgrundlage sowie einer entsprechenden Aufgabenzuweisung (vgl. § 75 Nr. 8 AufenthG). Hiernach ist das BAMF für die **Erteilung der Aufnahmezusage** nach § 23 Abs. 2 AufenthG und für die **Verteilung** der nach§ 23 und § 22 Satz 2 AufenthG aus dem Ausland aufgenommenen Zuwanderer auf die Länder zuständig.
- **Festlegung eines Einreise- und Aufenthaltsverbots** nach § 11 Abs. 2 AufenthG, Anordnung eines Einreise- und Aufenthaltsverbots nach § 11 Abs. 7 AufenthG (vgl. § 75 Nr. 12 AufenthG).

5. Ausschließliche Zuständigkeit des BAMF

5.1. Asylrechtliche Entscheidungen

Eine **ausschließliche Zuständigkeit** des BAMF besteht für die asylrechtlichen Entscheidungen, ob

- der Ausländer als Asylberechtigter (Art. 16a Abs. 1 GG) anerkannt wird und
- dem Ausländer die Flüchtlingseigenschaft nach § 3 Abs. 1 AsylG zuerkannt wird (Verbot der Abschiebung politisch Verfolgter nach § 60 Abs. 1 AufenthG – so genanntes „kleines Asyl").
- dem Ausländer subsidiärer Schutz nach § 4 Abs. 1 AsylG zuerkannt wird (Verbot der Abschiebung nach § 60 Abs. 2 und 3 AufenthG).

Auch für die Entscheidung, ob auf Grund

- eines Folgeantrags i. S. d. § 71 Abs. 1 AsylG oder
- eines Zweitantrags i. S. d. § 71a Abs. 1 AsylG

ein erneutes bzw. ein weiteres Asylverfahren durchgeführt wird, ist allein das BAMF zuständig. Dasselbe gilt für die Entscheidung, ob ein beim BAMF gestellter Antrag ein Asylantrag, ein Folgeantrag oder ein Zweitantrag ist.

Ebenso entscheidet das BAMF

- über den Widerruf oder die Rücknahme
  - der Anerkennung als Asylberechtigter i. S. v. Art. 16a Abs. 1 GG (vgl. § 73 Abs. 1 und 2 AsylG) unter Einhaltung der **dreijährigen Prüffrist** nach § 73 Abs. 2a Satz 1 AsylG,
  - der Zuerkennung der Flüchtlingseigenschaft i. S. v. § 3 Abs. 1 AsylG (vgl. § 73 Abs. 1 und 2 AsylG) unter Einhaltung der **dreijährigen Prüffrist** nach § 73 Abs. 2a Satz 1 AsylG,
  - der Zuerkennung des subsidiären Schutzes i. S. v. § 4 Abs. 1 AsylG (vgl. § 73b Abs. 1 AsylG),
  - der Feststellung der Voraussetzungen über das Vorliegen oder Fortbestehen eines zielstaatsbezogenen Abschiebungsverbots nach § 60 Abs. 5oder 7 AufenthG (§ 73c AufenthG)
  - ob nach § 60 Abs. 8 Satz 3 AufenthG von der Anwendung des § 60 Abs. 1 AufenthG abgesehen wird (§ 3 Abs. 4 AsylG) sowie
- über die Rücknahme der Anerkennung als Asylberechtigter i. S. v. Art. 16a Abs. 1 GG oder der Zuerkennung als Flüchtling i. S. v. § 3 Abs. 1 AsylG, wenn diese Entscheidungen aufgrund unrichtiger Angaben oder infolge Verschweigens wesentlicher Tatsachen zustande gekommen sind und der Ausländer auch aus anderen Gründen diese Rechtsstellungen nicht erlangen könnte (§ 73a Abs. 2 AsylG).

Nach Stellung eines (förmlichen) Asylantrags nach §§ 14, 14a AsylGist das BAMF auch zuständig für

- die Feststellung, ob ein zielstaatsbezogenes Abschiebungsverbot nach § 60 Abs. 5oder 7 AufenthG vorliegt (z. B. erhebliche konkrete Gefahr für Leib, Leben oder Freiheit) und
- den Erlass einer Abschiebungsandrohung oder der Abschiebungsanordnung in sichere Drittstaaten (§§ 34 ff. AsylG) und
- im Verfahren nach § 34a AsylG für die Feststellung, ob dem Vollzug der Abschiebungsanordnung oder Abschiebungsandrohung ein inlandsbezogenes Ausreisehindernis nach § 60a Abs. 2 Satz 1 AufenthG (z. B. Reiseunfähigkeit) entgegensteht.

Diese Zuständigkeit wird auch durch die Rücknahme des Asylantrags nicht beseitigt.

5.2. Zuständigkeit im Übrigen

Im Übrigen ist das Bundesamt für Migration und Flüchtlinge für

- die Einreiseverweigerung und die Zurückschiebung an der Grenze im Einzelfall sowie die sonstige asylverfahrensrechtliche Behandlung Asylsuchender an der Grenze, soweit der Bund die grenzpolizeiliche Kontrolle wahrnimmt (§ 18 Abs. 2 und 3 AsylG),

- die generelle Anordnung, Ausländer nicht in einen sicheren Drittstaat zurückzuweisen oder zurückzuschieben (vgl. § 18 Abs. 4 AsylG) und
- die Bestimmung der für einen Asylbewerber zuständigen Aufnahmeeinrichtung (§ 46 Abs. 2 AsylG).

Soweit nach dem AsylG die Zuständigkeit für die **Entscheidung über das Vorliegen der Voraussetzungen des § 60 Abs. 5oder 7 AufenthG** beim BAMF liegt, ist diese **Zuständigkeit** eine **ausschließliche**. Keine Landesbehörde darf im Asylverfahren mehr die Frage prüfen, ob die in den § 60 Abs. 1 bis 7 AufenthG bezeichneten individuell-konkreten Gefahren drohen. Die betreffenden Entscheidungen des BAMF sind für die Ausländerbehörden verbindlich (§§ 6, 42 Satz 1 AsylG).

Die Zuständigkeit des BAMF umfasst auch die Entscheidung über den **späteren Eintritt oder Wegfall der Voraussetzungen der § 60 Abs. 1 bis 3 und 5 oder 7 AufenthG**, wenn vorher ein Asylverfahren durchgeführt worden ist. Die einzige Ausnahme bildet das Abschiebungsverbot des § 60 Abs. 4 AufenthG (anhängiges Auslieferungsverfahren). Über dessen späteren Eintritt oder Wegfall entscheidet die Ausländerbehörde in eigener Kompetenz (§ 42 Satz 2 AsylG).

Auch die dem BAMF übertragene Zuständigkeit für den Erlass der Abschiebungsandrohung nach Ablehnung des Asylantrags ist eine ausschließliche. Sie besteht allerdings nur, wenn der Ausländer im Zeitpunkt der Asylentscheidung des BAMF nicht im Besitz eines Aufenthaltstitels ist.

5.3. Sonstige Zuständigkeiten

Die Feststellung materiell-rechtlicher Abschiebungsverbote im Fall der **Rücknahme des Asylantrages** (§ 32 AsylG) trifft ebenfalls das BAMF (vgl. jedoch § 38 Abs. 3 AsylG).

Dem BAMF sind weiterhin die in § 88 Abs. 1 AsylG genannten **Aufgaben auf dem Gebiet völkerrechtlicher Verträge** übertragen.

Die „Drittstaatenregelung" des Art. 16a Abs. 2 GG hat zu einer Kompetenzzuweisung an das BAMF geführt. Danach entscheidet das BAMF, ob die **Rückführung in einen sicheren Drittstaat**, aus dem der Antragsteller in die Bundesrepublik Deutschland eingereist ist, möglich ist. In Abweichung von § 89 Abs. 1 AufenthG hat es gegebenenfalls die Abschiebung von Asylsuchenden in den sicheren Drittstaat ohne Androhung und Fristsetzung anzuordnen (§ 34a Abs. 1 AsylG). Kann eine entsprechende Anordnung nicht ergehen, droht das BAMF die Abschiebung in den jeweiligen Staat an (§ 34a Abs. 1 Satz 3 AsylG).

Nach § 31 Abs. 3 Satz 1 AsylG ist in Entscheidungen über beachtliche Asylanträge sowie in Entscheidungen nach § 30 Abs. 5 AsylG (Vorliegen eines Nicht-Asylantrags) durch das BAMF festzustellen, ob **zielstaatsbezogene Abschiebungsverbote** nach § 60 Abs. 5oder 7 AufenthG vorliegen. Lediglich in den in § 31 Abs. 3 Satz 2 AsylG genannten Fällen und in den Fällen des Familienasyls (§ 31 Abs. 5 AsylG) soll von dieser Feststellung abgesehen werden. Die Ausländerbehörde ist an diese Entscheidungen des BAMF gebunden (§ 42 Satz 1 AsylG). Dies gilt auch für den Widerruf oder die Rücknahme entsprechender Entscheidungen (z. B. § 73 Abs. 3 AsylG).

Im Falle der Stellung eines Asylfolgeantrags hat das BAMF unabhängig davon, ob ein weiteres Asylverfahren durchgeführt wird, auch das Vorliegen von Abschiebungsverboten nach § 60 Abs. 2 bis 7 AufenthG zu prüfen. Eine sachliche Prüfung ist jedoch nur unter den Voraussetzungen des § 51 Abs. 1 bis 3 VwVfG erforderlich (vgl. VGH Baden-Württemberg, 20.07.1999 – A 9 S 96/99; a. A. VGH Bayern, DVBl. 1995, 1310 L).

Die Ausländerbehörde ist an die Entscheidung des BAMF oder des Verwaltungsgerichts über das Vorliegen eines Abschiebungsverbots nach § 60 Abs. 5oder 7 AufenthG gebunden (**Bindungswirkungnach** § 42 Satz 1 AufenthG). Sie kann diese Entscheidung auch nach Abschluss des Asylverfahrens nicht ändern. § 42 Satz 2 AsylG ermächtigt jedoch die Ausländerbehörde, in Abweichung von der Entscheidung des BAMF über den späteren Eintritt oder Wegfall des Abschiebungsverbots wegen Auslieferung (§ 60 Abs. 4 AufenthG) zu entscheiden, ohne dass es einer Aufhebung der früheren Entscheidung des BAMF bedarf. In den übrigen Fällen entscheidet das BAMF (vgl. 73c AsylG) über den Widerruf oder die Rücknahme einer früheren Entscheidung des BAMF nach § 24 Abs. 2 AsylG, dass ein Abschiebungsverbot nach § 60 Abs. 5 oder 7 AufenthG nicht mehr vorliegt.

Im Fall der Rücknahme oder des Widerrufs der Entscheidung über das Vorliegen eines Abschiebungsverbotes durch das BAMF liegt es im Zuständigkeitsbereich der Ausländerbehörde, gegenüber dem Ausländer eine **Duldungnach § 60a Abs. 5 Satz 2 AufenthG zu widerrufen** oder eine Aufenthaltserlaubnis nach § 25 Abs. 3 AufenthG nicht zu erteilen oder nicht zu verlängern (§ 26 Abs. 2 AufenthG). Gegen diesen belastenden Verwaltungsakt, bei dem es sich nicht um die Versagung einer Duldung i. S. v. § 83 Abs. 2 AufenthG handelt, kann Widerspruch mit aufschiebender Wirkung erhoben werden.

Siehe auch

Fachbeiträge:

Asylantrag / Asylberechtigter / Asylbewerber / Asylentscheidung / Asylgrundrecht / Abschiebungsverbot – polit. Verfolgungsgründe

Weiterführende Literatur:

50 Jahre Bundesamt, ZAR 2003, 426.

Zuweisung

Rechtsnormen: § 46 AsylG; § 47 AsylG; § 50 Abs. 4 AsylG; § 56 Abs. 1 und 3 AsylG; § 59 AsylG; § 59a AsylG; § 60 AsylG; § 71 AsylG; § 71a AsylG

1. Wohnpflicht in einer Aufnahmeeinrichtung

Asylsuchende i. S. v. § 13 AsylG sind nach dem Asylgesetz verpflichtet, sich registrieren zu lassen und sich zu diesem Zweck zu der ihnen im Rahmen der Verteilentscheidung (§ 46 AsylG) zugewiesenen (besonderen) Aufnahmeeinrichtung zu begeben und dort bis zu sechs Wochen, längstens jedoch bis zu sechs Monaten zu wohnen (Wohnpflicht nach § 47 Abs. 1 AsylG), es sei denn die Wohnpflicht dauert nach § 47 Abs. 1a AsylG bis zur Beendigung des Aufenthalts im Bundesgebiet (z. B. Ausländer aus sicheren Herkunftsstaaten i. S. v. § 29a AsylG, Ausländer in besonderen Aufnahmeeinrichtungen nach § 30a Abs. 3 AsylG).

Die Wohnpflicht umfasst auch Zweitantragsteller und Folgeantragsteller, soweit sie nach § 71 Abs. 2 Satz 2 AsylG bzw. nach § 71a Abs. 2 Satz 1 AsylG, jeweils i. V. m. §§ 47 bis 50 AsylG, verpflichtet sind, in einer Aufnahmeeinrichtung zu wohnen, und für vollziehbar Ausreisepflichtige, die über einen sicheren Drittstaat (§ 26a AsylG) eingereist und zum Zwecke der Durchführung eines Asylverfahrens erkennungsdienstlich zu behandeln sind.

Eine schnelle und rechtssichere Verteilung der Asylsuchenden auf die ihnen zugewiesenen Aufnahmeeinrichtungen dient einer ordnungsgemäßen und zügigen Bearbeitung der Asylanträge in der der zuständigen Aufnahmeeinrichtung zugeordneten Außenstelle des Bundesamtes für Migration und Flüchtlinge (BAMF). Sie ist zudem erforderlich, um die bestehenden Aufnahmekapazitäten effektiv ausnutzen sowie Planungssicherheit und eine gerechte Lastenverteilung für die mit der Aufnahme und der Leistungserbringung betrauten Stellen sicherstellen zu können. Voraussetzung dafür ist zum einen eine frühzeitige, sichere und für alle zuständigen Behörden nachvollziehbare Registrierung der Asylsuchenden möglichst im Vorfeld ihrer Verteilung. Zum anderen ist es erforderlich, dass die Asylsuchenden der behördlichen Verteilentscheidung folgen.

2. Zuweisungsentscheidung – Anschlussunterbringung

Die Zuweisungsentscheidung der zuständigen Landesbehörde nach § 50 Abs. 4 i. V. m. § 53 Abs. 1 AsylG, die dem Ausländer selbst zuzustellen ist (§ 50 Abs. 5 AsylG), regelt, an welchem Ort und an welcher Stelle innerhalb eines Landes (z. B. Gemeinschaftsunterkunft nach § 53 Abs. 1AsylG) er seine Wohnung zu nehmen hat.

Er hat sich unverzüglich an diese Stelle zu begeben (§ 50 Abs. 6 AsylG). Insoweit begründet die Zuweisungsentscheidung die räumliche Aufenthaltsbeschränkung des Ausländers im Asylverfahren (§ 56 Abs. 2 AsylG) bis zu deren Erlöschen nach § 59a AsylG. Danach bestimmt sich der Ort des gewöhnlichen Aufenthalts nach der Wohnsitzauflage nach § 60 Abs. 1 AsylG, die gemäß § 60 Abs. 2 Satz 1 AsylG durch die zuständige Ausländerbehörde nach der Zuweisung geändert bzw. präzisiert werden kann.

Eine Person hat ihren gewöhnlichen Aufenthalt (§ 30 Abs. 3 Satz 2 SGB I, zum Begriff) an einem Ort in Deutschland, wenn sie hier nicht nur vorübergehend, sondern auf unabsehbare Zeit lebt, so dass eine Beendigung ihres Aufenthalts ungewiss ist. Kinder und Jugendliche teilen in der Regel den Aufenthalt ihrer Eltern. Auch wenn die Ausländerbehörde den Aufenthalt auf nicht absehbare Zeit durch wiederholt erteilte Duldungen hinnimmt, ist der Begriff des dauernden Aufenthalts bzw. gewöhnlichen Aufenthalts erfüllt (vgl. BVerwG, 23.02.1993 – 1 C 45.90, DVBl. 1993, 1011 = NVwZ 1993, 782, 785 = ZAR 1993, 141).

3. Verletzung der Zuweisungsentscheidung

Ein Verstoß gegen diese sich aus der Zuweisungsentscheidung ergebende Pflicht, im Rahmen der Verteilung auf Landesebene die Zuweisungsentscheidung unverzüglich zu befolgen (sich z. B. von der Aufnahmeeinrichtung in eine bestimmte Gemeinschaftsunterkunft zu begeben), ist nach § 85 Nr. 1 AsylG strafbewehrt.

4. Wegfall der räumliche Beschränkung und der Wohnsitzauflage

Die räumliche Beschränkung nach § 56 AsylG erlischt nach § 59a Abs. 1 AsylG, wenn sich der Ausländer seit drei Monaten ununterbrochen erlaubt, geduldet oder gestattet im Bundesgebiet aufhält, es sei denn, die Wohnpflicht in der Aufnahmeeinrichtung ist nicht entfallen.

Die räumliche Beschränkung des Aufenthalts erlischt – mit Ausnahme der in § 59a Abs. 1 Satz 1 AsylG genannten Fälle – nicht automatisch zusammen mit der Aufenthaltsgestattung des Asylbewerbers in den Fällen des § 67 AsylG (z. B. bei rechtskräftiger Ablehnung des Asylantrages), sondern gilt fort bis zu seiner Ausreise oder ihrer anderweitigen Erledigung nach § 59a Abs. 2 AsylG (z. B. Erteilung eines Aufenthaltstitels, Eintritt der Fiktionswirkung des § 25 Abs. 1 Satz 3 AufenthG bei Asylberechtigten oder des § 25 Abs. 2 Satz 2 AufenthG bei international Schutzberechtigten).

Eine aus der asylrechtlichen Zuweisungsentscheidung herzuleitende Wohnsitzauflage der Ausländerbehörde resultierende Pflicht, an einem bestimmten Ort nicht nur vorübergehend zu wohnen, ist unabhängig vom Bestand der Aufenthaltsgestattung und teilt nicht deren rechtliches Schicksal. Sie erledigt sich etwa erst mit der Erfüllung der Ausreisepflicht durch den Ausländer nach erfolglosem Asylbegehren oder im Falle des Übergangs in ein Aufenthaltsrecht auf der Grundlage des Aufenthaltsgesetzes.

§ 51 Abs. 6 AufenthG findet hinsichtlich der Fortgeltung von Nebenbestimmungen keine Anwendung, da sich diese Bestimmung auf die einem Aufenthaltstitel beigefügten Beschränkungen und Auflagen bezieht.

Siehe auch

Fachbeiträge:

Aufenthaltserlaubnis – Asylberechtigte / Asylantrag / Asylbewerberleistungsgesetz / Abschiebungsverbot – polit. Verfolgungsgründe

Weiterführende Literatur:

Pelzer/Pichl, Wohnsitzauflage und Residenzpflicht: Aktuelle Einschränkungen der Freizügigkeit von Flüchtlingen, ZAR 2016, 96-101.

Ruge, Residenzpflicht als Voraussetzung für Integration, ZAR 2016, 89-96.

Lehner/Lippold, Wohnsitzauflagen für anerkannte Flüchtlinge und subsidiär Schutzberechtigte: Was lässt das (Europa-) recht zu?, ZAR 2016, 81-89.

Scheidler, Verteilung von Asylbewerbern in Deutschland – dargestellt am Beispiel der Rechtslage in Bayern, KommJur, 2015, 321-326.

Stichwortverzeichnis

B

Z